山东省档案馆指南

SHANDONGSHENG DANGANGUAN ZHINAN

2022

山东省档案馆　编

方志出版社
Publishing House of Local Records

图书在版编目（CIP）数据

山东省档案馆指南．2022 / 山东省档案馆编．-- 北京 : 方志出版社，2023.5
ISBN 978-7-5144-5736-0

Ⅰ．①山… Ⅱ．①山… Ⅲ．①档案馆－山东－指南 Ⅳ．① G279.275.2-62

中国国家版本馆 CIP 数据核字（2023）第 097770 号

责任编辑：徐宏
责任校对：刘玉霞
责任印制：梅中英
出 版 者：方志出版社
地　　址：北京市朝阳区潘家园东里 9 号（国家方志馆 4 层）
邮　　编：100021
网　　址：http://www.zgfzcb.cn
发　　行：方志出版社图书营销中心（010-67110500）
印　　刷：山东麦德森文化传媒有限公司
开　　本：710 毫米 ×1000 毫米　1/16
印　　张：34.25
字　　数：504 千字
版　　次：2023 年 5 月第 1 版
印　　次：2023 年 5 月第 1 次印刷
定　　价：98.00 元

《山东省档案馆指南 2022》编委会

主　　任　李世华

副 主 任　苏东亮　王宪东　沈树范　郑东辉　张志刚

编　　委　李相杰　郭　玲　张东霞　于　鹏　马奎国

　　　　　臧成刚　张东华　王蓉晖　赵　琳　陈孟继

　　　　　武剑侠　李　剑　杨大鹏

《山东省档案馆指南 2022》编辑组

主　　编　李世华

副 主 编　沈树范

执行副主编　张东华　董　磊

编　　辑　（按姓氏笔画排序）

　　　　　邓乃铭　曲　凯　曲元直　李亚飞　张　茜

　　　　　张　鸾　明继国　郑华鑫　侯鹏飞　梁茂林

　　　　　董　梅

前　言

为贯彻落实习近平总书记重要批示，更好地服务党和国家工作大局、服务人民群众，山东省档案馆依据《档案馆指南编制规范》，结合馆藏实际，编撰本书。

作为一部综合性工具书，本书全面介绍了本馆的基本情况和馆藏现有档案资料，以及相关检索工具和利用方法，为利用者更准确地查阅所需档案提供便利。

全书由档案馆概况、馆藏档案、馆藏资料和附录四部分组成，正文之前刊印一些有关的照片，以形象地反映馆藏珍贵档案资料、馆舍建筑和本馆日常工作情况等。对所选馆藏重要全宗，按历史时期设章分类，介绍了立档单位的机构沿革、全宗概况和主要内容，编写力求客观、准确、精练。

本书的修订和编辑工作是在山东省档案馆馆务会的统一领导下进行，档案保管处具体负责组织实施，各处室积极配合，从全馆抽调相关同志共同参与完成。为保证本书的编写质量和编写工作顺利开展，本馆成立了编审工作委员会和编辑组。张东华、董磊、曲凯、于玉民、李盼盼等同志参加了档案馆概况的编写工作，张东华、董磊、侯鹏飞、曲凯、邓乃铭、张茜、曲元直、董梅、张鸾、梁茂林、郑华鑫、明继国、李亚飞等同志参与了部分全宗介绍和资料介绍的编写工作。曲元直为本书提供照片。在编写过程中，还得到有关单位和人员的大力支持，一并在此表示衷心感谢。

本书涉及内容包括明清至当代山东省档案馆所藏档案，文中有些提法、用语难免带有时代局限性，为保存历史原貌，对于这些内容未作改动。由于编写时间和编者水平所限，书中难免有疏漏、不当之处，敬请读者不吝赐教。

编　者

2022 年 12 月

山东省档案馆照片

档案查阅接待

档案库房密集架

查档利用大厅

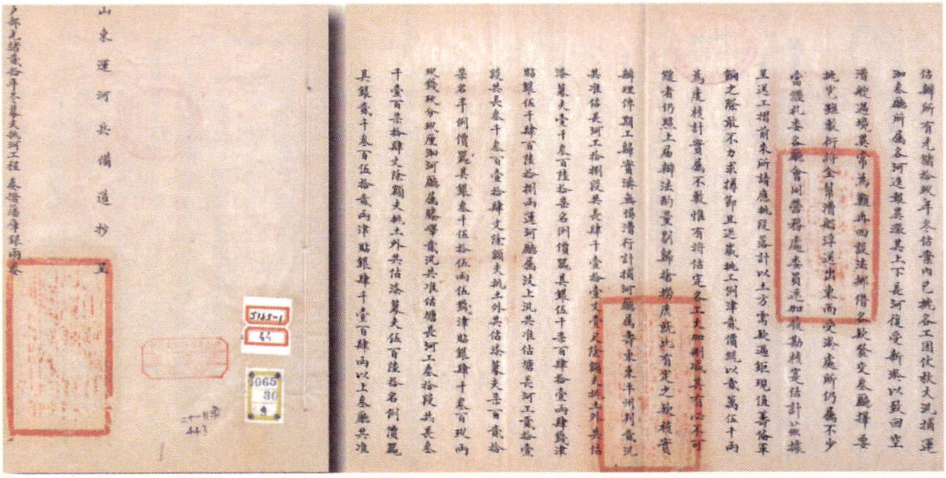

清代运河兵备道档案

《山东通志》照片

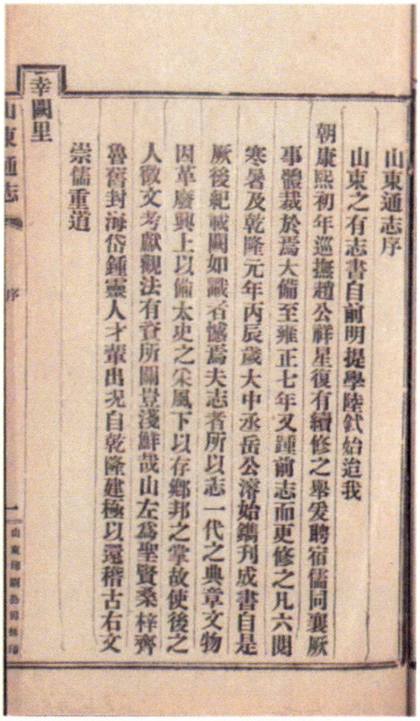

幸圖里

山東通志　序　一

山東通志序
山東之有志書自前明提學陸釴始迨我
朝康熙初年巡撫趙公祥星復有續修之舉爰聘宿儒同襄厥
事體裁於焉大備至雍正七年又踵前志而更修之凡六閱
寒暑及乾隆元年丙辰歲大中丞岳公濬始鐫刊成書自是
厥後紀載闕如識者憾焉夫志者所以志一代之典章文物
因革廢興上以備太史之采風下以存鄉邦之掌故使後之
人徵文考獻觀法有資所關豈淺鮮哉山左爲聖賢桑梓齊
魯舊封海岱鍾靈人才輩出况自乾隆建極以還稽古右文
崇儒重道

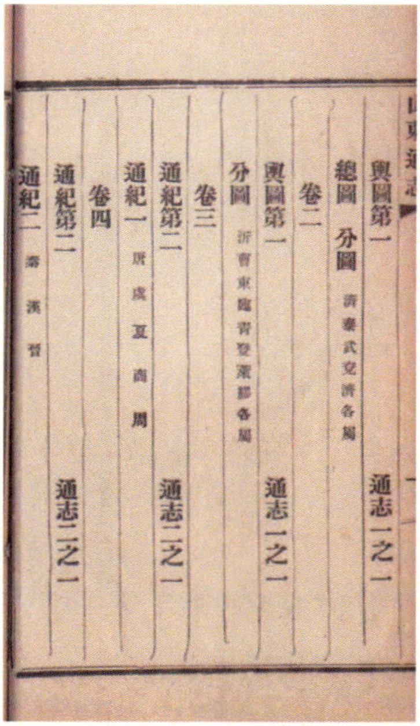

山東通志

輿圖第一　通志一之一
總圖　分圖　濟泰武兗濟各屬
卷二
輿圖第一　通志一之一
分圖　沂曹東臨青登萊膠各屬
卷三
通紀第二　通志二之一
通紀一　唐虞夏商周
卷四
通紀第二　通志二之一
通紀二　秦漢晉

《山东通志》序和目录

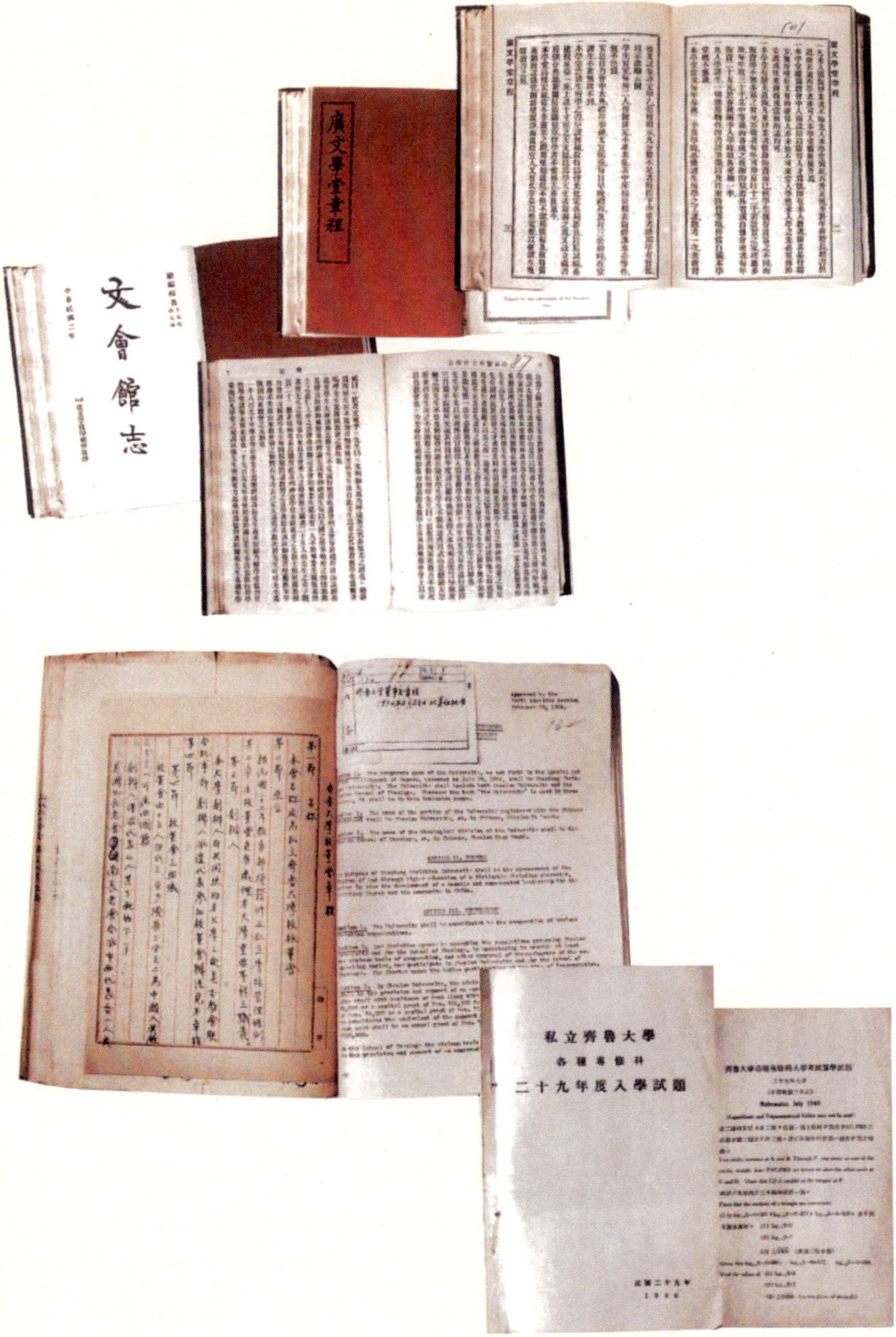

齐鲁大学档案

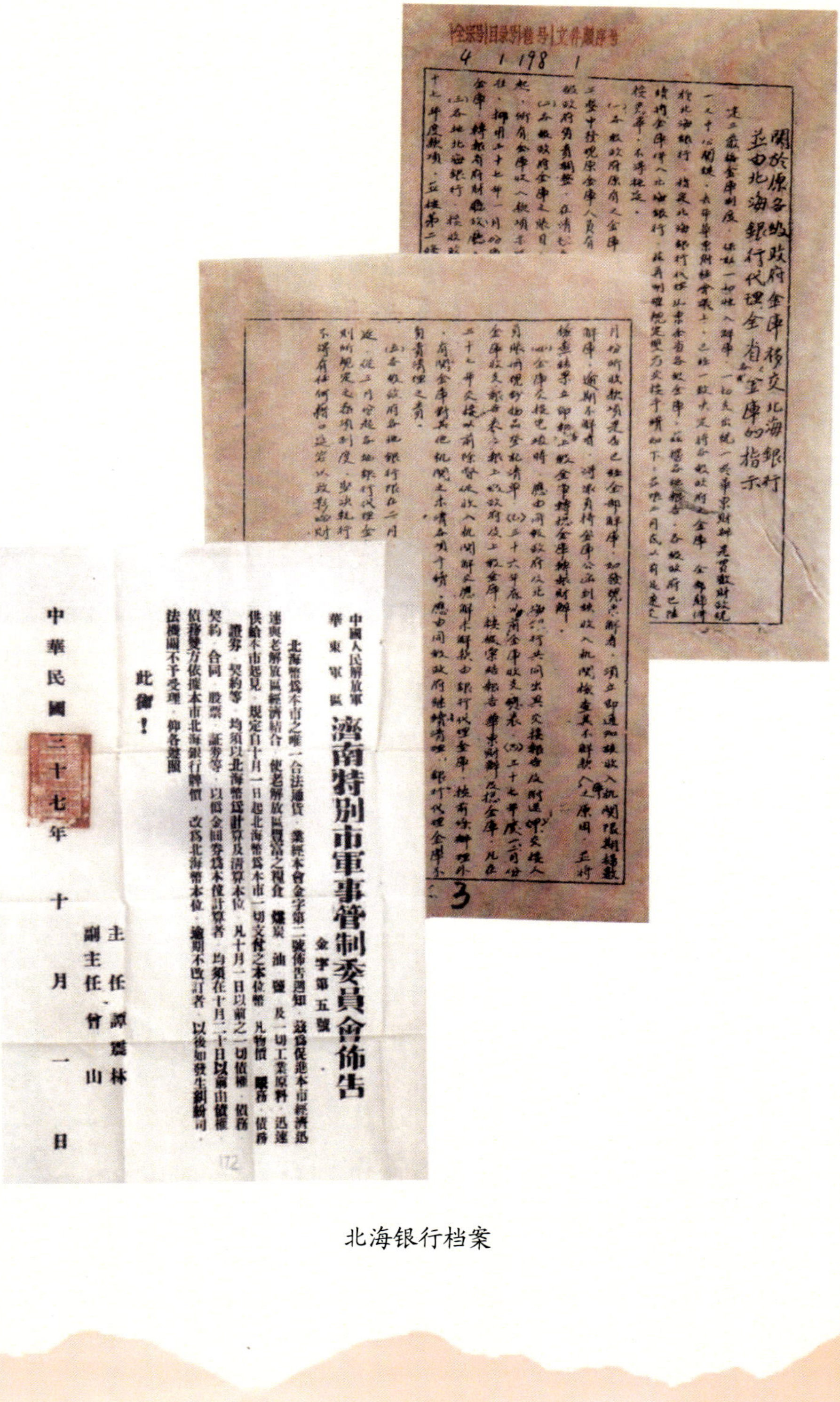
4 1 198 1
關於原各級政府金庫移交北海銀行並由北海銀行代理金庫的指示
中國人民解放軍華東軍區
濟南特別市軍事管制委員會佈告
金字第五號
北海幣為本市之唯一合法通貨，業經本會金字第二號佈告週知，茲為促進本市經濟迅速與老解放區經濟結合，使老解放區豐富之糧食、煤炭、油鹽及一切工業原料，迅速供給本市起見，規定自十月一日起北海幣為本市一切支付之本位幣，凡物價、服務、債務、證券、契約等，均須以北海幣為計算及清算本位。凡十月一日以前之一切債權、債務契約、合同、股票、證券等，以偽金圓券為本位計算者，均須在十月二十日以前由債權債務雙方依據本市北海銀行牌價，改為北海幣本位，逾期不改訂者，以後如發生糾紛司法機關不予受理，仰各遵照。
此佈！
主任 譚震林
副主任 曾山
中華民國三十七年十月一日

北海银行档案

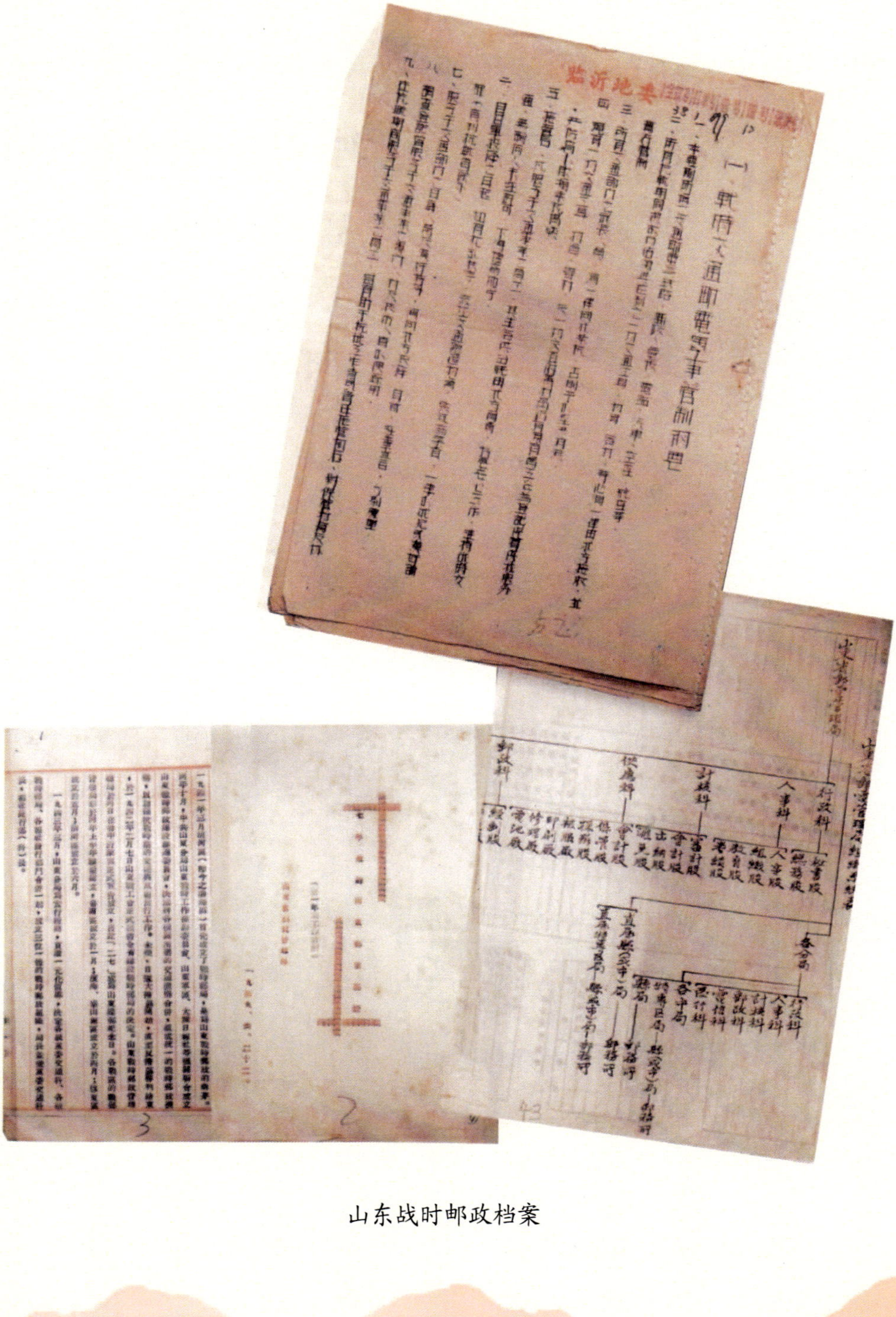

山东战时邮政档案

部分编研成果

编纂《档案资政参考》为领导决策提供档案信息服务

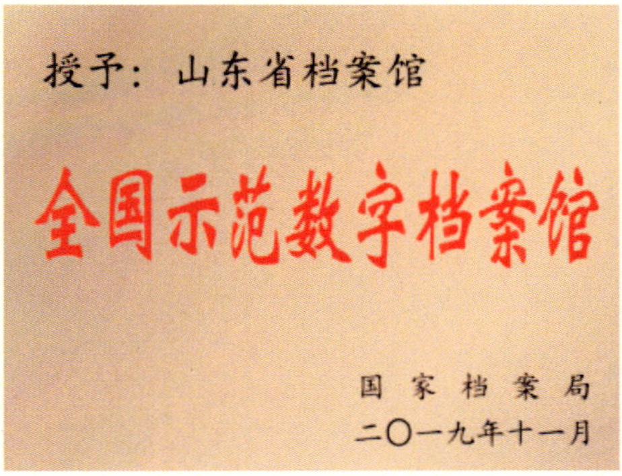

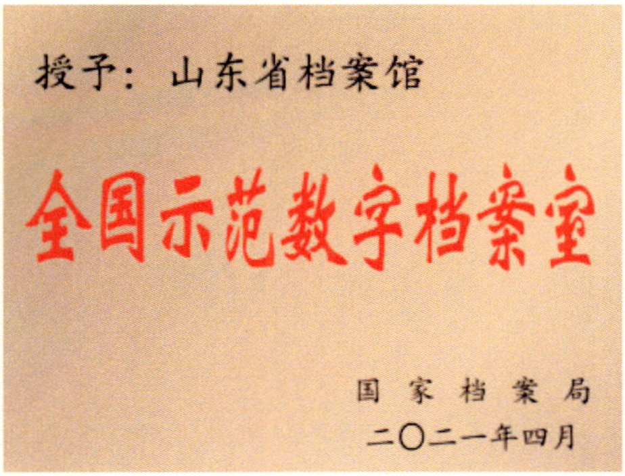

省档案馆成功创建“双示范”省级综合档案馆

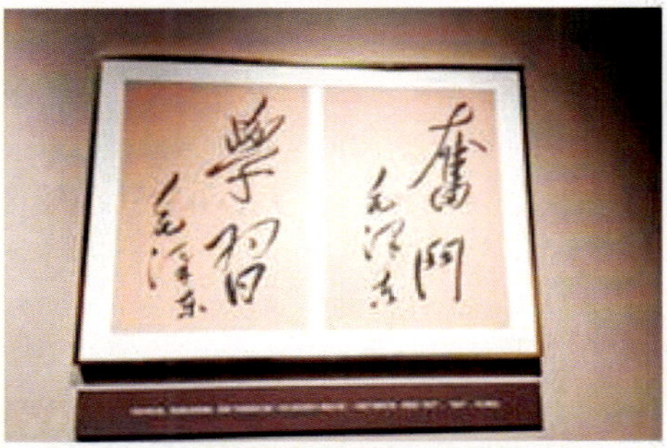

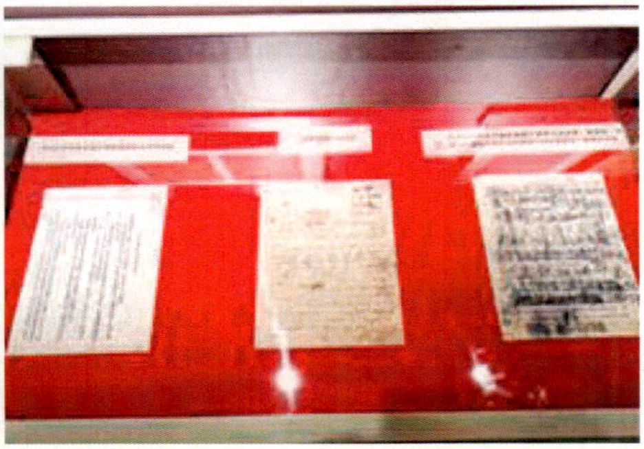

举办专题红色档案展览

2022 年举办“黄河记忆专题档案文献展”

2019 年“不忘初心　牢记使命”主题教育档案文献展在山东省档案馆开展

目 录

第一章　山东省档案馆概况

第一章　山东省档案馆概况

山东省档案馆是省级国家综合档案馆，系中共山东省委、山东省人民政府直属的科学文化事业机构。山东省档案馆的基本任务是，接收和收集山东省省级机关、团体及其所属单位具有永久保存价值的档案，按照规定应进馆的撤销机关、团体的档案和中华人民共和国建立以前的档案，以及与馆藏有关的各种资料，并负责对馆藏档案、资料的整理和管理，积极提供利用，为社会主义现代化建设服务。山东省档案馆馆址在济南市历下区经十路 11619 号，档案馆代码是 437001。

一、机构沿革

山东省档案馆于 1958 年 3 月省长办公会议批准筹建，1959 年 8 月筹备处成立，1963 年 1 月正式开馆。

山东省档案馆建立后，与山东省档案管理局合署办公，馆内机构设秘书组、党群档案组和政府档案组，编制名额 18 人。

1965 年 10 月，山东省档案馆与山东省档案管理局合并为一个机构，对外仍为两个名称，内部机构设办公室和业务室，编制名额 26 人。

1969 年 3 月，山东省革命委员会办公室档案组建立，取代山东省档案馆和山东省档案管理局，履行馆和局的职能，编制 10 人。1975 年 10 月，山东省革委会办公室档案组改称中共山东省委办公室档案处，1978 年又改称中共山东省委办公厅档案处，下设业务指导科、党群档案科和政权档案科，配备工作人员 15 人。

1979 年 9 月，山东省档案馆、山东省档案局恢复建立，山东省档案馆为局属处级单位，内部机构设秘书科、党群档案科和政府档案科，编制名额 25 人。

1980 年 8 月，中共山东省委、山东省人民政府确定山东省档案馆为一级厅局级科学文化事业单位，与山东省档案局合署办公，馆、局内部机构设办公室、业务指导处、档案管理处、档案史料编研处，编制名额 45 人。

1983 年 10 月，山东省档案馆、山东省档案局在省级机关机构改革中降为副厅局级机构，归中共山东省委办公厅领导。同年 11 月，内部机构增设技术处，原业务指导处分设为文书档案处和科技档案处两个处，编制名额增加到 60 人。

1985 年 6 月，山东省档案馆、山东省档案局恢复为一级厅局机构，并明确山东省档案局既是省委的机构，也是省政府的机构，列入省政府编制序列；山东省档案馆是省委和省政府直属的事业机构，馆、局合署。

1986 年 11 月，山东省档案局增设教育处；1989 年 10 月，山东省档案局馆建立机关党委；1991 年 7 月，山东省档案局增设政策法规处。到 1994 年年底，山东省档案局馆内部机构计有：办公室、政策法规处、文书档案指导处、科技档案指导处、教育处、档案管理处、编研处、技术处、机关党委；编制名额 100 人，其中行政编制 26 人、事业编制 74 人。

1996 年 6 月，根据《中共中央、国务院关于山东省党政机构改革方案的通知》（中委〔1994〕64 号）和《山东省省级机构改革实施意见》（鲁发〔1995〕11 号），省委办公厅印发关于《山东省档案馆、山东省档案局职能配置、内设机构、人员编制方案》的通知，明确山东省档案局由局馆合一改为以馆为主体，挂山东省档案局牌子，授权行使有关行政管理职能，厅级规格不变，由山东省委办公厅领导。内设办公室、政策法规处、业务指导处、教育培训部、保管利用开发部、整理编目部、编辑研究部、技术部和机关党委；总编制 95 人，其中行政编制 28 人、事业编制 67 人（含工勤人员编制 4 人）。可配备馆（局）长 1 人，副馆（局）长 3 人；处级领导职数 20 人（含机关党委专职副书记 1 人）。

2002 年 10 月，山东省机构编制委员会办公室对省委办公厅厅字〔1996〕26 号文件规定的“三定”方案进行了修订，山东省档案馆、山东省档案局主要职责不变，部分处室更名，调整后设办公室、法规和经济科技业务处、档案馆（室）业务处、教育培训处、保管利用开发处、整理编目处、编辑研究处、技术处（对外挂山东省档案科学技术研究所牌子）和机关党委。编制总额 92 名，其中行政编制 22 名，离退休干部工作人员编制 2 名，事业编制 68 名（含工勤人员编制 4 名）。可配备馆（局）长 1 人，副馆（局）长 3 人；处级领导职数 23 人（含机关党委专职副书记 1 人）。

2005 年 1 月，整理编目处更名为信息技术处（对外挂山东省档案科学技术研究所牌子），技术处更名为档案保护处。

2008 年 6 月，设立档案接收征集处。

2010 年 7 月，保管利用开发处分设为档案利用开发处和档案保管处，增设保卫处。

2012 年 6 月，撤销信息技术处加挂的省电子文件档案中心牌子，设立电子档案备份管理处。

2015 年 5 月，设立人事处。

2017 年 11 月，馆（局）部分内设处室做部分调整，法规和经济科技业务处分设为经济科技档案业务处和法规处；整合信息技术处、电子档案备份管理处，设立信息技术处；保卫处更名为财务保障处。

2019 年 2 月，山东省委机构编制委员会印发《中共山东省委机构编制委员会关于调整省档案馆机构编制事项的批复》（鲁编〔2019〕13 号），将山东省档案馆（局）承担的行政职能划入山东省委办公厅。山东省档案馆行政职能剥离后，不再保留山东省档案局牌子，仍为山东省委直属正厅级事业单位。撤销法规处，收回事业编制 6 名；核减处级领导职数 2 名，其中正处 1 名、副处 1 名。调整后山东省档案馆内设 12 个正处级机构和机关党委。核定事业编制 95 名；设馆长 1 名、副馆长 3 名；处级领导职数 31 名，其中正处 13 名（含机关党委专职副书记 1 名）、副处 18 名；其他机构编制事项不变。

2020 年 5 月 9 日，山东省委办公厅印发通知，进一步明确了山东省档案馆及内设机构的主要职责，内设办公室、人事处、档案馆室业务处、经济科技档案业务处、宣传教育处、档案接收征集处、档案保管处、档案利用开发处、信息技术处、编辑研究处、档案保护处、财务保障处 12 个正处级机构和机关党委。2020 年 5 月 11 日，省委组织部印发《关于同意省档案馆参照公务员法管理的批复》，明确省档案馆机构改革后仍为参照公务员法管理单位。

山东省档案馆馆长先后由刘翔鸥、陈芳彬、易炳炎、李光泉、张奎明、唐传喜、唐慎、杜文彬、李世华担任。

二、馆库设备

山东省档案馆于 1958 年 3 月经省长办公会批准筹建，1959 年 8 月筹备处成立，1963 年 1 月 31 日正式开馆。建馆初期，利用省委幼儿园 390 平方米的旧平房改作档案库房，档案装具多为木制橱柜，采用自然通风、放置生石灰等原始方法调节库房温湿度。1978 年建设第一个符合档案保管要求的档案馆，地址为济南市纬一路 484 号省委机关院内，总建筑面积达到 5564 平方米，采用环廊式设计，外墙加厚并建有隔热防潮层，库房内安装有暖气、中央空调、湿度自动控制设备、自动防盗报警设备和自动灭火设备，极大地改善了档案保管条件。

1989 年，山东省档案馆又建起了面积为 3300 平方米的档案业务技术楼，并在此后逐步购置配备了一些现代化技术设备，如缩微设备、电子计算机、静电复印机、录像机等。现代化设备和技术的运用，不仅提高了山东省档案馆的管理水平，同时也为利用者查阅、复制档案提供了方便条件。

山东省档案馆新馆（经十路 11619 号）是省委、省政府贯彻落实中央加强文化建设决策部署、实施文化民生工程、加快经济文化强省建设的重点工程项目。2007 年 8 月经第 100 次省政府常务会议批准建设，2007 年 12 月奠基，2008 年 4 月开工，2009 年 10 月完工，2010 年 11 月 16 日省档案馆新馆与山东博物馆新馆同时举行开馆仪式。2011 年 6 月馆藏档案完成搬迁并投放使用。

新馆占地 61 亩，总建筑面积 49231 平方米。按功能划分为五个功能区域：一是档案保管区。建筑面积 15000 平方米，能够满足今后 50 年的档案馆藏发展的需要。二是档案展览陈列区。建筑面积 14600 平方米，建设了大小 20 个展厅，用于举办档案文化展览。截至 2022 年年底，已经举办了中国档案珍品展、山东馆藏档案精品展、黄河记忆专题档案文献展、“百年恰是风华正茂”主题档案文献展、“不忘初心、牢记使命”主题教育档案文献展、“全面从严治党永远在路上”专题展览、山东省“三严三实”专题教育展等 18 个档案展览。三是档案利用阅览服务区。建筑面积 2000 平方米，规划建设了档案查阅服务中心、政府信息公开查阅中心等服务场所。四是办公和业务技术区。建筑面积 8000 平方米，主要包括档案接收、整理、编目等业务用房，档案拍摄、冲洗、制作等缩微用房，档案扫描录入、数字化加工等计算机业务用房，实验室、消毒室、药品室、仪器室等保护技术用房。五是行政服务、安保动力等辅助功能区。主要是车库、餐厅等后勤用房，变配电室、电梯机房、空调机房、通信机房等动力设施用房，消防系统、安保系统中央控制用房等服务用房。新馆的建筑设计、施工质量和展览陈列等均达到国内一流水平，成为济南东部新区标志性文化建筑。

新馆库区位于档案馆西楼，严格按照《档案馆建设标准》和《档案馆建筑设计规范》的规定进行设计和建筑，除一般纸质档案库房外，还设置了电子屏蔽、声像档案等特殊库房。档案库房设计建设双层外墙，中间保温层采用可阻燃的聚氨酯现场发泡方式施工，2020 年对档案馆库区空调系统进行高标准升级改造，保证 72 小时温差变化在 2℃以内。库房现在配备有电视监控、消防报警、防盗报警、自动门禁、温湿度控制和 IG541 自动灭火系统。

三、馆藏档案、资料概述

山东省档案馆馆藏丰富。截至2022年年底，馆藏档案已达394个全宗，2647397卷（件），上架排列总长度18404.2米；馆藏资料115669册，排架长度1603米。另有录音录像带2860盘，缩微胶片835万幅，各类照片68207张。

馆藏历史档案由明清、民国档案两部分组成，共有54个全宗，315108卷（件）。其中明清档案2个全宗，共333卷；民国档案52个全宗，314775卷（件）。

馆藏明代档案，主要是嘉靖年间（1522—1566）山东总督备倭署、山东都指挥使司关于戍边、操练、军纪、粮饷、官员任免等方面的文件材料。

馆藏清代档案，主要是道光、光绪、宣统年间（1821—1911），山东督粮道、山东河防总局、山东布政使司、山东善后厘税总局、山东运河兵备道等官署形成的文件材料，内有山东部分州、县的户数、银两清册，驻守海防各州、县的营官、哨官、兵丁处所的清册及口粮、银两清册，黄河中下游防汛收支银两清册，运河沿微山湖、鱼台、汶上、寿张、阳谷、聊城等地段治理的银两清册等。

馆藏明清档案，数量不多，且比较零星，但它对明清两朝山东的军事、财政、河流治理及农民的劳役、赋税负担等问题的研究，具有一定的史料价值。因其形成年代比较久远，故而比较珍贵。

馆藏民国档案，主要是1914—1948年期间，国民党山东省各级党部、国民党山东省政府，以及部分工厂、学校、医院、银行等企事业单位形成的文件材料，内容涉及组织沿革、人事任免、人员登记、民政司法、财政经济、教育卫生等方面。

在民国时期的档案中，还有一部分日伪档案，主要是1938—1945年期间，日伪山东省公署（后改为山东省政府）、山东省建设厅、山东省盐务局、山东省警察厅、山东省教育厅，以及莱潍道等各道公署形成的文件材料。这部分材料保存比较系统完整，对抗日战争时期山东历史的研究有一定史料价值。

在馆藏档案中，有革命历史档案52个全宗，经整理共有142996件。主要是中共山东各级组织及其领导下的各级军事组织、政权机关、群众团体于1922—1949年9月期间形成的文件材料，内容涉及党务、民主政权建设、民政工作、民族侨务宗教、社会公安司法、军事武装、城市工作、群众工作、文教卫生、财政经济等方面。这部分档案是在白色恐怖的地下斗争和艰苦的战争年代保存下来的，真实地反映了山东党组织和山东人民前仆后继、英勇斗争的革命史实，是研究山东现代革命史、中共地方党史的宝贵史料。

馆藏中华人民共和国成立以后的档案，是山东省档案馆馆藏档案的主体，计 288 个全宗，2189293 卷（件）。这部分档案是 1949 年 10 月至 2022 年期间，中共山东省委（中共中央山东分局）、山东省人民政府（山东省人民委员会）以及省委、省政府各部门，省级各民主党派、群众团体，企业事业单位形成的文件材料。这部分档案，数量大，保存完整，真实记录了中华人民共和国成立以来全省政治、经济、社会、科技、文化教育等方面的情况，全面系统地反映了山东人民在省委、省政府的领导下，进行社会主义革命、社会主义建设和改革开放的历史。

馆藏照片档案和录音录像档案，绝大部分是中华人民共和国成立后形成的，少部分是中华人民共和国成立前的历史照片。其中，有 20 世纪五六十年代和改革开放后，党和国家领导人在山东视察工作时的照片和讲话录音，有省委、省政府领导人在重要会议上的照片和讲话录音，有抗日战争和解放战争期间山东党政军民参军参战，杀敌支前，开展减租减息、反奸诉苦、土地改革的照片，有日本侵略者和国民党反动派屠杀山东革命军民，制造各种惨案的照片，等等。这部分档案，生动形象地再现了历史，对于向人民进行革命传统教育，具有重要作用。

馆藏资料，大体可分三个部分。一是历史资料，主要是各种志书、刊物和报纸，如《山东通志》《山东实业志》《党务月刊》《民国日报》《大公报》等。此外，还有一部分专题性资料，如《山东特教组织概况》《日本宪兵组织概况》等。二是革命历史资料，主要是山东各级党组织和各级民主政权和革命群众团体创办的各种报刊，编印的各种会刊和文件汇编等。如《红旗》《斗争》《大众日报》《民主导报》《渤海日报》《山东抗日根据地法规汇编》等。三是中华人民共和国成立后资料，主要为各级党委、政府及有关部门创办的报刊和编印的各种法令法规汇编、各种统计资料、各种史志资料等。此外，馆藏资料中还有部分重要的辞书、史书和资料性较强的图书。上述馆藏资料，是山东省档案馆馆藏档案的重要补充。

四、馆藏档案整理编目

山东省档案馆的馆藏档案和资料，均已进行了系统的整理编目，基本做到有规可循、有目可查，便于保管、方便利用。

馆藏民国档案在进馆前曾进行过一次整理。这次整理是20世纪50年代结合“肃反”审干中清理敌伪档案进行的。在这次清理敌伪档案中，对各机关接收、保存的敌伪档案进行了集中，并进行了分类、立卷、编制案卷目录和卡片等系统化整理。清理工作结束后，属于敌伪档案的由省公安厅保存，属于非政治档案的于1963年交省档案馆保存。

民国档案进馆后，又先后进行过两次整理工作。一次是“文化大革命”中结合第二次清查敌伪档案进行的。山东省档案馆馆藏民国时期的敌伪档案，全部移交省清查敌伪档案办公室。省清查敌伪档案办公室在清查中，又对这部分档案进行了整理，编制了人名卡片。1969年11月清查工作基本结束后，这部分档案连同编制的检索工具一并交回省档案馆（当时为省革委会办公室档案组）。另一次是山东省档案馆自己进行的。这次整理于1989年开始进行。整理的原则是充分利用原基础，对原有全宗和案卷一般不作调整。整理的内容包括：填写卷内文件目录、编写页号，修改或拟写案卷标题，更换卷皮，补齐档号，编制卡片和目录，修复破损文件，编写全宗介绍等。

馆藏革命历史档案的整理，除结合平时的接收、征集工作及时进行外，曾于20世纪80年代集中进行了一次全面系统的整理。整理的内容包括：进一步调整和划分了全宗，对无作者、无时间的文件进行了考订，对卷内文件进行了系统排列，对无标题或标题不确切的文件拟写或修改了标题，对散页文件进行了装订，对需抢救的文件进行了复制，健全了档号，编制了案卷目录、卷内文件目录等检索工具。

馆藏中华人民共和国成立后档案，1966年前接收进馆的部分，在“文化大革命”前已作过初步整理。“文化大革命”开始后，省档案馆又接收了大批撤销机关的档案。这部分档案由于是在非常时期接收进馆的，质量较差。1972年起，省档案馆（当时称省革委会办公室档案组）开始对这部分档案进行全面的整理鉴定。在这次整理鉴定中，对全部案卷重新确定了保管期限；对零散文件进行了分类立卷；案卷按不同保管期限进行了重新排列；对永久、长期保存的案卷，编制了案卷目录和卷内文件目录，健全了档号，逐步做到多方位检索。

至2005年年底，省档案馆已编制案卷目录920册，全引目录3204册，专题目录96册，各类卡片目录14000张。随着计算机技术应用逐步普及，档案管理信息化迅速发展，计算机检索逐渐成为档案检索的主要方式，1999 年，省档案馆档案管理系统投入使用，开始采用计算机检索。至 2022 年年底，省档案馆共编制案卷级机读目录 62 万条、文件级机读目录 553 万条，馆藏档案、资料全部实现文件级计算机检索。

五、馆藏档案开发利用

大力开发档案信息资源，积极开展优质高效的利用服务工作，是山东省档案馆的服务宗旨。山东省档案馆坚持以人民为中心的发展理念，积极开展优质、规范的档案利用服务，推动档案利用工作高质量发展。

山东省档案馆严守依法用档原则，单位和个人持有合法证明，即可查阅利用已开放档案。山东省档案馆向社会提供全方位、多途径的档案利用服务，除在查阅大厅现场查档外，利用者还可以通过电话、信函、网络等方式查询档案。2022 年，公共服务事项统一归口山东政务服务网，山东省档案查询利用平台、国家档案查询利用服务平台以及“沪鲁通办”档案查询板块与山东政务服务网无缝对接，实现了山东省档案信息“一网查、掌上查”。

为提高档案查准率、查全率，除案卷目录、全引目录、归档文件目录、人名卡片等手工检索工具外，山东省档案馆还立足数字档案馆系统，大力推行电子阅览室检索系统。山东省档案馆电子目录覆盖全馆藏，全文数字化达到馆藏的 88%。山东省档案馆坚持“一事一议”档案利用原则，根据不同的查档目的，采取提供档案原件、复印件、资料汇编等不同的利用方式满足利用者查档需求，并相应提供咨询、摘抄、复制等服务。

山东省档案馆不断探索提升档案利用水平，提出“便民十项”措施，利用者证明材料不全时，窗口推行容缺受理服务；为老年人、孕妇和行动不便人员开通“查档绿色通道”，提供全程代办服务；已到下班时间尚未办好的事项，提供延时服务；特殊查档事宜提供双休日、法定节假日等预约查档服务。

档案查阅大厅配备饮水机、便民伞、文具盒、维修箱、医药箱、交通地图、擦鞋机等便民设施，提供查档交通引导服务，为利用者营造舒适、便利的档案利用环境。

在扩大开放档案途径方面，山东省档案馆在做好日常开放档案接待工作的同时，积极开展了开放档案的公布、编研、出版工作。除不定期地根据社会利用需要在《山东档案》《山东党史资料》等刊物公布档案外，从

1980 年开始，自行或与有关部门合作，编辑出版了《山东革命历史档案汇编》《档案里的山东红色记忆》《山东档案精品集》等百余册档案史料书，从而为这些档案的广泛利用创造了有利条件。

山东省档案馆在今后的工作中，将继续聚焦档案存史资政育人根本任务，把握“四个好”“两个服务”目标要求，积极适应国家治理体系和治理能力现代化要求，大力加强档案基础业务工作，努力推动档案事业创新发展转型发展高质量发展，为建设社会主义现代化强省，全面建设社会主义现代化国家、全面推进中华民族伟大复兴贡献档案力量！

山东省档案馆指南

第二章　馆藏清代档案介绍

清代档案，包括山东督粮道、山东善后厘税总局、山东布政使司、山东河防总局、山东运河兵备道及兵部侍郎河东河道总督部院等机构形成的部分档案。这部分档案，系 1963 年从济南古旧书店购进，共 312 卷，编为 6 个目录。其主要内容，按目录概述如下：

01 目录，计 49 卷。主要是山东督粮道造送的缓征、豁免银两清册，未完银两清册，已征未解耗羡银两清册。如临仓光绪二十九年（1903）缓征银两清册，光绪二十五年德、常二仓应征缓豁除蠲免划租界并已未完耗羡银两数目清册，道光二十年（1840）至三十年临仓未完银两清册，咸丰二年（1852）德、常二仓已征未解耗羡银两数目清册等。

02 目录，计 59 卷。主要是山东善后厘税总局呈送的官弁勇丁清册、军饷册。如光绪二十五年至光绪二十八年官勇衔名数目驻扎处所册，海防各营官勇衔名数目驻扎处所册；光绪二十五年善后第 70 次第一案第 4 册左营薪粮销册，总局第 70 次第三案第 6 册各营洋枪匠工食销册，光绪二十六年嵩武军日饷第 23 至 26 次简明总册，宣统元年（1909）游击第三次巡缉各营薪粮各项销册等。

03 目录，计 69 卷，主要是山东布政使司呈送的光绪年间各地应征未完耗羡银两清册、已征未解耗羡银两数目清册及道光、咸丰、同治年间部分年份未完递缓征耗银两数目清册；该司呈送的通省州县光绪二十五年起运地丁等项钱粮未完各官简明揭帖清册，及光绪二十二年起运地丁等项钱粮奏销全完议叙揭帖清册；另有该司造送的部分军饷清册，如光绪二十五年山东通省各镇标并青州、德州驻防满营额定官兵马匹全年俸薪饷银两简明清册等。

04 目录，计 72 卷。主要是山东河防总局造送的防营口粮清册与防汛银两清册。有光绪二十年河成前营官弁勇丁口粮等项银两第 19 册，光绪二十五年支过上中下游管带炮船官弁盐粮等项银两 24 册，光绪二十六年黄河维修、岁修等各防营官弁勇夫口粮盐粮银两清册，光绪二十三年黄河上中下游防汛案内收支银两数目简明清册，光绪二十七年山东河防总局遵饬补抄光绪二十四年防汛报销原奏及所奉朱批一案清册等。

05 目录，计 60 卷。主要是山东运河兵备道造送的汛残岁修银两清册、挑河工程银两清册及咨办其他运河工程的奏呈。有光绪十七年运捕上三厅岁修各工需用工料银两题估册，同年帮筑东平、阳谷等汛残缺堤工需用土方银两估计清册，花翎二品衔山东通省运河兵备道罗锦文为报销东运河光绪十八年抢修工程钱粮的呈文，二品衔山东运河兵备道耆安呈送运伽捕上下六泉光绪十九年咨办各工估需银两简明册，光绪十四年募夫挑河工程奏拨银两清册，光绪十七年运河兵备道为报销光绪十二年山东运河挑工银两给户部的呈文等。

06 目录，计 3 卷。主要是兵部侍郎河东河道总督部院抄送的光绪二年、光绪三年等年份河银奏请豁免案卷清册，光绪二十五年河工案卷清册，山东运河道借拨兖库河银案卷清册等。

山东省档案馆指南

第三章 馆藏民国档案全宗介绍

国民党山东省党部

(1928 ～ 1948 年)

全宗号　J001

一、机构沿革

1912 年秋，以山东同盟会为基础，建立国民党山东支部，丁惟汾任党务主任。1924 年 4 月，该支部在共产党的帮助下进行了改组，在济南成立国民党山东临时省党部，王尽美任执行委员。1925 年改称“国民党山东省执行委员会”。此后，又改称“国民党山东省党务指导委员会”“国民党山东省党部执行委员会”“国民党山东省党务整理委员会”。1933 年又恢复“国民党山东省执行委员会”。1928 ～ 1938 年间，李澄之、王立哉、蔡自声、赵畸、陈调元、阎实甫、何思源、陈鸾书、刘涟漪、张金鉴、于恩波、陈富书、张苇村、韩复榘、赵伟民、李文斋等先后担任过常务委员；1939 ～ 1948 年 9 月，沈鸿烈、范予遂、牟希禹、阎实甫、何思源、庞境塘等先后担任过主任委员或代理主任委员。

其内部机构，在建立初期(1928 年)，设秘书、组织、宣传、训练等部(处)。1947 年，增设监察处和会计室。1947 年 10 月，国民党与三青团统一组织后，国民党山东省执行委员会下设秘书室、总务组、组训组、宣传组、会计室、监察室及财务、文化运动、农工运动、妇女运动委员会等。

国民党山东省党部，是中国国民党中央执行委员会领导下的一级组织，是国民党山东省的最高领导机关。其职责是：执行中国国民党中央党部的命令和全省党员代表大会的决议；设立市、县、区地方党部并指导其活动；组织省党务机关各部；支配党费及财政；负责向上级机关报告工作。

二、全宗概况

该全宗的档案是山东省党部及其下属组织于 1928 ～ 1948 年期间形成的，共计 768 卷，排架长度 22.5 米。分为 25 个目录，其中，01 目录为省党部本身形成的档案，计 183 卷；02 目录为济南市党部形成的档案，计 163 卷；03 ～ 25 目录为昌乐、福山、潍县、寿光、烟台等 109 个县市党部形成的档案，计 422 卷。

中华人民共和国成立初期，这部分档案分散存放在各地各机关。1956年，根据中央有关通知精神，由山东省清理敌伪档案办公室进行了集中、整理，后暂存山东省公安厅。1981 年 5 月，山东省公安厅将这部分档案移交省馆。该全宗档案从 1956 ～ 1992 年先后经过两次系统整理，并编制了案卷目录、卷内文件目录、国民党区分部以上的组织机构卡片目录、国民党员人名卡片目录、全宗介绍、全宗指南等检索工具。

三、档案内容

馆藏国民党山东省党部全宗时间较长，但档案数量不多，且大多是1940 年以后形成的。从档案内容来看，各种统计、登记表格、人员名册等居多数，文件很少。现存档案主要有以下几类：

（一）综合类　主要是国民党中央执行委员会、国民党山东省党部以及各县、市党部形成的全面性的工作计划、总结、指示、决定、办法、方案、政策法规以及综合性的统计、登记等。如国民党山东省执行委员会“三十六年度工作计划”“二十九年度工作总结报告”“各级党团统一组织实施办法”（1947 年）、“党团员重新登记确定党籍办法”（1947 年）、“职业党务实施方案”“各县动员委员会组织通则”等。

（二）会议类　主要是国民党山东省党部及其所属组织召开的代表大会、工作检讨会、座谈会、党务会、各种联席会等会议形成的记录、纪要、宣言等材料。如“国民党山东省第一次党务座谈会纪要”、“国民党山东省第二次代表大会文件”（1933 年）、“国民党山东省党团统一组织委员会会议纪要”（1947 年）、“国民党山东省昌乐县第一次全县代表大会宣言”等。

（三）组织人事类　主要是国民党山东省党部及所属单位形成的有关机构建撤、人员编制、人事任免调配、征求党员、培训、考核、奖惩、工资、福利、救济、抚恤等方面的文件材料。如国民党山东省执行委员会“为威海卫区党部改组给威海卫市党部的通令”（1946. 5），国民党山东省执行委员会“三十六年度征求党员计划”，国民党山东省执行委员会“为规定区党分部活动方式的通令”（1947. 3），“为奉发山东省党部与青年团山东支部统一组织派庞镜塘等人组成统一委员会的代电”，“为按照党员与党部处分规程办理腐化党员的代电”，“县市党训练实施要点”，“各级党部工作人员训练班名册”（1930. 3），“国民党山东省执行委员会二十九年度组织概况统计表”等。

（四）宣传类　主要是国民党山东省党部颁发、制订的宣传工作计划、纲要、大纲、要点、宣传标语；国民党山东省党部编辑出版的《三民主义研究》《信仰与力量》《宣传通讯》等内部刊物。

（五）群工类　主要是国民党山东省党部形成的关于青运、民运、民协及妇女工作等方面的文件材料。如“农民协会组织条例”（1928.9）等。

（六）财务类　主要是本部及其下属组织形成的关于经费支付、党费收支、员工俸粮及生活补助等方面的文件材料。

国民党淄博矿区特别党部

（1941 ～ 1948 年）

全宗号　J004

一、机构沿革

国民党淄博矿区特别党部于 1946 年 9 月成立，在此之前为淄博矿区党部筹备员办事处。国民党淄博矿区特别党部的职能是负责淄博矿区的党员发展，宣传党的理论、信仰及政纲、政策等。

二、全宗概况

现馆藏该全宗档案 10 卷，上架排列总长度 0.45 米。档案形成时间为 1941 年至 1948 年。检索工具有全宗指南、全宗介绍、案卷目录、全引目录、机读目录等。

三、档案内容

全宗内主要有以下方面的内容：

该党部有关整建区分部及编划党小组的文件；有关征收党费的文件；有关宣传国民党理论、信仰、政策纲领及组织各种出版工作的文件；有关举办干部训练班及推行小组训练活动的文件；有关搜集中共活动情况的情报文件等。

国民党驻山东部队各特别党部

（1940 ～ 1948 年）

全宗号 J005

一、机构沿革

国民党驻山东部队各特别党部，包括国民党陆军整编十二师，鲁苏战区挺进第 4、5、15 纵队，山东省保安司令部，国民党陆军 73 军 54 师 212 旅等。

国民党驻山东部队各特别党部的职能是国民党驻山东部队党的建设、政治建设、党员发展和管理等。

二、全宗概况

现馆藏该全宗档案 36 卷，上架排列总长度 1.17 米。档案形成时间为 1940 年至 1948 年。检索工具有全宗指南、全宗介绍、案卷目录、全引目录、机读目录等。

三、档案内容

全宗内主要有以下方面的内容：

有关调整各级军队党部机构及人员的办法；党部各直属团、营、连召开的党小组会议记录、会议报告；军人入党申请书及志愿书；有关各种调查、统计及登记的文件；关于发展武装势力与组织活动的文件；关于召开庆祝会、纪念会的宣传材料等。

三青团山东支团部

（1940 ～ 1948 年）

全宗号 J006

一、机构沿革

三青团山东支团部于 1938 年 11 月 1 日在新泰羊流店成立；1947 年

10 月与国民党山东省党部合并。

三青团山东支团部的职能是发展三青团组织，诱教青年及知识分子入团，使其为实现一个政府（中华民国政府）、一个主义（三民主义）、一个领袖（蒋介石）的政治主张而力行，使经过组织与训练之青年成为“抗战建国”的人才，并为该党输送新党员。

二、全宗概况

现馆藏该全宗档案 1216 卷，上架排列总长度 30.6 米。档案形成时间为 1940 年至 1948 年。检索工具有全宗指南、全宗介绍、案卷目录、全引目录、机读目录等。

三、档案内容

（一）综合类　主要有 1938 年 6 月 16 日中国国民党总裁兼三青团团长蒋介石告全国青年书；1943 年 5 月 3 日三青团第一次全国代表大会宣言、决议案及蒋介石的训词；三青团各级团组织简则、组织条例；1938 年 11 月 1 日三青团山东支团部发布的“征求团员暂行办法”“特许入团暂行办法”；三青团山东支团部的重要工作总结、报告，与下级的来往文件，召开支部会、代表会的文件材料；关于三青团山东支团部撤销及工作移交的材料等。

（二）组织人事类　主要有中央干事会特聘第二绥靖区司令官、国民党山东省政府主席王耀武为三青团山东支团部指导员的命令；三青团山东支团部及各区团部、分团部关于干部选拔、任用、调整、调迁的命令、任命书、委任状；关于发展团员、团员转党、入团受训等方面的计划、规定；三青团各区团、支队、分团等干事会组织条例；各级团员代表大会组织法、选举法；党务人员服兵役办法、从军实施纲要；干部升学、自费留学等规定、办法；团员奖惩办法；青年服务社、童子军、教育研究会等外围组织成立活动办法、组织章则、调查统计、登记；下属区团部和分团部主任、书记、干事名册，团员分布报表，团员集体活动月报表，入团登记表，人员简历表及团员名册、职员清册等。

（三）宣传教育类　主要有关于纪念重要节日、重要历史事件的材料，如“九三”抗战胜利周年纪念办法宣传要点、蒋介石“七七”讲话宣传文件材料，蒋介石寿辰纪念筹备会议材料；关于田赋豁免、文体活动、慰问国民党军队、优待抗属等方面的材料；关于宪法宣传方面的材料等。

（四）特工情报类　主要有三青团中央团部颁发的关于打入工作的注

意事项、人员条件、感训办法、对策要点、联系与指挥办法及执行任务经费开支等方面的文件材料；三青团中央团部及山东支团部等单位关于特务工作、军事情报搜集、对中共军队策反、被俘人员优待等方面的计划、实施办法、实施细则、条例；关于武装区队组织办法、服务规则、训练纲要；关于组织战地服务队、还乡团及深入共产党地区活动等方面的规定；关于各种防范措施及实施办法；关于中共山东组织概况及主要领导人情况的报告材料。

（五）财务类　主要有三青团中央团部及山东分团部关于财务开支、稽核、公务人员经商、检举贪污、粮秣代金、募捐、战时生活补贴、被裁人员生活补助、死亡团员抚恤等方面的法规、制度、指令、办法、规定、报表、清册等。

国民党中央调查统计局山东省调查统计室

（1940 ～ 1948 年）

全宗号　J007

一、机构沿革

国民党中央调查统计局山东省调查统计室（简称中统局山东省室），1938 年由国民党山东省党部调查股改建，是山东省中统特工首脑机关。其主要任务是在山东辖区内组织特工力量，调查防范中共活动，破坏中共地下组织，密报中共及其他党派组织及人员活动情况。

中统局山东省室，先后由于宝苍、孔庆、董叔明等人任主任。其内部机构建立初期设有情报、组训、总务等机构，后改设科，下属有若干区室、据点、联络站、工作站。1946 年 1 月，下属组织有济南、莱阳、益都、临沂、兖州、泰安、菏泽、临清、惠民 9 个区室，烟台、威海、枣庄、博山、潍县 5 个据点。1948 年年初，下属组织有济南、益潍、鲁东、鲁东南、鲁南、鲁西、鲁西北、鲁北 8 个区室，胶高诸、即莱平、鲁中、鲁西黄河 4 个联络站，以及博山、邹长 2 个工作站。1948 年 7 月，因形势急变，省室组织了“随军工作督导团”，由何志斌、费仁生分任正副主任。该团下设 4 个工作督导团，原各区室分别并入各督导团中。此时，各工作督导团连同各区室名称改为“国民党中央党员通讯局山东区××单位”，如“国民党中央党员通讯局山东区鲁东分区室”。

二、全宗概况

该全宗的档案是1956年山东省清理敌伪档案办公室根据中央有关通知精神收集整理起来的。1981年，山东省公安厅将该全宗档案移交山东省档案馆。1992年，省馆对该全宗进一步作了加工整理，抄写了卷内目录。该全宗共134卷，分5个目录，排架长度4.5米。其中01目录是中统局山东省室1945～1949年形成的档案，计28卷；02目录是中统局鲁东区室1938～1949年形成的档案，计55卷；03目录是中统局济南区室1945～1948年形成的档案，计27卷；04目录是中统局鲁南、鲁北、鲁西区室1947～1948年形成的档案，计22卷；05目录是国民党中央党员通讯局中华海员通讯室烟台港站、青岛港站1948～1949年形成的档案，计2卷。全宗检索工具有全宗指南、全宗介绍、案卷目录、全引目录、机读目录等。

三、档案内容

（一）综合类　主要有国民党中统局关于组织通则、国民党员调查管训纲领、请假规则等方面的文件材料；中统局山东省室及所属区室（工作团）关于工作计划、工作总结报告、组织编制、工作区变更、单位建立撤并、组织发展等方面的呈文、训令、电函、信件；关于各种会议的签呈、记录、报告等。

（二）人事类　主要有山东省室及其所属区室等单位关于人员任职、迁调、奖惩、履历、审查、考核考绩，以及组织登记统计等方面的签呈、报告、法令、名册、清册等。

（三）情报类　主要有山东省室及所属各区室关于战事战况、国民党军作战士气、中共地下组织和其他党派组织及其活动情况等方面的调查、情报材料。

（四）经费类　主要有山东省室及所属区室、站、点关于经临费、侦察活动经费、生活费等开支，以及工作人员的薪俸、津贴、生活补助、死亡特工家属抚恤等方面的文件及表册。

国民党军事委员会调查统计局山东站

（1947 ～ 1948 年）

全宗号 J008

一、机构沿革

国民党军事委员会调查统计局山东站（简称军统局山东站）于 1939 年建立，是国民党在山东的一个军事特务组织。抗日战争期间由许先登任站长。1946 年 10 月，军统局改组，成立国防部保密局，山东站（又称济南站）归属保密局领导，站长仍由许先登担任。内部机构设一科、二科和电讯台。其下属组织有警务组、济南组、兖州组、菏泽组、沂州组、临城组、德州组、张店组、潍县组、惠民组、沂蒙组及电讯支台。其外围组织有中国新建协会山东分会、军统山东铁血锄奸救国会、山东省战地政工总队等。

军统局山东站的主要任务是负责中共山东党组织领导的山东解放区的秘密情报工作，包括情报、行动、策反、军事破坏及暗杀等。

二、全宗概况

该全宗的档案主要是军统局山东站、保密局济南站等单位于 1947 ～ 1948 年形成的。1956 年，山东省清理敌伪档案办公室对这部分档案进行了搜集、整理，并由省公安厅保管。1981 年 5 月，省公安厅将这部分档案移交山东省档案馆。该全宗共 42 卷，上架排列总长度 1.8 米。该全宗已编制了全宗指南、全宗介绍、案卷目录、专题卡片目录、人名卡片目录等检索工具。

三、档案内容

（一）组织类　主要有各军统组织机构设置、组建、调整、取缔和人员编制等方面的文件材料；有军统局山东站公务员登记、下属组织及主要人员登记、国防部保密局军官佐任用审查登件等表册；有关于人员考绩、任用审查、迁调晋升、级俸、奖惩、授衔等方面的文件材料及表册；有特工组织人员、直属通讯员、义务通讯员及各突击单位的统计、登记表册；有各级组织的人员调查表、履历表、聘书、军用证明书及主要站、组和负责人的化名、代号等。

（二）特工情报类　主要有军统局山东站及所属组织关于情报工作的计划、报告、工作纲要及机构组建章程等文件材料，有关于国民党军队军事活动方面的调查报告；有关于中国共产党军政情况的调查报告、侦防工作纲要；有被策反的中国共产党军队人员名单；有军统局山东站所属外勤情报人员成绩表及情报成绩检查表等。

国防部第二厅山东站

（1946～1947 年）

全宗号　J009

一、机构沿革

国防部第二厅山东站于 1949 年 2 月成立，其前身是直属国防部二厅的谍报组。

国防部第二厅山东站的职能是负责搜集共产党解放军的政治、军事、经济情报。

二、全宗概况

现馆藏该全宗档案 7 卷，上架排列总长度 0.18 米。档案形成时间为 1946 年至 1947 年。检索工具有全宗指南、全宗介绍、案卷目录、机读目录等。

三、档案内容

全宗内主要有以下方面的内容：

该站工作人员官籍表；该站人员考核统计表及联系证书；该站有关搜集中共政治、军事、经济情报的文件等。

国防部绥靖总队第三大队

（1947 ～ 1948 年）

全宗号　J010

一、机构沿革

国防部绥靖总队第三大队于 1947 年 8 月 15 日成立。

国防部绥靖总队第三大队的职能是负责从事情报、绥靖、突击等特务活动。

二、全宗概况

现馆藏该全宗档案 33 卷，上架排列总长度 0.9 米。档案形成时间为 1947 年至 1948 年。检索工具有全宗指南、全宗介绍、案卷目录、机读目录等。

三、档案内容

全宗内主要有以下方面的内容：

有关该队编制、各级干部任免及调动的文件；有关对民众训练的规定及教育计划实施办法；该队训练大纲；有关实施经济封锁等行动计划及措施；有关搜集中共政治、军事情报的文件；关于逮捕民盟成员、取缔民盟组织的指示及通令等。

国防部人民服务总队第一大队

（1946 ～ 1948 年）

全宗号　J011

一、机构沿革

第一大队成立时间待考。总队长郭仲宓，大队编制 5 个室，即：督导室、秘书室、军需室、医务室、副官室。一大队直接管辖 4 个大队、14 个中队、42 个支队。

国防部人民服务总队第一大队的职能是负责山东地方社会治安等。

二、全宗概况

现馆藏该全宗档案 26 卷，上架排列总长度 0.9 米。档案形成时间为 1946 年至 1948 年。检索工具有全宗指南、全宗介绍、案卷目录、机读目录等。

三、档案内容

全宗内主要有以下方面的内容：

有关该队人员任免及调动的文件；该队官兵名册；该队工作计划；山东地区工作程序表；该队宣传工作计划方案及实施办法；有关对中共情况调查、战法研究及对策的文件等。

国防部戡乱建国总队第五大队

(1947 ～ 1948 年)

全宗号　J012

一、机构沿革

国防部戡乱建国总队第五大队于 1947 年 8 月 15 日成立。

其职能是负责从事情报、绥靖、突击等特务活动。

二、全宗概况

现馆藏该全宗档案 16 卷，上架排列总长度 0.45 米。档案形成时间为 1947 年至 1948 年。检索工具有全宗指南、全宗介绍、案卷目录、机读目录等。

三、档案内容

全宗内主要有以下方面的内容：

该队编制表及人事任免令；戡建五分班学员名册；该队工作纲领草案、工作计划及工作报告；各中队工作周报等。

第二绥靖区司令部

（1946 ～ 1948 年）

全宗号　J013

一、机构沿革

第二绥靖区司令部，1945 年 10 月在武汉成立，1946 年 1 月移驻济南。该部隶属于徐州绥靖公署，1948 年 9 月济南解放，该部消亡。

1946—1948 年，王耀武任司令官，丁治磐、李仙洲、牟中珩、傅立平、张汉铎先后任副司令官。参谋长由贺执圭、聂松溪、罗幸理先后充任。

司令部成立初期，内部机构设置办公厅、第一至第四处、新闻处、民事处、军法处、总务处。之后，随其工作的需要，内部机构不断进行调整。至 1948 年 8 月，该部内设办公厅、第一处、第二处、第三处、第四处、政工处、军法处、副官处、政务处、经济处、卫生处、军警稽查处等。

该司令部所辖部队先后有第二十集团军（整编二十一军），第八军（整编八师），第九十六军（整编四十五师）及青岛警备司令部、济南防守司令部，山东保安第二、第三总队，交通警察第一、第三、第五、第十、第十二、第十五共 6 个总队。其直属部队有特务旅、独立团、宪兵十一团、工兵团（2 个）、济南人民自卫团、通讯第十营等。

该部的主要职权范围是：掌理辖区内各县军事及有关绥靖事项之民政事宜，但作战用兵仍应照战斗序列之规定受其上级指挥官之指挥。

二、全宗概况

现馆藏该全宗档案 122 卷、304 件，上架排列总长度 3.87 米。档案形成时间为 1946—1948 年，于 1981 年接收进馆。其中，01 目录为司令部第二处形成的文件，02 目录为司令部其他厅处形成的文件，03 目录为各训练机构形成的文件。该全宗编制的检索工具有：全宗指南、全宗介绍、案卷目录、机读目录、专题卡片目录和人名卡片目录。

三、档案内容

该全宗虽是重要军事机关、部队形成的档案，但反映战时战况的文件材料却没有保存。现有档案材料，其内容归纳如下：

（一）综合类　主要有国防部、第二绥靖区及各部队的组织规程、施政纲领、实施纲要、绥靖工作的计划和报告等；有绥区党政军特种汇报会、治安会、视察会的会议记录、决议案及综合报告材料；有司令部部分处室官佐简历册、所辖各部队团以上主官姓名及兵力驻地表册等。

（二）情报类　主要有第二绥靖区第二处及所属组织关于情报组织、防谍方面的工作计划、实施纲要等材料；有对辖区内中共党政军组织、经济、军事等情况的调查材料及对中共基层组织破坏情况的报告材料，如“鲁省共党组织概况山东分局组织系统表”“鲁省共党行政机关组织概况表”“山东共军（军事、政治、经济、党务）概况（1947 年）”等。

（三）组织人事类　主要有第二绥靖区司令部及所属各部队关于机构建撤、编制、业务分配等方面的文件；有关于人员职务任免、调迁、考绩、调查登记、奖惩等方面的文件，有各处室行政单位及党团组织的科长、团长以上主官及各部队营、团级人员名册、一览表、简历表；有官兵伤亡、失踪人员登记名册等。

（四）训练类　主要有第二绥靖区所属各训练机构关于民众自卫队组训、军官入学深造的计划、办法；有各种训练班、讲习班、教导团的实施大纲、课程分配表、学员监视考核报告以及各期学员、官佐的名册、简历表等。

山东绥靖统一总指挥部

（1946 ～ 1948 年）

全宗号　J014

一、机构沿革

山东绥靖统一总指挥部，于1946年4月1日成立，隶属于徐州绥靖公署，是国民党党政军团在山东统一指挥的最高机关，王耀武任主任，何思源、庞镜塘任副主任。其内部机构设 5 个业务组，分别主管党政、军事、总务、宣传调查情报和“防奸”突击、特种案件侦讯等业务。下属有 15 个支部、若干个分部，以及工作督导团、设计委员会、善后协进会、青年训导总队等机构。该部 1948 年 6 月解体。

山东绥靖统一总指挥部的职权范围是：实施统一指挥绥靖区内党团政

军务之推进运用；民众之组织及运用；经济建设之改进，合作事业发展与土地问题处理；整理地方武力，编制保甲，促进地方自治之实施；地方行政之进行；交通、通讯之修复、保护与粮食购运、屯储、工事碉堡之构筑及对共产党区经济之封锁；宣抚、慰劳、社会救济、民众服务等工作之发动；加强情报，揭发贪污及扩大宣传工作之实施；各部队军风纪之整饬以及其他与绥靖有关和军民合作诸事项。

二、全宗概况

现馆藏该全宗档案 51 卷，上架排列总长度 1.35 米。档案形成时间为 1946 ～ 1948 年，于 1981 年接收进馆。其中 01 目录为山东绥靖统一总指挥部形成的档案，计 35 卷；02 目录为第十、十一绥区等及徐州绥靖公署形成的档案，计 16 卷。该全宗编有全宗指南、全宗介绍、案卷目录、人名卡片目录、组织卡片目录等检索工具。

三、档案内容

（一）综合类　主要有山东绥靖统一总指挥部及区、县分部组织章程，年度工作总结，工作报告；山东省政府绥靖政务现状报告；绥靖公署党政军配合实施工作纲要；绥靖区实施总体战民众组训方案、“戡乱”方案；党政军联席会报组织办法；特宣工作纲要、办法；各级各类会议的记录、提案、决议案等。

（二）情报类　主要有山东绥靖统一总指挥部及所属部分绥区关于侦防、情报等方面的指示、办法，如“防获工作办法”“各机关情报人员行动实施办法各县民众情报网组织运用及实行办法”“谍报组调整办法”“谍报搜集计划”；关于对中共情况的调查，破坏中共地下组织情况，案件统计，捕获中共人员审讯口供及处理情况等材料。

（三）组织人事类　主要有山东绥靖统一总指挥部及所属部分绥区关于机关人员编制，支部、分部调查，人员调派、受训等方面的命令、训令及报表；部分地区专员、县长、科长、军官佐、新闻工作等人员的简历表、业务分配表；部分支部及特种工作指挥小组、新闻工作报务队等组织人员名册；有关单位人员考核、奖惩等方面的文件材料及登记、统计表册。

考试院河北、山东考铨处

（1946 ～ 1948 年）

全宗号　J015

一、机构沿革

考试院河北山东考铨处，于 1946 年 8 月 1 日在北平市成立，马国琳任处长。下设第一至第五科及秘书室、专员室、会计室、统计室。1948 年 7 月，马国琳调任考选部，考铨处工作由刘元代办。1948 年 9 月，朱汝生任处长。该处的主要职能是掌理河北、山东两省，北平、天津、青岛三市之考选、铨叙事宜。

二、全宗概况

现馆藏该全宗档案 414 卷，上架排列总长度 12.15 米。档案形成时间为 1946 ～ 1948 年，于 1981 年接收进馆。该全宗编有全宗指南、全宗介绍、案卷目录、机读目录、人名卡片目录、组织卡片目录等检索工具。

三、档案内容

（一）综合类　主要有考试院河北山东考铨处关于年度工作计划、报告、处务会记录、经常费发放、员工生活补助，服装与民生日用必需品配购，各类人员供给标准，粮食、薪俸收支情况及财会计划等方面的文件材料。

（二）考试与铨叙类　主要有国民政府颁布的关于考铨工作方面的法规、条例，如“修正公务员叙级条例”“公务员任用施行细则”“备用人员登记条例”“技术人员任用条例”“县级行政人员任用条例”“警察官任用细则”等；有考试院河北山东考铨处关于处理河北、山东北平省（市）政府各机关人员铨叙任审、考绩、考核及委任人员员额编制等方面的文件材料；有办理山东各行政督察公署、各县政府科长、科员铨叙任审文件及考核、考绩、报表；有办理青岛市参议会、市政府等单位公务员考绩审查书、登记表、职业及技术人员考试的文件材料；有考铨处现有职员、公务员、雇员各种登记报告表，考试结果清册；有关于辖区内中央驻地方机关特种考试辅导办法、考试计划及参加考试与及格人员调查材料等。

济南防守司令部

（1945 ～ 1948 年）

全宗号　J024

一、机构沿革

济南防守司令部，是国民党在济南设立的军事防务治安机构，成立于 1945 年 9 月，时称济南城防司令部。1946 年 1 月，更名为济南市区防守司令部，同年 2 月改称济南防守司令部。隶属于第二绥靖区司令部领导。1948 年 7 月，该部改编为济南军警稽查处。1948 年 9 月济南解放，该机关结束。

1946 年 1 月至 1948 年 7 月，该部先后由孙鸣玉（新编第三十六师师长）、夏楚中（第二十集团军总司令）、吴斌、李杏村（兼）任司令。1948 年 7 月以后，周更生任军警稽查处处长。

济南防守司令部下设办公厅（室）、参谋处、副官处、督察处。济南军警稽查处下设秘书室、参谋室、督察室、军法室及总务室。下属有 3 个督察区、13 个检查站以及济南人民义勇自卫总队、民众组训处和“防奸”指导委员会等机构。

济南防守司令部的主要职权范围是，统一指挥中央驻济部队和地方部队，负责济南市的军事防务、治安等项任务。改编后的济南军警稽查处，业务范围较之前有所扩大，加强了军警宪的检查巡逻活动，其方式也较之前更加隐蔽。

二、全宗概况

现馆藏该全宗档案 66 卷，上架排列总长度 2.25 米。档案形成时间为 1945 ～ 1948 年，分 4 个目录。其中，01 目录是济南防守司令部形成的档案，02 目录是济南人民义勇自卫总队形成的档案，03 目录是济南军警稽查处形成的档案，04 目录是“防奸”指导委员会形成的档案。该全宗编有全宗指南、全宗介绍、案卷目录、人名卡片目录、专题卡片目录等检索工具。

三、档案内容

（一）综合类　主要有济南防守司令部、济南军警稽查处关于军事防务、治安等方面的计划、方针、指示、总结、报告等文件，关于重要军事情报、谍报材料，关于兵力部署、哨位要图及防守工作会议材料；关于军警稽查处及所属区站官佐士兵名册，第二绥靖区驻地各机关、部队负责人调查册，商团官佐名册及特训班、自卫团、情报、谍报人员名册。

（二）组训类　主要有国民政府、第二绥靖区、山东绥靖统一总指挥部、山东省会警察局及国民党济南市党部等单位关于机关、学校、工厂企业、街道组织民众训练的指令、训令、电函、下级机关、团体关于组训情况的呈文、报告；有济南防守司令部、济南人民义勇自卫总队关于民众组织训练的大纲、计划、实施办法，以及训练人员组织编排方案，受训人员奖惩办法，各自治区受训人员名册及各期特训班人员调查表等。

（三）稽查类　主要有国民党山东省及济南市党政军警机关形成的关于稽查工作的条例、办法、工作计划、总结报告及重要会议文件；济南防守司令部、"防奸"指导委员会关于在机关、学校、工厂企业及民众团体内成立"防奸"小组，进行秘密侦察、检举活动的文件材料；关于对粮、油、棉花、布匹、汽油及无线电器材等物资实行管制的规定、条例；关于居民户口清查登记、发放身份证、实行五户连坐法等户籍管理方面的文件材料。

（四）人事类　主要有济南防守司令部、济南军警稽查处及下属单位的机构建撤、调整及人员编制、人事任免等方面的文件材料。

山东省高等法院

（1928 ～ 1948 年）

全宗号　J036

一、机构沿革

山东省高等法院于1928年成立，是国民党政府在山东设立的审判机关，隶属于国民政府司法行政部。1928 ～ 1929 年间，先后由易恩候、殷汝熊代理院长。1930 年，吴贞缵任院长，李长戴任检查官。该院内设 4 庭 4 科：民一庭、民二庭、刑一庭、刑二庭，文牍科、会计科、监狱科、统计科。工作人员 105 人。下辖 7 个分院，24 个地方法院，58 个县司法处和 12 个监狱。1940 年 2 月 1 日，周予孜任院长，刘世卿任首席检查官。1945 年 12 月，胡绩接任推事兼院长。1948 年 9 月济南解放，10 月 2 日，国民政府司法行政部批准该院在青岛暂设办事处。1948 年 11 月 1 日，山东省高等法院正式迁至青岛办公，至青岛解放结束。

山东省高等法院的主要职权范围是：审理有关“内乱外患”及“妨害国家”之刑事第一审诉讼案件；审理不服地方法院及其分院第一审判决而上诉之民事、刑事第一审案件；审理不服地方法庭及分院裁定而抗告之案件；处理该院行政事务并监督所属之行政事务。

二、全宗概况

现馆藏该全宗档案 1182 卷，上架排列总长度 45.45 米。档案形成时间为 1928 ～ 1948 年，分为 6 个目录。当时，第 1 至 3 目录的档案由山东省公安厅保管，第 4 至 6 目录的档案移交山东省档案馆。1981 年 5 月，省公安厅又将所存该全宗第 1 至 3 目录的档案移交省档案馆。该全宗编有全宗指南、全宗介绍、案卷目录、人名卡片目录、专题卡片目录等检索工具。

三、档案内容

（一）综合类　主要有国民政府颁布的关于法院工作的条例、规定、办法；山东省高等法院综合性的工作计划、施政方针等文件；该院及所属分院、县司法处等单位的职员录、人员名册、履历表等。

（二）审判类　主要有山东省高等法院、首都高等法院审判日伪组织的军官、警官、特务、政府官员及金融、商业界要员的材料，其中大部是审判日伪山东省省长、厅长、部长，济南市市长、局长及相当一部分县长、科局长的材料。如 1946 年 11 月，首都高等法院因日伪山东省省长唐仰杜通谍日寇，图谋反抗本国，判处其死刑的材料；有山东省高等法院，济南、青岛等地方法院受理的贪污、盗窃、渎职、杀人、贩毒等刑事案件的材料；还有山东省高等法院受理的契约、赔偿、遗产等民事案件的材料。

（三）人事类　主要有行政院、司法行政部、山东省高等法院等颁布的公务员任用、考绩、奖惩、人事任免、调配、考核等方面的条例、办法及指令、训令等文件；有人事工作会议的记录、总结报告等文件材料。

（四）侨务类　主要有国民政府行政院形成的关于接收国内日本产业赔偿我国损失记账办法；处理日本、韩国、德国人员入籍办法；收复区韩侨产业处理办法；修正意大利在华人民财产暂行处理办法等文件材料。

（五）财务类　主要有行政院颁发的会计法、国库法、行政会计作业统计法、战区撤退司法人员救济办法等法规性文件；机关行政费、差旅费、工作人员的生活补助费、膳食补助费的发放、支给、调整的规定、办法、标准等；各种会计账簿、经费清册、凭证及报表等。

山东省地方行政干部训练团

(1936 ～ 1948 年)

全宗号　J043

一、机构沿革

山东省地方行政干部训练团，是国民党在山东设立的训练地方行政干部的机构，隶属于国民党政府中央训练委员会。该团建立于 1935 年秋，时称山东省地方行政人员训练所。1938 年 9 月，改称山东省政治干部学校。1940 年 2 月，政治干部学校与党务干部学校、军事干部学校合并为山东省党政军干部学校。1941 年 10 月，该校奉命改称山东省地方行政训练团。1943 年 10 月，该团随国民党山东省政府迁驻安徽阜阳。抗战胜利后，迁回济南。1946 年 12 月，改称为山东省训练团，至 1948 年 9 月济南解放结束。

该团主要领导后来由国民党的军政要员兼任。韩复榘、蒋介石、牟中衍、何思源、王耀武曾先后兼任过训练所所长、学校校长和团主任。

1937 年，山东地方行政人员训练所内部设教务处、训育处和事务处，先后开设过财务、教育、建设、警务、合作、指导、统计、经建及图书管理等训练班。1941 年 10 月，山东地方行政干部训练团内部设秘书室、教务处、训导处、总务处、区县训练指导处、会计室、总队部，先后开设过党务、团务、行政、民政、政工、军事、财政、田粮、会计、教育、水利、合作指导、公路测量、管理及无线电讯等训练班。

二、全宗概况

现馆藏该全宗档案 369 件，上架排列总长度 4.95 米。档案形成时间为 1936 ～ 1948 年，于 1981 年接收进馆。该全宗编制的检索工具有：全宗指南、全宗介绍、文件目录、专题卡片目录和人名卡片目录。

三、档案内容

（一）综合类　主要有中央训练委员会、山东省地方行政干部训练团制定的组织规程、编制原则、标准、细则；各训练机构组织通则；各期训练班训练大纲、教学纲要；各种会议记录；各种调查、统计表册；训练经费、概算书等。

（二）训练类　主要有山东省地方行政干部训练团及所属总队关于受训人员考核、复训办法，学员学籍、考核、考查、登记表册，学员毕业证明书、保证书及同学录等。

（三）人事类　主要有山东地方行政干部训练团教育长派用办法，干部职员派用聘用资格审查、考核送审等材料，官佐、讲师等人员简历表、通讯录。

山东省政府教育厅

（1928 ～ 1949 年）

全宗号　J101

一、机构沿革

山东省政府教育厅于 1928 年 6 月 1 日在泰安建立，1929 年迁驻济南。1945 年 2 月，山东省政府教育厅与民政厅、建设厅合并，组建为山东省政府政务厅。1946 年 1 月，教育厅又行恢复。1948 年 9 月济南解放，山东省政府教育厅被接管。同年 12 月，国民党中央政府重建山东省政府时又设立教育厅，至 1949 年 4 月结束。国民党山东省政府教育厅在其存在的 21 年中，何思源、刘道元、李泰华、杨展云、徐轶千先后任厅长。内部机构，初期设秘书室及第一、二、三科；1940 年增设战地教育指导股、会计股。1945 年，政务厅第三、第四科分掌教育业务。1946 年 1 月，该厅下设秘书室，第一、二、三、四科，以及督学室、会计室、人事室、编辑室，1947 年增设巡教团。主要职责是掌理中等及师范学校、职业学校、专科以上学校、国外留学生、地方教育行政、国民教育、小学教育、社会教育、童子军、国防教育、特种教育、文化团体、礼俗教育、美化教育及专门著作之审核、乡土教材之征集编审等教学行政事项。

日伪山东省公署教育厅于 1938 年 3 月建立。隶属于华北政务委员会教育总署。1943 年 8 月，改称山东省政府教育厅。1945 年 8 月，该厅被国民党山东省党政接收委员会接管。该厅在其存在的 7 年中，周履安、郝书暄、俞康德、杨毓珣、朱经古先后任厅长。其内部机构，1938 年 3 月设秘书室，第一、二、三科，督学室，后又增设第四科及检定教员委员会。主要职责是掌理全省教育事宜。

二、全宗概况

现馆藏该全宗档案 80193 件，上架排列总长度 243.9 米。档案形成时间为 1928 ～ 1949 年，于 1963 年接收进馆。分 7 个目录。其中，09 目录为两厅本身形成的综合性档案，10 目录为特种教育的档案，12 目录为国民党山东省政府教育厅关于各类学校教育的档案，13 目录为国民党山东省政府教育厅关于初等教育的档案，14 目录为国民党山东省政府教育厅关于中等教育的档案，15 目录为国民党山东省政府教育厅关于社会教育的档案，16 目录为日伪山东省公署教育厅关于各类教育的档案。该全宗编制的检索工具有：全宗指南、全宗介绍、案卷目录、文件目录、专题卡片目录和人名卡片目录。

三、档案内容

（一）综合类　主要有两厅及所属教育部门关于年度教育工作计划、纲要，发展国民教育决议案，省立各中等学校教育概况，教育视察报告等材料；有各种会议文件，如全省教育工作会议、教育行政会议、中小学校长会议、特教工作会议等形成的宣言、纪要、会议记录、会议报告及其他文件材料；有综合性的调查、统计、登记材料，如山东省政务厅移交教育厅职员姓名清册，1946 ～ 1948 年山东省各类学校调查表，山东省各县学校教育统计表等；有两厅与上、下级机关来往电函、信件等文书材料。

（二）经费类　主要有两厅及各县市关于各类学校教育、社会教育、特种教育所需事业费、设备费及其他各种费用的收支、管理等方面的指令、训令、预决算书、报核清册；关于教职员工俸薪、奖金、生活补助费、集资与捐款等方面的训令、呈文。

（三）人事类　主要是两厅及各县市、各教育机关关于人事管理工作的计划、报告、规章制度及各种调查、统计材料；关于职员任免、调迁、聘派、进修、考绩、奖惩方面的指令、训令；关于职员福利、退休、抚恤、褒扬等方面的文件材料。

（四）教育类　主要有省教育厅、各级中小学及大专学校关于学校建立、撤并、恢复、更名、迁址等方面的呈文、指令、训令；关于校舍建设、修缮、教学设施配备及经费使用等方面的文件材料；关于教师任用，考核、训练、加俸、退休及救济、抚恤方面的文件材料；关于学校教导计划、教学制度、学生公费、免费及学籍管理等方面的章程、办法、决定及各种登记、统计材料。

（五）社教类　主要有省教育厅及各县市教育机关关于社会教育工作的总结、报告、指令及调查统计材料，如山东省政府教育厅社教工作报告（1946 ～ 1948 年），山东省政务厅社教工作队组织章程，济南市社教机关教职员及学生数量统计报表（1947 年）；有省教育厅关于民教馆、图书馆、科学馆及其他社教机关的机构设置、变更及人事任免、奖惩等方面的呈文、指令、训令；有关于电影教育、戏剧教育等方面的文件材料；有关于国防教育、体育卫生教育及其他社教方面的文件材料。

（六）特教类　主要有山东省特种教育工作团及其下属组织在配合推行国民教育、社会教育各项活动中形成的工作计划、方案、法令、办法、指令及登记、统计材料，如 1939 年山东省特种义务教育实施方案，山东省特教工作团 1943 年工作计划，1943 年各县特教视察报告，山东省特教工作团人员名册。

山东省政府建设厅

（1921 ～ 1947 年）

全宗号　J102

山东省政府建设厅全宗，由于历史的原因，将国民党山东省政府建设厅的档案和日伪山东省公署（政府）建设厅的档案混在一起整理，因此，它实际上包括两个立档单位的档案。

一、机构沿革

国民党山东省政府建设厅于 1928 年 6 月 1 日成立。1933 年山东省政府实业厅撤销并入，1937 年 12 月济南沦陷后，该厅随省政府机关一起撤出济南，先后移驻河南太康、山东曹县、沂水及安徽阜阳等地。1945 年 2 月，与教育厅、民政厅合并为政务厅。1945 年 10 月，随省政府机关迁回济南。1946 年 1 月，恢复原建制。1948 年 9 月，济南解放，该厅结束。厅长先后由孔繁霱、陈鸾书、张钺先、张鸿烈、秦启荣、赵公鲁、邵履均、丁其实等人担任或代理。内部机构，建立初期设秘书、技术、视察、会计四室和总务、工商、农矿、合作四科；1946 年 1 月恢复原建制后，除原四室外，又增设人事室，并改原四科为五科。下属单位有山东省水利局、山东省公路管理局、山东省长途电话管理处、山东农业改进所、山东省机械厂等。该厅的主要职能是掌理交通、水利、建筑工程及工业、商业、劳工、农业、林业、渔牧、矿冶、机械、电业、测绘技术等建设行政事项。

抗战时期国民党山东省政府撤出济南后，日伪山东省公署于 1938 年 3 月成立建设厅，取而代之，庄维屏任厅长。1943 年 8 月，山东省公署改山东省政府，山东省建设厅遂改为山东省政府建设厅。1945 年 4 月，庄维屏被免职，先后由扈学庠、郑浚任厅长。1945 年 8 月，日本投降，该厅由国民党山东省政府建设厅接管。内部机构成立初期，设一至四科及秘书室技术室；1939 年 12 月增设第五科；1942 年，省公署进行机构改组，二科农务股扩改为粮食增产实行委员会（后又改为农业增产推广委员会），其他科也相应增减；1945 年 5 月，二科、七科撤销，分别扩改为农业增产局与劳动管理局。此外，该厅还先后成立了农场、林务局、畜产管理局、畜养场、工业试验所、棉花检验局、小清河管理处等若干直属单位。

二、全宗概况

山东省政府建设厅全宗，上架排列总长度 258.75 米。共有按件整理的文书档案 43354 件，起止年代为 1921 ～ 1947 年。该全宗划分 24 个目录，其中，国民党山东省政府建设厅档案，编为 02 至 13 号目录：日伪山东省公署（政府）建设厅档案，编为 01、14 至 24 号目录。该全宗按年度一机构分类整理。建有全宗指南、全宗介绍、文件目录、人名卡片目录和数字化机读目录。

三、档案内容

（一）综合类　主要有国民党山东省政府建设厅和日伪山东省公署（政府）建设厅关于经济建设综合性的工作计划、总结、报告、年度施政纲要及对道县建设指导等方面的文件材料，如日伪山东省公署建设厅 1938 年施政纲要，国民党山东省政府建设厅 1946 年制定的开发沂蒙山区的计划纲要、山东战时经济建设之回顾（1946 年），山东省经济建设概况（1947 年）；有各种规程、章则、办法、办事细则等法规性文件材料，如日伪山东省公署建设厅组织暂行规则、办事细则（1938 年），国民党山东省政府建设厅战时组织规程，山东省县建设科技术员登记暂行章则；两厅的厅务会议记录及其他会议材料，如 1947 年 11 月山东省经济建设设计委员会召开的第一次会议的会议记录、提案、审查意见、改革方案等；经济建设方面的各种调查、统计、登记材料及各道县呈报的文件材料。

（二）组织人事类　主要有国民党山东省政府和日伪山东省公署（政府）及两厅和下属单位关于机构设置、建立、裁撤、调整及长官任免的呈文、训令等；关于公务员、职员考绩、加俸、奖惩及各类技术人员任用、管理的条例、办法及施行细则；关于日籍技术人员、职员待遇暂行办法及人员名册。

（三）农林牧渔类　主要有农业部、两厅及所属各局关于农业恢复、农村建设的计划、报告，农业增产强化政策，农业增产运动实施纲要，农业增产组织暂行规程；粮、棉、烟草等农作物种植、病虫害防治的计划、措施、办法；农贷及化肥、农垦机械使用调查等方面的文件；粮食及其他农产品的征购、保管、加工、运输、配给方面的计划、报告、训令；植树造林、森林保护、木材伐运、苗圃、林场、行道树管理方面的计划、报告及法规性文件材料；畜牧工作的计划，畜产品的管理与运销，家畜改良与增殖，卫生防疫，畜养场建立与管理方面的文件材料；渔业生产、经营及渔村、渔港、渔船的调查统计材料。

（四）水利类　主要有国民党山东省政府建设厅及省水利局关于全省水利建设方面的文件材料，如 1946 ～ 1948 年山东水利建设计划概要，1947 ～ 1948 年山东省政府为黄河防汛给沿黄各专署、县（市）政府的训令、代电，1946 年小清河航运概况调查报告书，小清河管理闸坝规划，北园张马湖、小清河五柳庄闸、南北运河复堤护岸等工程的计划、竣工报告、图纸，农田水利工程贷款、救济、工赈与经费预决算等。

（五）建筑类　主要有国民党山东省政府抄发行政院、内政部建筑规则、办法的训令、代电及为建筑事务与各县政府的来往文件；有两厅关于济南修筑马路、桥梁、地下水道、大明湖、趵突泉及民用住宅、扩建自来水厂等市政工程的计划、报告书、图纸及其他技术材料；有修建公路、机场、城墙、城防工事、靶场、炮楼、监狱、兵营等军事工程及军用占地方面的文件材料；有部分县（市）修建住宅、纪念塔等计划、呈文。

（六）工业矿业类　主要有山东省机械厂制造枪支弹药的计划；单位购买枪支弹药与该厂签订的合同书及来往信函；有淄川、博山、潍县各机械厂设备调查材料，济南成通、成大、仁丰纱厂及华兴造纸公司被日寇侵占概况的调查报告；有工厂管理特别是对工人管理方面的各项规章制度；有1930年实业部制发的矿业法实施细则，山东实业厅1930～1933年各年度的矿业报告；有各县小型私营煤矿公司与私人关于开采煤、磁土、石棉等矿产的呈文；有工商部、山东省政府关于解决贾汪镇煤矿隶属问题的来往文件。

（七）交通电讯类　有1937年行政院修正国民政府运输护照规则实施细则，山东省公路管理局组织章程；有省建设厅关于修建铁路、公路的计划、建设经费开支、工程技术材料及征地办法，如修筑济太公路的计划、工程设计书、技术图纸；有公路管理局职员登记表及留用日籍人员履历表；有省建设厅及山东省电话管理处关于电话管理工作的计划、报告、组织章则；有关于电话线路架设、保护、抢修、巡修工程的计划、施工报告、工程预决算、逐日线路通阻情形报告图及其技术材料，如1936年7月韩复榘与建设厅、财政厅、民政厅、教育厅厅长联合签署维护长途电话线路的训令，同年12月12日韩复榘与建设厅厅长张鸿烈为抄发各机关及公用团体专用电话统制办法的训令；有1945年4月，建设厅厅长刘道元为建立本省军邮交通路线的签呈；有电话管理处关于调拨、征筹电讯器材与安装、拆除电讯设备的文件材料。

（八）工商类　主要有建设厅及所属单位关于工商工作的计划、报告及工商会议材料；有全省经济概况调查、工矿业及外商在华之工厂的调查报告、报表；有关于物资管理、控制、禁运、查获及囤积物资处理办法、训令；有工商业贷款、减免税收、核减资本等方面的文件材料；有工矿企业工人生活服务状况考核、工人教育、劳资协作监督指导的文件材料；有日伪工厂、矿山、商店企业财产的接收、拍卖的办法、工作报告；有山东省度量衡检定所及各县办理度政工作报告，度量衡法规汇编及推行度政日报的文件。

（九）合作事业类　主要有国民党山东省政府及日伪山东省公署（政府）先后发布的合作社法及合作社法实施细则，有山东省农村合作社设立指导纲要、合作社章程准则，有1938年6月日伪山东省公署建设厅颁布的农村渔牧合作社各项事业以往情形及将来进行计划等。

黄河水利委员会山东修防处

（1933 ～ 1948 年）

全宗号　J103

一、机构沿革

黄河水利委员会山东修防处成立于 1946 年 2 月，处长孔令瑢，内设工程科、稽查科、总务科、会计室。该处下设三游南、北岸一至三段，段下设汛。同年 12 月，成立了鲁西、洛口办事处。1948 年 3 月，黄河水利委员会山东修防处改称黄河水利工程总局山东修防处。该处的主要职能是：掌理工程之设计实施验收，保护河兵之招募，训练民工之征集管理，民埝工程之指导，所辖工段沿河公产林木、电话交通之管理及其他有关修防工程事项。

二、全宗概况

黄河水利委员会山东修防处全宗，上架排列总长度 6.3 米。共有按件整理的文书档案 3450 件，档案形成时间为 1933 ～ 1948 年，其中绝大部分是 1946 ～ 1948 年期间形成的。该全宗按年度一机构分类整理。建有全宗指南、全宗介绍、文件目录、人名卡片目录和机读目录。该全宗是 1956 年由山东省清理敌伪档案办公室搜集整理的，后移交山东省档案馆保存。

三、档案内容

该全宗档案主要是黄河水利委员会、黄河水利委员会山东修防处及有关军政机关形成的，内容包括以下几个方面：

（一）关于黄河修防方面的法规性文件材料。主要有黄河水利委员会及黄河水利工程总局制发的河南、河北、山东修防处组织章程，黄河下游豫冀鲁三省堤工防汛通则，沿河军民协助复堤办法，沿河驻防部队与黄河水利委员会山东修防处联系办法，关于聘用派用技术及管理人员的有关条例，工程所用粮款调拨办法、规定，关于复堤工程临时总段组织规程，特殊工段抢修实施办法，民工防汛办法，沿河人民协助修防办法等。

（二）关于黄河复堤堵口、防汛工程方面的文件材料。主要有国共双方 1946 年就黄河花园口堵口复堤工程问题进行协商形成的文件材料；黄河水利委员会山东修防处与第二绥靖区司令部关于利用河堤构筑工事、设置障碍物、修筑碉堡等军事工事与河防关系处理问题的来往文电；黄河水利工程总局与黄河水利工程总局山东修防处为沿河公路修整问题的来往文件；黄河水利委员会山东修防处为勘查黄河险工拟具修复计划、组队修砌险工石坝的呈文、训令及各汛段上报的工程进度等材料；部分县、村上报的呈文，如山东平阴县政府为修筑平阴护城坝的呈文，长清县政府为修复史村、黑风口、石家庄堤埝工程的呈文等。

（三）关于黄河修筑、防汛召开的座谈会、联席会、工作会议形成的文件材料。如联合国善后救济总署、行政院善后救济总署、行政院水利委员会及中共各方代表于 1946 年 5 月在南京商讨黄河堵口复堤问题第二次谈话会会议记录，同年 6 月于山东鲁西办事处召开的复堤座谈会会议记录，1947 年国民党山东省政府为花园口黄河堵口复堤工程召开的军政各方会议记录，黄河水利委员会山东修防处召开的河防工作会议、处务会及下属各段汛召开的段务会、段汛联席会形成的文件材料等。

山东省公署

（1938 ～ 1945 年）

全宗号　J104

一、机构沿革

山东省公署是日本侵略军在山东扶持的省级伪政权，于 1938 年 3 月 5 日成立，隶属于伪华北政务委员会领导。1943 年 8 月，改称山东省政府，至 1945 年 8 月日本投降后结束。省长先后由马良、唐仰杜、杨毓珣担任。内部机构，1938 年 3 月设总务、民政、财政、建设、教育 5 厅；不久，总务厅取消，改设秘书处，增设警务厅、宣传处和顾问参事室。此外，还设有治安强化运动本部、省粮食增产委员会、省赈务委员会等机构。下辖鲁西、鲁南、鲁东、鲁北 4 个道，济南市和烟台市。1940 年 6 月，山东省公署省政会议决定废止 4 道制，改设登州、青州、兖济、东临、济南、武定、莱潍、泰安、曹州、沂州等 10 个道，及济南市、烟台市、青岛特别市、龙口特区和威海专员公署，共辖 105 个县。山东省公署省政会议为最高行政会议，重大问题皆由省政会议决定，由省长综理全省省务，监督所属机关及道（市）县政务事宜。

二、全宗概况

山东省公署全宗，上架排列总长度 4.5 米。共有按件整理的文书档案 787 件，起止年代为 1938 ～ 1945 年。其中 02 目录是山东省公署的档案；03 目录为莱潍道公署的档案。该全宗按年度—机构分类整理。建有全宗指南、全宗介绍、文件目录、人名卡片目录和机读目录。

三、档案内容

（一）综合类　主要有山东省公署的部分年度及月份工作报告，兖济道及所属各县县政工作报告，鲁北道及东临道等关于召开县知事会议推行县政的工作报告；有山东省公署召开道尹会议的文件材料，省长在县知事会议上的演说及新年贺词；有省政会议记录、政府公报、山东省公署秘书处工作日程及唐仰杜的私人信件，如华北政务委员会委员长王揖唐为各级机关聘请日籍顾问给唐仰杜的密件；有 1938 年省政会议决议实施的省公署暨所属机关组织暂行规则、办事细则、机关人员退休金暂行规则及抚恤条例、省公署公务员革新生活方案、省公署各机关长官卸任工作交代办法；有 1942—1945 年省公署为财务问题与省财政厅的来往文件；有省赈务委员会交接赈款的文件；有省公署及各道、县公署职员履历表、长官名单等。

（二）宣传类　主要是华北政务委员会、山东省公署、新民会山东总会为建立“中日满东亚新秩序”举行各种宣传活动形成的文件材料，如 1940—1943 年间举行的多次祀孔典礼，省公署关于祭孔的指令及道、县筹划祀孔的呈文，1942 年省民政厅举行春、秋祀武成王大典、龙神庙开光大典的通知、公函、参加人员名单及经费支出核销报告等，1940 年省公署召开“兴亚运动”大会给道市的训令及大会记录材料，县、市举行民众兴亚运动示威大会、座谈会的各种宣传材料。

（三）治安类　主要有华北政务委员会与山东省治安强化本部关于治安强化方面的来往文件；1941 年 3 月唐仰杜在治安强化运动周举行的有关会议上的讲演材料；1942 年华北政务委员会关于夏防的训令及山东省夏防纲领；济南市、齐河县等关于推行治安强化运动的情况报告；华北暗杀团驻地分布图及团长名单；搜集八路军活动情报、“围剿”抗日武装方面的文件材料；益都、高唐等县民事、刑事案件的材料。

（四）经建类　主要有莱潍道公署及各县关于经济建设的计划、实施概要及各种调查报告、报表，如莱潍道公署建设事项概况表，原始资源调查表，工矿调查表，潍县工厂工人状况调查表等。

山东省政府

(1914～1949年)

全宗号　J105

一、机构沿革

山东省政府是国民党在山东省的最高行政机关，于1928年6月1日在泰安成立，1929年移驻济南。1937年12月济南沦陷后，曾移驻河南太康、山东曹县、沂水及安徽阜阳等地。抗日战争胜利后，于1945年10月从阜阳迁回济南。1948年9月，济南解放，该政府随之消亡。1948年12月30日，国民党又在上海设立山东省政府临时办事处，组建山东省政府，1949年3月中旬移驻青岛。同年4月23日，国民党南京政府垮台，省政府主席秦德纯逃亡广州，该政府结束。

国民党山东省政府主席，先后由孙良诚（1928年5月～1929年5月）、陈调元（1929年5月～1930年9月）、韩复榘（1930年9月～1938年1月）、沈鸿烈（1938年1月～1942年1月）、牟中珩（1942年1月～1944年12月）、何思源（1944年12月～1946年10月）、王耀武（1946年10月～1948年9月）、秦德纯（1948年12月～1949年4月）担任。

1928年6月建立初期，内部机构设秘书处、民政厅、财政厅、教育厅、建设厅；之后，又增设计划考核委员会、保安处等机构；1945年2月，将秘书处与财政厅合并为总务厅，民政厅、教育厅、建设厅合并为政务厅，保安处改为军事厅；1946年1月，战前的机构组织形式又行恢复；1948年，设有秘书处，民政厅、财政厅、教育厅、建设厅、人事处、会计处、警务处、保安（处）司令部、卫生处、社会处、地政局、统计局、合作事业管理处、调查室、设计考核委员会及抚恤救济委员会。1948年12月至1949年4月，重新组建的省政府下设秘书长及民政、财政、建设、教育4厅。

隶属于省政府的地方行政机构，1938年为鲁西、鲁北、胶东3个行政区，17个行政督导区，107个县；1943年9月为鲁南、鲁中、鲁北、鲁西、鲁东 5 个办事处，由省府委员兼主任；1947 年 6 月为鲁西南、鲁东 2 个行署，17 个专署，济南、烟台、威海 3 个市政府、107 个县政府。

其职权范围是讨论、决定全省行政的重要事项并组织实施。省府委员会的具体职责为：依法议决关于修改省政府组织法有关条款之规定事项及增加或变更人民负担，地方行政区划之确定及变更，全省预决算，处分省公产或筹划省公营事业，国民政府委托事项之执行，地方自治之监督，省行政设施之变更，省政府所属全省官吏之任免，咨调省内国军及督促所属军警团防绥靖地方等事项。省政府主席的主要职责为，依照组织法对委员会议决的各项决策、计划等事项组织实施。

二、全宗概况

山东省政府全宗，上架排列总长度 26.1 米。共有按件整理的文书档案 8934 件，起止年代为 1914 ～ 1949 年，分为 6 个目录。该全宗按年度一机构分类整理。建有全宗指南、文件目录、组织卡片目录及人名卡片目录和机读目录。1956 ～ 1976 年先后由山东省清理敌伪档案办公室与省档案馆数次进行整理。

三、档案内容

（一）综合类　主要有省政府及所属厅、局关于全面性的工作计划、总结、报告；有省政府制定的组织规程、细则、条例及施政方针；有省政府及下属单位综合性的调查、登记、统计报表；有省政府及其主要官员与有关单位、个人的来往信函，如 1945 年 10 月 19 日“何思源为向毛泽东交涉释放林悦慕等人给中央组织部长陈立夫的电”，1946 年 2 月 27 日“蒋中正为马歇尔特使由张治中、周恩来偕同视察各地给何思源的电”，1948 年蒋中正为举行华中区绥靖会议和王耀武为召开山东省“戡乱”工作讲习会的来往电文；有省政府、绥靖区、临参会等召开的工作检讨会、党政联席会、座谈会、联谊会及纪念会形成的文件，如 1946 年“省政府工作检讨会检讨事项记录”，1947 年山东省绥靖区政务会议各次会议记录，国大代表联谊会山东分会谈话会历次会议记录，山东省临参会第二届一至四次会议记录。

（二）人事类　主要有省政府及所属机关关于人事工作的计划、总结、报告，关于机构建撤、调整、迁址等文件，关于人事任免、奖惩、调训、考绩等方面的呈文、指令、训令，关于人事工作的调查、统计、登记、清册，人事工作会议文件材料；有陈果夫、汤恩伯、杜聿明等为推荐官员给省府主席何思源、王耀武的电；有王耀武为推荐晏子风任省府保安副司令给国防部长白崇禧等人的电；有蒋中正为发绥靖区司令官对所辖区内之专员、县长有指挥监督偿罚撤职之权给王耀武的电（1948 年）等。

（三）财会类　主要有省政府关于财会工作方面的规定、制度、办法及会议文件；有省政府及所属机关和地市关于各项经费预决算，会计工作报告、报表、清册等材料；有关于机关办公费用、职工俸薪、各种生活补助费、救济款等管理使用标准及开支情况。

（四）情报类　主要有新闻处、调查室等情报机关形成与收集的关于国共谈判、中共军政要人简历及军事活动方面的材料，如 1946 年 11 月国民党滨海区专员上报的“中共滨海军区重要人员略历”（内有徐向前、黎玉、萧华等），《蒋中正为颁发共军游击战之判断与对策给省府主席王耀武的电》，1948 年 2 月警务处上报中共华东野战军新颁“对收复的新解放区六项主张”的呈文。

（五）社会救济抚恤类　主要有省政府及有关单位关于社会救济及烈士遗族、伤残军民救济方面的文件；有关于青年就业，转业军人安置、任用的呈文、代电；有关于合作事业的章程、细则，中国合作事业协会山东分会概况，“戡乱”时期合作事业动员方案及组织大纲等。

（六）文秘档案类　主要有省政府 1945 年形成的“统一各机关公文用纸格式细则”“收发文簿用纸格式”，及其他有关文件的收发、登记方面的材料；有 1946 年省政府制发的“会计档案管理办法”及文书档案分类整理编目方面的文件。

（七）其他类　省政府编辑的公报、年鉴、会刊、通讯、文牍底稿、杂录、照片等资料。

山东省保安司令部

（1926 ～ 1948 年）

全宗号　J106

一、机构沿革

山东省保安司令部于 1925 年 5 月成立，张宗昌任司令。1938 ～ 1948 年，先后由山东省军政主要负责人沈鸿烈、牟中珩、何思源、王耀武兼任司令。其内部机构迭经调整，至 1948 年，设有秘书室、参谋处、警保处、政工处、总务处、经理处、会计室、军法处、人事室、民众自卫训练处。其下属有各区保安司令部和保安部队。抗日战争时期，山东保安部队编有保安师 4 个，保安旅 38 个，保安团 42 个，保安大队 88 个，特务旅 30 个，特务团 27 个，特务大队 20 个，以及边区自卫总团队。该部队随形势变化曾几经整编，至 1948 年，全省保安部队编有保安旅 8 个，保安团 24 个，保安大队 7 个，辖官兵 65947 名，各种枪 31566 支。该部的主要职能是，统一指挥全省地方武力，担任治安、剿共、抗日三项任务，抗战胜利后为绥靖治安、剿共两项任务。

二、全宗概况

山东省保安司令部全宗，上架排列总长度 2.7 米。共有按件整理的文书档案 1317 件，保管期限全部为永久，起止年代为 1926 ～ 1948 年。该全宗按年度一机构分类整理。建有全宗指南、全宗介绍、文件目录、专题（连、中队以上）卡片目录、人名（尉官以上）卡片目录和数字化机读目录。1956 年，由山东省清理敌伪档案办公室搜集整理，后交省公安厅保管。1981 年 5 月，该全宗档案移交山东省档案馆。该全宗在整理时，也将山东省保安处的档案并入其中。

三、档案内容

（一）警保类　主要有山东省保安司令部转发上级关于绥靖保安方面的规定、纲要、办法、注意事项等；山东绥靖保安工作概况，保安业务实施概况，保安部队整编、作战、训练概况，城市守备兵员参战与侦防计划，地方武装与山东省党政军团突击队的统计表、编制表，保安部队主官、兵力、驻地、枪支登记表册，保安司令部的代号、化名等。

（二）情报类　主要有山东省保安司令部所属各级情报机构设置、建立、撤销的文件材料；1946 年山东全省保安司令部情报搜集计划及情报所组织指挥系统表；破坏中共组织，对共产党防范、收买及对潜伏人员的处理意见；搜集的中共军事方面的情报。

（三）训练类　主要有全省保安部队教育概况材料；有举办干部训练班的决议、计划，干训班学员报考、保送等方面的文件材料；有非战斗员兵训练及民众自卫队、社会青年等的组训办法、方案、实施纲要；有受训官兵、军士、学员的名册、简历表、毕业证书、志愿书、保证书等。

（四）人事类　主要有山东保安司令部及其所属部队的官佐任职原则、办法，人员任免、调派的通知、命令、委任状、聘书，部分单位人员、主官的名册、履历表及人员恤伤方面的材料。

联合勤务总司令部第四兵站总监部

（1946 ～ 1948 年）

全宗号　J107

一、机构沿革

为适应绥靖作战，联勤总部决定于补给区重要地点设置兵站总监部，第四兵站总监部是由此而设的，但因材料有限，具体成立时间难以考证。职能为掌握该管区内兵站勤务。

二、全宗概况

联合勤务总司令部第四兵站总监部全宗，上架排列总长度 21. 15 米。共有按件整理的文书档案 8508 件，起止年代为 1946 ～ 1948 年。该全宗按年度一机构分类整理。建有全宗指南、机读目录、全宗介绍、文件目录、组织机构卡片、人名卡片目录和数字化机读目录。

三、档案内容

政府该部组织规程；有关该部人员任免的命令及人员名册、登记表；该部工作日记；官兵指挥系统表；监护兵力配备表；有关保密、防谍工作的总结及办法等。

驻山东陆海空军各部队全宗汇集

（1927 ～ 1949 年）

全宗号　J108

一、机构沿革

本汇集为驻山东陆海空军各部队，包括：陆军七十三师、海军长山岛巡防处、空军第三大队 28 中队等部队。

二、全宗概况

驻山东陆海空军各部队全宗汇集，上架排列总长度 26.55 米。共有按件整理的文书档案 6739 件，起止年代为 1927 ～ 1949 年。该全宗按年度—保管期限—机构分类整理。建有全宗指南、全宗介绍、文件目录、组织机构卡片、人名卡片目录和数字化机读目录。

三、档案内容

内容包括：人员委任令；官兵考绩报告；官兵履历表及登记表；官兵退役证；工作实施方案及军事部署；战况报告；练兵纪实等。

私立齐鲁大学

（1902 ～ 1952 年）

全宗号　J109

一、机构沿革

私立齐鲁大学创始于山东登州文会馆。1864 年，北美长老会狄考文到华创办此馆，宗旨是传教。1904 年，该馆迁潍县与青州英国浸礼会办的广德书院合并，改名为广文学堂，此为齐鲁大学文理学院之由来。

1906 年，美国长老会在济南开设的医学堂与英国浸礼会在青州开办的医学校合并为共和医道学堂。此后，南京金陵大学医科及汉口大同医学先后并入济南共和医道学堂，即齐鲁大学医学院之前身。

1917 年，由美、英等合办的青州神道学堂迁至济南。随后广文学堂、共和医道学堂与神道学堂合并为私立齐鲁大学，对国外称山东基督教大学。1923 年，北京华北协和女子医学并入该校。1929 年，依照国民政府教育部规章，神学院从该校分出。

1931 年 12 月，国民政府教育部批准私立齐鲁大学立案，改文、理、医各科为文学院、理学院、医学院。1937 年“七七事变”后，该校于 10 月被迫停课内迁。1938 年秋，该校在四川成都华西坝正式复课。1946 年秋，又迁返济南。1948 年，因济南战况紧迫，该校于暑假期间将文理学院迁至杭州，医学院迁往福州，留守济南师生另招新生开学。

1949年中华人民共和国成立后，文理学院、医学院先后从杭州、福州迁回济南。该校成立校务委员会取代原校董事会，并遵照新民主主义的教育方针及人民政府之法律规章，使该校得以改进与完善。1950年12月29日，依照中央人民政府政务院“关于处理接受外国津贴的文化教育救济机关及宗教团体的决定”，该校与西方教会团体脱离关系，其经费从1951年1月起全部由政府补助。1951年9月，随全国高等学校调整，华东教育部命令将该校中文系、历史系并入山东大学。1952年，该校医学院与山东医学院合并，私立齐鲁大学撤销，历时88年。

该校校长任职，在1929年前为外国人担任，1929年后改由中国人担任。历届校长及任职时间依次为：狄考文（1864—1894年），赫士（1894—1900年），柏尔根（1900—1913年），卜道昌（1913—1920年），聂会东（1920—1922年），巴慕德（1922—1928年），瑞恩培（1928—1929年）；李天禄（1929—1930年），孔祥熙（1930—1931年），朱经农（1931—1932年），林济青（1933—1934年），李植藩（1934—1935年），刘世传（1935—1943年），汤吉禾（1943—1945年），吴克明（1945—1949年），杨德斋（1949—1952年）。

私立齐鲁大学系美、英、加等国教会联合创办的综合性大学，其经费由中、美、英、加四国的11个基督教会供给，行政权由各国教会团体支配。学校设校董会为立法机关，下设若干办事机构。1931年，国民政府教育部批准该校立案后，学校设校长室、教务处（内设注册组、出版组、图书馆、辅导组、体育组）、总务处（内设文秘组、庶务组、会计出纳组）、文学院（内设中国文学系、外国文学系、历史社会系、政治经济系）、理学院（内设天文数学系、物理系、化学系、生物系、农场、无线电专修科）、医学院，并附设教学医院。此后，该校又相继成立了国学研究所、附属中小学；医学院增设了医科研究所寄生虫部；理学院增设了农业专修班等科研、教学机构。1951年10月，齐鲁大学设置校务委员会，下设校长室、秘书室、教务处、总务处、图书馆、文学院、理学院、医学院、附属医院等单位。各单位又分设若干组、室、系。全校共有教职员工、学生1159人，其中教授43人，学生780人，医院职工115人。

私立齐鲁大学为基督教各教会创办，目的在于培养教会干部，特别是传教士和教员，以便进一步开展教会工作。其办学方针以教会需要为前提，如神学院主要培养造就传教士，文学院培养教会学校教员，医学院则着重培养教会医院的医师。招生对象以教会子弟为主，兼向社会招生。该校还负责选派人员出国留学、进修，为学校培养高层次人才。该校还创办乡村服务社及其他慈善机构，以推进教会事业的发展，并为该校学生提供试验场所。

二、全宗概况

私立齐鲁大学全宗，上架排列总长度 56.7 米。共有按卷整理的文书档案 2013 卷，起止年代为 1902 ～ 1952 年。分 5 个目录，01 目录主要是学校形成的综合性档案；02 目录主要是教务处形成的档案；03 目录为各院系及研究所等单位形成的档案；04 目录系总务处形成的档案；05 目录主要是 1949 年中华人民共和国成立后该校形成的各种档案。该全宗整理后，建有案卷目录、人名卡片目录、机读文件目录等检索工具。当时因条件所限没有填写卷内目录。1991 年后，山东省档案馆对该全宗档案再次进行了整理，全部案卷补写了卷内文件目录。

三、档案内容

该全宗现有档案主要是私立齐鲁大学及各教会团体等单位于 1912 ～ 1952 年期间形成的。由于学校机构几经建撤、合并及调整，校址多次变迁，因此形成的档案材料有的散失，有的损毁，现留存的档案已不能反映学校的全貌。但是，由于该全宗档案形成的时间较久，因而对研究山东的教育史及宗教、西方文化的传播与影响，仍有着重要的史料价值。现将主要内容概述如下：

（一）综合类　主要有中国基督教大学联合董事会、联合托事部及促进会关于齐鲁大学的投资，学校各种财产所有权，人事安排及办校宗旨等方面的规定、章程及双方签订的合约；有美国长老会、英国浸礼会、加拿大合一会等教会团体关于学校行政、经费、人事安排等事宜与该校的来往公文及个人信函；有该校及其前身各书院关于学校建撤、调整、合并及教学工作方面形成的文件材料；有中华人民共和国成立后中央人民政府教育部、卫生部及山东省文教厅、卫生厅等单位关于学校机构调整、教学等事宜给该校的指示、通知及来往文件；有国民党中央及地方党政机关、主要长官关于该校人事安排、军训、月捐及其他重要活动给该校的训令、代电等。

（二）校务类　主要有该校的组织大纲、有关规程及行政机构设置等方面的文件；有该校下属处室、院系负责人的任免，教授等职务聘任及各种人员名册、履历表等材料；有该校董事会、校务委员会及下属各委员会召开会议形成的会议记录等材料；有该校基建、设备购置及抗战期间财产损失调查等材料；有该校财务收支情况报告，各院系的账务报表，该校与银行、洋行、商行、司库等来往函件等。

（三）教务类　主要有该校关于招生、学生入学注册、学业管理、学籍管理方面的简章、规则、办法；有教学研究方面形成的文件，如文、理、医三院，国学研究所等单位的科研工作计划、报告及会议材料；有关于教师进修，学生留学、毕业分配、转学、借读等文件；有历届学生名册、毕业生名册、校友通讯录；有在校师生宗教生活形成的文件材料；有乡村服务社与其他教会学校的来往信函等。

（四）训导类　主要有国民政府教育部及该校制发的训导法规、学生自治会章则及学生军训情况材料；有关于学生体育、卫生、生活管理等方面的材料；有关于学潮、罢工、罢课及学生运动方面的材料等。

山东大学

（1904 ～ 1949 年）

全宗号　J110

一、机构沿革

1901 年，山东巡抚袁世凯奏准设立山东大学堂，校址在济南泺源书院。1904 年迁新址。更名为山东高等学堂。1911 年改称山东高等学校。1912 年民国政府成立后，实行大学区教育制度，即中心城市设立大学，各省设专门学校。山东隶属中心城市北平，山东高等学校按章于 1914 年裁撤。从山东大学堂设立到山东高等学校撤销的 14 年中，先后由唐绍仪、周学熙等 11 人任校长。

1926 年，山东督办张宗昌下令在济南重建山东大学。同年 7 月 24 日，山东省教育厅指示，将省立工业、农业、矿业、商业、法政、医学等六个专门学校合并为省立山东大学，山东省教育厅厅长王寿彭（清末状元）兼任校长。1927 年，王寿彭离职，张宗昌兼任校长。1928 年 4 月 30 日，北伐的国民革命军进驻济南。同年 6 月，省立山东大学停办。

1928 年秋，国民革命军统一山东，南京政府教育部根据山东省教育厅的报告，下令将省立山东大学改为国立山东大学，并由国民党山东省政府教育厅厅长何思源等组成国立山东大学筹备委员会。不久，因日军侵占济南受阻。1929 年 3 月，日军撤离济南。同年 6 月，国立山东大学筹委会奉教育部令改为国立青岛大学筹委会。1930 年，筹备工作完成。同年 5 月，国民政府任命杨振声为校长。

该校以提高民族文化、研究高深学术、养成健全品格及培育专门人才为宗旨。教学机构，设有文理学院、工学院、农学院；各学院下设系（部）。行政体制，实行校长主持下的教授治校制度。1932 年 9 月初，行政院会议决定将国立青岛大学改名为国立山东大学，并任命赵太侔为校长。1936 年 6 月，教育部准赵辞职，任命林济青为代理校长。1937 年 7 月，抗日战争爆发后，该校内迁四川省万县。翌年 2 月，奉命停办；同年 6 月，教育部下命解除林济青代理校长职务。

抗日战争胜利后，该校于 1946 年 1 月在青岛复校。国民政府重新任命赵太侔为国立山东大学校长，并成立了文、理、工、农、医 5 个学院，14 个系，另附设一个大学先修班和高级护士学校。行政机构设有校长室、教务处、总务处和训导处。1949 年青岛解放，该校由人民政府接管。

二、全宗概况

山东大学全宗，上架排列总长度 57.6 米。共有按件整理的文书档案 15205 件，保管期限全部为永久，起止年代为 1904 ～ 1949 年。该全宗按年度一机构分类整理。建有全宗指南、全宗介绍、文件目录、人名卡片目录和数字化机读目录。中华人民共和国成立初期，该全宗档案由有关机关代管。1956 年，山东省清理敌伪档案办公室对其进行接收整理，后存山东省公安厅。1969 年，这部分档案移交山东省档案馆。

三、档案内容

（一）综合类　主要是教育部、山东省教育厅及山东大学等单位关于该校建撤、调整、合并、迁址、校长任职等方面的文件材料。其中，有山东大学前身农业、工业、矿业、法政、商业、医学等专科学校建撤、合并与调整的文件；有 1942 年胶澳督办高恩洪创办私立青岛大学概况；有国立青岛大学接收私立青岛大学的文件材料；有国立山东大学筹备委员会工作计划、报告、纪实及有关会议材料；有国立青岛大学易名国立山东大学经过情形的咨文、呈文，有该校在搬迁过程中校址归属及各种教学设备、图书及其他物资的保管、处理、移交形成的文件、清册、账簿、报表；有该校编写的校史概要、学校概况、山东大学历史沿革等材料。

（二）校务类　主要有山东大学等制定的各项规章制度，如1926—1948年先后制定的“山东大学职员任务规则”“山东大学聘任教授规则”“国立青岛大学组织规程”“国立山东大学复校委员会简章”“山东大学应变委员会组织大纲草案”“山东大学学生自治会会章”，以及所属处室、医院、护校、农场等单位的组织规程、办事细则、简章等；有该校教学机构、行政机构设置、调整方面的文件；有各院系负责人、教授任职的聘书、任命书、推荐书及有关方面的私人信件，如1931年9月该校聘闻一多兼文学院院长、梁实秋兼外文系主任并图书馆馆长的聘书，聘舒舍予、童第周、陆侃如、冯沅君、朱光潜、顾颉刚、洪深、游国恩等人任山东大学教授的聘书，舒舍予在1947年5月于美国聘任教授等事复山东大学校长赵太侔的亲笔信，著名科学家李四光推荐王洁秋为山东大学教授兼理学院院长给赵太侔的信；另有部分该校教职员调查表、登记表及学历证明等。

（三）教务类　主要有教育部关于该校教材、课程设置、学生学籍、学位等方面的训令；有该校编定的教学大纲、院系课程指导书及在校学生考试、试验、毕业论文、出版刊物、集会结社等方面的规则、章程；有关于学生公费、免费、免试入学，保送进修，出国留学，以及教师出国考察、进行学术研究等方面的文件；有该校学生及教职工名册、履历表等。

（四）训导类　主要有国民党中央党部、教育部发布的学生自治会组织大纲、实施细则，学生军训、操练、射击办法，以及军训会议、训导会议记录、报告等；有学生运动及政治抗争形成的文件，如1930年12月国立青岛大学为学生罢课召开的校务会议材料，1936年春山东大学为学潮开除、逮捕学生一事与教育部、青岛市政府、市公安局的来往文件及新闻界报道学潮真相的材料。1947年山东大学师生为反内战反饥饿组织游行示威及青岛市警备司令部镇压、逮捕学生的材料，1949年4月该校学生自治会召开的应变座谈会会议记录；另有各种奖学金条例、学生生活、卫生管理等方面的文件材料。

（五）总务类　主要是山东大学本身形成的文件材料，如该校基本建设方案、图纸、基建账目，进口仪器、图书与教育部等单位的来往文书，经费开支、预决算书及财务方面的报告、报表，教职员待遇标准、工资发放及生活补助名册，教育部颁发的非常时期改善教职员生活办法及医药卫生技术人员特别研究津贴办法等。

山东省立医院

（1940 ～ 1948 年）

全宗号　J111

一、机构沿革

山东省立医院的前身为国民党山东省政府诊疗所，始建于 1938 年年初。之后，诊疗所先后改为山东省保安司令部后方医院和山东省政府医务所等。1945 年 2 月，改为山东省立医院。日本投降后，该医院根据国民党山东省党政接收委员会的指示，于 1945 年 10 月由阜阳回济南接收同仁会所属的济南医院及其他医疗机构，并迁址于原济南医院。在此基础上，对原有机构进行了相应的调整。这时的山东省立医院已具备相当规模，设备也比较完善。内部设 5 室 1 所，即医务室、药务室、总务室、会计室、人事室及传染病研究所。各室以下分别设科（股），其中，医务室内设内科、外科、皮肤科、眼科、耳鼻喉科、齿科、小儿科、物疗科、细菌科及 4 个病房。全院工作人员 178 名，其中日本籍留用医务人员 23 名。1947 年 5 月，又附设护士职业学校。

该医院先后由王让千、李亮庭、王福溢、王宝楹任（含兼代）院长。至 1948 年 10 月济南解放，与华东国际和平医院合并。

山东省立医院的主要职能是，办理本省人民之疾患医疗及防疫事宜。

二、全宗概况

该全宗档案于 1963 年 2 月由山东省立医院移交山东省档案馆。接收后，省馆对这部分档案再次进行整理，共 5169 件（排架长度 14.4 米），编有全宗指南、全宗介绍、文件目录、人名卡片目录等检索工具。档案形成时间为 1940 ～ 1948 年。

三、档案内容

（一）综合业务类　主要有国民党山东省政府、山东省立医院颁发、制订的各种法规、计划等文件，如“公务员就医优待办法”“优待抗战人员诊病办法”，医院业务发展计划及诊疗暂行规则等；有善后救济总署鲁青分署济南办事处为援送药品及代办免费收诊办法给省立医院的公函；有第二绥靖区司令部为遣送日籍人员的代电；有山东省立医院与省电业公司、省邮电局、济南汽修厂等单位订立的医疗、诊验合同；有该院院务会议记录及工务会、总务会的有关材料；有山东省立医院1948年概况调查表；有该院医药器材清册、疾病种类及患者死亡报告表；有省、市机关、部队人员来院查体及医治伤病员清册；还有传染病研究所的工作报告及所需物资预算等材料。

（二）组织人事类　主要有国民党山东省政府、山东省立医院关于该院机构设置、人员编制及干部任免方面的文件材料；有关于公务员平时政绩施行办法及公务员任用送审注意事项；有山东省立医院组织规程及服务职员职级表；有省立医院附设护士职业学校自治会组织简章；有该院职工登记表、各科专家姓名表及留用日籍人员名册等。

（三）计财类　主要有山东省立医院会计室组织规程，药房管理办法，增加医疗经费的请示报告，经费、药品管理使用计划，经费预决算及会计报表，各类人员生活补助名册、公函及私人信件，以及各种收进、支出的票证、购货单据及明细分类账、总类账、现金分录日记账本等。

山东盐务管理局

（1914～1949年）

全宗号　J112

一、机构沿革

山东盐务管理局，1937年4月由山东盐运使署和盐务稽核所等单位改组设立，驻地济南，隶属于国民政府财政部盐务总署。抗日战争期间，该局分两部分先后撤驻青岛、汉口与济宁、开封等地，山东的盐务工作由日伪山东盐务管理局和青岛盐务局掌理。抗战胜利后，国民政府财政部盐务总局确定，在全国产盐重点省区重建盐务管理局。国民党山东省政府于1945年10月接收了日伪山东盐务管理局。同年12月，又接收了日伪青岛盐务管理局、日伪山东盐务管理局驻青办事处和日伪山东盐业株式会社等单位。同时，在青岛重建了山东盐务管理局。1949年6月青岛解放后，国民党山东盐务管理局被接管。1937～1949年间，该局局长先后由李植藩、钮建霞、汪时中、李熙元、曹荆川担任。内部机构设秘书室，总务、产销、财务、会计、警务 5 科和硝磺处。

下属有驻济南办事处和青岛、兖州两个盐务分局，分别负责办理流散盐补征行销、管理胶澳盐场的场产、运销和管理鲁西南地区盐的销售等业务。

山东盐务管理局的主要职能是，掌理山东省区的盐、硝生产、运输、销售、出口、储存、征收盐税以及缉私等事宜。

附：日伪山东盐务机构沿革

山东盐务管理局：1938 年 1 月在济南成立，隶属于日伪华北政务委员会财务总署，局长先后由刘苍、乐秀誉、姚文尉担任。内部设秘书室，总务、产销、会计、警务 4 科和硝磺处。下辖 7 个盐场公署，8 个盐警大队及驻青岛办事处和山东盐业株式会社等机构。1945 年 10 月被国民党山东省政府接收。

青岛盐务局：1938 年 1 月，日本海军在青岛登陆后，由维持会与日本海军策划独建成立，范楚生任局长，亦直属于日伪华北政务委员会财务总署。内部设总务、产销、会计、检定、盐警 5 科与硝磺处。盐区设盐警大队。该局抗战胜利后被国民党山东省政府接收。

二、全宗概况

该全宗包括国民党山东省盐务局的档案和日伪山东盐务管理局的档案，其中，大部分档案是 1956 年由山东省清理敌伪档案办公室搜集整理来的，后移交山东省档案馆。该全宗档案共 40084 件（排架长度 93.6 米），划归 9 个目录（即 01、04、07 至 13 目录）。其中，09 和 13 号目录为日伪山东盐务管理局的档案。该全宗的档案，大部分是 1937 ～ 1948 年形成的，少部分是 1914 ～ 1937 年间山东盐运使署等形成的。据该全宗内有关档案记载，1948 年 12 月，山东盐务管理局派员将该局档案 47 箱运往上海，翌年 2 月又运往台湾，其余档案也奉总局指令，进行大量销毁或埋藏。因此，现存档案严重残缺不全，重要文件材料更是寥寥无几，已难以全面反映立档单位的历史面貌。该全宗编有全宗指南、全宗介绍、文件目录、人名卡片目录等检索工具。

三、档案内容

（一）盐务管理类　主要是财政部盐务总局、山东盐务管理局及所属分局形成的文件材料。有盐法、盐专卖法规、私盐治罪法、检查食盐章则、盐务稽核总所章程、青岛区盐运章程修改草案等盐务管理方面的法规性文件；有盐务工作总结、报告及各种会议材料，如 1945 年 12 月财政部召集盐务主管人员讨论当前盐务重要问题的会议记录，1946 ～ 1947 年山东盐务管理局历次局务会议记录等；有征收盐税、军盐供应、盐价变更、场产运销、缉私及各种盐案处理方面的文件、统计登记材料；有接收日伪山东盐务工作概况、财产登记及处理意见，如 1945 年 12 月山东盐务管理局接收日伪山东盐务管理局、青岛盐务局公有财务数量一览表，接收山东盐业株式会社经过及处理意见给上级有关单位的代电等。

（二）组织人事类　主要有财政部盐务总局及山东盐务管理局关于盐务系统机构设置与人事方面的部分文件材料；有场、所划分归属管辖规定、公务员调任条例、盐务人员规则、盐警人事管理规则、盐务人员考绩暂行办法、处理日伪时期盐务人员办法等材料；有各类人员派用、升调、考核、晋级加等的有关规定，如 1946 年 9 月"财政部盐务总局为授权各区局长范围内人事部分应重新规定事项给山东盐务管理局的通令"，1947 年 8 月财政部盐务总局为饬对本机关及上级机关之长官或职员不得设宴招待给山东盐务管理局的通令等；有各种人员调查表、履历表、求职表、证明书等；有关于职工俸薪工饷、生活补助、福利、恤金等费用发放的清册报表。

山东邮政管理局

（1917 ～ 1948 年）

全宗号　J113

一、机构沿革

山东邮政管理局于 1911 年成立。内部机构先后设有邮务帮办、财务帮办、本地业务股、内地业务股、总务股、会计股、储汇股、出纳股和视察室。1946 年，本邮区设一、二、三等邮局 147 处。1948 年 9 月济南解放，同年 10 月该局在青岛继续开办业务。1936 ～ 1949 年，局长先后由纳自敦、郑维聪、梅贻速、李在桢（兼代）担任。其主要职能是掌理全省邮政业务之管理工作。该局于 1949 年上半年结束。

济南电信局于 1945 年日本投降后建立。其前身是 1914 年 1 月成立的商营济南电信股份公司。1937 年秋，该公司被伪华北电信公司收买，改称济南中央电话局。1945 年 10 月，济南中央电话局被国民党政府交通部接收，改建为交通部济南电信局。之后，该局先后称交通部第七区济南一等电信局，交通部第七区济南电信局。该局内部设有总务课、业务课、工务课、会计课和市区分局等机构。下辖泰安、周村、张店、禹城等局。1945 ～ 1948 年，局长由徐家瑞担任，主要职能是掌理济南市及所属县区的电信业务工作。

二、全宗概况

该全宗主要是山东邮政管理局和济南电信局于 1929 ～ 1948 年形成的文件材料；少部分是日伪山东邮政管理局、山东省电话管理处济南局和资源委员会青岛电台等单位同期形成的文件材料。该全宗档案于 1961 年 8 月由山东省邮电管理局移交山东省档案馆，连同北京市档案馆转来的档案，后经整理共 4005 件（排架长度 9 米），分两个目录。其中，01 目录为济南电信局形成的档案；02 目录为山东邮政管理局形成的档案。该全宗编有全宗指南、全宗介绍、文件目录、人员卡片目录等检索工具。

三、档案内容

（一）业务类　主要有邮政总局、山东邮政管理局及其所属局关于恢复收复区各地邮务事项、呈报共军区域内之邮政组织、鲁西共军利用邮局员工传递情报、中共“干扰”邮政情况等方面的呈文、训令、代电，如 1946 年 10 月“邮政总局关于恢复收复区各地邮务事项的训令”，1948 年 10 月“山东邮政管理局为奉令暂驻青岛代管全区事务给各区邮政管理局的通函”等；有邮政总局、山东邮政管理局 1945 ～ 1948 年关于邮政通常事项、编发特种信箱字号、国内汇兑、包件资例表以及本区设有海关之地名等方面给有关局及下属的通函、通令、通告，如 1948 年 6 月“山东邮政管理局关于编定陆军整编第四十五师司令部为南字第二〇〇一号信箱给各区邮政管理局的密通函”；有山东邮政管理局关于邮政业务制度、邮路新路表试办、遗失邮件案由清册等方面的文件，如 1941 年 11 月“山东邮政管理局为拟订邮路莱阳至城阳新路表试办给莱阳邮局长的训令”，1947 年“山东邮区年度遗失邮件案的清册”；有邮政储金汇业局、山东邮政管理局关于邮政储金业务方面的文件材料，如 1947 年 10 月“邮政储金汇业局关于开发汇票应注意事项给各邮政管理局的训令”；有电信总局、交通部第七区电信管理局和济南电信局关于电报业务制度、业务通话、领交材料和长途电信机线测试及障碍传报等项办法、代电；有资源委员会电信事务所青岛电台关于收支月报表、人员经费、电报业务、电报资费及调整电报材料费等方面的文件材料；有山东省电话管理处“为报本处济南局自成立至三十六年六月各项交待清册给山东省建设厅的呈文”等。

（二）组织人事类　主要有山东邮政管理局形成的人员名册，主管人员、邮政人员履历表，高级职员表，职工家庭情况调查表，以及退休员工、遗属领取恤金事项等方面的文件材料，如 1940 年 2 月“交通部所属机关主管人员履历片”“邮政人员履历册有交通部第七区电信管理局、济南电信局形成的人员调任规程、人员卡片、员工名册、人事登记表、职工履历表、人员薪金明细表、人员考绩单、服务证明书、身份证明书等文件材料，如 1945 年 12 月“交通部济南电信局职员身份调查表”，1947 年 4 月“交通部济南电信局交通事业现职人员送清认定表”，1948 年 1 月“交通部第七区济南电信局员佐差役印鉴册”；还有邮政、电信关于组织人事的规定、办法以及训令、代电等，如 1946 年 8 月“交通部第七区电信管理局关于公务员不得兼职的训令”，“关于对奉准调派人员不得籍词缓调的代电”。

（三）综合类　主要有交通部、山东邮电管理局和济南电信局等单位的局务会、福利会、临时会所形成的记录、提案，如 1946 年 5 月“交通部济南电信局第一次局务会议的记录”“交通部邮政会议第一次会议记录及提案”，1947 年“山东邮政管理局历次局务会议记录”，有山东邮政管理局、交通部济南电信局所形成的工作报告方面的文件材料，如 1946 年 6 月“对山东邮区共党干涉邮政情况的总括报告”“交通部济南电信局工作报告”；有交通部第七区电信管理局 1946 ～ 1948 年为奉转颁发无线电发射周率统制、电信机关校准时刻、载波机房与机站联络等项办法及代电；有山东邮政管理局梅局长与山东省政府、北平邮政管理局等单位以及私人之间的来往电函；还有“新生邮刊”等杂文材料。

山东省公署警务厅

（1939 ～ 1945 年）

全宗号　J164

一、机构沿革

山东省公署警务厅于 1938 年 3 月设立。1943 年 8 月，山东省公署改称山东省政府，警务厅随之改称山东省政府警务厅，至 1945 年 8 月，日本投降后结束。该厅厅长先后由张东亚、王永苍、程镕、姜恩搏、崔建初、李藻麟担任。内部机构，建立初期设秘书室，一、二、三科及情报处，1940 年 1 月增设第四科（警务科）。下属单位有县、市警察所、署，省警察教练所，省警备（察）总队及各道、县警察队等。该厅的主要职责是“辅助政令之推行兼任讨伐宣抚等项事宜”。

二、全宗概况

该全宗档案，1956 年由山东省清理敌伪档案办公室搜集整理，后交省公安厅保管，1981 年移交山东省档案馆。档案形成时间为 1939 ～ 1945 年，共 58 卷，排架长度 1.8 米，编有全宗指南、全宗介绍、案卷目录、机读目录、人名卡片目录等检索工具。

三、档案内容

（一）警务类　主要有山东省警备总队及所属各部历次战斗略报，以及省公署、警务厅对其下达的指令、训令等方面的文件材料，如 1941 年 1 月“山东省公署为据报第三支队讨伐战斗情形给省警备总队的训令”，1941 年 2 月“山东省警备总队为续报职队第五支队驻南阳镇第十四中队被共军袭击官兵被掳情形给山东省公署的呈”，同年 11 月“山东省警备总队第一支队 11 月 3 日在玉皇顶村遭遇八路战斗详报”；有山东省警备总队及所属部队的枪支弹药、军马、载重汽车等军用物资清册，兵力配备、官兵伤亡失踪、出动次数、防务配置及官长表册等；有山东省警备总队关于侦探、特务活动方面的情报材料，如“中国警察剿共对策”“鲁境共军概况调查表”“鲁境渝军、共军系统人数调查表”；有山东省公署、警务厅、警备总队、新民会山东联议会等会议材料，如 1940 年 7 月“山东省警备总队各处长第一次会议记录”，1940 年 12 月山东省公署召集东临、武定等 6 道区警务会议的文件材料，“山东省警务厅剿共班长会议指示注意事项”“山东省警备总队警备研究会历次会议记录”。

（二）组织人事类　主要有警备部队、治安军第四集团司令部等单位关于改编、启用关防、任免官职等方面的训令、指令、呈文；有山东省公署警务厅、警备总队及所属人员名册、官兵名册、军官履历表、组织概况报告表等方面的材料。

山东省政府民政厅

（1929 ～ 1948 年）

全宗号　J165

一、机构沿革

山东省政府民政厅是国民党山东省政府的重要部门之一，成立于 1928 年 5 月 1 日。1945 年 2 月 20 日，与教育厅、建设厅合并为政务厅。1946 年 1 月，民政厅建制恢复。1948 年 9 月，济南解放后结束。该厅先后由朱熙、何思源、刘道元、刘翔、彭国栋任厅长。内部机构，1929 年设秘书处（室）、第一科至第四科，视察处、缮写处，人员 117 名。1936 年 2 月，民政厅设置一室（秘书室）、四科。直至 1948 年济南解放。其主要职责是掌理区县市行政人员考试、训练及任免，考核区县市各级组织及经费标准，建立各级民意机关，负责保甲、户政、禁政、兵役、民众自卫诉愿、特种诉讼、宗教礼俗、乡镇造屋、建仓积谷及各区县市计划报告之审核事项。

二、全宗概况

该全宗，立档单位虽建立较早，存在时间较长，但现存档案数量不多，1956 年由山东省清理敌伪档案办公室收集整理移交山东省档案馆。后经整理共 282 件，排架长度 1.08 米。现存档案的起止时限为 1929 ～ 1948 年，其中大多数是 1944 年以后形成的。该全宗的检索工具主要有全宗指南、全宗介绍、文件目录、机读目录、专题卡片目录、人名卡片目录。

三、档案内容

（一）组织人事类　主要有 1929 年 10 月山东省政府民政厅全体职员

履历统计表（图），山东省民政厅拟定的济南、烟台、威海卫市的组织规程，各县府组织规程和员额编制，各县概况一览表，山东省政府关于裁撤鲁西南行署第五区专署与内政部等的来往文电，山东省邹县户政机构及人员报告表，山东省政府关于烟台市改设省辖市委任市长与内政部的来往文电。

（二）经费类　主要有各县经费收支标准，各县经费情况统计表，各级机关员额薪俸标准表，昌乐、章丘等实验县补助经费的文件材料，山东省各区行政督察专员兼保安司令公署。经费分配预算书。

（三）赈免类　主要有该厅关于豁免田税与财政厅的来往文件，省政府为定陶县遭受虫灾减免税收与有关单位的来往文件，山东省政府为转行政院关于略受灾歉地区不准许稍涉虚浮的令等。

山东省政府财政厅

（1928 ～ 1948 年）

全宗号　J166

一、机构沿革

国民党山东省政府财政厅于 1928 年 6 月 1 日建立。1945 年 2 月，奉令与省府秘书处合并，改组为山东省政府总务厅。1946 年 1 月，财政厅建制恢复，1948 年 9 月，济南解放后结束。该厅厅长先后由魏宗晋、袁家普、王向荣、陈秉炎、牟尚斋、赵季赘、尹文敬担任。内部机构，1928 年 9 月设秘书室、一至三科；1936 年设秘书室、一至五科；1946 年设秘书、视察、人事、会计 4 室和一至五科。主要职责是，掌理县市财务行政之督导及国省县市税捐，省县级公粮公产公款，省营事业金融公债，省库营业税、土地税、恤金，各机关经临费等财政行政事项。

二、全宗概况

国民党山东省政府财政厅全宗共有档案 334 件，保管期限全部为永久，上架排列总长度 0.9 米，档案起止时间为 1928 ～ 1948 年。该全宗档案由山东省清理敌伪档案办公室搜集整理，1956 年移交山东省档案馆，全宗内还有部分日伪山东省公署财政厅的档案。该全宗编有全宗指南、全宗介绍、文件目录、机读目录等检索工具。

三、档案内容

该全宗内主要是山东省政府财政厅形成的部分文件材料。有 1929 年“山东省地方年度岁入岁出预算册”，1946 年 4 月“山东省政府财政厅月份收入计算书”及缴款书、发放运粮专门贷款等；有山东省政府财政厅关于征收营业税的训令；有公私房屋修缮及出租方面的文件材料；有 1947 年 1 月山东省政府财政厅编印的“财政收支系统改订后——有关地方税捐法令汇编”，内有财政收支系统法及施行细则，国地共分各税征收缴纳办法，各省政府统筹调剂省县市财政盈虚办法，绥靖区豁免田赋原则，房捐条例，屠宰税法，山东省各县市屠宰税征收细则，营业牌照税法，使用牌照税法，筵席及娱乐税法，以及遗产税法、印花税法等文件；有“山东省政府财政厅财政复员计划”和“山东省政府财政厅职员录”等。

山东省地政局

(1945 ～ 1948 年)

全宗号　J167

一、机构沿革

山东省地政局是国民党山东省政府直属的行政机关，于 1947 年 5 月 16 日成立，王文甲任局长。该局业务受地政部（署）指导，主要掌理土地测量、地籍管理、土地登记、规定地价、土地税、土地征收重划、地权调整及土地金融与其他有关地政事项。内部机构设秘书室、技术室、会计室、统计室及第一至第四科，并附设土地测量总队、地籍整理处等机构。该局于 1948 年 9 月济南解放后结束。

二、全宗概况

国民党山东省地政局全宗共有档案 1082 件，保管期限全部为永久，上架排列总长度 3.6 米，档案起止时间为 1945 ～ 1948 年。解放后，这部分档案由济南市房管局保管，1960 年移交山东省档案馆。该全宗编有全宗指南、全宗介绍、文件目录、人名卡片目录等检索工具。

三、档案内容

该全宗内主要是山东省地政局及民政厅第三科（地政局之前身）等单

位形成的文件材料，主要包括以下三个方面：

（一）地政业务类 主要有行政院、山东省政府及省地政局颁发的公有土地管理办法、外国人在华房地产权处理办法、收复区土地权利清理办法及实施细则等法规性文件；有省地政局关于土地管理、征收、使用等方面的计划、报告、概况；有关于地籍管理、土地测量方面的文件及统计、登记材料，如 1947 年山东省 86 县市土地总面积、非法处分土地面积统计表；有关于地租、发行土地债券、地价量估及征收赋税等方面的文件及调查统计材料；有省地政局及所属县市形成的关于私有土地处理办法、敌伪房地产处理办法；有关于发还被敌伪强占的房地产、清理各军政机关使用敌伪占用民地，及地方所有土地产权等方面的文件材料；有处理房地产权纠纷、案件形成的材料。

（二）经费类 主要有该局年度经费预决算及超支经费处理方面的文件材料；有人员薪俸及员工生活补助等方面的文件、报表及领发清册。

（三）组织人事类 有行政院、山东省政府及省地政局关于地政机构建立、划分职权范围、启用印信的训令、呈、通知；有山东省地政局组织规程及地政人员服务通则；有招考、登记地政人员的文件材料。

经济部鲁豫晋区特派员办公处

（1945 ～ 1947 年）

全宗号 J168

一、机构沿革

经济部鲁豫晋区特派员办公处，全称为经济部战时生产局鲁豫晋区特派员办公处，奉国民党中央政府经济部、战时生产局会令于 1945 年 9 月成立，并启用关防官章。同年 11 月，该处在青岛市堂邑路 9 号开始办公，杨公兆任特派员，依照有关规程，办公处下设秘书、会计两室、财务、业务、清查、供应四组。另外，按照接收对象又分设化工、机械、矿业、烟叶、冶炼、电力、纺织、贸易、盐业等组，专司接收管理之责。下属设有驻豫分处，驻地开封，主任汤子珍；驻晋分处，驻地太原，主任谢树英；驻济办事处，驻地济南，主任俞物恒。1946 年 1 月，战时生产局撤销，该处改称经济部鲁豫晋区特派员办公处。1946 年 11 月奉命撤销。后因故延至 1947 年 1 月结束，未了工作移交行政院山东青岛区敌伪产业处理局，至 1947 年年底移交工作完竣。该处主要任务是：登记及处理工矿及其他有关事业；处理盟国及中立国原办工矿及其他有关事业；接收管理敌伪所办工矿及其他有关事业；处理经济部及战时生产局职掌有关之商务事项；接收经济部及战时生产局有关机关；促进主要物资之生产；办理主要物资之供应；采办及接收国外必需物资。

二、全宗概况

经济部鲁豫晋区特派员办公处全宗共有档案 943 卷、10818 件，保管期限全部为永久，上架排列总长度 75.6 米，档案起止时间为 1945 ～ 1947 年。该档案移交进馆后，山东省档案馆对该全宗重新加工整理，调整了部分案卷，补填了卷内目录并加装新卷盒。该全宗编有全宗指南、全宗介绍、案卷目录、人名卡片目录等检索工具。

三、档案内容

该全宗内主要是经济部鲁豫晋区特派员办公处及有关单位形成的文件材料，主要包括以下三个方面：

（一）接收处理类　主要有行政院、经济部及鲁豫晋区特派员办公处等单位形成的关于接收处理敌伪产业的各项法规性文件，如收复区特派员办公处组织规程，收复区全国性事业接收委员会组织规程，关于接收处理敌产办法、登记及接收工矿事业实施办法，接收日伪财产补交原始清册，对德、意、日、奥等外国人在华财产之处理，日本人所有专利权应收归国有以及工矿事业、电器事业、各种物资器材处理等项办法，关于商民承购敌伪工厂房地产过户办法，关于各项经费请领支用、敌钞登记及金融机构处理等项办法；有经济部鲁豫晋区特派员办公处、各分处及各专业组形成的关于敌伪产业接收、清查、移交、处理等方面的总结、报告及召开的有关会议形成的文件材料；有关于对接收的土地、房产及各种物资估价、标售、工矿企业及物资（物品）拍卖等方面的文件材料；有关于接收、处理敌伪产业的各种调查登记表，处理情况表，账本清册，明细表及地契，建筑图纸，接收证明材料等。

（二）组织人事类　主要有经济部及鲁豫晋区特派员办公处关于该处及下属分处（办事处）之设立、撤销、机关驻地等方面的文件材料；关于委派特派员、接收委员、专员的派令；该处职员任免、聘用、遣散、级俸待遇方面的文件；关于商洽留用、征用及遣返接收之日籍技术人员的文件材料及申请表、登记表，日籍技术人员概况表、遣送日籍技术人员名册等。

（三）经费薪俸类　主要是经济部、战时生产局及经济部鲁豫晋区特派员办公处关于一般经费及特别办公费支给标准，机关人员薪俸、生活补助费、旅差费支给标准及各种统计、登记表册。

济南电业公司

（1935 ～ 1948 年）

全宗号　J170

一、机构沿革

济南电业公司始于光绪三十一年（1905），由沂水县刘福航与莒县庄式如等人于济南创办。定名为“济南电气公司”。至 1934 年，因该公司经营难以维持，山东省政府代为接办整顿，并将济南电气公司改名为济南电业公司，经理赵竹贤。1937 年，该公司被日本没收，改称华北电业股份有限公司济南支店，又称济南电业股份有限公司，经理为日籍的歌代顺郎。1939 年 7 月，日本株式会社兴中公司山西恒郎与原电业公司庄维屏等人共同发起成立齐鲁电业股份有限公司，总经理庄维屏，主要经营本市区供应电力电气等事项，并兼管德县、兖州、临城、滕县等地区电厂业务。抗战胜利后，于 1945 年 10 月 31 日，该公司由国民党山东省政府接收委员会接管，并改名为济南电业公司，经理俞物恒。1948 年 1 月，山东省政府奉行政院指令接办该公司，改称济南电力有限公司，由中央和地方共同经营，主要经营济南市及附近地区之电气事业。公司的最高机构是董事会，设董事长 1 人、委员 4 人。公司经理由常荫集担任。公司内部设经理室、总务课、材料库、会计课、业务课、供电课和发电所。另有下属机构滋阳发电厂。

二、全宗概况

济南电业公司全宗共有档案 43 卷，保管期限全部为永久，编为 01 目录，上架排列总长度 0.9 米，档案起止时间为 1935 ～ 1948 年。该全宗由山东省清理敌伪档案办公室搜集整理，1956 年移交山东省档案馆保管。该全宗编有全宗指南、全宗介绍、案卷目录、机读目录等检索工具。

三、档案内容

该全宗内主要是济南电业公司、华北电业股份有限公司济南支店、济南电力有限公司等形成的文件材料，主要包括以下两个方面：

（一）综合类　主要有关于该公司机构沿革方面的文件材料，如“齐鲁电业公司设立发起人决议书”（1939 年 6 月），国民党山东省政府接收委员会“接收华北电业济南支店报告书”（1945 年），1948 年山东省政府接办电业公司并改为济南电力有限公司的文件；有该公司形成的法规性文件，如济南电气公司临时整理委员会简章，济南电气公司临时整理委员会办事细则，济南电气公司厂内职员服务规则，济南电业公司章程，济南电业公司组织规程，职工福利社简章；有该公司 1935 年编写的“公司沿革与整理经过及计划”及“山东的电气事业”（1939 年）等材料；有各级人员委任、组织定员方面的文件及委任状、聘书、推荐书、调查表；有该公司财务预决算、会议报表及向政府、银行等贷款等文件材料。

（二）业务类　主要有该公司关于营业章程及营业地域、范围方面的文件材料；关于供电及电费交纳、电价调整等事项与山东省政府、津浦铁路局等单位的来往文件及订立的合约；关于加强用电管理的规则及处理窃电办法；关于煤炭调拨、采购、运输、资金等问题与山东省政府、山东绥靖统一指挥部、交通银行及仁丰纱厂、成丰面粉公司等单位的来往文件；关于电厂建设工程方面的文件材料。另有 1945 年济南电业公司接收日伪资产清册、固定资产明细表、房产契约清册等文件材料。

中央信托局济南办事处

（1946 ～ 1948 年）

全宗号　J171

一、机构沿革

中央信托局济南办事处（又称济南中央信托局）于 1946 年年底开始筹建，1947 年 2 月正式开业，是国民党中央信托局在济南设立的派出机关之一，行政上隶属于中央信托局青岛分局，业务上与中央信托局有直接联系。内部机构设有文书股、会计股、营业股、保险股、出纳股及地产股。

1947 年 2 月至 1948 年 9 月，先后由吴本仁、谢铮担任该办事处主任。其主要业务有储蓄、信托、购料、易货、物产保险、人寿保险、地产和储运等 8 项，另有受托代管德孚洋行，办理标售德孚颜料事宜。1948 年 9 月济南解放后，由华东军管会金融部接收。

二、全宗概况

中央信托局济南办事处全宗共有档案 95 卷，保管期限全部为永久，编为 01 目录，上架排列总长度 0.9 米，档案起止时间为 1946 ～ 1948 年。该全宗由济南市房管局、山东省人民银行先后于 1960 年和 1962 年移交进馆，后由山东省档案馆统一整理编目。该全宗编有全宗指南、全宗介绍、案卷目录、机读目录等检索工具。

三、档案内容

主要有中央信托局关于存款、放款、汇兑等方面的办法、规定、章程，如“中央信托局更订预赎押汇计息办法”（1946 年 9 月），“中央信托局准联局汇往台地（台湾）汇款比价折付台币办法”（1948 年 2 月），关于内部往来账务处理办法，关于代售印花、款项调拨、储蓄存款及汇兑账务处理办法，各种外币、有价证券、票据处理办法，以及信托存款章程、代理出售政府物资财产委员会组织规程等；有中央信托局济南办事处为出口押汇业务、订立汇款总合约、赈济捐款等与中央信托局及青岛分局的来往文件；有该处形成的有关储蓄、存款、放款、汇兑等方面的说明书及各种表册，如 1947 年的“年度上期分析说明书”和“年度下期决算资产估价分析”，1947 年的“中央信托局济南办事处损益计算书”和“资产负债平衡表”等；有中央信托局及济南办事处关于营业用房地产、接收处理敌伪产业方面的文件材料，如“中央信托局济南办事处标售敌伪房产暂行办法”，济南市敌伪产业调查表，敌伪房地产标售估价单；有行政院山东青岛敌伪产业处理局济南办事处向中央信托局济南办事处移交之敌产调查、统计清册清单；有中央信托局济南办事处关于敌伪房产产权纠纷、处理匿藏敌产案件、房产保险赔偿等项事宜与有关单位的来往文件。另有中央信托总局及本处关于干部、职员调派、任免、辞请准照、检发印鉴等文件材料。

行政院善后救济总署鲁青分署

(1945 ～ 1948 年)

全宗号　J172

一、机构沿革

行政院善后救济总署鲁青分署（简称鲁青分署）于 1945 年 12 月设立，是国民党行政院善后救济总署（以下简称行署）在全国的 16 个派出机构之一，驻山东青岛市堂邑路 11 号，署长延国符。内部设有秘书室、赈务组、储运组、总务组、卫生组、技术室、人事室、视察室、调查室及卫生、计考核、物资分配计划 3 个委员会。下属机构有济南办事处、鲁南办事处和 6 个工作队。鲁青分署的主要职责是：根据行署的部署，按照山东各地需要救济的物资品种、数量，分期分批地向行总申报并负责救济物资的分配、调研、储运、赈恤等事宜。该分署于 1948 年 3 月奉行署令撤销，其业务由行政院善后事业委员会接管。

二、全宗概况

行政院善后救济总署鲁青分署全宗共有档案 42 卷，保管期限全部为永久，编为 01 目录，上架排列总长度 0.45 米，档案起止时间为 1945 ～ 1948 年。1964 年 4 月，由山东省农业厅移交进馆。原有 62 卷，后经山东省档案馆整理，合并调整为 42 卷。该全宗编有全宗指南、全宗介绍、案卷目录、机读目录等检索工具。

三、档案内容

该全宗内主要是行政院善后救济总署、鲁青分署及其所属办事处、工作队形成的文件材料。主要有各种办法、细则及与有关单位签订的协定，如："善后救济总署鲁青分署办事细则""山东省三十六年度农业善后救济与复员推广实施计划要点""善后救济总署鲁青分署济南办事处与山东省农林处合办森林苗圃暂行办法""1945 年 11 月中华民国国民政府联合国善后救济总署基本协定"；有工作总结、报告及会议文件，如 1946 年鲁青分署旬报，第二、三大队的工作报告，行政院善后救济总署在二中全会七次大会上的提案报告、行政院善后救济总署暨各分署联合座谈会会议记录，鲁青分署署务会议记录，1946 年 9 月青岛区农业善后推广委员会成立大会会议记录；有山东省工矿农牧渔等部门及县市政府为呈请救济事项与鲁青分署的来往文件，如 1946 年 2 月“行政院善后救济总署鲁青分署为准核发种子费给济南办事处的指令”，1946 年 7 月“济南市政府拟请善后救济总署拨发实施各项工程概算的呈”，1946 年 11 月“善后救济总署呈准中国油料厂价拨榨油机给鲁青分署的指令”。另有全国各分署署长名单及驻地一览表，善后救济总署鲁青分署职员录，鲁青分署撤销业务移交的文件、清册等。

山东省立医学专科学校

(1921 ～ 1948 年)

全宗号　J186

一、机构沿革

山东省立医学专科学校，是 1933 年根据国民政府颁布的各省、市普设农、医、工三种专科学校方案而建立的。同年 8 月招收新生，9 月正式开课。11 月 7 日，教育部聘任尹莘农为该校校长。1937 年“七七事变”后，该校于 10 月迁至曲阜上课，11 月又迁驻滋阳，12 月南下，先后驻湖北省汉口及四川省的云阳县、万县等地。

济南沦陷后，日伪政府于 1943 年在济南成立医学专科学校。1945 年 8 月，日本投降后，国民党山东省政府接收该校，暂设济南省立医学专科学校，委派周瑞为代理校长。驻四川省万县的省立医学专科学校，因交通不便，暂不能回迁，但已停止招收新生。直到 1947 年 10 月，该校才迁回济南，与在济南的省立医学专科学校合并。1948 年 9 月，济南解放，该校与华东军区卫生部领导的白求恩医学院合并，成立了山东省医学院。

山东省立医学专科学校直属国民政府山东省教育厅领导。其主要职能是以教授应用科学养成医学专门人才。

二、全宗概况

山东省立医学专科学校全宗共有档案 66 卷，保管期限全部为永久，编为 01 目录，上架排列总长度 1.8 米，档案起止时间为 1921 ～ 1948 年。该校尽管有十几年的历史，但由于战争与流亡之故，保存下来的档案数量极少，且已混入齐鲁大学全宗。1963 年由山东省立医院移交山东省档案馆后，在整理过程中，才将这部分档案检出，单独立卷，划分全宗。该全宗编有全宗指南、全宗介绍、案卷目录、机读目录等检索工具。

三、档案内容

（一）综合类　主要有国民政府教育部 1941 年 11 月颁发的专科以上学校学生学籍规则的训令，1946 年 4 月，各校迁移程序表；有国民政府山东省主席 1946 年 2 月 21 日任命山东省立医学专科学校校长的代电；有山东省立医学专科学校章则汇编、校务会议记录、教员名册、奖学金发放、学生免交学费，以及抗战功勋子女就学免费、补助等方面的条例、办法。

（二）教务类　主要有国民政府教育部关于战区内中等学校学生请求证明学历办法，关于学生未完成毕业考试者不得给予毕业证明的训令；有山东省立医学专科学校关于学生缺席已达本学期授课时数三分之一应勒令退学的布告等。

第四章　馆藏革命历史档案全宗介绍

中共中央山东分局

(1922 ~ 1945 年)

全宗号　G001

一、机构沿革

五四运动后，济南进步学生王尽美、邓恩铭等积极研究和宣传马克思主义。1921 年上半年，济南共产主义小组成立。1922 年 5 月，建立中共济南独立组。同年 7 月，中共山东第一个支部——中共济南地方支部成立，王尽美任书记。之后，随着党的发展，相继建立了中共济南地方执行委员会、山东地方执行委员会、山东区执行委员会。1927 年 6 月，中共中央根据《党章修正章程》关于按行政区划改变党的组织系统的名称的规定，决定成立中共山东省委员会（简称中共山东省委），吴芳任书记。省委内部设组织、宣传、职工、农民、青年、妇女、军事等工作部门。同年 8 月，根据中共中央决定，山东省委归新成立的中共中央北方局领导，至 11 月，北方局遭受破坏，山东省委又归属中共中央领导。这一时期，山东省委先后建立了潍县、寿光、青州、高密、张店、鲁北等地委，济南、青岛两个市委，并建有党的直属支部多个。

1929 年 7 月至 1933 年 12 月，省委机关曾经遭受十余次破坏，但在中央的领导下，每次被破坏后，新的省委（临时省委）又再行建立。

1934 年 1 月以后，山东省委机关处于瘫痪状态，各地党组织亦分散活动，各自坚持斗争。1935 年冬，中共济南市委书记赵健民与中共莱芜县委书记刘仲莹等取得联系后，自动组成了中共山东省工委，刘仲莹任书记。

1936 年 4 月，中共中央北方局派黎玉到山东帮助工作，5 月重建山东省委，归北方局领导，黎玉任书记。自此，山东又有了党的统一领导机构，并恢复和重建山东各地党的组织。至 1937 年年底，先后建立了市、县委、中心县委、特委 50 个，党的组织遍布山东各地。

1938 年 2 月，黎玉赴延安汇报工作，林浩代理省委书记。同年 5 月，中共中央派郭洪涛率干部 50 余名来山东创建抗日根据地，中央决定郭洪涛任省委书记。同年 5 月下旬，根据中共中央决定，将山东省委扩大为中共苏鲁豫皖边区省委员会（简称14边区省委），郭洪涛任书记，管辖山东全境和原属河南省委所辖的苏鲁豫皖边区。1938年12月，中共中央决定将中共苏鲁豫皖边区委员会改为中共中央山东分局，仍归北方局领导，郭洪涛任书记。其所辖地区除原边区省委管辖范围外，增加了苏北洪泽湖地区。分局机关内部设组织部、宣传部、军事部、民运部、统战部、社会部和秘书处等。

中共中央山东分局成立后，根据党的六届六中全会《关于各级党委暂行组织机构的决定》，对所属各级党委重新进行划分，先后建立胶东、鲁西、苏皖、大鲁南、苏鲁豫、鲁南、鲁中、清河、冀鲁边、滨海、渤海11个区党委，区党委之下逐级设地委、县委、分区委，为开辟相邻地区的工作，还设立了一部分中心县委、边联县委。

1939年4月，中共中央决定将中共中央山东分局改称中共中央苏鲁皖分局，但不久又恢复了中共中央山东分局。同年，山东分局书记由朱瑞代理。不久，中共中央任命朱瑞为中共中央山东分局书记。直至1943年9月，朱瑞调赴延安，罗荣桓任中共山东分局书记。

1945年8月，抗战胜利后，根据中共中央的战略部署，中共山东分局书记、山东军区司令员兼政治委员罗荣桓率大批干部和主力部队6万余人开赴东北作战，中共山东分局书记之职由黎玉代理。此时，山东抗日根据地的党组织已由原来的11个区党委调整为鲁南、鲁中、胶东、渤海和滨海5个区党委。

1945年10月，中共山东分局与华中局合并，组成中共华东中央局。至此，中共山东分局结束。

二、全宗概况

本全宗档案，是1959年8月由中共山东省委办公厅档案处移交给省档案馆筹备处的一部分档案；1960年11月，本馆又赴中央档案馆复制了有关的档案600余卷。对这两部分档案，于1962年和1987年进行了整理，按年代—作者分类立卷，卷内文件单份装订，共有档案2022件，排架长度3.15米，起止年代为1922年7月至1945年10月，其中，早期的档案材料较少，1922～1926年间的档案材料有180件，其余均为1927年以后所形成。编有全宗指南、全宗介绍、文件目录、文件级开放目录等检索工具。

三、档案内容

该全宗主要是中共中央山东分局（包括前身）在各个历史时期形成的文件材料。另外，也有少量是上级领导机关、所属组织机构（包括早期的社会主义、共产主义青年团济南、青岛地委等）形成的有关档案材料，其主要内容如下：

（一）综合类　中共中央、北方局、山东分局（省委）、山东军区等关于形势、方针、任务及全面性的工作指示、决议、计划、总结、报告、通告等。如中共中央北方局关于对山东分局五年来成绩与缺点以及1943年工作方针的指示信（1943年3月），中共山东分局五年来工作总结与今后任务（1943年8月）；综合性的会议文件，如中共山东省委扩大会议（1928年12月）、中共苏鲁豫皖边区县委书记联席会（1938年9月）、中共山东分局高干会议（1941年6月）形成的文件材料；综合性的刊物，如《省委通讯》（1927年）、《山东红旗》（1930～1931年）等，其中形成时间最早的为1922年7月、中国劳动组合书记部山东支部出版的《山东劳动周刊》第一期，该刊刊载了该支部的宣言、王尽美的文章及工人运动的消息、报告。

（二）组织类　中共中央、北方局、山东分局等关于组织工作的指示、决议、计划、总结、报告和会议纪要；关于各级党组织的建立、发展及遭受破坏情形的报告，如修五关于党、团省委机关破坏经过情形的报告（1930年2月）；关于组织机构设置、编制、干部调配等问题的决议、通知及组织状况统计表等，如中共山东省委关于组织状况统计表（1928年11月）；关于党员教育问题的指示通知；关于对违纪党员进行处分的决定、通知；关于党对团的领导问题的指示；关于开展“整风”运动及进行审干防奸、发扬民主检查领导工作的指示、决议、计划、总结、通报等；关于精兵简政工作的办法、决议、报告、统计表等。

（三）宣传类　中共山东分局（省委）关于宣传工作的综合性的指示、报告；关于时事、政策、宣传教育问题的指示、通知；关于开展冬学运动的指示、通知；关于节日及重大历史事件纪念活动的指示、通知等。

（四）统战工作类　中共中央山东分局关于统一战线的策略和组织问题的指示；关于山东地区国共合作问题的指示、报告，其中有中共中央为争取石友三、于学忠、李仙洲、姜黎川、吴化文等将领抗战，给山东分局的指示及山东分局的报告；关于争取地方士绅及根据地传教士处理问题的指示、通知等。

（五）锄奸类 中共中央山东分局关于锄奸工作的指示、计划、总结、报告。

（六）群众工作类 中共中央山东分局关于开展农、工、青、妇运动的指示、决议、报告；关于工人政治、经济、生活状况的调查报告及工人罢工事件的通报，其中，淄川炭矿工人罢工（1928 年）、青岛工人的“打狗”（即工人痛打日人厂主的走狗）等活动在档案中都有记载；关于开展农民运动，发动农村武装暴动和开展减租减息运动的材料，如山东省委制定的农民运动大纲（1928 年 8 月）、山东高唐“红团”暴动情形（1928 年）等；关于抗日救国团体的组织和发展问题的指示、决议；此外，还有社会主义青年团（1925 年后更名为共产主义青年团）济南地委、青岛地委及青州支部在 1923 ～ 1926 年间形成的关于团的工作的决议、报告。

（七）对敌斗争及军事建设类 山东省委关于反帝、反军阀战争、反白色恐怖斗争的材料，如 1928 年 5 月 3 日“济南惨案”发生后，山东省委发出的抗议日军屠杀我同胞，号召民众反对日本帝国主义的通告等；中共中央山东分局、山东军区关于山东的军事领导和军队及人民武装建设问题的指示、决议、报告，如萧华在山东人民武装第一次代表大会上的报告（1943 年 9 月）；关于作战方面的指示、报告，其中有罗荣桓、黎玉、萧华关于山东作战形势的报告（1945 年 6 月），有反映山东分局 1945 年 8 月抽调主力部队和大批干部开赴东北的文件材料；关于开展练兵运动的指示、决定；关于开展对敌政治攻势及反“扫荡”、反“蚕食”斗争的指示、报告；关于召开重要军事会议的文件材料，如山东纵队党的代表大会（1940 年）、山东军区政治工作会议（1944 年 4 月）、山东军区军事会议（1944 年 7 月）等；关于拥政爱民的指示、通知等。

（八）民主政权建设类 中共山东分局、苏鲁豫皖边省委关于进行政权建设、加强党对民主政权领导问题的指示；关于开展民主运动的决定；关于行政区划划分、调整的决定；关于拥军、优抚工作的指示、通知。

（九）财政经济建设类 中共山东分局财委会关于财经工作的综合性的指示、决定、报告；关于税收、工商管理、银行工作的指示、决定、报告；关于整理村财政、开展货币斗争问题的指示、通知以及财经收入支出统计、农村经济调查等材料。

（十）城市工作类 中共山东分局城委会关于城市工作的指示、决议、报告；关于城市居民、学校、交通等情况的调查材料。

山东省总工会

(1946 ～ 1950 年)

全宗号　G002

一、机构沿革

1940 年 8 月，在沂南县青驼寺召开山东省首届职工代表大会，选举产生山东省职工抗日联合总会（简称总工会）。从此，山东的职工运动有了统一的领导机构。其内部设组织部、宣传部、劳动保护部、生产建设部、武装部、青工部、女工部、厂工部和秘书处等。省总工会按行政区划系统，下设行政区、专员区和县职工联合会，区、村设职工会。按行业、专业系统，又设产业工人、手工业工人、农业工人、店员工人总工会，国防工业、苦力运输等总工会和海员、铁路及邮电工人工会。

1945 年 10 月，山东省第二次职工代表大会召开，通过了《山东省职工抗日救国联合会组织章程》，规定本会以团结山东省全省职工，改善职工生活，发展生产，保障职工利益，加强职工教育，并为彻底消灭日本帝国主义及根绝一切法西斯残余，争取建设独立、自由与富强的新中国为宗旨。

1940 ～ 1950 年，张天民、许光明、孙学之、田力夫、张福林等先后担任省总工会的领导职务。

二、全宗概况及档案内容

该全宗档案是 20 世纪 60 年代初收集进馆的，主要是省二次职工代表大会以后（1946 ～ 1950 年之间）省总工会及所属部分地、市、县工会和部分行业工会、工矿企业基层工会形成的档案材料。进馆后，经过系统整理共有 310 件，排架长度 0.9 米。检索工具有全宗指南、全宗介绍、文件目录、文件分类目录等。该全宗档案内容不完整，不能全面反映省总工会的历史演变情况及工作全貌。其中，1946 年形成的文件 4 件，主要是省总工会关于工会工作的方针、指示，关于山东工运情况向中央的报告及鲁中区、威海市总工会年度工作总结。1947 年形成的文件 6 件，主要是胶东区、烟台市、威海市、石岛市工会关于本区（市）工运情况及渔民工作的报告。

其余 300 件均为 1948 ～ 1950 年形成的。其内容可概括为：关于工运工作综合性的指示、决定、报告、统计材料；部分地、市工人代表大会会议材料；关于工会组织设置的通知及组织章程、组织概况；部分厂矿企业职工薪资及劳保福利状况的调查材料；关于职工教育、奖惩问题的指示、决定、计划、总结、条例、规定；关于生产竞赛、合理化建议、工厂管理民主化活动的办法、规定、总结；工人罢工事件调查材料。

共青团山东省委

（1927 ～ 1950 年）

全宗号　G003

一、机构沿革

中国共产主义青年团山东省委员会（简称共青团山东省委），于 1927 年 8 月建立。

共青团山东省委，是山东省共青团最高领导机关。在中共山东省委的领导下，负责贯彻中共中央和团中央的路线、方针、政策，组织带领全省团员和青年参加人民武装革命斗争。

1930 年 2 月，共青团山东省委机关被破坏，各地团组织均受当地党组织的领导。1932 年 1 月，恢复省级团的领导机构，称共青团山东省特委，姚第鸿、张德芳、陈衡舟、孙善帅等历任书记。1933 年 7 月，特委机关又遭到破坏。至 1934 年 7 月，在共青团青岛临时工委的基础上，建立共青团山东省工作委员会（简称团省工委），隶属团中央，刘宜昭任书记。1935 年 4 月，团省工委机关再次被破坏。此后，较长时期未建立省一级团的领导机构，青年工作则由省青年联合会（简称省青联）、山东分局青委、华东分局青委等负责。

1949 年 3 月，根据中共中央关于在全国普遍建立中国新民主主义青年团的决议，建立了中国新民主主义青年团山东省工作委员会，刘导生任书记，杜前、鲁光任副书记。

二、全宗概况

该全宗档案，是中华人民共和国成立后陆续从全省各地收集来的。

1964 年进行了第一次加工整理，划定了全宗，并将全宗内文件分类立卷，编制了案卷目录。1981 年进行了第二次加工整理，卷内文件实行单份装订，编制了文件分类目录。经整理，现馆藏该全宗档案 2092 件，排架长度 4.5 米。档案形成时间为 1927 ～ 1950 年。

三、档案内容

该全宗主要包括共青团山东省委及中共山东分局青委、华东局青委、省青联和所属行政区、地、市团组织、青联、学联形成的档案材料。其中，共青团山东省委的文件均系 1928 ～ 1935 年和 1949 ～ 1950 年之间形成的，数量不多。但档案中胶东、渤海、鲁中南区及所属地、市、县团组织、青联、学联形成的文件数量较多、内容较丰富。这些档案真实记录了山东地区青年工作发展的历史踪迹，反映了山东青年参加抗日根据地和解放区各项建设的业绩。档案内容可概括为以下几个方面：

（一）关于团的工作和青年学生工作的综合性计划、总结、指示、决定、会议记录及基层团代会的会议文件，如团山东省委工作报告（1929 年 5 月）；中共中央山东分局青委关于中国青年运动发生、发展和特点及其抗战三年以来的山东青年运动的概括总结（1941 年）。

（二）关于建团工作、团组织发展的文件材料。如团山东省工委关于 1949 年山东团发展情况、团员、支部分布情况的报告（1950 年 1 月）。

（三）关于加强团干部教育、培养及开展创模运动的指示、决定、通知和模范青年先进事迹材料。

（四）关于开展宣传运动和“五四”青年节、“四四”儿童节等节日纪念活动的指示、总结。

（五）关于发动青年参加工农运动和土地革命等的指示、决定、报告。

（六）关于组织青年抗日救国会、青年抗日先锋队等开展抗日斗争的文件材料。

（七）关于学生会、儿童团工作的文件材料。

山东省政府

(1940 ～ 1949 年)

全宗号　G004

一、机构沿革

1937 年 12 月，日军侵占济南。1938 年年初，中共山东省委领导各地党组织开展建立抗日民主政权的工作。同年 2 月至 4 月，胶东地区蓬(莱)、黄（县)、掖（县）等各县人民政府相继成立。为了统一领导各根据地的民主政权，1940 年 7 月，召开了山东省各界代表联合大会，选举产生山东省战时工作推行委员会（简称省战工会)。其主要职责是领导与推动全省各级抗日民主政权之行政工作与地方性武装、财政、经济建设、教育及群众战时动员等工作。该委员会内部设战时政治组、战时武装动员组、财政经济建设组、战时国民教育组、战时民众动员组。其中，战时政治组组长为首席组长，对外代表战工会，对内负责指导督促各组工作，调整各组关系，处理临时紧急事项。黎玉被选为政治组组长，李澄之为副组长。同时，还选举产生了省临时参议会（简称省临参会)，为全省统一的民意机关。范明枢当选为议长，马保三、刘民生为副议长。

1941 年 3 月，省战工会决定该会设立常务委员会，黎玉为主任委员，陈明为副主任委员。该会内部增设山东省战时高级审判处、山东省公安处，将原政治组改为民政处，撤销民众动员组，其他各组均改称处。同年 4 月，山东分局决定在战工会内建立党团组织，代表分局在战工会内执行分局之政策和决定，黎玉为书记、陈明为副书记。

随着战工会工作的开展，各地民主政权建设已由“人治”到“法治”，由不统一到统一，形成“省战工会—主任公署—专员公署—县政府—区公所”的政权领导体系。其中，主任公署（简称主署)，为各战略区的最高行政领导机关；专员公署最初为主署以下之执行机关，1942 年后改为代表主署之督察推动机关，名称亦改为督察专员公署，县政府为一个县的行政执行权力机关；区公所则是代表县政府督促村政之推行。

1943 年 8 月，省临参会决定将山东省战时工作推行委员会更名为山东省战时行政委员会（简称省政委会），选举黎玉为主任委员。9月省政委会正式成立。同年10月，将主任公署改称行政公署（简称行署）。

1945年8月，省临参会驻委会、省政委会第20次联席会议决定，将山东省战时行政委员会改为山东省政府，为山东省第一个省级革命政权。黎玉任主席，并将省政委会原各处改为省政府各厅。

1949年3月，山东省政府由益都迁至济南，并更名为山东省人民政府，康生任主席，郭子化任第一副主席，方毅任第二副主席。下设秘书厅、民政厅、财政厅、实业厅、教育厅、司法厅、公安厅、卫生厅、公路运输局、荣军管理局、黄河河务局、邮电管理局、工矿部、生产部、工商部、北海银行等。

二、全宗概况

该全宗档案于1959年接收进馆。之后，本馆曾先后三次进行整理编目。前两次着重于文件分类、立卷及案卷的排列、案卷目录的编制等项工作，后一次是对卷内文件进行整理和编制文件级卡片式分类目录。通过整理，卷内文件均为单份装订，对没有作者、成文时间的文件都予以考证填写，对没有标题或标题不完整的，进行了拟写、修改或补充。检索工具有全宗指南、全宗介绍、文件目录等。

该全宗主要收入了省战工会、省政委会、省政府、省人民政府和省临参会、省参议会在1940～1950年形成的文件材料，还包括所属各部、委、办、局（1941～1950年）及行署、专署、市府、县府（1942～1950年）形成的文件材料和中央、华东局、山东分局等（1947～1949年）所形成的部分文件材料，共5126件，排架长度9.45米。

三、档案内容

可归纳为以下几个方面：

（一）省战工会、省政委会、省政府、省人民政府关于建设抗日根据地及解放区的政令、法规性文件；关于全面性工作的指示、决定、通报、报告及年度工作计划、总结；关于重要会议，如1940年7月山东省各界联合代表大会、1943年8月省临参会第一届第二次大会、1945年1月山东省第二次行政会议形成的会议材料；综合性的调查统计材料。

（二）关于各级政府、参议会的设置、变化问题的决定、通知及组织条例；关于干部任免、调迁、干部思想教育、训练、奖惩、保健等问题的文件材料。

（三）领导和发动人民抗日救国、反对投降、反对国民党反动派的进攻及沿海地区反蒋保境方面的文件材料。其中有省战工会关于抗日民众武装的动员方案（1940 年 12 月）等。

（四）组织人民群众开展减租减息、土地改革运动，动员人民群众参军参战、支援前线方面的文件材料。

（五）民政工作，包括行政区划、人口、户籍、土地调查登记、选举、赈灾、拥优抚恤、荣军安置、婚姻登记、儿童保育、救灾救济及调查八年全面抗战损失方面的文件材料。此外，还包括省民政厅、省荣管局等形成的工作计划、总结、统计材料等。

（六）发展山东解放区的文教卫生事业的文件材料。如收集和管理古代文物、大中小学教育、创办俱乐部和剧团及医院建设等方面的决定、指示、通知。另外还有省教育厅、卫生厅等形成的工作计划、总结等。

（七）关于公安、司法、检察工作，包括治安、锄奸反特、侦察破获、稽查、取缔会道门、禁毒、禁赌、犯人管理等方面的指示、决定、报告和统计材料。

（八）关于工矿、农林牧、渔业、盐业、水利防汛工作的决议、决定、指示、报告及省实业厅、省生产部、省盐务局、省水利局等机构的办事细则，年度工作报告和所属厂矿企业资产、人员、产量情况调查表。其中有些文件反映了山东解放区实业工作艰难起步，并摸索发展，不断取得成绩的过程。如“山东公营工厂工作经验”（薛暮桥著，1945 年 6 月）、“关于山东工业概况的调查报告”（省府调研室，1949 年）。

（九）关于发展山东解放区的交通邮电、工商贸易、财政金融、粮食、税务等事业的方针、政策性的规定、条例、指示、报告、统计材料。

山东省民政厅

（1943 ～ 1950 年）

全宗号　G005

一、机构沿革

山东省民政厅，前身为 1940 年成立的山东省战时工作推行委员会战时政治组，1941 年 3 月，改为民政处。1943 年 8 月，省战时工作推行委员会改为省战时行政委员会，民政处为该会内部机构，下设民政科、干部科、行政科。

1945年8月，山东省战时行政委员会改称山东省政府，原民政处改为民政厅。1946年5月，省府决定增设人事处，直接归秘书长领导，民政厅不再分管组织人事工作；邮政、交通等工作亦逐渐地从民政厅分出。此时，民政厅下设一、二、三、四科，后改称秘书科、民政科、内务科、土地科。

1949年3月，山东省民政厅归属山东省人民政府领导。同年7月，省民政厅内设秘书室、民政科、战勤科和社会福利科，并将秘书厅人事处调归民政厅领导。同年9月，省荣军管理局改归省民政厅领导。

山东省民政厅（处）的职能，随各时期形势之需要而有所变化。其主要职责是掌管组织建设（干部管理训练）、人事行政（任免行政人员）、土地（行政）、户产确权登记、户籍、人口调查、举办选举、市政建设、行政规划、战时动参（战争动员、人力物力动员、参军归队）、优抚工作（烈士褒扬抚恤、优待烈军家属、安置荣老病弱人员）、赈灾、社会救济、婚姻登记、改革礼俗、宗教信仰、保育儿童、少数民族、实施禁政、调解纠纷以及前期所曾经掌握的卫生行政、筹划征收公粮、战时邮政、交通、人民团体之登记、劳动及业佃争议等和其他民政事项。

二、全宗概况及档案内容

该全宗档案于20世纪60年代初接收进馆，包括省民政厅及省府、各行署、专署、县府民政部门在1943～1950年间形成的文件材料，共824件，排架长度1.8米，进馆后经过两次整理。使原来零散的档案得以系统化，并编制了全宗介绍、文件目录，达到文件级检索。档案内容主要有以下几方面：

（一）省政府关于民政工作的综合性的指示、方案。如山东省政府1949年下半年民政工作纲要；部分行署、专署民政处、科、济南特别市府民政局关于民政工作的指示、报告、统计表；省民政厅编《民政资料》第1、3、4期（1949年）。

（二）关于地方民主政权建设问题的指示、决定、总结。如省民政厅关于临沂城区建立民主政权工作的初步体会（1945年12月）。

（三）关于省、地、县人代会选举、筹备事宜、人代会施政问题的指示、决定和部分县召开人代会情况的报告。如山东分局向山东省第一届各界人民代表大会所发关于施政方针的建议（1949年），山东省政府关于今冬明春开展民主建设召开各界代表会议的指示（1949年）。

（四）关于全省及部分行政区、专区、市、县区划、人口、土地事宜的指示、通知、统计表。其中，有省民政厅 1946 年和 1947 年分别编制的全省区划、土地、人口统计表和 1949 年编制的山东解放区行政区划表；有关于 1945 年鲁中区区划、1946 年和 1947 年胶东区区划、1948 年潍坊专区区划、1949 年济南市划区建街情况统计表。

（五）关于土地、房产确权登记及减租减息问题的文件材料，如山东省政府关于非解放区农村实施减租减息暂行条例（1948 年 6 月），山东省政府土地、房产所有证颁发办法（草案）（1949 年）。

（六）关于拥军优属和复员军人安置工作的办法、条例、指示、决定、通知。

（七）关于烈士抚恤问题的条例、办法、指示、决定及烈士登记表、部分烈士事迹汇编。如省战工会关于各区抗战中壮烈牺牲的部分干部的事迹汇编（1943 年），莱阳战役烈士登记表（1947 年 12 月）。

（八）关于荣军管理机构的建立和荣军教育、安置、供给、评残、保健等问题的条例、办法、指示、决定、统计表和荣军工作综合性的总结、报告。

（九）关于支前、战勤工作的条例、办法、指示、决定。

（十）关于各地水灾、雹灾和沿海地区风灾情况的通报、统计表及各地建立救委会机构、生产救灾问题的指示、决定。

（十一）关于八年抗日战争损失调查及社会救济、社会福利工作的指示、通知。

（十二）关于对地方教会、教堂处理问题的指示、通知。

（十三）关于婚姻、妇婴卫生保健及育儿工作的条例、办法、通知；省立托儿所、省保育小学等机构工作报告和任免干部的通知。

（十四）关于公路管理机构的设置、公路修复问题的指示、决定、通知。如鲁中南行署关于行署公路分局组织概况及专署以下公路组织机构设置意见的通知（1948 年 8 月）。

山东省支前委员会

（1946 ～ 1949 年）

全宗号　G006

一、机构沿革

1946 年 9 月，中共华东中央局、山东省政府、山东军区决定成立山东省支前委员会，袁仲贤任主任委员。该会受华东局、山东省政府、山东军区直接领导。其职责是组织运输，调剂物资，计划生产，保证供应，合理使用、积蓄与调节人力、物力、财力支援前线，争取解放战争的彻底胜利。其内部设人力部、粮食部、民站部、政治部、人民武装部、运输部、民力部。

1947 年 1 月，根据鲁南战役后战争的规模逐渐扩大，人力、物力的供应任务愈加繁重的需要，华东局、山东省政府决定重新建立山东省支前委员会，郭子化任主任委员。该委员会全权负责统一领导支前工作。

1947 年 6 月，省支前委员会举行联席会议，决定将省支前委员会机关并入省府，各项支前工作分别交由省府各厅、局、处负责掌管，省府原有各厅、局、处不能担负者，增设部门或保留原部门。省支前委员会仍暂保留，对省府负责，主任郭子化。

1948 年 8 月，中共中央华东局在曲阜召开地委书记、专员联席会议，部署济南战役的支前工作。同时，中共中央华东局决定成立山东省政府支援前线委员会（简称省支前委员会），郭子化任主任，袁仲贤任副主任，统一领导支前工作。其内部设秘书处、政治处、卫生处、民管处、运输部、财粮部、民力部和 2 个巡视团。同年 9 月，成立鲁中南支前委员会兼山东省支前委员会前方办事处，傅秋涛任主任，周骏鸣任副主任。

1948 年 11 月，华东局电令成立华东支前委员会，山东省政府支前委即撤销。

二、全宗概况及档案内容

该全宗档案包括山东省支前委及所属行政区、专区、市、县支前机构及有关单位在 1946 ～ 1949 年形成的文件材料，共有档案 986 件，排架长度 1.8 米。这些档案是中共山东省委办公厅于 1955 年根据中共中央办公厅关于统一保管革命历史档案的通知精神收集来的。20 世纪 60 年代初，又将这部分档案移交本馆。案卷及卷内文件均经系统化整理，检索工具有全宗指南、全宗介绍和文件目录等。

该全宗档案主要反映了中共中央华东局和山东省政府领导全省各支前部门，调动人力、物力支援解放战争的全面情况。具体内容有以下几方面：

（一）关于支前工作的计划、总结、指示、决定和对人民群众进行战争动员、形势教育、支前教育的报告。其中有省支前委员会关于山东两年多支援前线工作的初步总结（1948 年 11 月），这份文件较全面地反映了山东支前工作的发展过程，总结了支前工作的经验教训，记录了许多可歌可泣的人物和事迹。

（二）战勤负担各项具体办法及战勤负担调查表。

（三）关于民工的调遣、管理、奖惩和民站工作的文件材料，如山东省民工服务暂行条例（1948 年 10 月）；沂中担架团一等功臣、功劳事迹材料（1949 年 1 月）。

（四）关于军粮、草、料及其他物资的筹集供应问题的文件材料。

（五）关于支前组织机构、人事任免问题的指示、决定、通知。

华东荣校、山东荣管局

（1947 ～ 1950 年）

全宗号　G007

一、机构沿革

1947 年 2 月，山东省政府决定将华中荣管局改为山东荣管局。同年 3、4 月间，新四军军部、山东省政府联合决定成立华东荣誉军人学校总校，梁竹航任校长，孟东坡任政治委员。其内部设党委会、政治部、校务部等机构。下属有荣校 10 余个，教养院、疗养院、荣军干校和荣军医院各 1 个。

1947 年 5 月，新四军军部兼山东军区和华中军区、山东省政府、苏皖边区政府联合决定建立华东荣军管理委员会和华东荣军管理总局。张云逸任荣管会主任、孟东坡任副主任；梁竹航任荣管总局局长，孟东坡、罗应怀兼任副局长。此时山东荣管局与苏皖边荣管局并入该局。其主要职能是：

负责贯彻荣委会、军区及省府之优荣方针及优荣计划；领导各行政区（军区）荣管分局工作；接受军卫生部各医院及各纵移交的荣军，加以适当分类安置和处理；领导荣校和荣军的复员、安家工作；研究总局及各荣委分会提请任免调整之干部，提请荣委会决定；编造优荣经费预决算、审核各行政区（军区）优荣经费预决算及办理直属机关学校供给工作；研究荣军工作经验。其内部设秘书室、行政科、组织科、教育科、供给科、卫生科、调研室。

1948 年 5 月，华东荣军管理总局奉令改为华东军区荣军总校，将原胶东、渤海总分校与华东荣军总校并入该校。

1949 年 2 月，华东荣军总校第一总分校改为华东荣军总校，归军区领导，下辖荣校 5 至 6 个；将原华东荣军总校改为省府荣管总局，下辖 2 ～ 3 个荣校及教养院；将原属荣军总校的疗养院改由省府荣管局领导。同年 4 月，在华东荣校的基础上成立山东省荣管局，孙子权任局长，洪天寿、刘庸任副局长，直属省政府领导。内部设秘书处、供给处、卫生处、行政科、组织科等机构。新改编的华东荣军总校，在 1949 年 3 月山东军区成立后，改归山东军区领导，张林任校长，程荣耀任副校长。1949 年 9 月，省荣管局划归省民政厅领导。

二、全宗概况及档案内容

该全宗档案是 60 年代初进馆的，主要包括华东荣管总局、华东荣军总校、山东省荣管局及其所属分局、分校、教养院、疗养院、荣军干校在 1947 ～ 1950 年间形成的部分文件材料，共 548 件，排架长度 3.15 米。档案经多次整理，编有全宗指南、全宗介绍、文件目录、文件级开放目录等检索工具。档案主要内容如下：

关于荣军工作的指示、决定、总结、统计表等；召开荣军工作会议材料；关于机构设置、编制、人事任免的命令、通知；荣军供给标准及安置、抚恤办法、规定；关于荣军病员接收、转送、就医问题的指示、命令；关于荣军教育、整顿问题的指示、计划、总结。

中国解放区救济总会山东分会

（1946 ～ 1949 年）

全宗号　G008

一、机构沿革

中国解放区救济总会山东分会（简称解总山东分会），前身是中国解放区临时救济委员会山东分会，隶属于中国解放区临时救济委员会。该会分设调查（报道）、救济（联络、运输）、医药（卫生、保育）、会计（保管）等科。主要负责救济新解放区的灾难群众，调查八年来抗日战争中造成的损失等工作。

1946 年 2 月，联合国善后救济总署（简称“联总”），开始对解放区发放救济物资，于是救济工作的重点转入接收和发放联合国救济物资。遵照中央的指示，原中国解放区临时救济委员会山东分会，改为中国解放区救济委员会山东分会，受中国解放区救济委员会（简称“解总”）的领导，黎玉兼任主任委员，马保三、刘民生任副主任委员。内设秘书处、赈务组、保管组、运输组、调查组、报道组、联络组、医药组等，另外，单设庶务股，于日照县石臼所镇设办事处。

1946 年 6 月，为适应战争之要求，解总山东分会机关逐渐精减，仅留数人支持工作。9 月，解总山东分会机关驻地撤出临沂，救济工作陷于停顿。同年 10 月，经解总与联总、国民政府行政院善后救济总署（简称“行总”）交涉，划石臼所为山东、华中、冀鲁豫出进救灾物资的港口之一。遵照解总的指示，中国解放区救济委员会山东分会改为中国解放区善后救济总会山东分会，机关由临沂移驻日照县。其主要职责是善后恢复工作，即帮助战损地区恢复工农业生产及文化教育、公共事业等。机关内设秘书处、总务组、保运组。同时取消石臼所办事处，设烟台办事处，李澄之为分会代表兼办事处主任。

1947 年 3 月，为便于石臼所进贸港口的工作，山东、华中、冀鲁豫分别派人参加组成联合办事机构，但对外仍以“中国解放区善后救济总会山东分会”的名义，并改保运组为保管、运输二组。同年 4 月，联合办事机构即被取消。

1947 年 7 月，战争形势严峻，联总、行总人员撤走，联总停止对解放区的救济，华东局为及时处理原积存的救济物资，决定调整分会机关，并指示以马保三为主任，刘民生、刘丹、赵笃生为副主任，充实了秘书处人员，将保管组改设社会福利、医药器材、工农器材 3 股。至 8 月，物资处理基本完竣，当时因敌人逼近滨海，形势恶化，奉上级指示，分会机关向烟台转移，原日照驻地只留部分干部组成留守工作队，负责处理零星事务。

1948 年 11 月，遵照中国解放区救济总会的指示，将原中国解放区善后救济总会山东分会改名为中国解放区救济总会山东分会，工作任务是调查各区和平医院的医疗状况、医药器材需求情况和八年战争损失，调查并推广工业合作社和儿童福利事业。

1949 年年初，中国解放区救济总会山东分会撤销。

二、全宗概况及档案内容

该全宗档案于 20 世纪 60 年代初接收进馆，案卷及卷内文件均经系统整理，编制了全宗指南、全宗介绍、案卷目录、文件分类目录等检索工具。

该全宗主要包括中国解放区救济总会山东分会及其前身、所属各专区、县救济委员会和有关上级部门，在 1946 ～ 1949 年之间形成的文件材料，共计 2629 件，排架长度 4.5 米。其中，1947 年形成的文件较多。主要内容有：

（一）周恩来、董必武和中国解放区救济总会及其山东分会关于救济工作的指示、报告、计划、总结、会议记录。如周恩来同志关于胶东地区接受联合国救济物资若干事宜的指示；董必武同志为调查抗战损失索取日寇赔偿问题给饶漱石、黎玉同志的信（1947 年 6 月 5 日）；中国解放区救济委员会山东分会关于山东解放区一年来的救济工作的总结（1946 年）；中国解放区善后救济总会两年来的工作总结（1948 年 9 月）。

（二）中国解放区救济总会山东分会及烟台办事处等关于组织机构设置、人员编制、秘书和行政工作的文件材料。

（三）山东省政府、中国解放区救济总会山东分会及所属办事处、救委会关于八年抗日战争损失的调查报告、统计表、照片。如中国解放区救济委员会山东分会关于鲁中、鲁南、滨海三地区损失概况（1946 年）等。

（四）抗战胜利后，山东解放区工业、农业、交通运输、医药卫生等事业发展情况调查报告和各业复兴计划、总结。如解放区善后救济总会山东分会关于山东渔业概况和渔业复原计划（1947 年）。

（五）山东解放区接收和发放联合国救济物资的通报、总结和统计材料。如中国解放区善后救济总会山东分会关于接收物资处理概况的报告（1948 年 9 月）。

（六）中共中央、解总关于接收联合国救济物资和掌握与联总、行总斗争的方针、政策的指示，如中共中央、解总关于对分析估计救济工作前途及对联、行总斗争四项方针的指示（1947 年 3 月）；山东省政府、解总及山东分会、烟台办事处等关于联合国救济物资的接收、运输、分配等事宜与联、行总及其分署、分会、办事处的来往电文、谈判记录，其中有一部分文件揭露了美蒋合流阻挠与破坏山东解放区的善后救济工作的劣行，如山东省政府关于反对联总的歧视政策和破裂黄河的计划致联总的抗议信（1947 年 7 月 25 日）；解总山东分会烟台办事处关于蒋海陆军破坏阻挠山东解放区善后救济工作事实一览表（1947 年 9 月）和关于蒋军舰轰炸救济车破坏运输及对联总不平等待遇的抗议（1947 年）。

（七）运载联总救济物资船只一览表、船上职员名单及装卸货单等。

（八）接受联合国救灾物资过程中与国际友人来往活动的介绍信、统计表、采访谈话记录。如联总国际友人来临沂统计表（1947 年）。

（九）接受联合国救灾物资过程中，处理的几个专案，如 1947 年 5 月联总美籍职员史鲁域琪纵车轧死烟台黄包车夫杨禄奎事件等，解总山东分会与联总的来往函电。

该全宗档案，一方面反映了解放战争时期山东党所领导的社会福利与救灾工作的情形；另一方面因解放区救济总会山东分会存在的一半时间里是负责接收和分配联合国救济物资，周旋于与联、行总的斗争之中，并与若干国际机构、专家、友人有直接联系，因此，又具有一定的政治和外交方面的研究价值。这些档案中有一部分为英文，其中有的已全文翻译，有些则只译出标题。

山东省公安总局

（1939 ～ 1950 年）

全宗号　G010

一、机构沿革

1941 年 3 月，山东省战时工作推行委员会（简称省战工会）决定，在其内部增设山东省公安处。同年 10 月，山东省战工会又决定设立山东省公安总局，直隶于省战工会。山东省公安总局下设一、二、三、四科，即侦察科、执行科、训导科、秘书科，并设政治保卫连、侦察队。1943 年 8 月，省战工会改为省战时行政委员会，仍设省公安总局。1945 年，省公安总局改设秘书科、干部科、侦察科、审讯科、社会治安科。1946 年 5 月，总局内部机构又演变为：秘书处、一、二、三、四科和侦察队、警卫大队。

1949 年 5 月，山东分局社会部与省府公安局合并，在党内为分局社会部，在省府内为公安厅。其内部机构始设秘书室、干部教育科、情报科、治安保卫科、审讯科、警卫大队，后改为秘书处、政治保卫处、经济保卫处、治安行政处，并设公安干校、公安大队。

先后担任省公安总局、省公安厅正副总局（厅）长的有：刘居英、李士英、郑文卿、杜明、李丰平、黄赤波等。

二、全宗概况

该全宗档案于 1960 年代初收集进馆，随之进行了分类立卷，编制了案卷目录。经系统整理，共有档案 1788 件，排架长度 3.6 米。主要是省公安总局、省公安厅及其上级机关（中央社会部、中央公安部、华东局社会部、山东分局社会部、山东省政府）和所属济南市、潍坊市、徐州市、胶东区、渤海区、鲁中南区等公安局（处）形成的文件材料。文件形成时间为 1939 ～ 1950 年，其中 1949 年形成的文件数量较多。

三、档案内容

主要内容如下：

（一）关于公安工作综合性的决议、报告、计划、总结和部分综合性会议（包括全省公安会议、各地公安局长会议、山东分局社会部部务会议、省公安总局局务会议）形成的文件。

（二）关于公安干部的配备、任免、教育、奖惩和公安机构设置、编制问题的文件材料。如华东局关于配备山东省公安干部的意见（1948 年 11 月）；山东分局社会部、山东省府公安厅公安组织条例、编制表（1949 年 7 月）。

（三）关于消灭土匪特务、防止暗杀破坏活动、取缔会道门、整治盗匪加强社会治安的条例、决定、通知。

（四）关于保卫工作的指示、报告和城市保卫、机关保卫、铁路保卫等工作的决定、通报、专题报告。

（五）审讯案件工作条例及重要案件的通报。

（六）关于劳教工作的指示、决定、通知。

（七）关于防火、灭火工作的指示、报告、统计表等。

山东省司法厅

（1945 ～ 1950 年）

全宗号　G011

一、机构沿革

1941 年 3 月，山东省战时工作推行委员会决定增设山东省战时高级审判处，规定该处为全省最高司法行政机关。1943 年 8 月，省战时工作推行委员会改为战时行政委员会，仍设高审处。1945 年 8 月，山东省战时行政委员会改为山东省政府，高审处改为省政府司法厅。内部机构设秘书科、司法行政科、审判科。至 1949 年，其内部机构演变为秘书室、一、二、三科和高级审判处。

司法厅的主要职责是：负责司法行政工作，提请任免各级司法干部事项；审核各级司法案件的处理；负责司法人员培养教育；复审下级司法机关判决而未经上诉的重要刑事案件；受理特种刑事第一审案件；受理不服直接下级司法机关判决而上诉的案件；及其他有关司法工作。

1941 ～ 1945 年，张伯秋任高级审判处处长；1945 ～ 1949 年，黎玉、张伯秋、王可举等历任司法厅厅长。

二、全宗概况

该全宗是1959年由省委办公厅收集，于60年代初移交进馆的，共有档案63件，排架长度0.18米，形成时间为1945～1950年。

三、档案内容

主要包括山东省司法厅及山东省临时参议会、山东省战工会等单位形成的关于司法工作的文件材料。

（一）关于司法工作的纲要、年度（月份）工作综合报告等。如山东省临参会关于改进司法工作的纲要；省司法厅一年来司法工作的报告。

（二）关于司法组织机构及业务工作的指示、规定、办法、条例。如省司法厅关于恢复与建立司法组织并充实干部问题的指示；省临参会颁布的山东省各级司法机构办理诉讼补充条例。

（三）省临参会、省战工会颁布的条例、办法、规则。如山东省人权保障条例；山东省惩治贪污暂行条例；山东省战时锄奸条例。

（四）关于犯人教育及参加生产问题的指示、通知等。

山东省财政厅

（1945～1950年）

全宗号　G012

一、机构沿革

山东省财政厅，前身为1940年7月成立的山东省战时工作推行委员会（简称省战工会）财政经济组。1941年3月，该组改称财政经济处。1941年5月，该处分为财政、经济建设两个处。1943年8月，省战工会改为省战时行政委员会（简称省战委会），仍设财政处。1945年8月，省战委会改为山东省政府，财政处改为财政厅。1949年3月，山东省政府更名为山东省人民政府，山东省政府财政厅亦改称山东省人民政府财政厅。

1945年8月财政厅成立后，其内部机构设一科、二科、三科，并分管北海银行、省粮食总局。1946年12月，财政厅改设一科、二科。1949年1月，财政厅增设省税务局、省盐务局、省烟酒产销管理局。曾于1946年7月改归省政府直接领导的省粮食总局，此时亦归属财政厅领导。1949年

5 月，财政厅设军事经费处、公营企业资金处、地方财政处、会计处 4 个部门。

1940 年 7 月至 1945 年 8 月，先后任财经组组长、财政处正副处长的有艾楚南、冯平。1945 年 8 月至 1949 年 12 月，先后任财政厅正副厅长的为艾楚南、方毅、周光春、李人俊、顾准、牟耀东等。

二、全宗概况

该全宗档案于 60 年代初进馆，均经系统整理。省政府财政厅保留下来的档案很少。其中 1940 ～ 1945 年以省战工会及省战委会名义颁发的有关财、税等法规性文件，保存在山东省政府（G004）全宗内。本全宗收入的主要是 1945 ～ 1950 年间财政厅和直属机构及所属行署、专署、市府、县府财经部门形成的部分文件材料，共 1200 件，排架长度 1.8 米。此外，亦有少部分中共中央、山东分局的文件，多是 1949 年形成。

三、档案内容

主要有财政工作的计划、总结、指示、报告；省及行署财政会议文件；关于机构、人事和干部任免工作的文件；关于供给工作的文件及财政收支概算、统计表；关于公粮田赋、税务工作的指示、条例、总结、统计；关于金融、银钱业管理的指示、办法，部分地区的物价表；关于会计工作制度、规定、酒类专酿及烟酒产销工作的指示、总结；有关粮食盐务等工作的文件材料。

北海银行总行

（1942 ～ 1949 年）

全宗号　G013

一、机构沿革

北海银行总行，是在抗日战争中建立与发展起来的地方国家银行，是山东解放区地方银行之最高机关。

1938 年秋，胶东民主政权为调整市场金融，适应环境需要，在胶东的掖县成立了北海银行。因环境关系，不久即停止业务，至 1939 年 8 月又恢复工作，主要任务是发行货币，是所谓“一担子担走的银行”，被视为“总行”之前身。

1940 年秋，山东省战时工作推行委员会在鲁中区正式成立山东北海银行总行，原北海银行改为胶东分行。此时，银行的任务亦随形势发展的需要不断扩大，到 1943 年，由初期负责货币发行、贷款扩至存款、汇兑等业务，并代理同级政府金库。1940 ～ 1943 年，总行内部机构设有发行、会计、营业三科。1945 年，增设秘书室、人事科、出纳科。

1947 年 4 月，北海银行总行与华中银行总行合署办公，两行名称仍然保留，并分别处理两行业务。这时，北海银行总行内部设发行局、会计科、营业科、人事科、出纳科、秘书室、调研室。

1948 年 12 月，为适应山东、华北、西北广大解放区连成一片的需要，北海银行总行、华北银行和西北农民银行奉命合并为中国人民银行，并发行人民币作为统一流通本币。

1949 年 4 月，北海银行总行兼中国人民银行山东分行之职能，并启用新印章，但在山东省内为便于开展业务，对外债权、债务仍沿用“北海银行总行”的名称，至 1949 年 11 月，北海银行总行正式改称中国人民银行山东省行，并承担原北海银行总行所订立的一切契约、合同、债权、债务。

1940 年 8 月至 1949 年 12 月，先后担任行长、副行长的有：艾楚南、陈穆、陈文其、洒海秋、王子芹、宋青云。

北海银行总行，在行政上受本省最高政权机关领导。自建立以来，先后在山东省战时工作推行委员会、山东省战时行政委员会、山东省政府、山东省人民政府的直接领导下开展工作；业务上受华东财办、中国人民银行总行及华东区行的垂直领导。北海银行总行的下属机构随形势的需要设立与变更。如 1942 年北海银行的组织系统为：

- 北海银行总行
  - 一分行（胶东区）
    - 胶东支行（分行兼）
    - 清河支行
    - 冀鲁边支行
  - 二分行（滨海区）
    - 滨海支行
    - 鲁南支行
  - 三分行（鲁中区）
    - 沂蒙支行（分行兼）
    - 太山支行
    - 太南支行

1949 年，北海银行总行设：济南分行、胶东分行、渤海分行、鲁中南分行及徐州、昌潍等直属支行。

北海银行总行的基本任务是：繁荣根据地经济，加强对敌金融货币斗争。主要职能是：发行山东解放区独立货币；代理政府金库事宜；管理金融外汇事项；管理国营金融机构事项；管理民营金融机构及其他有关金融事业之事项。

二、全宗概况

1949 年，北海银行总行撤销后，其档案材料由中国人民银行山东省行（后改为中国人民银行山东分行）保管。1960 年，统一移交至山东省档案馆筹备处，1961 年 11 月至 1962 年 4 月，按年度一组织机构方法进行初步整理立卷，编制了案卷目录。1981 年，根据中共中央关于开放历史档案的指示，再次进行系统整理，卷内文件全部单份装订，共有档案 5348 件，排架长度 6.75 米，并编制了全宗指南、全宗介绍、文件分类目录。

三、档案内容

该全宗主要收入北海银行总行在 1942 ～ 1949 年间形成的文件材料，同时也有少量的上级机关及部分分行、支行形成的档案材料，由于客观条件所限，建行初期形成的档案材料很少，主要有北海银行关于组织、会计、出纳、营业、发行问题的决定（1942 年 7 月）；北海银行总行营业简章（1943 年 1 月）；北海银行总行代办所简章（1943 年）；1945 年形成的北海银行总行关于目前银行工作的指示、北海银行总行各行、处组织暂行规定、北海银行总行会计科目规定等文件。1946 ～ 1949 年期间形成的文件较多，特别是 1949 年形成的档案材料为数最多，占该全宗总数的 80% 以上，文件也较齐全。档案的主要内容有以下几方面：

（一）综合类　包括中国人民银行总行、中国人民银行华东区行、北海银行总行及所属分、支行的工作计划、指示、总结、报告；行政、文秘管理方面的规章制度、规则，如北海银行总行行文制度及文书处理细则；综合性会议文件材料，如北海银行总行行处长工作会、行处长联席会会议记录、会议决议、总结及领导同志的报告；北海银行总行整理编写的历史资料，如山东银行概况、渤海、滨海、鲁中、鲁南、鲁中南银行历史情况简述；北海银行总行与上下级来往信函及统计材料。

（二）组织人事类　主要有北海银行及所属行、处等机构的建设、调整、人员编制、人事任免、调配、干部职工奖惩等方面的指示、决定、通知及统计表。

（三）业务类　主要是中共中央山东分局、山东省人民政府、中国人民银行总行、华东财办、华东区行、北海银行总行及所属行、处关于银行业务工作的总结、报告及统计表，各项业务章则、办法，外汇、金银管理的法令、条例；关于城市、农村存放款、透支、贷款等方面的指示、总结、业务会议材料；关于金融管理工作的指示、总结、报告、规定及有关调查研究材料，如华东区金银管理暂行办法（1949 年 6 月）、华东区管理私营银钱业暂行办法（1949 年 8 月）、济南、青岛、徐州、周村、淄博等地黄金交易所、金店银楼私营银钱业情况调查、管理工作报告（1949 年）；关于汇兑工作的指示、决定、管理办法、章则、工作总结、单位之间来往文书等；关于货币发行、回收、票样管理、惩治制造使用假币、友币兑换等方面的指示、计划、总结、暂行条例及统计材料。

（四）会计类　中国人民银行总行、华东区行、北海银行总行及所属行处关于联行往来、折实业务方面的账务处理手续与经费管理、代理金库支付等方面的指示、规定、总结、报告及有关会议文件。

山东省粮食局

（1946 ～ 1950 年）

全宗号　G014

一、机构沿革

1941 年 5 月，山东省战时工作推行委员会决定成立山东省粮食管理局。1942 年 8 月，山东省粮食管理局改称山东省粮食总局。1949 年 5 月，又改为山东省粮食局。

该局的职责，1947 年“办事细则”规定有以下几项：加强粮政之组织领导，统一全省粮柴收支、保管与调拨；掌握负担政策，研究制定征收办法，力求负担合理，发展农业生产；掌握足够的粮食，保证全省军政人员供给及时无缺；严格执行粮食制度，减少贪污浪费，爱护民力，减轻人民负担。

山东省粮食局自成立后，内部机构、组织系统、隶属关系多次变化。1943 年 8 月以前，该局归省战时工作推行委员会（1943 年 8 月改为省战时行政委员会）领导。1945 年 8 月，省战时行政委员会改为省政府后，省粮食局改归省政府领导。1946 年 7 月，山东省各级粮食机构之组织系统是：山东省粮食总局下辖各行政区粮食分局、或需要设粮食机构的专员区，经呈准得设的粮食支局辖各县粮库。总局受省政府领导。分局为行署之组成部分，又为总局之下级机构，受总局与行署双重领导。支局为分局之分支机构，直接受分局领导。总局直属之支局，领导关系与分局同。县粮库为县政府之组成部分，又为分局之下级机构，亦受分局或支局和县政府双重领导。总局下设 5 个科，即第一科（行政科）、第二科（调剂运输科）、第三科（会审科）、第四科（副业经营科）、第五科（保卫出纳科）。1947 年 6 月，山东省政府将总局内部改设为秘书、人事、行政、调运保管、会计、发行等 6 科。

1949 年 1 月，奉华东财政经济办事处之令，省粮食总局改归省财政厅领导，内设行政、调运、会计、粮票、人事等 5 科和粮政学校。同年 6 月，改济南市粮食局为直属第一分局（下设德州、张店、泰安 3 个办事处）。同年 7 月，改青岛市粮食局为直属第二分局（下设潍坊、青岛办事处），改徐州市粮食局为直属第三分局（下设兖州、新海办事处）。

1941 年 5 月至 1949 年 12 月先后任（兼、代）粮食局正副局长的有：冯平、王子文、周光春、陈国栋、张蓬、申平等。

二、全宗概况

该全宗档案于 60 年代初从山东省粮食厅等单位陆续收集而来。当时，这些档案虽已组成案卷，但立卷标准不统一，案卷质量较差。为此，本馆重新进行了整理，共 884 件，排架长度 4.5 米，同时编制了文件目录。

三、档案内容

山东省粮食局在 1941 ～ 1945 年间形成的文件（主要是粮食工作的法规性文件），是以省战工会、省战委会和省政府名义颁发的，现存入山东省政府（G004）全宗内。本全宗主要包括 1946 ～ 1950 年间山东省粮食局及其各分局、支局、粮库形成的部分文件材料，内容概括为如下几方面：关于粮食工作机构、编制和干部工作的文件材料；各级粮食局局长等综合性会议、专业会议的会议文件；关于粮食征收、储运、保管的指示、通知、总结；关于粮票管理工作的指示、决定；粮食岁入、岁出概算及农业税征收统计表；山东省粮食局编《粮政通讯》等刊物。

山东省工商总局

（1943 ～ 1949 年）

全宗号　G015

一、机构沿革

1943 年 8 月，山东省战时行政委员会设立工商管理处，为全省统一的工商领导机构。1945 年 8 月，山东省战时行政委员会改为省政府，其内部机构亦作相应调整，工商管理处撤销，其工作划归省实业厅负责。

1946 年 1 月，山东省政府决定将鲁中、鲁南、滨海三地区工商局撤销，合并成立省工商总局。总局内部设总务科、贸易科、税务科、工矿科、会计科、统调科、干部科。

1946 年 3 月，根据省政府的决定，省工商总局内部调整为：总务科、干部科、统调科、会计科、税务管理局、贸易管理局、盐务管理局、矿务管理局。此外，渤海、胶东两地仍设独立的工商局，直接受行政公署之领导。同年 12 月，增设山东省盐务公司。

1948 年 7 月，华东财办、山东省政府联合通知，将山东省工商总局改为华东财办工商部（同年 9 月正式启用印章），其内部设党委会、秘书室、业务研究室、会计室、内地工商管理处、进出口管理处、专业管理处。同年 11 月，为统一全省财政工作，工商部内部机构加以调整，分别设山东省税务局、盐务局、烟酒产销管理局、进出口管理局、贸易总公司及工商管理处 6 个系统。除山东省进出口管理局、山东贸易总公司及工商管理处仍划归华东财办工商部外，其余划归省财政厅直接领导。

1949 年 5 月，华东财办工商部改为山东省人民政府工商部，内设秘书处、工商管理处、进出口管理局、山东贸易总公司。

1943 年 8 月至 1949 年，先后担任（或兼任）正副处长、正副局（部）长和监察委员的有黎玉、耿光波、吕麟、薛暮桥、石英、范醒之、李景春、李人俊、顾准、杨浩庐、王福海等。

二、全宗概况

20 世纪 60 年代初，本馆统一收集了山东解放区的档案。档案进馆后进行了系统整理，将文件分类立卷，编制了案卷目录。80 年代初，为贯彻中共中央关于开放历史档案的方针，又在原来案卷的基础上，进一步对卷内文件进行加工整理，对作者、成文时间不清的文件进行了考证、补充，文件标题不准确或无标题者，予以修改、拟写。编制了全宗指南、全宗介绍、文件分类目录等检索工具。

该全宗共有档案 1856 件，排架长度 4.5 米，汇集了 1943 ～ 1949 年山东解放区各个时期的省级工商管理机构及部分直属机构形成的档案材料，其中以山东省工商总局形成的档案为主。

三、档案内容

（一）关于全省工商业发展的计划、指示、决定、报告、统计表。

（二）关于工商机构的建立、调整及人事工作、干部任免的命令、指示、通知。

（三）工商工作会议文件。其中有 1944 年 8 月黎玉在滨海、鲁南、鲁中工商管理工作会议上的总结报告；1946 年 10 月薛暮桥在鲁中、鲁南、滨海工商会议闭幕时的讲话。

（四）关于山东土特产、厂矿企业、海口、敌占区经济情况的调查报告。

（五）关于合作社、工厂商号与商品注册、商品检验、度量衡管理方面的文件。

（六）关于货币斗争、物资调剂、物资储存、物价、扶持生产、支持外汇和军需供应的指示、决定、总结。

（七）关于进出口贸易经营、进出口行政管理及海关工作的指示、决定、报告。

（八）关于全省公营烟厂之经营、管理与烧酒专酿方面的文件。

（九）关于全省盐务行政、盐税征收及公营盐滩之管理经营方面的文件。

（十）关于省税、地方税之征收方面的文件。

山东省实业厅

（1943 ～ 1950 年）

全宗号　G016

一、机构沿革

1945 年 8 月，山东省战时行政委员会将经建处改建成山东省政府实业厅。其工作职能是在山东省政府的领导下，掌管全省的实业工作，对全省各地区的实业部门进行业务领导、监督和检查。工作范围包括：工业、农业、交通、邮电、林业、水利、水产、商业、矿业、手工业和各种合作事业。

该厅成立之初，下设秘书科、农林科、合作科、建设科（后改为工矿科）、技术室、工商总局、直属农业实验场、所等机构。1946 年增设水利组。1948 年 12 月，为适应形势的需要，省政府决定扩大充实实业厅组织，将科改为局，设立农林局、合作局、水利局和秘书室。1949 年 3 月，省政府进行了改组，将省政府实业厅更名为省人民政府实业厅。1950 年 3 月，在山东省各界人民代表会议后，省实业厅被撤销，在其基础上成立了农林厅。

1945 年 8 月至 1950 年 7 月，先后担任正、副厅长职务的有薛暮桥、耿光波、石英、吴民山、刘宠光、孙冶方等。

二、全宗概况

该全宗包括省实业厅和各行署、专署、县府实业处、科、直属工矿农场于 1943 ～ 1950 年间形成的文件材料，共 484 件，排架长度 1.35 米。于 20 世纪 60 年代初进馆，均经系统整理。检索工具有全宗指南、全宗介绍及文件目录。

三、档案内容

（一）关于实业工作综合性的计划、总结、统计表和会议材料。如山东省实业工作会议汇报材料（1948 年 8 月）；山东省府实业厅厅务会议记录（1949 年 2 月）；鲁中行署实业工作会议总结（1948 年 5 月）；山东省生产统计材料（1945 ～ 1946 年）。

（二）关于工矿建设、管理的文件材料。如王福海、高俊关于玲珑金矿建设的意见报告（1946 年 7 月）；鲁中区公营工厂调查表（1946 年 12 月）；

鲁中利源染织厂历年发展经过及营业情形（1946 年 4 月）。

（三）关于农业生产、农林场建设、管理的文件材料。如薛暮桥关于农业生产建设问题的报告（1946 年）；省府实业厅关于山东解放区农业生产工作的报告（1945 ～ 1948 年）。

（四）关于工商业发展情况的调查材料。如胶东区 1945 ～ 1946 年工商业概况统计表。

（五）关于水利工作的文件材料。如省府实业厅 1948 年上半年水利工作的初步总结；省府实业厅关于沂、沭、汶、运河治导会议总结（1949 年 12 月）。

（六）关于农业互助组织、合作社工作的文件。如山东省农业互助组织统计表（1945 年 12 月）；省政府实业厅关于 1949 年度山东合作社工作的报告。

（七）关于灾情及其损失情况的报告、统计表。如各种灾情统计表（1949 年）。

（八）关于人事、编制、机构接管等方面的文件材料，及实业会计、统调工作的报告、统计表等。

山东省实业厅合作局

（1945 ～ 1950 年）

全宗号　G018

一、机构沿革

山东省实业厅合作局前身是 1945 年 8 月建立的山东省实业厅合作科。1948 年 12 月，为适应形势需要，加强解放区实业建设工作，山东省政府决定扩充实业厅，下设农村、合作、水利三个局，山东省实业厅合作局正式成立。李隆任局长。其内部设合作指导科、业务管理科（后称资金管理科），另设省合作运销处。1949 年 2 月，该处由青州迁至济南，与济南运销分处合并；1949 年 8 月改称省合作供销处，并在青岛、潍坊等地设分处。山东省实业厅合作局的主要职能是统一领导全省各地的合作社工作。1950 年 7 月，山东省实业厅撤销，山东省实业厅合作局也同时撤销。

二、全宗概况

该全宗是1959年由中共山东省委办公厅，根据中共中央办公厅《关于统一集中革命历史档案的通知》精神，陆续从全省各地收集来的。20世纪60年代初移交给本馆，共有档案1622件，排架长度3.6米，系1945～1950年间形成的。1984年又对卷内文件加工整理，文件全部单份装订，拟写、修补了文件标题，填写了档号，编制出文件分类卡片目录与文件级开放目录。

三、档案内容

该全宗汇集了山东省实业厅合作局、省实业厅、省合作供销处及各行署、专署、专区和区、市合作社等单位形成的文件材料，其主要内容有：

（一）关于合作工作的计划、方案、报告、总结及会议记录等文件材料。如山东省实业厅合作局1949年合作事业具体计划；山东省实业厅关于山东1948年9月至1949年2月合作工作综合报告，1949年1月山东省实业厅合作局李局长在合作会议上的总结报告等。

（二）关于机关及各级推进社、合作社干部情况统计表及机构编制表。如山东省实业厅合作局机关干部工作状况调查表（1949年7月）；山东省实业厅合作局关于山东省各级推进社干部情况汇总统计表（1949年10月）；胶东行署关于胶东县以上合作社暂行编制表草案（1949年10月）。

（三）关于山东省各区、村合作社生产、收购、运输、供销、营业、仓运、财务、统计等工作的通知、报告、意见、总结、计划及有关的会议记录。如山东省合作运销处关于收购小麦的初步计划（1949年6月）；文登县合作推进社关于收购与兑换物资会议总结（1949年11月）。

山东省煤炭局

（1948年）

全宗号　G019

一、机构沿革

煤炭管理总局山东矿务局成立于1948年。负责全省煤炭生产管理工作。

二、全宗概况

馆藏山东省煤炭局档案共有文书档案 152 件，均为永久卷，排架长度 0.18 米，档案起止时间为 1948 年。检索工具有全宗指南、全宗介绍、文件目录、机读目录等。

三、档案内容

晋冀鲁豫边区政府审检厅调查报告、矿务局等私营要求复工计划书；华东局、山东省政府、矿务局等单位干部任免宣传教育工作；职工产量统计等。

山东省公路运输局

(1946 ～ 1950 年)

全宗号　G020

一、机构沿革

1945 年 8 月，山东省政府成立后，设立了省交通总局，负责全省的邮政、电话、公路等工作。1946 年 2 月，山东省政府决定在交通总局下设公路管理局、邮政管理局、长途电话管理局。省公路管理局即是省公路运输局的前身。

1947 年 3 月，山东省政府决定设省公路管理局，专门负责公路之修复、开辟及管理养路工作。该局暂归山东省支前委员会领导。同年 7 月，山东省支前委员会并入山东省政府，改称山东省政府支前委员会，省公路管理局相应地归省政府统一领导。

1948 年 3 月，华东局决定以原省府邮政管理局、公路管理局及华东军区兵站部统一组织华东财办交通部，下设邮政管理局、公路管理局、运输总公司。同年 4 月，省公路管理局改称省公路管理总局。同年 7 月，华东财办、山东省政府决定撤销交通部，省公路管理总局归华东财办直接领导。此时，总局内设行政科、路工科、运输科、牌照管理室、视察研究室，并下设鲁中南、渤海、胶东三个公路管理局。

1948 年 10 月，山东省公路管理总局与华东运输公司合并，改为省公路运输总局，但华东运输公司的名义依然存在，这是企业单位与政权相结合的组织形式。

1949 年 3 月，华东财办随华东局南下，所属华东交通器材燃料公司（成立于 1948 年 7 月）并入省公路运输总局，并改称山东交通器材燃料公司（但其发文一直沿用旧章）。此后华东运输公司有时称“山东运输公司”，有时仍沿用旧称。直到 1949 年 11 月，省公路运输总局才正式将华东运输公司更名为山东运输公司。

1949 年 3 月底，山东省公路运输总局改称山东省公路运输局。该局内设秘书室、路工科、运务科、会计科、导报社、卫生科、监理科，并按工作性质形成运输工作、公路工作、汽车工业 3 个工作系统。

1950 年 3 月，山东省召开各界人民代表会议，对政府机构进行了调整，山东省公路运输局改为省人民政府交通局。

二、全宗概况

该全宗档案于 60 年代初接收进馆，主要收入 1946 ～ 1950 年省公路管理局、省公路管理总局、省公路运输总局、华东（山东）运输公司、华东（山东）交通器材燃料公司及胶东、鲁中南、渤海公路运输局、运输分公司、转运公司、汽车、马车、橡胶工厂等形成的档案材料，其中大多数是 1948 年形成的文件材料。该全宗档案共 1368 件，排架长度 2.7 米。进馆后，对这部分档案进行系统整理，将文件单份装订，分类立卷，编制了文件目录、文件分类目录、全宗指南等检索工具。

三、档案内容

主要档案内容可概括为以下几个方面：

（一）关于公路运输工作的综合性报告、决定、会议决议、统计报表等。

（二）关于省公路运输局党政工作、人事工作的指示、决定、报告、统计表及职工工资待遇的标准、规定。

（三）关于机构设置、启用印章及编制情况的决定、命令、报告、通知。

（四）关于公路使用、养护与养路费征收的决定、命令。

（五）关于车辆管理、军需物资调运、民用运输营业的规定、报告。

（六）修筑公路桥涵工程预决算、图表。

（七）基层单位的综合报告及专题报告。

山东省邮电局

（1942 ～ 1949 年）

全宗号　G021

一、机构沿革

山东解放区的邮电工作，是在抗日战争时期敌后农村艰苦环境中建立起来的。1942 年 2 月，山东省战时工作推行委员会（简称省战工会）发出“关于建立战时邮局的决定”和“山东省战时邮局暂行组织条例”，决定建立山东省各级战时邮局。省设总局，称山东省战时邮政总局，直接受省战工会领导，其主要职责是加强抗战时期的交通与党报发行工作。总局下设秘书科、邮务科、交通科、发行科等内部机构。

1943 年 3 月 20 日，中共中央山东分局做出“关于党政交通发行工作统一的决定”。次日，山东省战工会做出“关于战时邮局组织机构及人员编制的新规定”，决定山东省战时邮政总局即大众日报社发行部、山东分局交通科，其内部机构设发行科、交通科、会计科等。

1946 年 2 月，全省统一交通组织，建立省交通总局，统管公路、邮政、电话等工作。原山东省战时邮政总局改为山东省邮政管理局。

1948 年 3 月，华东财政经济办事处（简称华东财办）决定成立交通部，省邮政管理局归交通部领导。同年 7 月，华东财办、山东省府决定撤销交通部，并将邮、电合一管理，原山东省邮政管理局改为山东省邮电管理总局。不久即改称华东财办邮电管理总局，主要负责接收各个城市的国民党邮电机构，建设城市邮电工作。

1949 年 2 月，华东财办邮电管理总局随华东财办南下，另成立山东省邮电管理局，受山东省政府领导。同年 7 月，山东省人民政府根据形势需要，决定邮、电机构分开。同年 8 月，撤销山东省邮电管理局，建立山东省邮政管理局。局下设办公室、人事科、总务科、财务科、本地科、内地科、发行科、储汇科等内部机构。其主要职责是：负责各种邮件的邮递、报刊发行、电报、电话，兼营汇兑、储金，出售书刊、印花，另外对全省各行政区、县局进行行政和业务领导、监督、检查。

二、全宗概况

山东省邮电管理局全宗，共有档案1798件，排架长度2.7米，档案形成时间为1942～1949年。该全宗档案一部分是由省邮电管理局档案室移交省档案馆，另一部分是于1955年根据中共中央“关于统一保管历史档案的通知”，从各地、市、县收集来的。进馆后，又经多次补充和整理。检索工具编有全宗指南、全宗介绍、案卷目录和文件分类目录。

三、档案内容

本全宗包括山东省邮电管理部门、胶东、清河、鲁中、鲁南、渤海、滨海等行政区邮电管理部门形成的档案材料。主要内容有：

（一）邮电工作的全面性计划、总结、指示、决定、章程、发展规划及方针政策方面的文件。

（二）各级邮电部门工作会议形成的文件及各级局务会议记录。

（三）关于机构建立、编制、撤销、合并、调整、迁址的通知。

（四）关于干部任免、培训、提拔、立功、奖惩、邮电员工及家属待遇等方面的命令、决定、通报、条例、办法。

（五）有关邮件寄递、报刊发行、电报、电话、邮政汇兑业务及邮票的印制和使用管理等方面的办法、通则、章程。

（六）战时交通工作、支前工作等方面的规定、条例及抗战期间牺牲、被捕、失踪的邮政人员调查统计表。

（七）秘书、会计、行政管理方面的通知、规定。

山东省教育厅

（1943～1950年）

全宗号　G022

一、机构沿革

山东省教育厅，前身为1940年7月成立的山东省战时工作推行委员会（简称省战工会）战时国民教育组。1941年3月，省战工会决定将战时国民教育组改称教育处。

1943年8月，省战工会改为山东省行政委员会（简称省政委会），保留教育处。此时，教育处的职责为管理各级学校工作和社会教育工作；负责编辑图书教材与对敌文化斗争、文化宣传工作；对社会文化及学术团体等指导、奖励工作；负责出版物审查、登记工作，以及其他有关教育事项。1945 年 8 月，省政委会改称省政府，教育处即改称山东省教育厅，负责全省文化教育工作。

由于战时形势变化，省教育厅内部机构和直属单位屡有变动。1945 年，该厅设秘书室、干部教育科、群众教育科、编审室、山东教育社。1946 年增设了督学室，开办了直属机关保育小学。1948 年，该厅改设行政科、初等教育科、中等教育科、社会教育科、编审室、督学室、直属单位为省保育小学。

1949 年，又将初等、中等教育两科撤销，设立学教科、复设山东教育社，直属单位增设山东省教育干部学校、省立图书馆和自然科学教育研究所等机构。

二、全宗概况

该全宗档案共有 635 件，排架长度 0.9 米，形成时间为 1943 ～ 1950 年。于 1960 年 3 月由山东省教育厅移交省档案馆。进馆后进行整理编目，按年代—问题进行分类立卷，编制了案卷目录。1983 年，又对卷内文件进行了系统整理，文件单份装订拟写修改文件标题，考证作者和成文时间，健全了档号，编制了文件分类目录。该全宗检索工具有全宗指南、全宗介绍、文件目录、文件分类目录、机读目录等。

该全宗档案大部分是省教育厅及直属单位形成的，少部分是各行署、专署、市府教育部门形成的，另外还有极少数华东局、山东省政府关于教育工作的指示、决定。其中，1943 ～ 1947 年形成的档案不足 40 件，其余是 1948 ～ 1950 年之间形成的。

三、档案内容

主要内容有以下几方面：

（一）省教育厅及各行署、专署教育处（科）关于教育工作的发展纲要、总结、指示、决定、统计表。如山东省教育厅 1946 年上半年工作纲要；胶东行署关于 8 年来胶东教育工作的总结（1945 年 7 月）；鲁中区文教工作总结（1943 年）。

（二）省教育工作会议文件和有关刊物。其中有 1948 年山东解放区战胜灾荒后，为制定恢复办学的大政方针而召开的历次教育会议形成的文件。

如饶漱石在山东教育研究会开学典礼上的讲话（1948 年 7 月）、省第三次教育会议关于恢复教育工作的计划（1948 年 9 月）。

（三）关于教育行政机构编制、干部任免、文书处理、启用公章的指示、决定、方案、通知。如各级政府教育行政机构编制（1948 年 9 月）、省教育厅文书处理暂行办法（1949 年 3 月）。

（四）关于公立、私立和各级各类学校的设置、管理、教学、教材审编及教员任用、培训、奖惩、待遇问题的条例、规定、指示、统计表等。如山东省政府关于中等学校经费开支和教职学员待遇标准草案（1946 年 7 月）；方毅关于学生伙食费补助问题给康生的信（1948 年 9 月）；山东省政府关于私立学校的暂行管理办法（1948 年）；济南特别市各区公立中等以上学校概况一览表（1948 年）。

（五）省部分学校（山东大学、省教育学院、山东农业专科学校、省实验中学）关于教学和行政管理等工作的方案、计划、总结及教职员、学员登记表。

（六）关于进行社会教育、开办冬学、民校问题的指示、决定、通知。

（七）省立图书馆工作计划、总结和阅览人数、图书借阅情况的统计表。

山东省新华书店

（1946 ～ 1949 年）

全宗号　G023

一、机构沿革

1944 年 7 月，在大众日报社成立新华书店机构。1945 年 1 月开始实行企业化，同年 9 月从报社分出。负责全省图书销售工作。

二、全宗概况

馆藏中山东省新华书店档案共有文书档案 193 件，排架长度 0.45 米，档案起止时间为 1946 年至 1949 年。

三、档案内容

工作计划、总结、有关会议形成的文件材料；总店、分支店、印刷厂概况一览表；组织系统表；发展简史；招聘工作人员的报告；干部任免、调动统计表；人事工作总结；工作人员履历表；直属各单位人员统计表；营业情况报告；各支店图书出版发行、推销、定价、印刷情况的计划、总结；畅销书统计表；书店企业化经营计划、流动供应的简章、总结、年终结算材料；书店会计规程、盘存表等。

中共胶东区委员会

(1939 ～ 1950 年)

全宗号　G024

一、机构沿革

中共胶东区委员会（简称胶东区党委），前身是 20 世纪 30 年代初期建立的胶东特委。1939 年 4、5 月间，中共中央山东分局决定，撤销胶东特委，成立胶东区党委，并将淄博特委、清河特委划归胶东区党委领导。该区党委是中共胶东地区的最高领导机关。在中共中央山东分局的领导之下，负责贯彻执行党的路线、方针、政策，领导胶东地区人民的武装革命斗争。建立初期的区委，内部机构设组织部、宣传部、民运部、统战部、社会部、城市工作部、军事部、海外工作部、秘书处、调查研究室、党校、大众日报社等。

1939 年 4 月，胶东区党委改称中共中央苏鲁皖分局第三区委，约至年底，又改称中共中央山东分局第三区委，直到 1944 年 2 月，复称中共中央山东分局胶东区委。

1940 年，胶东区党委组织建立了东海、北海、南海、西海 4 个地委。

1945 年 10 月，中共胶东区委员会归属中共中央华东局领导。之后，区委的内部机构，随形势的需要而有所变化。改城市工作部为城市工作科、归属组织部，改调查研究室为政策研究室，改大众日报社为胶东日报社；撤销了海外工作部、军事部，增设了办公室、行政处等。1946 年 7 月，原属滨海区党委的滨北地委辖高密、藏马、胶县、诸城、日照县委，转归该区党委领导。

1949 年 3 月，中共中央山东分局重新建立，胶东区党委隶属中共中央山东分局领导。1950 年 5 月，中共中央山东分局决定撤销胶东区党委，所属各地委被调整为文登、莱阳、胶州 3 个地委。

二、全宗概况

该全宗共有档案 8086 件，排架长度 16.2 米，是 1955 年中共山东省委办公厅根据中共中央办公厅《关于收集党的历史档案的通知》，陆续从全省各地收集来的。20 世纪 60 年代初移交给省档案馆。本馆进行了系统整理工作。1963 年，采用问题—年代方法将全部文件分类组卷，编制了案卷目录。1984 年，又将卷内文件单份装订，拟制、修改了文件标题，考证作者、成文时间，编制了文件分类目录、文件级开放目录，健全了档号。该全宗检索工具有全宗指南、全宗介绍、文件分类目录、机读目录、文件级开放目录等。

三、档案内容

该全宗档案按作者可分为三部分：

第一部分是胶东特委、胶东区党委、苏鲁皖第三区委、山东分局第三区委及其直属机关、群众团体在 1939 ～ 1950 年形成的档案材料，是本全宗的主体。

第二部分是胶东区党委所辖东海、西海、南海、北海、滨北地委及其所属县委和中共烟台市委、青岛市委在 1938 ～ 1950 年形成的档案材料。其中滨北地委的档案形成于 1946 ～ 1950 年；中共烟台市委的档案形成于 1945 ～ 1947 年；中共青岛市委的档案形成于 1949 年，数量少，仅有 7 件。

第三部分是中共中央、华东局、山东分局等在 1943 ～ 1950 年给胶东区党委的指示、命令，这部分档案为数很少。

上述档案中，有胶东区党委统战部在 1947 ～ 1949 年形成的工作报告、总结及敌情资料 2401 件，因其内容性质特殊，列为 02 目录；其余档案 5640 件，归入 01 目录。01 目录的档案内容可分为以下几类：

（一）综合类　关于形势、方针、任务及全面性工作的指示、决定、通知、计划、总结、调查表，综合性的会议材料。如 1941 年胶东区地委书记联席会、1947 年胶东区高干扩大会等形成的会议记录、报告；综合性的期刊，如区党委编印的《胶东通讯》《政治通报》等；地方综合调查材料，如胶东日报社编胶东概况（1949 年）、胶东区党委统战部编《青岛概况》（1949 年）等。

（二）组织类　包括组织工作的计划、总结、报告、指示、决定、会议材料和期刊等。如苏鲁皖第三区委组织工作报告（1939 年 7 月）；胶东区党委组织部关于抗战五年胶东党的组织建设的总结（1943 年 2 月）；关于组织设置，包括地、市、县、区党的领导机构及工矿企业、学校、医院、农村党的基层组织设置问题的决定、通知及组织状况调查表；关于整理与改造支部工作的指示、通知；关于“整党整风”和发扬民主、检查领导工作的指示、决定、计划、总结、报告及部分干部的反省材料；关于党员管理、教育、鉴定、奖惩问题的指示、决定、通知。

（三）机构设置、人事任免类　包括各级各类机构的建立、撤销、整编及干部调配、任免和精兵简政工作的决定、指示、通知。

（四）宣传类　包括宣传工作的方针、政策问题的指示；关于理论、政策、时事宣传及节日纪念活动、党报发行等工作的决定、指示、通知。

（五）统战类　关于统战工作的方针、政策问题的指示、决定及统战工作会议记录；关于胶东地区国共合作和争取国民党将领投诚问题的指示、报告，如胶东区党委统战部关于争取国民党海军黄安舰起义经过的报告（1949 年 3 月）；关于海外统战工作的指示、决定等。

（六）武装斗争类　包括对敌政治攻势、宣传攻势、战备、支前、反“扫荡”、反“蚕食”、人民武装建设、动参、归队等方面的文件材料。

（七）公安锄奸类　关于社会治安、机关保卫、处理会道门、还乡团及游散分子、锄奸反特等方面的材料。

（八）群众工作类　包括开展工人、农民、渔民、青年、妇女运动，发动、组织各种群众团体问题的指示、决定、报告，其中较早的材料是 1938 年胶东青年抗日救国会、中华民族解放先锋队胶东地方队关于发动青年积极抗日问题的宣言、报告；关于建立共产主义青年团组织、发展团员问题的指示、决定、通知；关于瓦解、争取、教育教会落后群众问题的指示、总结；关于减租减息、土地改革运动的指示、决定、总结。

（九）工商类　关于工商业发展方针、政策、现状问题的指示、决议、报告、统计表，如胶东日报社编《胶东工业建设及概况》（1949 年）、胶东总工会组织部关于威海、荣成、文登、崑嵛、牟平、石岛等私营工业统计表（1949 年）；工矿资源调查表、分布图；关于工商管理工作的指示、决定、通知。

（十）生产和救灾类　包括农业、盐业、渔业生产、查荒灭荒、抗灾救灾等方面的文件材料。

（十一）财经工作类　包括财粮管理、战时粮秣供给、物资管理、贷款、经费开支、收支概算、征粮征赋、税收等问题的指示、决定、报告、统计表及财经会议文件。

此外，还有少量的关于文秘、行政、城市工作、邮政、交通等方面的文件材料。

应当指出的是，1940 年以前胶东区党委及胶东特委（工委）形成的文件材料在本全宗所存无几，可作为补充的是馆藏资料中一些早期的刊物，如中共胶东临时工委会编印的《战斗》创刊号（1936 年 2 月）、胶东特委编印的《党的生活》第 7、9 期（1938 年 12 月至 1939 年 4 月）、中共苏鲁皖第三区委编印的《党内教育》第 1 ～ 4 期（1939 年 6 月至 1940 年 1 月）。

中共清河区委员会

（1938 ～ 1944 年）

全宗号　G025

一、机构沿革

1937 年年底，中共山东省委决定建立中共鲁东地区工作委员会（简称鲁东工委），辖寿光、潍县、昌邑、昌东、临朐、广饶、临淄、博山等县委。1938 年，鲁东工委改组为清河特委。1939 年 6 月，清河特委改组为清河地委，景晓村任地委书记。1940 年 10 月，为加强对清河区抗日斗争的领导，清河地委在博兴县纯化镇召开了清河地区党的代表大会，选举成立中共清河区委员会（简称清河区党委），亦称中共中央山东分局第六区党委，景晓村任书记。

清河区党委是清河区党、政、军的最高领导机关，受中共中央山东分局领导，贯彻执行中共中央山东分局的指示、方针、政策、决定和决议，向中共中央山东分局报告工作。主要职责是发动群众，扩大党的组织，组织和领导群众，建立地方武装，开展对敌武装斗争，建立抗日革命根据地。其内部机构设组织部、宣传部、统战部、社会部、敌工部、工运部、群委会、青委、妇委等。

1944 年 3 月，中共中央山东分局决定将冀鲁边区与清河区合并为渤海区，清河区党委即并入渤海区党委，其所属 4 个地委即归渤海区党委领导。

二、全宗概况

该全宗档案共 34 件，排架长度 0.18 米。是中共山东省委办公厅于 1955 年根据中共中央办公厅“关于收集党的历史档案的通知”收集起来的，于 20 世纪 60 年代初移交本馆。进馆后，经过划分全宗、分类、立卷，编制了案卷目录。1980 年，又进行了系统整理，将卷内文件单份装订，补充了卷内文件目录，编制了文件分类目录和文件级开放目录。

三、档案内容

因清河区党委组建后，正值日伪对山东各根据地进行疯狂“扫荡”“蚕食”之时，环境艰苦，斗争残酷，该区党委处于游击作战之中。所以，区党委所形成的文件材料保存下来的寥寥无几，各地委形成的文件则无一留存。现馆藏该全宗档案仅有 34 件。这些档案主要是清河区党委在 1941 ～ 1944 年形成的工作计划、总结和关于党的组织、宣传建设、群众工作、公安锄奸方面的指示、决定、总结。其中，多数是区党委关于全面性工作和党的组织建设的总结。如清河区党委 4 年来工作总结及今后斗争任务（1941 年）；黎玉（山东分局书记）关于清河区 5 年（1938 ～ 1943 年）工作的总结；清河区党委关于 1938 ～ 1943 年党的建设情况的总结。这些文件反映了 1938 年以来清河区党委由弱小逐步发展壮大的历程，清河区党委领导人民进行武装斗争、开展群众运动的成就，其中有记载 1941 ～ 1943 年清河区军民粉碎敌人 20 余次大规模“扫荡”的珍贵材料。

中共渤海区委员会

（1944 ～ 1950 年）

全宗号　G026

一、机构沿革

中共渤海区委员会（简称渤海区党委），是中国共产党在渤海区的最高领导机关，负责贯彻执行党的路线、方针、政策，领导人民进行武装斗争。

1944 年 1 月，经中共中央北方局批准，中共中央山东分局决定，清河区党委与冀鲁边区党委合并，建立中共中央山东分局渤海区委员会。3 月，渤海区党委正式组成，景晓村任区党委书记。渤海区党委领导原冀鲁边区党委一、二、三地委和由原清河区党委的垦区、清东、清西地委改称的四、五、六地委。此时，渤海区党委共辖 6 个地委，40 多个县委和县级工委。

1945 年 10 月，渤海区党委机构进行调整，景晓村仍任区党委书记，并将原 6 个地委合并为 4 个地委。1948 年 2 月，张晔任渤海区党委书记。1949 年 6 月，根据中共山东分局等机关的指示，渤海区党委一、二、三、四地委，分别更名为沧南、泺北、清河、垦利地委。同年 11 月，王卓如任区党委书记。

1944 年 1 月至 1950 年 5 月，渤海区党委的内部机构，先后设有组织部、宣传部、城工部、社会部、群委会（1946 年 5 月撤销）、农委、青委、妇委、党校、渤海日报社、职委、办公室、调研室等。

1950 年 5 月，中共山东分局决定撤销渤海区党委。

二、全宗概况

该全宗是 1959 年由中共山东省委办公厅，根据中共中央办公厅《关于集中革命历史档案资料的通知》，陆续从全省各地收集接收而来的。20 世纪 60 年代初，该部分档案移交给省档案馆。随后本馆对该部分档案进行整理编目，分类立卷。现馆藏该全宗档案共 1998 件，排架长度 5.4 米，为 1944 ～ 1950 年间形成的材料。1984 年，本馆对该全宗档案进一步整理，进行单份文件装订，拟写文件标题，并编制了文件级簿式、卡片式分类目录。1988 年，为贯彻《中华人民共和国档案法》，本馆再次对该全宗进行整理划控，编制出文件级开放目录，供利用者检索。

三、档案内容

该全宗主要收集了 1944 ～ 1950 年间渤海区党委及所属部委、地委、市委、县委所形成的文件，同时也有少量华东局、山东分局、渤海行署的档案。其主要内容有：

（一）综合类　有中共中央、北方局、华东局、山东分局等对渤海区各项工作的指示、意见，如 1947 年 8 月陈毅同志在渤海区党委扩大会上关于目前政治形势的报告；渤海区党委及所属部委关于形势、任务、方针、政策的指示、决定、报告，如 1944 年 6 月渤海区党委关于目前形势与任务及工作秩序的决定；召开区党委、秘书、高干等会议的通知、记录、讲话、发言等，如 1947 年 4 月渤海区党委高干会议记录；渤海区党委、各地委、县委、市委、渤海行署及直属机关关于各项综合性、全面性工作的通知、报告、决议等。

（二）组织类　渤海区党委及部门关于组织机构的建立、健全和调整以及党组织的整顿、发展和建设的指示、意见、通知，如 1948 年 3 月渤海区党委组织部关于培养干部和发展党及“整支”工作的指示，1950 年 1 月渤海区党委关于成立建设委员会的通知；关于干部任免、奖励、鉴定、调训的指示、通知、决定；关于组织工作的方针、任务及有关的会议记录、组织状况及干部调查统计表；关于加强思想教育的文件材料。

（三）宣教类　渤海区党委及部门关于宣传工作、教育工作、出版党刊和纪念活动等的指示、通知、计划、意见及有关的会议记录。如 1946 年 1 月渤海区党委宣传部关于目前宣教工作的指示、1948 年渤海区党委关于出版《渤海通讯》的通知。

（四）财经类　渤海区党委关于生产经营、物资清理、公债推销、概算审查及物价、夏征、秋征等财政、经济工作的指示、通知、决定、通报及有关的会议记录和统计表。如 1947 年 6 月渤海区党委关于整顿机关生产禁止商业经营的决定，1949 年 11 月渤海区党委财委对物价工作的紧急指示，1947 年渤海区手工业、轻工业有关经济情况统计表。

（五）武装类　关于开展对敌政治攻势、拥军优抚、动员参军入伍、整编、清剿匪特、锄奸反特、加强人民武装、机关保卫和国军工作的指示、通知、决定、总结及有关的会议记录。如 1947 年 2 月渤海区党委关于执行华东局加强人民武装工作的补充指示、1947 年 10 月渤海区党委关于开展强大全面政治攻势的指示。

（六）群工类　关于工青妇工作、土地改革、土地复查、减租减息、阶级划分、生产救灾等的指示、通知、计划、总结及有关的会议记录和调查统计表。如 1946 年 10 月渤海区党委关于彻底执行土地改革的补充指示，1946 年 5 月渤海区党委青委会关于青年工作的几项决定。

中共鲁中区委员会

(1940 ～ 1948 年)

全宗号　G027

一、机构沿革

抗日战争初期，中国共产党在津浦路以东、胶济路以南、陇海路以北广大地区的组织日益壮大发展，先后建立了淄博特委、鲁东南特委、泰山特委、鲁南特委和尼山特委等领导机构。为了统一该地区的领导工作，1939 年秋，在中共中央山东分局的领导下，召开了该地区的党代表大会，经民主选举、成立中共中央山东分局第一区党委（亦称大鲁南区党委）。原泰山、淄博、鲁南、尼山、鲁东南特委分别改为第一区党委一、二、三、四、五地委。

1940 年春，日军对山东抗日根据地不断地进行“扫荡”，大鲁南区被割裂为蒙山南北两大片，根据形势需要，第一区党委缩管三、四地委，同年 5 月即演变为鲁南区党委。此时，一、二、五地委则直属中共中央山东分局领导。1940 年冬，中共中央山东分局决定成立中共鲁中区委员会（简称鲁中区党委），亦称山东分局第七区党委，直属中共中央山东分局领导。负责贯彻执行党的路线、方针和政策，领导鲁中地区人民的武装革命斗争。其内部设组织科、宣传科（1941 年年初分别改为组织部、宣传部）、社会部、政府工作部、民运部、统战部、军事部、青委会、妇委会、党校等部门。

鲁中区党委所辖地委机构，随其形势的发展变化而不断地更改。最初，将原一、五地委分别改为鲁中区党委一、五地委（即泰山地委、鲁东南地委）；原二地委一部分辖地改为鲁中区党委二地委，暂由鲁中区党委兼管，直到 1941 年春，才正式成立了二地委（沂蒙地委）；1941 年秋，成立了三地委（泰南地委）；1942 年 3 月，五地委从鲁中区党委划出，与鲁南四地委合并成立了滨海地委；1943 年 12 月和 1944 年 7 月，相继增加四地委（沂山地委）、五地委（鲁山地委）；1945 年 8 月撤销五地委，同年 10 月，又撤销了三地委，并将原四地委改称三地委（沂山地委）。自此，鲁中区党委下设一、二、三地委一直未变。

1945 年 10 月，中共中央山东分局与华中局合并组织成中共华东中央局（简称华东局）；鲁中区党委亦改归华东局领导。

1948 年 7 月，华东局决定将鲁中区、鲁南区和滨海、泰西专区合并为鲁中南区，同时成立鲁中南区党委，鲁中区党委即并入鲁中南区党委，其所属各地委亦改归鲁中南区党委领导。

自 1940 年冬至 1948 年 7 月，霍士廉、罗舜初、向明等先后任鲁中区党委书记。

二、全宗概况

该全宗档案于 1955 年由中共山东省委办公厅统一收集而来。20 世纪 60 年代初，该部分档案移交给省档案馆。本馆对该全宗档案先后经过数次整理，分类立卷，卷内文件单份装订，编制了案卷目录、文件分类目录等检索工具。

该全宗档案共 500 件，排架长度 1.35 米，绝大部分是鲁中区党委于 1940 ～ 1948 年间形成的档案材料，还有少量的所属地委形成的材料。

三、档案内容

（一）综合类　关于形势、任务、方针、政策及全面性工作的指示、通报、报告、总结、通知。

（二）组织类　关于组织工作的报告、总结及组织状况调查统计表，如鲁中区党委五年来的组织工作总结（1943 年 3 月），鲁中区党委关于 1945 年组织状况的调查统计表，鲁中区抗战前老党员登记表（1945 年 8 月）；关于开展“整风”学习和坦白反省运动、整理基层支部工作的指示、通知；关于机构设置、干部任免及干部教育、集训工作的指示、决定、通知。

（三）宣传类　关于时事宣传教育、节日纪念、通讯报道工作的文件材料。

（四）群众运动类　关于群众工作综合性的指示、总结、报告；群众团体的组织、领导问题的指示、统计表，如鲁中区党委组织部关于群众组织状况的调查表（1943 年 12 月）；关于开展减租减息、土地改革运动的指示、报告、总结。

（五）公安类　锄奸反特、处理还乡团及游散分子和农村保卫问题的文件材料。

（六）武装斗争类　关于对敌斗争的总结、报告；关于坚持游击战争、反顽斗争的指示、决定、通知；关于人民武装建设、备战、支前工作的指示、报告、通知、统计表。

(七) 生产救灾类　关于农业生产、抗灾救灾的通知、通报、统计表等。

(八) 财经类　财经工作综合性的指示、决定，关于经费开支、供给、贷款、征收田赋、清理资财、工商管理等问题的指示、总结、通知、统计表。

中共鲁南区委员会

(1941 ～ 1948 年)

全宗号　G028

一、机构沿革

1940 年春，日军对山东抗日根据地不断地进行“扫荡”，中共中央山东分局第一区党委（大鲁南区党委）的辖地被割裂为蒙山南北两大片。根据形势的需要，第一区党委缩管三、四地委，同年 5 月，即演变为鲁南区党委（1944 年 10 月以前称山东分局第一区党委，1944 年 11 月以后称中共鲁南区党委）。

鲁南区党委是鲁南区党政军民的最高领导机关，负责贯彻党的路线、方针和政策，领导鲁南地区人民武装革命斗争。其内部设组织、宣传、群运、城工、调研、工运、农运、青运、妇运和鲁南时报社等部门。1945 年 10 月以前为山东分局领导，之后，则归华东局领导。

鲁南地处战略要地，区党委所属地委变化十分频繁。初期，将原第一区党委三、四地委调整为一、二、三地委；1941 年 6 月增加四地委。1942 年 3 月，取消二、三地委，四地委与鲁中五地委合并成滨海地委（直属山东分局领导）。同年 11 月，在原三地委范围内（当时已被日伪军占领）建立沂河敌区地委。1943 年 7 月，增加运河地委，辖峄县、运北、沛滕等县（工）委。1944 年夏撤销运河、沂河地委，重建二、三地委。1946 年 4 月，将二地委撤销，所属县分别归入一、三地委。同年 9 月，恢复二地委。1948 年 4 月，二地委并入一地委，所辖县委分别归入一、三地委。之后，区党委辖一、三地委，一直未变。

1948 年 7 月，鲁南行政区、鲁中行政区和滨海、泰西专区合并成立鲁中南区，鲁南区党委即并入鲁中南区党委，其所属一、三地委亦改归鲁中南区党委领导。

鲁南区党委先后由赵傅、张雨帆、王麓水、傅秋涛任书记。

二、全宗概况及内容介绍

该全宗共有档案 242 件，排架长度 0.9 米，档案形成时间为 1941 ～ 1948 年。20 世纪 60 年代初接收进馆，经多次整理，检索工具现有全宗指南、全宗介绍、文件目录等。档案主要内容有以下几方面：

（一）鲁南区党委关于形势、方针、任务的指示、决定；关于全面性工作的计划、总结和区党委部分重要会议记录，如鲁南区党委 1943 年工作总结；“鲁南形势与我们的任务”——傅秋涛 1942 年 2 月在区党委扩大会议上的讲话，区党委扩大会议记录（1943 年 12 月）。

（二）关于组织工作的文件材料，其中有组织工作报告、总结和组织状况调查表；关于开展“整风”运动和整理支部工作的指示、决定、报告；党内民主检讨会发言记录；关于机构建立、整编工作的指示、通知；关于干部教育、培养问题的指示、通知及党员干部登记表、烈士事迹介绍材料。如鲁南区战前党员登记表（1945 年 10 月）、鲁南区党委为英勇就义的区党委书记赵傅同志所撰的碑文及给其爱人李岩同志的慰问信（1941 年 12 月）。

（三）关于开展群众运动、进行土地改革、减租减息的指示、决定、总结及调查材料，如鲁南区党委关于平邑县石岗庄沟礼村土改调查材料（1947 年）。

（四）关于坚持游击战争、充实扩大地方武装及战争动员工作的指示、决定、通知，如鲁南区党委全力争取鲁南会战胜利保卫山东的紧急指示（1947 年 2 月），鲁南铁道队介绍（1946 年 2 月）。

（五）关于财粮工作及生产救灾问题的文件材料。

中共滨海区委员会

（1942 ～ 1948 年）

全宗号　G029

一、机构沿革

1942 年 3 月，中共中央山东分局为加强滨海地区的领导与统一，决定鲁中区五地委与鲁南区四地委合为滨海区地委，归分局直接领导。滨海地委是滨海区各级党政军民组织的最高领导机关，负责贯彻执行上级的方针、政策以及各项决议、指示。其内部机构先后设秘书处、组织部、人武部、敌工部、工委、农委、青委、妇委，党校、滨海日报社等。滨海地委虽直属中共中央山东分局领导，与各区党委领导下的地委是平行的机关，下辖宫南、莒中、日照、沭水、赣榆、海陵、临沭、郯城、日北、莒临进、莒北、诸城、高密、胶县等县（工）委。

1943 年 3 月，中共中央山东分局决定撤销滨海地委，建立滨海区党委，管辖范围比以前扩大。区党委内部先后设秘书处、组织部、宣传部、城工部、人武部、财委会、锄奸委员会、党报委员会、群委会等。1943 ～ 1944 年先后成立了一地委（滨北地委）、二地委（滨南地委）、三地委（滨中地委）和青岛市工作委员会（简称青岛市工委）。

1945 年 10 月，中共中央山东分局与中共华中局合并组成中共华东中央局（简称中共华东局），滨海区党委亦改归华东局领导。

1946 年 7 月，华东局发出“关于滨海区组织机构变动及干部配备的决定”，将滨海区党委、滨海军区一级组织撤销，将滨北 5 个县划归胶东区党委领导，将滨南、滨中原有 8 个县、1 个办事处（即莒县、莒南、日照、临沭、东海、竹庭、新海等），合并为一个地委，名为滨海地委，直属华东局领导。滨海地委内部设组织部、宣传部、民运部、群委会、城工部、国军部、社会部、支前司令部、滨海农村报社等机构。

1948 年 7 月，华东局发出通知，决定将鲁中、鲁南两区党委与滨海地委合并成立鲁中南区党委，至此，滨海地委撤销。1942 年 3 月至 1948 年，王众音、王永福、符竹庭、张晔、唐亮、谷牧先后任滨海区党委（地委）书记、副书记。

二、全宗概况

1955 年中共山东省委办公厅，根据中共中央办公厅“关于收集党的历史档案的通知”，收集了滨海区党委（地委）的档案。20 世纪 60 年代初，将这部分档案移交山东省档案馆，本馆对其进行立卷整理，编制了案卷目录。1984 年又进行卷内文件的整理，每份文件单份装订、拟写修改文件标题，对部分无作者、无成文时间的文件进行考证，并编制了文件分类目录、文件级开放目录。

该全宗主要包括中共滨海地委（1942 年 3 月～ 1943 年 3 月）、滨海区党委（1943 年 3 月～ 1946 年 7 月）及其后成立的滨海地委（1946 年 7 月～ 1948 年 7 月）形成的档案材料。

此外，尚有少量的所属地、县委及华东局、山东分局形成的有关文件。该全宗现有档案共 230 件，排架长度 0.9 米，形成时间为 1942 ～ 1948 年。

三、档案内容

（一）关于形势、任务的决定、指示、通知。如“我们如何来迎接新形势”（唐亮同志 1945 年 9 月在区级党的活动分子会议上的报告）、“滨海区党委关于今后八个月工作中心及进行程序的指示”（1945 年 5 月）。

（二）关于组织工作、机构设置、干部任免、“整风”反省等问题的决定、指示、总结、调查登记表。如滨海地委五年来组织工作总结（1943 年 4 月）、滨海区战前党员干部登记表（1946 年）、滨海区党委关于公布锄奸委员会、财经委员会、党报委员会委员名单的通知（1946 年 1 月）、滨海区 5、6、7 月份“整风”反省计划（1945 年 5 月）。

（三）关于宣传工作的决定、指示、通知。如滨海区党委关于建立健全各级文协组织及早准备今年冬季文化运动的指示（1943 年 9 月）、滨海区党委关于反内战宣传攻势的指示（1945 年 11 月）、滨海地委关于党的宣教工作几个问题的总结与今冬工作任务（1946 年 11 月）。

（四）关于民政工作（包括民主运动、拥军参军、复员等工作）的文件材料。如滨海区党委关于开展民主运动的决定（1944 年 5 月）、滨海区党委关于开展拥参运动准备工作的指示（1945 年 1 月）、滨海区联合复员委员会关于教养院、复员人员地区划分问题的通告（1946 年 4 月）。

（五）关于群众运动（包括妇女工作、土改运动等）的文件材料。如滨海区党委关于群工建设的指示（1946 年）、滨海地委关于树立党和群众团体正确关系的决定（1945 年 11 月）、在“三八”纪念大会上张晔同志的总结报告（1944 年 5 月）、如何执行中央“五四”指示——张晔同志在区党委群工会议上的总结（1946 年 6 月）。

（六）关于对敌斗争、公安、锄奸工作的决定、指示、通知等。如滨海区党委、军区政治部关于 1944 年冬政治攻势总结（1945 年 3 月）、滨海区党委、军区关于组织战略性武工大队及调整原武工队的决定（1945 年 8 月）、滨海区党委关于统一胶济、陇海两线对敌斗争组织领导的决定（1945 年）。

（七）关于财经工作（包括征收公粮田赋、粮食、金融工作等）的文件材料。如滨海区党委关于财经工作的指示（1946 年 4 月）、1945 年滨海区财委会第 912 次财委会决议、滨海区党委关于征收秋季公粮田赋与严格财粮制度的指示（1945 年 9 月）。

此外，尚有少量关于交通、邮电、城市工作、农业生产等方面的文件材料。

中共鲁中南区委员会

（1948 ～ 1950 年）

全宗号　G030

一、机构沿革

1948 年 3 月至 7 月，全国战局发生了巨大变化，山东兵团连续取得胶济铁路中、西段和津浦铁路中段等重大战役的胜利，解放了潍县、周村、张店、淄川等城市，使胶东、渤海、鲁中、鲁南及滨海各解放区连成一片。为加强对该区的领导，中共华东中央局（简称华东局）于 1948 年 7 月决定将鲁中、鲁南两行政区和滨海专区、冀鲁豫边区之泰西专区合并成立鲁中南行政区，同时，成立鲁中南区党委。

鲁中南区党委是鲁中南行政区最高领导机关。先后受华东局和山东分局领导。负责贯彻执行中央、华东局、山东分局的路线、方针、政策，并向其报告与请示工作。对所属可根据本地区的具体情况和工作需要，发布决议、指示、决定、通知及人事任免等。其内部先后设秘书处、行政处、组织部、宣传部、社会部、民运部、工委、农委、青委、妇委、财委会、政策研究室，并设有生产救灾委员会、整编节约委员会等临时机构。鲁中南区党委所辖地、市委变更情况：原鲁中区党委一、二、三地委和原鲁南区党委一、三地委分别改为鲁中南区党委一、二、三、四、五地委；六地委由原滨海地委改称，七地委由泰西地委改称。同时，新成立淄博特委、济宁市委、兖州市委，均归属鲁中南区党委领导。1948 年 10 月，新海连特委划归鲁中南区党委领导。同年 12 月撤销兖州市委。1949 年 7 月，撤销三地委，所属各县委分别归入昌潍地委和二地委；原淄博特委与淄博工矿部合并成立淄博工矿特委，由山东分局直接领导。同时，鲁中南区党委决定将一、二、四、五、六、七地委改用地名称呼，即分别改称泰山地委、沂蒙地委、尼山地委、台枣地委、滨海地委、泰西地委。1949 年 10 月，新海连特委改为新海连市委。至此，鲁中南区党委共辖 6 个地委和济宁、新海连 2 个市委。康生、高克亭相继任区党委书记。

1950 年 5 月，根据中共中央山东分局关于取消区党委与行署一级机关及调整各地委、专署区的决定，鲁中南区党委撤销。

二、全宗概况

该全宗档案于 20 世纪 60 年代初接收进馆。本馆进行分类、立卷，编制了案卷目录。1962 年 5 月将新增加的档案补充于该全宗。1984 年又对卷内文件进行系统的加工整理，将文件单份装订，对无作者和成文时间的文件进行了考证，编制了文件分类目录和文件级开放目录。现馆藏该全宗档案共 1269 件，排架长度 2.7 米。

三、档案内容

该全宗档案，主要反映了鲁中南区党委及所属各地委、市委、县委，在 1948 年 7 月至 1950 年 5 月之间进行党的组织建设，发展文教事业，抗灾救灾，支援前线，进行土地改革的情况，具体内容可概括为如下几类：

（一）综合类　鲁中南区党委及各地、县委关于形势、方针、任务的指示、决定；月份、年度工作综合报告；综合性的会议记录和统计材料。其中有 1948 年 7 月鲁中南区地县委书记联席会议的文件材料，如傅秋涛同志关于大鲁中南统一问题与今后任务的报告、谭震林同志在大会上的总结报告等。

（二）组织类　关于组织工作综合性的指示、决定、报告；关于开展整党运动的指示、决定、总结及个人反省材料；关于基层支部建设问题的指示、通知；关于克服党内无纪律无政府状态、加强纪律性的决议；地县党代表大会情况的报告；组织状况统计表；关于机构设置及干部任免的指示、通知。

（三）宣传类　关于宣传教育工作的综合性的指示、决定、方案、总结、会议记录、统计表，关于节日、纪念日庆祝活动和党内通讯、党报工作的指示、决定；关于干部教育、学习的指示、通知和战争动员报告。如济南至淮海战役前后思想领导与宣传工作的总结（1949 年）。

（四）统战类　关于统战工作的指示、决定、总结；关于回民工作、外侨工作及外事活动的指示、通知和来往函件等。

（五）群众工作类　关于开展工人、青年、妇女运动及建立共产主义青年团的指示、报告，关于进行土地改革运动的方案及部分地县土改进行情况的报告。如鲁中南区党委关于建立新民主主义青年团的指示（1949 年 7 月）、鲁中南区妇女婚姻问题简况（鲁中南区妇联，1950 年）、鲁中南区党委 1950 年土地改革工作方案（1950 年 2 月）。

（六）公安、对敌斗争类　关于军队建设、人民武装建设、治安保卫、反特剿匪、地富伪顽分子返乡处理及支前工作的文件材料。

（七）工商类　关于工商业、合作业发展问题的指示、决定、统计材料。如鲁中南各城市工业概况（山东分局研究室，1949 年 4 月）、沂南金矿材料（鲁中南区党委编，1949 年 1 月）、沂蒙区特产及矿产调查（1949 年 9 月）、济宁市委关于玉堂酱园情况的报告（1949 年 12 月）。

（八）财政类　关于财政工作的方案指示、决定、通知、统计材料、会议记录；关于供给、经费收支、税收、公债的发行与推销方面的文件材料。

胶东区行政公署

（1940 ～ 1950 年）

全宗号　G031

一、机构沿革

胶东区行政公署（简称胶东行署），是胶东区在抗日战争中发展起来的山东解放区之一。早在 1938 年 2 月至 4 月，就有蓬、黄、掖各县抗日民主政权相继建立，带动了其他各县抗日民主政权建设的蓬勃发展。1940 年 5 月，经民主选举，成立了北海行署，曹漫之任专员。同年 9 月和 12 月，东海专署和西海专署又相继成立，孙端夫、胡亦农分别任专员。至 1941 年 2 月，胶东区党委为了统一领导胶东各地抗日民主政权工作，在海阳县城北郭城村成立胶东行政联合办事处，归山东省战时工作推行委员会直接领导。1942 年 6 月，胶东区召开第一届参议员大会，选举产生胶东区行政委员会，并成立胶东区行政主任公署（简称胶东主署），是胶东区最高行政领导机关，负责统一领导胶东区各专、县抗日民主政权的各项工作，归省战时行政委员会（简称省战委会）领导。主署内部设秘书处、民政处、经建处、教育处、高等法院分院、武装处等。此时，原胶东行政联合办事处即撤销。

1944 年 4 月，胶东区行政主任公署改称胶东区行政公署（简称胶东行署），为山东省战时行政委员会领导下的一级政权机关，它介于行政委员会与各专署之间。省战委会规定的该署职权范围：是在不抵触省法令范围内，带有地方性的应兴应革事宜得依照本行政区参议会之决议，发挥其独立自主精神。但重大行政设施，得呈请行政委员会核示。

胶东行署改建后，各地政权建设得到进一步的发展。1945 年 2 月，成立烟台行政办事处，林一夫任主任。1945 年 8 月，山东省战时行政委员会改为山东省政府，胶东行署改归省政府领导。并成立了烟台市政府，孙端夫任市长。与此同时，南海专署也在原南海行政联合办事处（组建于 1941 年 7 月）的基础上成立。同年 9 月，胶东行署驻地移至莱阳城西南杨家疃村。此外，同年春成立的中海专署亦于同年 9 月撤销。1946 年 7 月，省府决定将滨海区滨北专署划归胶东行署领导，王东平任专员。从此，胶东行署辖东海、西海、南海、北海、滨海 5 个专署和烟台市政府。

1949 年 3 月，山东省政府改为山东省人民政府，胶东行署改为省人民政府领导。同年 7 月，胶东行署及大部分直属机关移青岛市办公，但公安局、公路管理局等仍驻原地。至 1950 年，行署内部及直属机构发展为秘书处、民政处、教育处、实业处、财政处、司法处、公安局、工商处、粮食局、卫生局、公路管理局、邮电局、荣管局、荣校、育儿所、建设学校、中国人民银行胶东分行、合作总社、专酿公司等。

1950 年 5 月，山东省人民政府决定撤销行政公署机构，同年 6 月胶东行署及各专署相继撤销。1942 至 1950 年 5 月，先后由王文、林一山、曹漫之、汪道涵、刘坦、刘仲益任胶东行署主任、副主任。

二、全宗概况

该全宗主要收入了胶东行署和所辖专署、市府、县府及其所属企事业机关团体在 1940 ～ 1950 年间形成的档案材料。胶东行署及各专署撤销后，其档案分别由省直及地区相关机构接收保管。1959 年，根据省委办公厅“关于集中革命历史档案资料的通知”，各单位将该部分档案陆续移交给省委办公厅档案处。20 世纪 60 年代初，这部分档案被接收进馆，并进行系统整理编目，将文件分类立卷。该全宗共有档案 30138 件，排架长度 52.2 米。编制了全宗指南、文件目录、文件级分类目录和文件级开放目录等检索工具。

三、档案内容

该全宗档案文件数量较多，其内容可归纳如下几类：

（一）综合类　有行署、各专署、县府关于全面工作的指示、决定、总结及政策法令性文件；人代会、常委会等综合性会议文件；胶东区基础数字统计材料；各类文电底稿汇集等。

（二）秘书行政类　关于机要保密、文书处理、档案管理、印章启用和行政事务的指示、决定、通知。

（三）机构人事类　有各级机关、企事业团体关于机构建撤并转、编制、命名、更名和人事任免、调配、培训、奖惩、待遇问题的指示、决定、通知、统计表等。

（四）民政类　行署、各专署、县府及各级民政部门关于民政工作综合性的指示、决定、报告、统计表和会议文件；关于政权建设的指示、决定、总结；关于行政区划、户籍人口、土地房产确权登记问题的指示、通知、统计表；关于开展土地改革、减租减息运动的决定、报告、总结、办法；关于拥优抚恤、战勤、支前问题的指示、决定、报告、通知；关于宗教、华侨事务的指示、通知。

（五）公安类　关于社会治安、敌伪活动侦察及缉捕、锄奸、狱政劳改、收容遣返、农业保卫、边防保卫方面的文件材料。

（六）司法类　关于司法行政、刑事和民事案件审判、司法人员培养及教育问题的指示、决定、总结和判决书。

（七）教育类　行署、专署、县府及各级教育部门、各级各类学校关于教育工作的指示、决定、总结和会议文件；关于社会教育和大中小学教育工作的指示、决定、总结；关于各级各类学校教师培训、考核和教育经费开支问题的指示、决定、通知。

（八）卫生类　行署、专署、县府及各级卫生部门关于卫生工作的指示、决定、通知和会议文件；关于中西医务研究、医务职业法规、改造旧医问题的指示、决定；关于社会保健、妇幼保健、卫生防疫、流行病防治的指示、调查报告；关于公私中西医药供销及药厂、药店、药剂人员管理的指示、决定、通知。

（九）财政类　财政工作综合性的指示、决定、报告、会议文件；关于预决算的编造、审核、监督问题的指示、决定；关于各种经费开支、供应标准的办法、规定、通知；关于信贷管理、公债发行问题的指示、决定；

关于财务制度和执行问题的规定、通知。

（十）金融类　行署、各专署、县府及北海银行胶东分行关于货币管理、金银管理、票券管理和金库管理的文件材料。

（十一）税务类　关于税务工作的决定、通令、条例、办法、规定和会议文件；关于各类各种税务征收的办法、规程；关于纳税登记、票照管理、检查缉私的指示、决定、办法、规则；关于税收会计工作的指示、决定、规则；关于税收统调工作的指示、报告和各种统计表。

（十二）工商贸易类　行署、专署、县府和各级工商部门及所属商店关于工商贸易工作综合性的指示、决定、总结和会议文件；关于对敌经济斗争的指示、通知、总结；关于商品生产、供销、检验、储运工作的规则、办法、通知；关于物价、集市管理、公私营企业登记管理和缉私问题的指示、决定、通知。

（十三）粮食类　关于粮食供应、调运、保管和粮柴草票的发放、使用、兑换的指示、通知，关于粮食征收（夏征、秋征）及减免问题的规定、办法、指示、总结；关于粮食会计工作的规定、指示、通知。

（十四）实业类　行署、专署、县府及有关厂矿、农场、林场关于实业工作的计划、总结、指示、决定和会议文件；关于农、林、渔、牧、水利工作的指示、办法、统计表；关于厂矿、合作业发展的方案、总结、统计表。

（十五）交通类　关于交通运输管理、公路养修等问题的文件材料。

（十六）邮电类　关于邮运、发行、汇兑、电信及邮政会计方面的文件材料。

清河区行政公署

（1940 ～ 1944 年）

全宗号　G033

一、机构沿革

清河区的抗日民主政权建设，始于 1939 年 7 月，此时，临淄、长山、四边等县政府宣告成立。之后，寿光、邹平、博兴、高苑各县政府相继建立。

为了统一领导各县的政权工作，于1940年5月，召开清河地区第一届参议会，成立了清河行政区专员公署（简称清河专署），是清河区最高的行政权力机关，负责清河地区民政、财政经济、地方性武装、国民教育、公安司法等工作。内设民政处、教育处、实业处、财政处、公安局、粮食局等，李人凤任专员。专署下设第一办事处（清东办事处）、第二办事处（清西办事处）、第三办事处（清中办事处）。其中第一办事处辖寿光、广饶、益北、广北等县；第二办事处辖邹平、长山、高苑等县；第三办事处辖桓台、临淄、博兴、蒲台等县。同年8月，山东省战时工作推行委员会（简称省战工会）成立，清河专署归省战工会领导。

1941年7月，清河区召开第二届参议会，决定取消清河专署，成立清河行政区主任公署（简称清河主署），仍归省战工会领导，李人凤为主任。主署下设三个专署，第一专署（清东专署）辖寿光、益北、广饶、广北等县；第二专署（清西专署）辖邹平、长山、高苑、青城、章丘等县；第三专署（清中专署）辖临淄、博兴、蒲台等县。

1943年8月，省战工会改为省战时行政委员会（简称省战委会），清河主署归属省战委会领导。1944年2月初，清河主署改称清河区行政公署（简称清河行署），李人凤继任行署主任。内设民政、教育、实业、财政、公安局、粮食局、贸税局、工商局、邮局、北海银行清河分行等。

1944年3月，省战委会决定将原冀鲁边区与清河行政区合并为渤海行政区，冀鲁边区战时行政委员会与清河区行政公署组成渤海区行政公署。至此，清河行署停止工作，所辖各专署亦归渤海区行政公署领导。

二、全宗概况

该全宗档案于20世纪60年代初收集进馆，后经多次整理编目。检索工具有全宗指南、全宗介绍、文件分类目录和文件级开放目录。本全宗收入清河专署、清河主署、清河行署及所属部分办事处、县府形成的档案，现馆藏该全宗档案共205件，排架长度0.9米，档案形成时间为1940～1944年。

三、档案内容

可概括为如下几方面：

（一）关于清河区形势、方针、任务的指示、决定、报告、总结；年度工作计划、总结；清河区重要会议的记录。如清河主署关于清河区的战争形势与我们的斗争任务的报告（1941年7月）、清河主署1941年工作总结、清河区第一次常委会会议记录（1943 年）、清河主署第五届行政会议记录（1942 年）。

（二）关于文教宣传和干部教育工作的指示、决定、会议记录、总结、通知等。如清河主署关于 1943 年教育工作的报告、清河区文教工作会议记录（1943 年 2 月）、李人凤关于反对官僚主义的报告（1943 年 3 月）。

（三）关于民政工作，政权建设、民主建设、人权保障、土地问题等方面的文件材料。如清河专署 1940 年 12 月份政权工作统计表、清河主署 1943 年全年民政工作总结、清河主署关于清河区政权工作的总结（1943 年）、李人凤关于清河区民主建设的简述（1943 年 6 月）、清河主署执行人权保障条例的规则（1943 年 8 月）、清河主署土地工作会议记录（1942 年 6 月）。

（四）关于对敌斗争及司法工作的指示、决定、总结、会议记录、统计材料。如清河主署关于清河区抗战以来重大战役的报告（1943 年 12 月）、清河区司法会议决议案（1942 年 1 月）、清河区第二次司法会议总结（1943 年 4 月）。

（五）关于财政、贸易、工商税务工作的条例、规定、指示、决定、总结、会议记录。如清河主署关于 1944 年财经工作的报告、清河区 1940 ～ 1943 年收支统计表、清河主署关于 1943 年税贸工作的报告、清河区税收暂行条例（1942 年 11 月）。

（六）关于战时邮政工作的指示、决定、总结、会议记录。如清河区战邮局关于战邮工作与党政军代表联席会议决议（1943 年）、1943 年上半年战邮工作概况。

渤海区行政公署

（1944 ～ 1950 年）

全宗号　G034

一、机构沿革

渤海区行政公署（简称渤海行署），前身是清河区行政公署和冀鲁边区战时行政委员会。1944 年 3 月，山东省战时行政委员会决定，将原冀鲁边区战时行政委员会与清河区行政公署合并为渤海区行政公署，是山东省战时行政委员会（1945 年 8 月以后改为山东省政府，1949 年 3 月以后又改为山东省人民政府）领导下的渤海区最高行政领导机关。负责全区民政、财政经济、地方武装、国民教育、公安司法等全面工作。

该行署建立初期，内部机构设财政处、民政处、教育处、高级审判处及粮食局、工商局、公安局、战时邮务管理局、农林局等。同时组建了 6 个行政专员督察公署（简称专署），即将原冀鲁边行政区一、二、三专署和清河行署垦区、清东、清西 3 个专署分别改为渤海区一、二、三、四、五、六专署。

抗日战争胜利后，渤海行署所辖的专署由原来的 6 个调整为 4 个，即保留原二、四专署不变，并将原一、三专署合并为一专署，五、六专署合并为三专署。1945 年，该署增设了秘书处、卫生处和电话局。随着形势的发展和根据地建设的需要，内部机构不断增设与调整。1946 年，增设了交通局、公路局、运河河务局，将原农林局改为实业处。1947 ～ 1948 年间，又增设了荣管局、水利局、司法处、合作推进社、清河河务局、北海银行渤海分行、回民委员会等。1949 年 2 月，将原工商管理局改为行署工商处，另外成立贸易公司、专酿公司。同年 7 月，渤海区一、二、三、四专署依次更名为沧南、泺北、清河、垦利专署。

1950 年 5 月，山东省人民政府决定撤销行政公署机构后，渤海行署即告撤销。

1944 年 3 月至 1950 年 5 月，渤海行署主要负责人有刘其人、李人凤、王卓如先后任（代理）主任；李人凤、王建新、李文、顾准、张辑五先后任（代理）副主任。

二、全宗概况

馆藏该全宗档案 8649 件，排架长度 18.9 米，档案形成时间为 1944 ～ 1950 年。1950 年机构撤销后，其档案上交到省相应机关保管。1959 年，根据山东省委办公厅《关于统一集中革命历史档案的通知》，各有关单位将该部分档案移交到山东省档案馆筹备处，1967 年，本馆对这部分档案进行了初步整理，划分了全宗，组成了案卷，编制了案卷目录。1986 年，再次对该全宗进行了系统整理，卷内文件全部单份装订，抄写了卷内文件目录，健全了档号并编制了文件卡片式分类目录、文件级簿式分类目录。1988 年，省档案馆根据向社会开放档案的要求，对全宗文件逐份审查划控，编制出一套文件级开放目录。

三、档案内容

（一）综合类　主要有行署、各专署、县政府全面性的工作计划、总结、指示、决定及有关政策法令性文件；各种会议文件，如渤海区第四届参议会会议文件、各专署召开人代会形成的文件材料，署务会、政务会议记录等；各种来往文书及文电底稿；有关数字统计及各种调查材料。

（二）组织人事类　行署机关及所辖各级政府关于机构建设、人员编制、人事任免、调配、干部培训、工资福利等方面的指示、决定、报告、总结及有关统计材料。

（三）民政类　行署、各专署、县政府及各级民政部门关于民政工作综合性的指示、报告、决定、总结等；关于政权建设方面的指示、决定、总结；关于土地改革、减租减息等方面的指示、报告；关于备战、支前方面的文件材料，其中有济南战役支前工作总结，历次战役渤海区民力、畜力负担调查、统计材料；关于行政区划、户籍人口、土地确权等方面的指示、决定、统计材料；关于社会救济、优抚、抚恤、善后救济、生产救灾等方面的材料。

（四）文教卫生类　行署、各专署、县府及各级文教、卫生部门关于文化教育及卫生工作方面的指示、决定、总结及各种调查、统计材料。

（五）公安司法类　行署、各专署、县府及各级公安司法部门关于公安司法工作的指示、训令、条例、总结；关于社会治安、反特、锄奸等方面的文件材料；关于司法行政、刑事、民事案件的文件材料。

（六）实业类　行署实业处、农林局、水利局、河务局、各直属农场及各县府关于实业工作综合性的指示、决定、计划、总结、报告及有关会议文件；关于农、林、牧、副、渔生产方面的指示、报告、计划、总结及典型调查、基础数字统计表；关于水利工作，如黄河修复、防汛排涝等方面的计划、总结、报告；关于互助合作方面的文件材料。

（七）财政、金融类　行署、各专署、县政府及有关部门关于财政、金融工作的指示、通令、通知、规定，关于财政收支、供给标准、金库管理、货币发行、清产核资等方面的总结、报告及各级财政工作会议材料。

（八）税务类　行署、各专署、县政府及各级税务部门关于税务工作的决定、指示及会议文件；关于各种税务征收、减免、纳税登记、证照管理、检查缉私等方面的指示、规定、总结及各种统计表。

（九）粮食类　行署、各专署、县府及粮食部门关于粮食工作的指示、决定、总结、报告及会议文件材料；关于粮食征收、保管、调运、供应工作的指示、决定、总结；关于粮草收支、票证发放、使用方面的指示、规定。

（十）工商贸易类　行署、各专署、县府及各级工商部门关于工商贸易工作的指示、决定、总结及会议文件；关于对敌经济斗争的指示、决定；关于企业管理、登记工作的指示、决定、通知；关于集市管理方面的文件材料。

鲁中区行政公署

（1942～1948年）

全宗号　G035

一、机构沿革

鲁中区行政公署，是在鲁中区抗日民主政权建设不断发展的基础上建立的。1937年12月之后，鲁中区开始建立了一些乡区政权。1939年6月之后，淄川、泰安、章丘等县级抗日民主政权相继建立。同年9月，成立了泰、莱、历、章、淄、博、新七县联合办事处，翌年7月，联办改为泰山专署（一专署）。1941年1月，组建沂蒙专署（二专署）。同年10月，成立泰南行政办事处。1942年5月，成立了鲁中区行政联合办事处，统一领导鲁中区的行政工作。1943年夏秋之交，原泰南行政办事处改为泰南专署（三专署），并设立沂山专署（四专署）。次年，又建立鲁山专署（五专署）。此时，泰山专署（一专署）辖莱芜、莱东、淄川、章丘、历城、泰历6个县；沂蒙专署（二专署）辖沂南、沂东、沂临、费东、蒙阴、沂中6个县；泰南专署（三专署）辖泰宁、费北、新泰、泰安、泰泗宁5个县；沂山专署（四专署）辖沂北、莒沂、临东、临朐、安丘、淮安6个县；鲁山专署（五专署）辖沂源、博山、益都3个县。

1945年7月，召开鲁中区第一届参议会，决定在原鲁中区行政联合办事处的基础上成立鲁中区行政公署（简称鲁中行署），隶属山东省政府领导。其内部设秘书处、民政处、财政处、实业处、教育处、司法处、卫生处、粮食局、公安局、工商管理局、战时邮政局等机构。

1945年8月，鲁中行署对所属专署进行了调整，撤销鲁山专署（五专署），成立淄博特区专员公署；同年10月，撤销泰南专署（三专署），并将沂山专署（四专署）改为三专署；1946年夏，淄博特区专署撤销。此后，鲁中行署辖泰山、沂蒙、沂山3个专署，一直未变。

1948年7月，鲁中、鲁南行政区和滨海等专区合并为鲁中南行政区，鲁中行署撤销，其所属3个专署改归鲁中南行署领导。

二、全宗概况

该全宗档案于1955年由中共山东省委办公厅，根据中共中央办公厅“关于收集党的历史档案的通知”，陆续从全省各地收集而来。20世纪60年代初，移交山东省档案馆，之后，经过多次整理，检索工具有全宗指南、全宗介绍、案卷目录、文件分类目录、文件级开放目录等。

现馆藏该全宗档案共600件，排架长度1.35米，档案形成时间为1942～1948年。这些档案，一部分是由鲁中行政联合办事处、鲁中行署形成的，另一部分是由鲁中行署各专署形成的。

三、档案内容

可概括为如下几类：

（一）综合类　关于形势、方针、任务的指示、总结；专员、县长联席会会议记录；综合性的调查材料，如鲁中区地亩、人口、公粮、收入及阶层负担统计表（1945年4月）。

（二）机构人事类　关于支前、粮食、工商、银行、邮政等部门设置问题的通知，关于干部任免、教育、奖惩问题的公布令、指示、通知及干部登记表，如鲁中行署所属一、二、三专署及县政府科以上干部名册（1948年）。

（三）民政类　关于鲁中区民主与政权建设情况的报告、总结，如鲁中区抗日民主政权建设七年来的基本总结（1945年7月）、鲁中区行政联合办事处关于鲁中区政权建设的几个问题的总结（1943年）、鲁中区民主运动概况（1948年4月）；有为数较多的关于支前工作的文件材料，如1947年莱芜战役、孟良崮战役支前工作的总结等；此外，还有拥优抚恤、土地改革等方面的文件材料。

（四）对敌斗争和公安司法类　有鲁中区对敌斗争的总结、报告；关于剿匪、锄奸、禁毒问题的指示、通知；关于司法工作的决定、指示等。如鲁中行署关于健全公安司法审理工作及徒刑执行工作的指示（1946年7月）。

（五）经济建设类　关于农业生产、植树造林、凿井筑坝、公路建设及粮食工作的文件材料。

（六）财政类　包括经费开支、贷款、田赋、征收、货币管理等方面的文件材料。

此外，还有少量有关教育、卫生等方面的文件材料。

鲁南区行政公署

（1941 ～ 1948 年）

全宗号　G036

一、机构沿革

鲁南区行政公署，前身为 1940 年年初夏成立的鲁南区行政专员公署（简称鲁南专署），它是在山东省战时工作推行委员会领导下的一级政权机构。其内部设民政、文教、公安、司法、财粮、农林、工商、邮政等部门。1945 年 4 月，鲁南专署改为鲁南区行政公署（简称鲁南行署），归山东省战时行政委员会领导。1945 年 4 月，鲁南区行政专员公署规定："行政公署是省行政委员会领导下的鲁南战略区政权的首脑部，它应该是以掌握政策、掌握干部，组织和领导政策之执行与贯彻，并指导实践为自己的基本任务"。其内部设一处（内设干部科、秘书科）、二处（民政科、文教科、司法科）、三处（财粮科、合作科）、银行、平民医院等。1946 年 2 月，取消一、二、三处，改设秘书、民政、财粮、教育、实业、司法 6 处及卫生局、工商局、邮政局等。

1945年8月，省战时行政委员会改为省政府，鲁南行署改归省政府领导。

1948 年 7 月，鲁南区、鲁中区和滨海、泰西专区合并为鲁中南区，鲁南行署并入鲁中南行署。

鲁南行署（专署），所辖地区变化频繁，因此，该行署所属专区级政权机构变化情况也较复杂。据档案材料可知，该专署成立之初，所属各专区政权机构称行署。1945 年 4 月，鲁南专署改为鲁南行署后，所属各专区政权机构则改称专署。鲁南行署撤销前，设一、三专署，其中一专署辖邹县、滕县、曲阜、滋阳、凫山、平邑、济北、泗水、白彦等县；三专署辖麓水、费县、苍山、兰陵、赵搏、临城、峄县、邳县等县及枣庄办事处。1948 年 7 月，鲁南行署并入鲁中南行署，一、三专署亦归鲁中南行署领导。

1940 ～ 1948 年，于化琪、李乐平相继任鲁南专署专员、鲁南行署主任。

二、全宗概况

该全宗档案由山东省委办公厅于 1955 年根据中共中央关于统一保管历史档案的通知，陆续收集起来的，20 世纪 60 年代初，移交至省档案馆。经过多次加工整理，检索工具有全宗指南、全宗介绍、案卷目录、文件分类目录等。

现馆藏该全宗档案共 95 件，排架长度 0.45 米，档案形成时间为 1941 ～ 1948 年。主要是鲁南专署、鲁南主署、鲁南行署及所属专署（行署）形成的文件材料。

三、档案内容

（一）关于形势、方针、任务的指示、决定，如鲁南行署 1939 ～ 1946 年鲁南地区形势变化情况的总结（1947 年）；关于全面性工作的计划、总结和综合性的调研材料，如鲁南区各县村庄、人口、土地数目统计表（1945 年）。

（二）关于机构建立、干部任免问题的文件材料，如 1946 年、1948 年行署内部和专署、县府机构变化的通知，邮政、工商部门建立的通知、1948 年部分干部任免的通知等。

（三）关于支前工作的指示、决定、总结、支前模范事迹介绍材料；关于减租减息、土地改革运动的指示、决定；优抚、拥军参政、救济方面的文件。

（四）关于公安、锄奸工作的文件材料。

（五）关于财粮工作的决议、会议记录；征收公粮的办法、总结及生产救灾问题的文件材料。

（六）关于邮政工作的指示、决定、会议记录；管制旧邮及开展邮政业务的指示、通知。

滨海区行政公署

（1943～1950年）

全宗号　G037

一、机构沿革

滨海区行政公署是山东省战时行政委员会（1945年8月改称山东省政府）领导下的一级政府机构，是滨海区最高的行政领导机关。滨海区在发展党组织的同时，开展了根据地的政权建设。1940年，先后建立了日照、莒县、赣榆等县政府。1941年1月，鲁中区党委五地委，根据中共中央山东分局的指示，在莒南坪上召开了莒县、日照、赣榆、临沂四县代表会议，选举产生了四县联合办事处，不久，改称滨海各县行政联合办事处，谢辉任主任，崔介任副主任。

1941年8月，滨海区第一届参议会第一次会议召开，在滨海各县行政联合办事处的基础上选举产生了滨海专员公署，谢辉、崔介任正副专员。滨海专员公署隶属鲁中行政联合办事处，1942年4月，直属山东省战工会。先后辖日照、莒南、莒中、赣榆、沭水、临沭、郯城等县。

1943年4月，滨海区党委成立，此时滨海专署是与区党委同级的政权机构，谢辉、崔介任正副专员。专署辖11个县政府和1个办事处。随着形势的不断发展，从1943年9月至1944年6月，滨海专署相继在滨北、滨南、滨中地区建立了一、二、三行署。

1945年4月，山东省战时行政委员会决定将滨海专署改为滨海区行政公署，谢辉任主任，周纯全任副主任。原专署所辖一、二、三行署，改为行署所辖一、二、三专署。

日军投降后，为适应斗争需要，加强政权建设，行署对所属区划进行了部分调整，撤销沭水、莒临、日北、诸莒、芦山五县，建立潍东、珠山、临沂三县，在诸（城）日（照）公路以东建立一专署路东办事处（不久撤销）；成立海州市政府，后海州市政府撤销，建立新海办事处。1946年4月，滨海行署决定撤销三专署。

1946年7月，经山东省参议会驻会委员会、山东省政府联席会议决定，撤销滨海行政公署，将滨海一专署（滨北专署）划归胶东行署领导，原滨海行政公署改为滨海行政专员公署，谢辉任专员，白涛任副专员（1948 年 3 月离职）。专署辖临沭、莒南、莒县、日照、郯城、东海、竹庭、临沂 8 县和新海办事处。

1948 年 7 月，根据中共华东中央局的指示，鲁南、鲁中行政区和滨海，泰西专区合并为鲁中南行政区，并成立鲁中南行政公署。至此，滨海专署撤销。

滨海专员公署自成立以来，其内部组织机构随形势的需要几经更迭。最初内部设秘书处、民政科、司法科、财政科、粮食科、文教科、卫生科、公安局、贸易税务管理局、纺织局、盐务署、战时邮局、北海银行滨海分行（1943 年 6 月并入北海银行）等机构。1943 年 9 月，又设立工商管理局，同时将贸易税务管理局、纺织局、盐务署并入其中。1945 年 4 月，滨海行署工作机构由科改为处，设一处（主管调研、秘书、干部、总务）、二处（主管民政、司法、教育）、三处（主管财粮）及工商管理局、生产局、公安局、战时邮局等机构。同年 10 月，滨海行署撤销原一、二、三处，设秘书处、民政处、司法处、文教处、财粮处、实业处、工商管理局、公安局、战时邮局、北海银行滨海办事处等机构。

二、全宗概况

该全宗是 1959 年由中共山东省委办公厅根据中共中央办公厅《关于集中革命历史档案资料的通知》，陆续从全省各地收集而来的。20 世纪 60 年代初，移交到山东省档案馆，之后本馆对其进行了立卷整理，编制了案卷目录。1984 年又进行了卷内文件的整理，文件单份装订，修改、拟写文件标题，考订作者及成文时间，并编制出文件分类目录。1988 年，为向社会开放档案，本馆对该全宗进行了审查划控，编制出文件级开放目录。现馆藏该全宗档案共 224 件，排架长度 0.72 米，档案形成时间为 1943 ～ 1950 年。

三、档案内容

该全宗主要收集了滨海专署（行署）及其所属行署（专署）、科、处、局、办事处、县政府等单位所形成的文件材料，其内容可分为以下几类：

（一）综合类　滨海专署（行署）关于城市工作及其他综合性工作的总结、意见、指示、报告等。如 1945 年滨海专署对新解放城市工作的几点意见。

（二）机构人事类　滨海行署及其所属专署关于组织机构建立、调整、取消和组织状况等的通知、请示、训令、决定、报告及各专署、县政府、区公所编制表，如 1947 年 6 月滨海行署关于荣管机构成立及组织状况的报告，1946 年 4 月滨海行署关于取消第三专员公署及其规定的训令；关于干部任免、调动、配备的训令、通知、报告及干部情况统计，如 1946 年滨海行署关于调动、配备之各专署专员、科股长及各县县长、科长等干部的训令，1946 年 2 月滨海区第三专署关于干部职务问题的命令等。

（三）群工类　滨海行署（专署）关于土改、减租减息、支前、生产救灾等的指示、通知、报告、计划、决定、总结和统计表。如 1946 年 3 月滨海行署关于执行放手发动群众贯彻减租减息工作指示；1947 年 6 月滨海行署、滨海支前司令部关于全面组织人力、支前工作的联合指示。

（四）文教卫生类　滨海行署及其所属机构关于文化、教育、卫生、文娱、纪念活动等的指示、通知、总结、决定、意见、报告、调查材料和有关的统计、登记表。如 1945 年 2 月滨海行署关于教育经费几个规定的通知；1948 年 6 月滨海区春季卫生工作总结摘要。

（五）财经类　滨海行署及其所属机构、滨海区工商管理局等关于财粮制度、经费开支、预决算、实业贸易、物资清理、结算、生产贷款、夏收、秋征等的训令、通知、规定、总结、决定及有的会议报告和统计表、登记册。如 1946 年 5 月滨海行署关于贯彻省府财字 30 号命令加强财粮制度的指示；1948 年 1 月滨海行署关于农村生产贷款办法；1944 年滨海区工商管理局关于山东省滨海区海口管理办法；1949 年 10 月滨海专署实业科实业工作报告。

（六）对敌斗争类　滨海行署及其所属专署、县政府等关于对敌斗争、清匪剿特、处理地富还乡团的训令、通知、布告及有关的调查材料。如 1947 年 7 月沂北县政府关于严厉镇压特务、坏蛋、还乡团的布告；1946 年 6 月滨海行署关于重新审查收集战犯材料的训令。

（七）民政类　关于政权建设、行政区划、拥军、优抚等问题的指示、总结、通知。如 1944 年滨海专署关于滨海区 1942 ～ 1943 年政权工作总结；1946 年 6 月滨海区第一专署转发山东省府关于胶南、胶县、高南县的区划问题的通知。

鲁中南区行政公署

（1945 ～ 1950 年）

全宗号　G038

一、机构沿革

1948 年 7 月，根据中共华东中央局指示，鲁南、鲁中行政区和滨海、泰西专区合并为鲁中南行政区，同时，成立鲁中南区行政公署（简称鲁中南行署）。

鲁中南行署，是在山东省政府（1949 年 3 月以后改称山东省人民政府）领导下的一级政权机关，是鲁中南区的最高行政领导机关。负责鲁中南区的民政、财政经济、地方性武装、国民教育、公安司法等工作。内部设秘书、民政、财政、实业、教育、司法、卫生等处，并设工商、粮食、公安、公路、邮电等局和北海银行鲁中南分行。1949 年 5 月，成立鲁中南合作推进总社；1949 年 6 月，增设人事处，并将工商局改为行署工商处，成立贸易公司、专酿公司；同年 7 月，成立荣管局；8 月，邮电管理分局改由省邮电管理局直接领导。

鲁中南行署成立后，将原鲁中行署一、二、三专署和原鲁南行署一、三专署分别划为鲁中南行署一、二、三、四、五专署；六专署由原滨海专署改称；七专署由原冀鲁边区泰西专署改称；原冀鲁豫所属济宁市政府，亦改归鲁中南行署。同时，设立淄博特区专署和徐州、兖州市政府。同年 10 月，建立新海连特区专署。12 月撤销兖州市建制。1949 年 7 月，撤销了第三专署，第一、二、四、五、六、七专署分别改称为泰山、沂蒙、尼山、台枣、滨海、泰西专署，并将淄博特区专署划归省府直接领导。

1950 年 5 月，根据山东省政府“关于撤销行政公署，合并专区及调整若干市、县行政区划的决定”，鲁中南行署撤销，各专署经过调整，直归山东省人民政府领导。

从 1948 年 8 月至 1950 年 5 月，李乐平任鲁中南行署主任。

二、全宗概况

该全宗档案于 20 世纪 60 年代初收集进馆，当时即按问题—年代分类法分类排列，编制了案卷目录。80 年代初，省档案馆对卷内文件进行系统加工整理，将文件单份装订，对无标题、作者、成文时间的文件都予以考证、补充，并编制了全宗介绍、文件目录、文件分类目录、文件级开放目录、全宗指南等检索工具。

现馆藏该全宗档案共 6301 件，排架长度 12.15 米，档案形成时间为 1945 年至 1950 年。

三、档案内容

（一）综合类　鲁中南行署及所属县府关于形势、方针、任务及全面性工作的指示、决定、报告；各种守则、条例、办法；专员会议及其他综合性会议的记录；行署结束交接工作的方案、总结；各种收发文登记簿、公文底稿册等。

（二）机构人事类　鲁中南行署及所属县府关于机构设置及编制问题的决定、指示、方案、统计表；关于整编工作的决定、指示、总结；各级政府及有关部门组织条例；关于人事工作情况的总结、报告；关于干部任免、调动、教育及奖惩问题的指示、决定、通知；关于技术人员评级、待遇问题的指示、决定；各类干部工作人员登记表。

（三）文教卫生类　关于教育、卫生工作的指示、决定、统计表；关于中小学教育工作指示、决定；关于开展冬学运动的指示、总结；关于医院管理、医疗等问题的指示、决定、通知。

（四）民政类　关于民政工作的指示、决定、总结；关于县市政权建设、村政权改造及行政区划问题的指示、总结、通知；关于优待军烈工属、荣军评残及安置问题的指示、决定；关于社会福利、社会救济问题的决定、通知；关于土地改革及土改复查问题的指示、决定、通知及部分乡镇土改情况统计表、总结、报告。

（五）司法类　关于司法工作的指示、计划、总结、会议记录、工作月报；刑事、民事案件审理记录、月报表；犯人登记表。

（六）实业类　关于工农业生产、水利建设、植树造林等问题的指示、决定、计划、条例、总结。

（七）财粮类　关于执行上级财粮工作方针、政策的决定；财政工作计划、报告；地方财政会议纪要；各种预决算及有关基础数字统计表；关于贷款问题的指示、通知；关于粮食工作的综合性的指示、决定；关于夏粮秋粮征收、粮库管理、粮食加工、粮食统调、粮票发放等问题的指示、决定、报告。

（八）交通邮电类　关于邮电、交通工作的计划、总结、指示、决定；关于邮电业务工作的指示、通知；关于公路维修、保养问题的决定、通知。

北海银行总行胶东分行

（1942 ～ 1950 年）

全宗号　G039

一、机构沿革

北海银行总行胶东分行，前身是1938年秋在胶东掖县成立的北海银行，当时是官民合办性质，主要任务是发行北海流通券和北海钞。1940年秋，北海银行总行在鲁中区成立后，北海银行改称北海银行总行胶东分行。其内部设发行、营业、会计、总务等科，辖东海、西海、北海3个支行和2个印钞所。主要职能是：承北海银行总行之命，负责领导分行行政，经营存款、放款、汇兑及一切银行业务，并代理同级政府之金库事宜，以繁荣根据地经济。

1949年4月，北海银行总行胶东分行兼中国人民银行胶东分行。同年11月更名为中国人民银行胶东分行，此时，内部设秘书室、人事、业务、会计、出纳等科，辖东海、南海、西海、北海及滨北、烟台等6个支行。1950年5月，该行随区党委及行政公署机关同时撤销。

1938 ～ 1950年，主要有陈文其、孙揆一、陈醒、刘涤生、周嘉琳先后任行长、副行长。

二、全宗概况

胶东分行撤销后，其档案交由中国人民银行山东省行保管。1959年根据省委办公厅关于统一集中革命历史档案的通知，省行将这部分档案移交给省委办公厅档案处，1961年移交山东省档案馆。本馆对该全宗档案进行过系统整理，编有全宗指南、全宗介绍、案卷目录、文件分类目录、文件级开放目录等检索工具。现馆藏该全宗档案计有6532件，排架长度7.2米，档案形成时间为1942 ～ 1950年。多数是1946年以后的文件。这些档案反映了该分行在战争年代贯彻党的经济政策，配合党的中心工作，扶持解放区农、副、渔及工商业的发展，繁荣解放区的经济情况。

三、档案内容

（一）综合类　有胶东分行和各支行、办事处的工作计划、总结、工作日记、月份报告、会议记录和有关刊物。

（二）机构人事类　胶东分行关于人事工作的计划、总结；关于机构建立、调整、精简、干部提拔、调动、训练、晋级、鉴定等方面的指示、决定、条例、报告、通知和人员登记表、干部履历表等。

（三）银行业务类　有胶东分行及各支行、办事处关于货币发行、回收、鉴别、兑换、汇兑、收兑、农副渔工商业的存放款、公债发行、物价管理、会计工作、经费管理、稽核、出纳发行等方面的章则、办法、指示、决定、报告、通知和有关会议材料、专业刊物，如《金融物价通报》《经情通报》等。

（四）行政工作类　关于接管伪银行、银钱业管理、违纪案件处理、分行及支行机关本身的生产、经费开支、供给等方面的文件材料。

（五）文秘类　主要有文书管理、行文制度、报告制度、启用印章方面的文件材料。

北海银行总行渤海分行

（1945～1950年）

全宗号　G040

一、机构沿革

1940年6月，山东北海银行清河分行成立；1943年秋，清河区奉命与冀鲁边区合并成渤海区，两区银行合并为山东北海银行渤海分行；1950年4月20日，渤海分行撤销。其职能是承北海银行总行之命，负责领导分行行政，经营存款、放款、汇总及一切银行业务，并代理同级政府之金库事宜，以繁荣根据地经济。

二、全宗概况

该全宗档案编有全宗指南、全宗介绍、文件目录、机读目录、文件级簿式目录、文件级卡片式目录、文件级开放目录等检索工具。现馆藏该全宗档案计有2164件，排架长度3.15米，档案形成时间为1945～1950年。

这些档案反映了该分行在战争年代贯彻党的经济政策，配合党的中心工作，扶持解放区农、副、渔及工商业的发展，繁荣解放区经济的情况。

三、档案内容

（一）综合类　有渤海分行和各支行、办事处的工作计划、总结、工作日记、月份报告、会议记录和有关刊物。

（二）机构人事类　渤海分行关于人事工作的计划、总结；关于机构建立、调整、精简、干部提拔、调动、训练、晋级、鉴定等方面的指示、决定、条例、报告、通知和人员登记表、干部履历表等。

（三）银行业务类　有渤海分行及各支行、办事处关于货币发行、回收、鉴别、兑换、汇兑、收兑、农副渔工商业的存放款、公债发行、物价管理、会计工作、经费管理、稽核、出纳发行等方面的章则、办法、指示、决定、报告、通知和有关会议材料、专业刊物，如《金融物价通报》《经情通报》等。

（四）行政工作类　关于接管伪银行、银钱业管理、违纪案件处理、分行及支行机关本身的生产、经费开支、供给等方面的文件材料。

（五）文秘类　主要有文书管理、行文制度、报告制度、启用印章方面的文件材料。

北海银行总行鲁中、鲁南、鲁中南分行

（1943～1950 年）

全宗号　G041

一、机构沿革

鲁中银行于 1943 年春成立；1945 年春，分行与鲁中联办财政处合并；是年冬季，重建鲁中分行；鲁南银行于 1942 年建立，1944 年春与鲁南工商局合并，该年 7 月正式成立鲁南分行；鲁中南分行由鲁中、鲁南、滨海三行合并而成，于 1948 年 8 月正式成立。1950 年 4 月，鲁中南分行撤销。其职能是经营存款、放款、汇总及一切银行业务，以繁荣根据地经济。

二、全宗概况

该全宗档案编有全宗指南、文件目录、全宗介绍、机读目录、文件分类目录等检索工具。现馆藏该全宗档案计有 958 件，排架长度 0.9 米，档案形成时间为 1943 ～ 1950 年。这些档案反映了该分行在战争年代贯彻党的经济政策，配合党的中心工作，扶持解放区农、副、渔及工商业的发展，繁荣解放区经济的情况。

三、档案内容

包括鲁中、鲁南、鲁中南分行和各支行、办事处的工作计划、总结、月份报告、会议记录等；鲁中、鲁南、鲁中南分行关于人事工作的总结，关于机构建立、调整、精简、干部提拔、调动、培训、鉴定等方面的指示；鲁中、鲁南、鲁中南分行和各支行、办事处关于货币发行、回收、鉴别、兑换、存放款、公债发行、物价管理、会计工作、经费管理、稽查、出纳、发行等方面的章则、办法、通知等；关于文书管理、行文制度、报告制度、启用印章方面的文件材料。

山东省各行署公安局全宗汇集

（1941 ～ 1950 年）

全宗号　G042

一、机构沿革

1941 年 3 月，山东省战时工作推行委员会在其内部增设山东省公安处，1941 年 10 月，省战工会决定成立山东省公安总局；省公安总局成立后，胶东行署、清河行署、鲁中行署等先后建立了行署公安局。主要职能为消灭土匪特务、整治盗匪、加强社会治安等工作。

二、全宗概况

该全宗档案于 1960 年收集进馆，当时即按问题—年代分类法分类排列，该全宗检索工具有全宗指南、全宗介绍、文件目录、机读目录、文件分类目录、文件级开放目录等。共 6098 件，排架长度 8.55 米，档案形成时间为 1940 年至 1950 年。

三、档案内容

该全宗档案的主要内容有：各行署公安局关于机构设置、警察编制、公安工作细则、海关管理、干部管理、武装建设等问题的总结、指示、通知、通令等；各行署公安局 1941 年至 1950 年的工作方针、计划、总结报告；

有关通行证管理、国民党党团登记等问题的报告、总结；有关于地下工作方式、工作总结；各行署公安局局务会议记录；有公安局长、师团特派员联席会议记录；刘少奇同志在保卫人民训练班上的讲话等。

胶东区工商局、胶东、渤海、鲁中南区贸易公司全宗汇集

(1944 ～ 1950 年)

全宗号　G043

一、机构沿革

胶东工商局成立于 1945 年 10 月，1948 年 10 月 25 日胶东工商局贸易总公司成立。主要职责是负责全区的贸易、税务、海关、盐产、水产、工业生产、酿酒等业务。

二、全宗概况

该全宗档案于 1960 年收集进馆，当时即按问题—年代分类法分类排列，该全宗检索工具有全宗指南、案卷目录、全宗介绍、全引目录、机读目录、文件分类目录、文件级开放目录等。共 3293 件，排架长度 6.3 米，档案形成时间为 1944 年至 1950 年。

三、档案内容

该全宗档案的主要内容有：各有关工商管理部门、进出口管理局、进出口公司的关于物资运输、进出口、金融状况、市场行情、物资核算、市场管理等方面的报表、通知、指示、决定和有关文件材料、专业刊物；包括统筹协调工作、供给、经费开支、行政管理等有关方面的文件材料。

胶州进出口管理局

（1946 ～ 1949 年）

全宗号　G044

一、机构沿革

胶州进出口管理局于 1948 年成立，主要职能是管理进出口贸易。

二、全宗概况

该全宗档案于 1960 年收集进馆，当时即按问题—年代分类法分类排列，该全宗检索工具有全宗指南、全宗介绍、文件目录、机读目录、文件分类目录、文件级开放目录等。共 174 件，排架长度 0.45 米，档案形成时间为 1946 年至 1949 年。

三、档案内容

该全宗档案的主要内容有：各有关工商管理部门、进出口管理局、进出口公司的关于物资运输、进出口、金融状况、市场行情、物资核算、市场管理等方面的报表、通知、指示、决定和有关文件材料、专业刊物；包括统筹协调工作、供给、经费开支、行政管理等有关方面的文件材料。

石岛进出口管理局

（1944 ～ 1949 年）

全宗号　G045

一、机构沿革

石岛进出口管理局于 1948 年成立，主要职能是管理进出口贸易。

二、全宗概况

该全宗档案于 1960 年收集进馆，当时即按问题—年代分类法分类排列，该全宗检索工具有全宗指南、全宗介绍、文件目录、机读目录、文件分类目录、文件级开放目录等。共 344 件，排架长度 1.35 米，档案形成时间为 1944 年至 1949 年。

三、档案内容

该全宗档案的主要内容有：各有关工商管理部门、进出口管理局、进出口公司的关于物资运输、进出口、金融状况、市场行情、物资核算、市场管理等方面的报表、通知、指示、决定和有关文件材料、专业刊物；包括统筹协调工作、供给、经费开支、行政管理等有关方面的文件材料。

中共中央华东局

（1944 ～ 1950 年）

全宗号　G046

一、机构沿革

中共中央华东局，是在山东分局奉命抽调大批干部和主力部队赴东北开展工作和陈毅、饶漱石率部来山东的新形势下，于 1945 年 10 月，根据中共中央的指示，由山东分局和华中局合并成立的，驻山东省临沂县城。它是中国共产党在华东地区的最高领导机关，负责统一领导华中和山东的全面工作。此时，山东解放区的胶东、渤海、鲁中、鲁南、滨海等 5 个区党委和中共济南市委，均直属中共中央华东局领导。其内部机构，先后设有办公厅、调研室、组织部、宣传部、社会部、统战部、人武部、民运部、华东工委、青委、支前委、整委会、财委会、清委会、土改指挥部（后改为农民运动委员会）等。

1945 年 10 月至 1949 年 3 月，该局委员会的组成是：

委员：饶漱石、陈毅、黎玉、张云逸、舒同、李林、郭子化。

常委：饶漱石、陈毅、黎玉、张云逸、舒同。

书记：饶漱石（饶去北平工作期间，由陈毅代理）。

副书记：陈毅、黎玉。

1949 年 3 月，中共中央华东局机关南迁上海，中共中央山东分局重新建立。

二、全宗概况

该全宗档案是 1957 年由中共山东省委办公厅根据中共中央办公厅《关

于收集党的历史档案的通知》，陆续从山东分局、山东省政府等机关收集来的。档案进馆后，本馆进行了分类立卷，将文件单份装订，拟写修改了文件标题，经系统整理，共有档案4400件，排架长度14.4米。按档案形成时间与内容分为01、02、03目录。其中，1944～1950年形成的文件材料，编为01目录；1945～1950年形成的干部登记、名册和统计材料，编为02目录；1949～1950年形成的各种介绍信存根，编为03目录。该全宗检索工具有全宗指南、全宗介绍、文件目录、机读目录、文件分类目录、文件级开放目录等。

三、档案内容

该全宗档案的主要内容有以下几类：

（一）综合类　有中共中央及各中央局对华东、山东工作的指示、批复；中共中央华东局关于形势、任务、方针、政策和各项综合性工作的指示、通知、决定、报告，如1946年华东局关于巩固后方根据地、坚持边沿斗争的指示，1947年华东局执行“三大方案”的指示等；华中分局、山东省政府、各区党委、行署、地委、专署等关于综合性工作的报告、指示、总结等；中共中央华东局召开的部分重要会议文件，如历次高干会议、师以上干部会议等的文件材料，其中有刘少奇、饶漱石、陈毅、张鼎丞、黎玉、张云逸、谭震林、向明等领导同志的重要讲话。

（二）组织类　关于党的建设、整党整风、机构设置、干部任免、调动、培训、审查处理等的通知、决定、指示、报告以及干部登记、统计和组织工作会议记录。重要的有华东、延安及各地调来山东工作的干部登记表；调出人员登记、统计表；华东南下干部登记表；县级以上干部登记表；山东党政军、财经、妇女等各类干部登记、统计表；华东党校、华东大学、华东建大、山东大学干部及学员登记表；华中区、华东区、苏浙干部大队、浙东干部队等的干部名单、登记表。

（三）武装斗争类　中共中央华东局关于开展对敌政治攻势、动参、支前、扩兵、作战、锄奸反特、加强军队建设和地方武装等指示、通知、决定、通报及有关的登记、统计材料和会议文件。如1948年毛泽东同志对渤海整军报告的批示；1947年华东局关于目前地方武装建设的指示；华东自卫战争、孟良崮战役的成绩统计资料；中共中央、中央军委、华东局、华东军区等关于济南、鲁南、胶东、淮海等重要战役的战略部署、作战命令、作战情况等重要文电；山东境内国民党部队概况、兵力部署调查资料；

关于处理国民党党、政、军人员及地主豪绅、还乡团等的政策性文件；捕获王耀武经过的资料；组织民夫队、担架队、征集粮草、被服支援前线等工作的文件和各种统计材料。

（四）宣教类　中共中央华东局关于宣传工作、教育工作、报刊发行、纪念活动等指示、通知、意见、报告及有关的会议记录。如 1948 年 7 月华东局关于统一党的宣传工作的指示；1946 年 9 月华东局关于加强报刊发行工作的指示；1946 年 10 月华东局关于揭破国民党内战烟幕等运动的通知。

（五）城市工作类　关于城市解放、接管、金融工商业调查、处理劳资关系、处理公共房地产等的指示、通知、决定及有关的统计资料和会议文件。如 1946 年 2 月华东局关于目前城市工作的指示；1948 年中共中央关于接收济南政策问题的批示。

（六）群众工作类　中共中央、华东局关于土地改革、土改复查、减租减息、阶级划分、处理私有财产、农业生产、生产救灾、优荣救济等的指示、建议、通知、报告。如 1946 年刘少奇同志对渤海土改工作的指示；1947 年中共中央在渤海召开的全国土地会议的有关材料；1946 年 9 月华东局关于彻底实行土地改革的指示；1948 年山东省政府关于解放区农村实施减租减息暂行条例；1946 年华东局关于双减农运工作的指示等。

（七）财经类　关于工商贸易、货币金融、资财清理、工商管理、税务、供销合作、机关生产、粮食工作的指示、决定、通知、决议、条例等。如 1947 年华东局关于粮食工作的指示；1947 年 7 月关于海外贸易工作的指示；关于清理资财的细则、办法、条例等。

此外，还有部分有关青年工作、统战工作、公安、司法、外交等工作的重要文件。

华东财政经济办事处

(1948 ～ 1949 年)

全宗号　G047

一、机构沿革

1948 年 3 月，中共华东中央局发出通知，决定由黎玉、曾山、艾楚南、宋裕和、彭显伦、方毅、薛暮桥、石英、冯平等组成华东局财委会，黎玉任书记，曾山、艾楚南任副书记，并成立华东财经办事处(简称华东财办)，曾山兼任主任，艾楚南、方毅任副主任。

华东财办统管华东区（即山东各战略区之胶东、渤海、鲁中、鲁南、滨海区以及苏北、皖北等地区）的财经、粮食、工商、银行、收支审核等工作，并负责督促检查战略区、各纵队财经工作。其内部设秘书处、军费管理处、公营企业财务管理处、地方财政管理处、审计处、供给处、工厂管理处、工商部、生产部、工矿部、交通部(1948 年 7 月以后撤销交通部，改建公路局、铁路局、运输公司、交通电器燃料公司、邮电局)、粮食局、北海银行等机构。

1949 年 3 月，华东财办随同华东局南下，新成立华东财办后方办事处，方毅任主任，继续领导山东解放区的财经工作。

1949 年 4 月，华东财办后方办事处奉令撤销，该处所属之财经机构，除工矿、铁道部门外，其余归并山东省政府建制。

二、全宗概况及档案内容

该全宗档案是 20 世纪 60 年代初收集进馆的，经过多次整理，共有 982 件，排架长度 2.25 米。编有全宗指南、全宗介绍、文件目录、机读目录等检索工具。

该全宗档案，是华东财办、华东财办后方办事处及部分下属机构在 1948 ～ 1949 年工作中形成的。主要内容有：

（一）关于财经工作的方针、政策、条例、规定，华东区、山东解放区年度财政报告、直属单位预决算及财经会议的文件材料。

（二）关于组织工作、机构设置、干部任免等工作的文件材料及干部登记、统计等。

（三）关于物资管理、调剂，清理资财工作的办法、规定和外汇管理、金银管理工作的指示、决定及有关统计材料。

（四）关于工商业工作的方针、政策，部分地区工商业概况调查材料和进出口贸易的管理办法及财经工作的年度计划、总结、统计材料。

（五）关于税务、盐务、物价工作的指示、决定、方针、政策及各类统计、物价通报等。

（六）关于工矿工作、专酿业的方针、政策，资产管理办法、经费预决算等文件材料及部分厂矿职工、资产、产量、产品、动力、生产消耗、产品销售统计及各类矿产调查材料。

华东支前委员会

（1948 ～ 1949 年）

全宗号　G048

一、机构沿革

1948 年 11 月，华东局为支援淮海战役和解放全中国的革命战争，电令成立华东支前委员会（简称华支），傅秋涛任主任。该会是在华东局直接领导下，服务于战争支援工作的临时性机构。它的任务是调动、组织巨大的人力、物力支援规模庞大的人民解放战争。根据华东局的指示，向下属支前机构发布指示或命令。其内部设政治部、人力部、粮食部、财政部、交通部、民站部。同年 12 月，增设俘虏管理部、人民武装部。其下属鲁中南、渤海、胶东区支前司令部和江淮、苏北、苏南、皖南、赣东北、浙北等支前委员会或支前司令部。

1949 年 3 月，华东局决定重新成立华东支援前线委员会，傅秋涛仍任主任。并成立华东支援前线司令部，傅秋涛兼任司令员。支委会内设政治部、粮食部、人力部、交通部、财政部、民站部、船舶管理部、俘虏管理部、人民武装部及两个前方办事处，其中第一前办驻合肥，张劲夫为主任；第二前办驻徐州，万金培为主任。同年 4 月，华东支前委员会决定增设评功委员会和总结委员会，并建立皖北、苏南、浙江、皖南、赣东北等支前办事处，各支前办事处均在当地省委、区党委的领导下工作。

1949 年 5 月京（南京）沪战役结束后，华东支援前线委员会改组为华东运输司令部，专门组织宁沪粮煤调运支援城市建设。至此，华东支援前线委员会结束其历史使命。

二、全宗概况及档案内容

该全宗收入华东支前委员会于1948年11月至1949年期间形成的档案。这部分档案于 20 世纪 60 年代初进馆，并按问题—作者方法分类立卷。80 年代又对卷内文件进行系统整理，共有 1408 件，排架长度 3.15 米。编有全宗指南、全宗介绍、文件目录和文件分类目录等检索工具。

档案的内容可概括为以下几类：

（一）有华东支前委员会工作计划、总结、决议、指示和会议文件，如华东支前委员会三年（1946 ～ 1949 年）支前工作总结；华东支前委员会关于济南、淮海、渡江京沪三大战役支前工作的总结（1949 年）。

（二）关于民工民力的调遣、使用、民工教育、评功、复员、供应及民站工作的文件材料，其中有济南、淮海、京沪三大战役动用民工统计表及鲁中南、渤海、胶东各区支前民工功劳簿。

（三）关于支前财粮筹集、调拨、供给、运输及粮站工作的指示、决定、统计表，如华东支前委员会财粮供应总结算表（1949 年）、华支财政部支前财政工作总结（1949 年 8 月）。

（四）关于支前公路、铁路、桥梁、邮政、电话的铺设、输通、修复问题的文件材料，如 1949 年华东支前邮局工作总结、华支船管部组织动员入江船只问题的报告（1949 年）。

（五）关于伤员转运及卫生工作的文件材料。

第五章 馆藏中华人民共和国成立后档案全宗介绍

中共山东省委

(1949 ～ 1999 年)

全宗号　A001

一、机构沿革

1949 年 3 月，因中共中央华东局南下，山东分局重新建立。同年 4 月，山东分局和省人民政府机关由青州移驻济南市。山东分局下设办公厅、政策研究室、组织部、宣传部、社会部、农村工作部、职工委员会、青年工作委员会、妇女工作委员会、机关党委、党校、《大众日报》等机构。1954 年 8 月，山东省第一次党代表会议召开。根据中央指示，会议把中共中央山东分局改为中共山东省委，并选举产生了省委领导机构。舒同任第一书记，谭启龙任第二书记，李士英、李广文、董琰任副书记。1950 ～ 1963 年，省委内部机构有较大变化，先后增设统战部、工业部、文教部、政法部、交通部、财贸部、纪律检查委员会、工矿交通委员会、政法工作委员会、农村工作委员会、财经工作委员会、工交政治部、财贸政治部、农林政治部等。先后撤并的单位有工业部、交通部、政法部、财贸部、文教部和部分委员会。

1966 年 5 月开始的“文化大革命”，使山东省委的工作陷入瘫痪，工作中断。1967 年 2 月，山东省革命委员会成立，实行党政合一，“一元化”领导。原省委各部、委、办的工作，被省革委会政治部、办公室所取代。1969 年 6 月，中央批准成立山东省革委会党的核心领导小组。

1983 年 3 月，中央办公厅、国务院办公厅批复山东省委、省人民政府省级党政机关机构改革方案，省委工作部门有办公厅、政策研究室、组织部、宣传部、统战部、调查部、政法委员会。7 月，中央、国务院批复，同意山东省委设立农村工作部、经济工作部。

1988 年 5 月，省委确定设立中共山东省委对台工作办公室，与省委统战部合署，日常行政事务和业务工作由省委统战部管理。7 月，省委、省政府确定，设立山东省信访局，为副厅级单位，列入省政府编制序列。12 月，省委研究确定，撤销中共山东省委农村工作部，设立山东省农业委员会，作为山东省政府工作部门。

省委办公厅是省委的综合性工作机构，主要任务是做好调查研究、秘书、机关行政和日常业务等工作，为省委领导工作服务，为基层工作服务，为省委机关干部职工服务。

二、全宗概况

馆藏中共山东省委及其办公厅的档案，是 1949 ～ 1966 年和 1971 ～ 1999 年在工作中形成的，排架长度 149.4 米。共有档案 8619 卷，编为 16 个目录。各目录案卷均按年代—问题顺序排列。该全宗已编有全宗指南、全宗介绍、案卷目录、文件分类卡片目录、人名索引等检索工具。永久、长期保存的档案，已全部数字化。

三、档案内容

（一）综合类 包括中共中央、华东中央局对山东各项工作的指示、决定、批复；山东分局、山东省委历年工作规划、计划、总结、报告、指示、批复等；有关机要、保密、档案、文秘、信访等工作的指示、通知、报告、批复等；山东省历次党代表大会文件，省委历次全委会、常委会、书记会会议文件、会议记录，全省地、市、县委书记会议文件，各种专业会议文件及省委领导人的讲话；党和国家领导人视察山东期间的重要讲话记录；省委办公厅历年的厅务会记录、机关党委工作的文件材料和历年的会计档案等。

（二）组织监察类 主要包括中共中央、山东省委关于党的组织建设、纪检监察工作、干部工作的计划、指示、规定、机构设置、人员编制、干部任免、调配、培训、奖惩、工资福利、精简职工等工作的文件及历年全省党组织状况的登记、统计材料；省委办公厅内部机构设置、人员编制、干部任免、调配、退职退休等工作的文件及党员、干部统计、组织、行政关系介绍信等。

（三）宣传教育类 包括中央、省委关于加强宣传教育工作、干部理论学习、职工教育工作的指示、决定、通知；有关文化艺术、新闻出版、广播报刊、档案图书等工作的文件；有关卫生防疫、医疗保健、体育运动工作的文件；有关院校工作、大中专毕业生分配及庆祝节日、纪念日等工作的文件。

（四）政法类 包括中央、省委关于公安保卫、检察、司法、军管、“镇反”、特赦战犯、取缔反动会道门、右派分子改造、民兵建设、兵役工作、人民防空、政权建设、区划调整、优抚工作、人口普查、统计等工作的文件材料。

（五）统战外事类　省委关于召开统战、政协、侨务、对台工作会议的文件材料；有关党派、宗教、侨务等工作的意见、指示、总结、报告；外事活动中发表的公报，签订的协议、备忘录，重要的会谈记录、纪要等。

（六）工交基建类　中央、省委关于国民经济规划、计划、经济调查、工业生产、发展国防工业、科技开发、交通、邮电、小三线建设、城镇建设等工作的指示、决定、通知、报告、批复；有关开展劳动竞赛、增产节约、整顿劳动组织、安全生产、劳保福利等工作的文件材料。

（七）农林水类　包括中央、省委关于土地改革、互助合作、建立人民公社、农林牧副渔业的生产管理；水利建设、防汛、生产救灾等工作的文件材料。

（八）财贸类　包括中央、省委关于财政金融、外汇、储蓄、信贷等工作的指示、通知、报告；有关税务、商业、外贸、供销合作、粮食统购统销、物资交流、棉布、食油实行计划供应等工作的文件；有关发放经济建设公债、市场管理、物资收购等工作的文件。

（九）群团工作类　包括中央、省委关于工会、青年团、妇女工作的指示、通知、决定；有关召开工青妇代表会、召开社会主义建设积极分子代表会的文件；有关工会、青年团、妇联组织建设，开展劳动竞赛、评选先进、宣传贯彻婚姻法、计划生育、妇幼保健等工作的文件。

（十）文档信访类　包括文件、档案管理、网络建设、保密工作、信访工作的重要文件材料。

中共山东省委省直机关工作委员会

（1950 ～ 2010 年）

全宗号　A002

一、机构沿革

中共山东省委省直机关工作委员会，前身是中共中央山东分局机关党委。1950 年 3 月，中共中央山东分局机关第一届委员会成立，高启云兼任书记，内设组织科、教育科，下属总支 1 个、支部 10 个。同年 6 月，山东分局机关第二届党委会成立，李景春任书记，下属总支 4 个，支部 41 个，内设组织科、教育科、保卫科、纪律检查委员会。1954 年 2 月，中共中央山东分局决定，夏征农兼任中共中央山东分局直属机关委员会书记。

1956 年 4 月，中共山东省委决定，将中共山东省委直属省级机关委员会及其所属的工矿交通、农林水利、财贸、文教、政法、省委直属机关等 6 个分党委撤销，成立中共山东省委机关委员会和中共山东省人民委员会机关委员会，直属省委领导。省委机关委员会和省人委机关委员会均下设组织部、宣传部、办公室、监察委员会。同年 9 月，经省委常委会批准，李清和任中共山东省委机关委员会第一书记，杨宣武任中共山东省人委机关委员会第一书记。

1961 年 1 月，中共山东省委为加强省级机关党的工作，充分发挥机关党组织的战斗堡垒作用，更好地贯彻执行党的政策，决定将中共山东省委机关委员会、中共山东省人委机关委员会合并，成立中共山东省省级机关委员会，由栗再温等 51 名同志组成，栗再温任第一书记。下设组织部、宣传部、监委、办公室、机关团委。

1965 年 2 月，省委为进一步转变工作作风，改进工作方法，加强机关党的工作，根据省级机关的政治运动和党的工作主要依靠“口”来抓比较有利的情况，省委撤销了省级机关党委，将直接领导的 65 个单位，分别建立省级党群政法（包括党群、政法、内务、统战“口”所属省直单位）、工业交通（包括计委“口”所属单位）、财贸、宣传文教、农林水 5 个“口”机关党委，负责其所属厅、局机关党的工作。这 5 个机关党委，均直接归省委领导，由省委组织部抓总，负责综合情况，检查和部署工作，研究解决共同性的问题等。

1986 年 3 月，省委决定，将中共山东省省级机关委员会分设为中共山东省委机关委员会。1996 年 6 月，中共山东省委直属机关工作委员会与中共山东省人民政府机关工作委员会合并，组建中共山东省委省直机关工作委员会。

中共山东省委省直机关工作委员会的主要工作职能是：宣传和执行党的路线、方针、政策，保证党的中心任务和机关工作的完成；负责省级直属机关党的组织建设，对党员进行教育和监督；组织机关人员学习政治、科学和文化，参与社会活动；维护和执行党的纪律；领导省级直属机关工会、共青团等工作；活跃机关文化生活；接收党团组织费；转递组织关系介绍信等。

二、全宗概况

省级机关党委自成立以来，机构变动经过几次大的分合，以致使该全宗档案收集不够完整。全宗档案包括山东分局机关党委、省级机关党委、省人委机关党委及其所属各系统机关党委、团委形成的材料。档案所属年代为1950—2010年，排架长度65.8米。该全宗包括文书档案4379卷、2406件，其中：永久保存的885卷，编为03、05、07目录；长期保存的3494卷，编为01、02、04、06、08目录。永久1189件，定期30年1217件。检索工具有全宗指南、全宗介绍、案卷目录、全引目录、归档文件目录、人名索引等。

三、档案内容

（一）会议类　主要包括省级机关党委常委会议记录、各分党委书记会议记录、机关党委办公会议、行政会议记录、讨论、研究案件会议记录；省级机关第一至第四次党代表会议代表名册，代表资格审查报告，开幕词、代表发言，大会工作报告，代表提案，大会决议、总结、闭幕词；省级机关党代表会议上的报告；省级机关文教群英会、社会主义建设先进集体和先进工作者会议的各种文件等。

（二）党务类　包括省直机关历次整党建党工作月份、季度、年度计划、方案、报告、总结，“整风运动”情况报告、总结；加强机关党的建设问题、党课教育、支部工作、发展新党员、预备党员转正、党员组织关系介绍信、接收新党员入党批准手续、开展先进工作者运动、评选优秀党员、吸收民主党派人士入党的手续、人民来信来访以及党费征收、使用的纪要、纲要、规划、计划、报告、意见、通知、批复、总结等。

（三）组织人事类　包括中共山东分局、山东省委、省委组织部关于省级机关党委、分党委的机构成立、机构调整、人事任免的通知、批复；省级机关党委关于机构调整、整编、干部任免、启用印章、工资改革、调资升级的意见、通知、通报、报告、批复、总结等。

（四）监察类　主要是机关党委关于监委会议记录、研究案件会议记录，机关党委、各分党委在“三反”“五反”“反右”“四清”等运动中对党员所犯错误处分的通知、报告、决定、批复、右派分子摘帽、检查处理党员申诉、审干工作等的报告、通报、通知、决定、批复。

（五）统计类　有历年来省直机关基层党组织、党员、干部统计表，党组织、党员年报表；“三反”“五反”“四清”运动中党员党纪处分统计表；党费接收、使用情况统计表；党员、干部下放，参加劳动情况统计表等。

（六）团务类　包括省直各机关历届团代会的各类文件；团委季度、年度工作意见、计划、报告、总结；省级机关团委、各分团委团组织、团员情况统计表，对团员青年进行共产主义道德教育、召开青年工作座谈会、团员青年的模范事迹、团内外思想情况报告，省人委机关团委常委、书记会议记录、团员开除团籍、团纪处分等。

山东省总工会

（1949 ～ 2010 年）

全宗号　A003

一、机构沿革

山东省总工会，始建于 1940 年 8 月，时称山东省职工救国（抗日）联合总会。后改称山东省总工会。1953 年 10 月易名为山东省工会联合会。1959 年 1 月又改称山东省总工会。1966 年“文化大革命”开始后，该会工作停顿。1976 年 6 月恢复办公。山东省总工会历任主席（主任）有孙学之、高克亭、滕景禄、徐雷健、孙哲南、鹿田计、郑干、宫云泮、杨兴富、王怀远、刘洪仁、齐乃贵、阎启俊、柏继民、刘玉功。

经过历次机构改革调整，山东省总工会内部机构变动较大。1954 年设有组织部、宣传教育部、财务部、保护部、保险部、私营企业部、女工部、办公室、政策研究室、干部学校。2002 年 10 月，省委办公厅印发文件，确定山东省总工会机关内设办公室、政策研究室、组织部、宣传教育部、生产保护部、保障工作部、民主管理部、法律工作部、女职工部、财务部 10 个部室和离退休干部处、机关党委。

山东省总工会是中国共产党领导的，按照民主集中制原则建立起来的群众性团体。它是全省各级地方工会和各产业工会组织的联合领导机关。其主要职责范围是：贯彻执行省委、全国总工会的决议、指示，确定全省工会的工作任务和工作中心；检查、指导各级工会、各产业工会各项业务工作的开展；统一举办各地区或各产业的联合性活动；总结交流工会工作和生产经验；建议和协助省政府制定有关的法令、规章。

二、全宗概况

现馆藏该全宗档案 3351 卷、6202 件，上架排列总长度 166.5 米。档案形成时间为 1949 ～ 2010 年。分别于 1969 年、1989 年、2001 年、2012 年和 2021 年 5 次接收进馆。文书档案按照保管期限—年度—组织机构进行分类整理。检索工具有全宗指南、全宗介绍、案卷目录、全引目录、归档文件目录、文件分类卡片目录和人名卡片目录。

三、档案内容

全宗内主要有以下四个方面的内容：

（一）省总工会机关形成的文件材料。这是全宗内的主要成分。包括本机关制发的文件材料，与其他机关联合制发的文件材料，举行各种会议、活动等的文件材料。主要有省总工会党组关于工会工作向省委的请示、报告及省委的批复、决定；党组关于机构调整、组织编制、干部调配、人事任免的通知、来往文书；历次党组会议记录等。

（二）中华全国总工会、省委、省政府等上级机关下发的属本机关主管业务并要执行的文件材料等。主要有中央、全总、省委对工会工作的指示、批示；出席全国、全省先进生产者和工会积极分子代表大会的会议文件、代表名册、先进事迹材料等。

（三）同级机关和非隶属机关制发的非本机关主管业务但要贯彻执行的文件材料或依据性的文件材料。主要有关于劳动保护、安全生产、劳动保险、职工福利、劳保待遇的条例、规定、通知、意见、报告；关于工资工作的指示、意见、规定、通知、总结等。

（四）下级机关报送的有关文件材料。主要有对下级工会执委、常委、主席人选的批复、通知等。

共青团山东省委员会

（1947 ～ 2013 年）

全宗号　A004

一、机构沿革

1949 年 3 月，中国新民主主义青年团山东省工作委员会（简称团省工委）成立。1952 年 9 月，中国新民主主义青年团山东省第一次代表大会召开，团省工委改名为中国新民主主义青年团山东省委员会。团省委机关正式成立。内设办公室、组织部、宣传部、青工部、学生部、少年儿童部、统战部、军事体育部、秘书处、行政科。经历次机构改革，至 2022 年 12 月，团省委设办公室、组织部、机关党委、宣传部、青年发展部、基层组织建设部、学校部、少年部、统战联络部、维护青少年权益和社会联络部。

共青团山东省委主要职能是：领导全省共青团工作，组织全省共青团组织围绕全省改革、发展、稳定的大局开展工作，在省内政治、经济、文化等活动中发挥党的助手作用。围绕省委、省政府中心工作，推进全省青少年精神文明建设；负责指导并组织实施全省青少年的思想理论教育、宣传文化活动，培养、选拔、推荐、表彰优秀青少年。负责全省共青团工作和青年工作的理论研究；向省委、省政府反映青少年思想状况，参与协调处理各种与青少年利益相关的工作。负责研究指导全省团的组织建设和干部队伍建设，推进全省团的基层组织建设；指导全省各级团校工作；指导全省共青团组织协助有关部门开展青年人力资源开发工作。负责全省共青团系统外事工作和青少年对外交流工作。指导和帮助省青联、省学联、省少先队工作委员会开展工作。

二、全宗概况

共青团山东省委员会全宗，上架排列总长度 58.95 米。共有按卷整理的文书档案 4689 卷，其中永久 2443 卷、长期 2246 卷、按件整理的文书档案 4395 件，均为永久保管期限。起止年代为 1947 ～ 2013 年。该全宗按年度一机构（结合问题）一保管期限分类法分类整理。建有全宗指南、全宗介绍、案卷目录、全引目录、归档文件目录等检索工具。

三、档案内容

共青团山东省委员会全宗的档案基本反映了山东省团组织从试验建设、重点建设到大量发展、巩固提高几个阶段的概貌，反映了团省委机关工作的历史。其主要内容按问题概述如下：

（一）综合类　主要包括历届团代会、青年积极分子代表大会的通知、工作报告等会议材料；历届青少年积极分子授奖名单；团省委关于加强基层团组织工作及青年工作的意见、报告；团省委常委会议记录；团地、市委会议有关材料；中共中央、山东省委领导同志关于共青团工作的讲话材料；团省委工作计划、总结等。

（二）组织人事类　主要包括团省委关于机构设置、干部任免、启用印章、建立健全基层组织机构、转移组织关系的意见、通知、报告及批复；团省委召开的组织工作会议材料；山东团组织发展情况统计表；团省委历次整编工作方案；团省委机关干部登记名册、团县委书记以上干部名册等。

（三）宣教类　主要包括团省委关于宣传教育工作的规划、总结；团省委关于对青少年进行社会主义教育、共产主义道德教育、阶级教育、传统教育、形势教育、爱国主义教育的意见、报告；团省委关于学校工作、少先队工作及校外儿童教育工作的情况报告；团省委关于开展勤工俭学活动，在农村、工矿企业中开展增产节约、劳动竞赛活动的通知、情况报告以及全省大、中、小学开展勤工俭学的资料汇集；团省委关于开展向雷锋同志学习、开展争当四好支部、五好青年活动的指示、情况通报；郝建秀、徐建春等先进青年、劳动模范事迹材料等。

（四）统战类　主要包括团省委关于统战工作的计划、总结；团省委有关宗教青年情况统计及宗教青年会工作问题的指示、通知；全省少数民族、宗教、工商界先进青年代表的材料；团省委关于接待外国青年代表团的情况报告、总结材料。

本全宗中还有中华人民共和国成立前的省青联、省学联的部分档案材料。

山东省妇女联合会

（1949 ～ 2014 年）

全宗号　A005

一、机构沿革

山东省妇女联合会，中华人民共和国成立后沿用了山东省民主妇女联合会的名称和省第二次妇女代表大会第二届委员会的届次。其内部机构设生产部、组织部、宣传部、保育福利部、秘书处。李坚贞、黄海明先后任主任。

1957 年 9 月，山东省民主妇女联合会改称山东省妇女联合会（简称省妇联）。后来几经调整，到 2017 年 12 月，省妇联机关内设办公室、研究室、组织联络部、宣传部、发展部、权益部、儿童部、机关党委。省妇女儿童工作委员会办公室设在省妇联，承担省妇女儿童工作委员会日常工作。省妇联下属事业单位有山东省妇女儿童活动中心、祝你幸福杂志社、山东省妇女创业服务中心、山东省妇女干部培训中心。

主要职能：根据党的路线、方针、政策和各个时期的中心任务以及省委、全国妇联的指示和决定，团结、动员全省妇女投身改革开放和社会主义现代化建设，促进经济发展和社会全面进步。指导全省各级妇联依据《中华全国妇女联合会章程》和妇女代表大会的决议，开展妇女儿童工作；代表妇女参与国家和社会事务的民主决策、民主管理、民主监督，参与有关妇女儿童法律、法规、规章和政策的制定，维护妇女儿童合法权益，推荐、输送妇女人才，促进妇女参政。

二、全宗概况

省妇联全宗档案共有档案 3151 卷、8631 件，排架长度 56.97 米，起止年代为 1949 ～ 2014 年。先后于 1969 年 3 月、1989 年 3 月、2015 年 7 月、9 月 4 次接收进馆。检索工具有案卷目录、全引目录、归档文件目录、机读目录。其分类方法为：保管期限—年度—机构分类法。

三、档案内容

全宗内主要有以下几方面的内容：

（一）省妇联党组召开的各种重要会议、重要活动的主要文件材料；

省妇联召开的工作会议、专业会议材料；如省委关于召开全省妇女代表大会的决定，历届全国和全省妇女代表大会文件。

（二）全国妇联下发的、省妇联制发的各项决定、指示、办法、规定、通知等，如：妇字、鲁妇党字、鲁妇发等；省妇联向上级机关的请示及上级机关的批复文件；省妇联及各处室制定的工作计划、总结。

（三）省妇联形成汇总的统计报表和统计分析资料等文件材料；省妇联办公室、研究室、妇儿工委、组联部、宣传部、发展部、权益部、儿童部、机关党委在工作活动中形成的重要文件材料。

（四）省妇联启用印章及其组织简介、人员编制等文件材料；省妇联制定的工作条例、更改名称、章程、制度等文件，省妇联编印的山东妇女、年鉴等文件材料；省妇联（包括上报和下批）干部任免（包括备案）、调配、培训，党员、团员、干部、职工名册、报表，纪律检查，以及职工的录用、转正、定级、调资、退职退休等工作及干部奖惩等文件材料。

（五）省妇联与有关单位签订的各种合同、协议书等文件材料；各种普查工作中形成的文件材料；与其他单位会签的文件；与有关单位联系、协调工作的重要来往文件等。

山东省贫下中农协会

（1964 ～ 1979 年）

全宗号　A006

一、机构沿革

山东省贫农下中农协会（简称省贫协），是根据《中华人民共和国贫下中农协会组织条例》，于 1964 年 10 月召开山东省第一次贫下中农代表会议选举产生的。中共山东省委第一书记谭启龙兼任省贫协主席。内部设办公室，负责处理日常工作。1967 年年初，受“文化大革命”影响，省贫协停止办公。1973 年 7 月，中共山东省委决定成立省贫协筹备小组，张富贵任组长。1975 年 4 月，召开第二届省贫下中农代表大会，选举产生了常委会，张富贵任主任。省贫协内设办公室、组织部、宣传部。中共十一届三中全会以后，随着全党工作中心的转移，省委决定撤销省贫协。该机构于 1979 年 4 月对外停止办公。

山东省贫协是中共山东省委领导下的，由贫农、下中农为主组成的群众性的组织。其任务是：积极响应党的号召，贯彻执行党和国家的政策、法令，坚持社会主义方向；团结贫下中农和其他农民群众，共同走社会主义道路；协助和监督农村人民公社的各级组织和干部，发挥生产中的骨干作用，努力发展集体经济和生产；对贫下中农和其他农民群众进行阶级教育和社会主义教育，提高其政治觉悟。

二、全宗概况

现馆藏省贫协全宗档案 249 卷，排架长度 2.7 米。档案形成时间为 1964 ～ 1979 年，分别于 1969 年和 1979 年两次接收进馆。档案按年代—问题分类，以保管期限不同编流水号排列。检索工具有全宗指南、全宗介绍、案卷目录和全引目录等。

三、档案内容

省贫协形成的档案，多数是召开贫代会的会议文件材料。主要内容有：

（一）会议类　主要有省贫协党组会议记录、常委会议记录；党组给省委的请示报告、决心书；关于贫协工作的报告、请示、意见、通知；省委领导在全省贫代会上的讲话、报告；第一、二次贫代会议和第一、二届贫代大会的会议文件，代表登记表。

（二）组织人事类　主要有省各级贫协组织的建立、干部配备、机构编制、人事任免的规定、批示、批复、通知；各地区贫协委员登记表；山东省农业劳动模范、先进集体和积极分子代表登记表，以及《贫协工作》等资料。

山东省档案局（馆）

（1956 ～ 2019 年）

全宗号　A007

一、机构沿革

1958 年 3 月，经省长办公会议批准，筹建山东省档案馆。1961 年 10 月，经山东省人民政府呈报国务院批准，设立山东省档案管理局。1963 年

1月，山东省人民政府决定，正式建立山东省档案馆，同时山东省档案管理局改称山东省档案局。1965年10月，山东省档案局与档案馆合并为一个机构，对外两个名称合署办公，主管机关是中共山东省委和山东省人民政府，以省委领导为主。1969年3月山东省档案局与山东省档案馆被撤销，同时成立山东省革命委员会办公室档案组，代行档案局、馆职责，其主管机关为山东省革委员会办公室。1975年10月，山东省革命委员会办公室档案组改为中共山东省委办公室档案管理处，1978年改为中共山东省委办公厅档案处，主管机关为中共山东省委办公室（办公厅）。1979年9月，山东省档案局、档案馆恢复建立后，山东省档案局的上级主管机关为中共山东省委和山东省革命委员会。山东省档案馆为局属处级单位，其主管机关为山东省档案局。1980年8月，山东省档案馆改为省委和省人民政府直属科学文化事业机构，属厅局级单位，省档案馆和省档案局建立一个党组，合署办公，其上级主管机关与档案局相同。1984年3月，山东省档案局、档案馆同时降为副厅局级单位，归口中共山东省委办公厅领导。1985年6月，中共山东省委、山东省政府决定恢复省档案局、省档案馆为厅局级单位，山东省档案局列入省政府编制序列，受省委、省政府领导，以省委领导为主；山东省档案馆是省委、省政府直属的事业机构，在业务上受省档案局的指导，为了减少层次，省档案馆和省档案局合署，一个机构，两个名称。1996年6月，中共山东省委决定山东省档案局由局馆合一改为以馆为主体，挂档案局的牌子，授权行使有关行政管理职能，为中共山东省委办公厅领导的事业单位。2002年10月19日，经省机构编制委员会办公室审核，省委批准，省档案馆挂省档案局牌子，授权行使有关行政管理职能，厅级规格不变，由省委办公厅领导。档案馆是集中管理档案的文化事业机构。2019年2月，山东省档案馆（局）承担的行政职能划入山东省委办公厅，山东省档案馆行政职能剥离后，不再保留山东省档案局牌子，仍为山东省委直属正厅级事业单位。到2022年年底，馆内部机构设办公室、人事处、档案馆室业务处、经济科技档案业务处、宣传教育处、档案接收征集处、档案保管处、档案利用开发处、信息技术处、编辑研究处、档案保护处、财务保障处和机关党委。

山东省档案局的职能是主管本行政区域内的档案事业，并对本行政区域内机关、团体、企业事业单位和其他组织的档案工作，实行监督和指导。山东省档案馆的职能是集中统一管理省级机关、团体、企事业单位需永久保管的档案及资料。

二、全宗概况

山东省档案馆（局）全宗共有档案 3563 卷、11221 件，上架排列总长度 14.85 米。档案形成时间为 1956 ～ 2019 年，分别于 1995 年、2005 年和 2022 年 3 次接收进馆。分类方法是按年度一问题一保管期限分类法。检索工具有全宗指南、全宗介绍、案卷目录、全引目录、归档文件目录、机读目录等。

三、档案内容

（一）会议类　包括各种档案工作会议形成的文件。有历次全国、全省档案工作会议、档案局长会议、档案学会理事会议、会员代表大会以及本省召开的全国性、全省性专题（专门）档案工作会议形成的文件材料。其中有中央领导同志在全国档案工作会议上的讲话，有省的领导同志在全省档案工作会议上的讲话，有中央和省专业主管机关负责人在有关的档案工作会议上的讲话、发言等材料。

（二）法规计划类　包括档案工作的法规、计划、指导性文件材料。主要有中共中央、国务院、国家档案局、省委、省政府、省档案局关于档案工作的法令、规章、指示、决定、批复、通知等。如 1963 ～ 1972 年国家档案工作十年规划；山东省档案事业“六五”规划、“七五”规划等；1980 年以来全省历年档案工作要点；各市、地（专）及部分县的档案工作计划；省、市、地年终档案工作或专项档案工作的总结、报告及统计资料等。

（三）党、政、学类　包括党务、政务、学会等项工作的文件材料。该局党组、机关党委会议记录、局务会议记录、省档案学会理事会会议记录；机关整编、机构成立、人事任免、专业技术职务限额申报、评审、聘任、复查考核等方面的材料；党、团、工会工作和档案学术活动形成的材料以及评先选优、奖惩材料。

（四）声像档案类　包括省级以上或国家档案局领导同志来山东省档案局馆视察、检查、指导工作的照片、录音、录像材料；山东省档案局组织召开的全省综合性会议、业务工作会议、局馆工作会议形成的照片、录音、录像材料；专家、学者、兄弟省市档案部门的领导来山东省档案局活动以及省档案局领导陪同参观考察形成的照片、录音、录像材料；国际友人来山东省进行档案学术交流的照片材料。

（五）科研档案类　包括所承担的科研项目，从项目的研究准备，到研究试验、总结、鉴定验收、成果奖励申报到推广应用各个阶段形成的具有保存价值的各种形式和载体的文件材料。

中国人民政治协商会议山东省委员会

（1949 ～ 2005 年）

全宗号　A008

一、机构沿革

中国人民政治协商会议山东省委员会，前身是山东省各届人民代表会议协商委员会。1950 年 3 月，山东省各届人民代表会议（代行人民代表大会职权）召开，会议选举产生了山东省各届人民代表会议协商委员会。该协商委员会于1951年11月起代行全国政协地方委员会的职权。1955年1月，山东省政协举行一届一次全体委员会议，宣布政协山东省委员会正式成立。“文化大革命”开始后，山东省政协停止办公。1978 年 12 月中国共产党召开了十一届三中全会，作出了把工作重点转移到社会主义现代化建设上来的战略决策，人民政协进入新的发展时期。

1993年政协山东省委员会下设办公厅和7个专门委员会，共18个处室。办公厅下设秘书处、研究室、人事处、行政处、接待处、老干部处、机关党委、机关工会、基建办公室、联合报社和联谊服务中心（事业单位）；7个委员会分别为：提案委员会、文史资料委员会、学习宣传委员会、经济委员会、科教文卫体委员会、社会法制委员会、祖国统一联谊委员会，委员会下设办公室。至 2000 年年底，山东省政协共设有 1 厅 1 室 8 个专委会，共 21 个处室。

中国人民政治协商会议山东省委员会，是由各党派、各人民团体和各界代表人士组成的爱国统一战线组织。其主要职能是政治协商、民主监督、参政议政。

二、全宗概况

中国人民政治协商会议山东省委员会全宗共有档案 9269 卷（件），上架排列总长度 40.5 米。档案形成时间为 1949 年至 2005 年，分别于 1969 年、2002 年、2012 年、2020 年 4 次接收进馆。文书档案按照保管期限—年度—

组织机构进行分类整理。检索工具有全宗指南、全宗介绍、案卷目录、全引目录、归档文件目录、机读目录等。

三、档案内容

（一）政协山东省委员会召开的全委会议、常委会议的会议通知、请示、批复、议程、日程、主席、副主席、秘书长名单、出席、列席会议人员名单、领导人讲话、主持词、提案、大会发言、会议简报等。

（二）省政协党组会议记录、主席会议记录、秘书长和办公厅主任办公会议记录、工作计划、工作要点、年终总结等。

（三）制订的工作条例、规定、制度、编写的机构沿革、报纸、刊物、文史资料等。

（四）组织省政协委员调查、视察、考察、参观、座谈、理论讲座等材料。

（五）组织机关党员、干部进行理论学习、思想教育、作风纪律建设等材料。

（六）有关机构设置、调整、干部任免、调配、培训、聘任、调资、考核、奖惩、退职、退休、离休等材料；老干部休养、医疗、治丧、生活补助等材料。

山东省工商业联合会

（1952 ～ 2010 年）

全宗号　A009

一、机构沿革

山东省工商业联合会（简称山东省工商联），于 1952 年 10 月筹建，1954 年 12 月正式成立。山东省工商联第一至第四届执行委员会主任委员为苗海南。内部机构设办公室、组织科、宣教科和辅导科。1959 年 4 月，山东省工商联与民建山东省工委合署。

中国民主建国会山东省工作委员会（简称民建山东省工委）于 1956 年 8 月成立。苗海南任民建山东省工委第一届委员会主任委员。内部机构设秘书处和组织宣教处。1957 年增设工商改造辅导处。1959 年 4 月，该委与山东省工商联合署办公。两会合署后，设秘书处、宣传教育处、组织处。

山东省工商联是中国共产党领导的以非公有制企业和非公有制经济人

士为主体的人民团体和商会组织，是党和政府联系非公有制经济人士的桥梁和纽带，是政府管理和服务非公有制经济的助手。主要职能：加强和改进非公有制经济人士思想政治工作；参与政治协商，发挥民主监督作用，积极参政议政；协助政府管理和服务非公有制经济；促进行业协会商会改革发展；参与协调劳动关系，协同社会管理，促进社会和谐稳定；反映非公有制企业和非公有制经济人士利益诉求，维护其合法权益。参与经济纠纷的调解、仲裁。

二、全宗概况

现馆藏该全宗档案形成时间为 1952 ～ 2010 年，共有档案 1218 卷、3055 件，排架长度 29.7 米。分别于 2014 年前、2014 年、2020 年接收进馆。检索工具有全宗指南、全宗介绍、案卷目录、全引目录、归档文件目录、机读目录等。

三、档案内容

该全宗档案内容主要有：

（一）上级机关的文件材料包括：全国工商联等上级机关下发的参加全国两会相关材料；部署广开门路扩大就业、少数民族发展工业、发展中药事业等活动相关材料；参加上级机关调研、两会调研相关材料；参加中央、全国工商联等机关召开的经验交流会、培训工作座谈会、联席会议等各种会议相关材料。

（二）工商联内部形成的文件材料包括：中共山东省工商联党组会议记录、工作报告；召开工作会议、会员代表大会、执委联席会议、常委会、经验交流会等各专题会议材料；转发上级机关各种正式文件；请示与上级机关的批复、下级机关的请示与我会批复；内设机构形成的工作计划、总结、报告；开展调研活动的各类资料；制发简报的定稿和正式印本；党委、工会、妇女等内部组织机构开展工作形成的文件材料；制定的章程、规章制度等规范性文件材料；关于干部任免、岗位调动、培训、表彰奖励、退休、编制等相关材料；办理保健证，缴纳失业保险金的文件材料；编制的财务、经费、劳动工资补贴计划、各种统计报表材料；办公用房、地址迁移、新建宿舍等相关材料；出国考察形成的请示、报告、计划等文件材料。原工商业者安排使用相关材料，互助金、特别费相关材料。关于做好吸取下岗职工再就业的意见、民营企业会员参加专题报道的文件材料或依据性文件材料。

（三）下级文件材料包括：各市、地、县机关报送的工资计划、报告、总结等有关材料。

（四）民建山东省工委筹备、成立的报告及民建中央的批复；民建山东省工委的工作计划、工作报告、会议记录和省工委及各地工委委员、工作人员名册；工商界人士座谈会议记录；全省私营工商业情况统计表、调查情况报告等。

中国国民党革命委员会山东省委员会

（1950 ～ 2002 年）

全宗号　A010

一、机构沿革

中国国民党革命委员会（简称民革），是中国共产党领导的爱国统一战线中的一个民主党派。民革山东省委员会是该党的地方组织。1950 年 9 月，中国国民党革命委员会山东省委员会筹备委员会成立，范予遂为召集人。内设秘书组、登记审查组、宣传教育组。筹委会的主要任务是发展党员、扶植地市组织的发展。1954 年 10 月，召开民革山东省第一次党员代表大会，选举产生了第一届民革山东省委员会，范予遂为主任委员。内设秘书组、组织组、宣传组。“文化大革命”开始后，该组织停止了活动。1978 年 6 月，民革山东省临时领导小组成立，恢复组织活动。

二、全宗概况

现馆藏该全宗档案 831 卷，排架长度 8.1 米。档案形成时间为 1950 ～ 2002 年。该全宗档案按年代—问题分类排列，检索工具有全宗指南、全宗介绍、案卷目录、全引目录、机读目录等。

三、档案内容

该全宗档案基本上反映了民革山东省委员会的工作领域和活动情况。主要内容有：

（一）会议类　有民革山东省历次党员代表大会的大会报告、大会总结、会议记录、代表名单、简历表；筹备委员会及历次委员会全体委员会议、常务委员会议、委员扩大会议、临时会议和谈话会议的会议记录；出席民革历次全国党员代表大会代表和代表候选人名单；民革全国党员代表会议文件；民革山东省党员代表会代表提案。

（二）组织类　有关民革山东省分部成立的报告和来往文书；民革山东省第一至三届委员会委员、候补委员、常务委员、正副主任委员、秘书长及各部门负责人名单；有关组织工作、机构编制、人事调整、建立基层组织、撤销职务、停职反省的指示、报告、批复、规定、计划、总结、通知；有民革中央《关于党员入党手续及考察办法》《发展组织的决议案》《修正党员转移登记办法》《各级地方组织试行组织规程》《党员违反纪律处分试行办法》《民革章程》；有关核发党证、处分党员、转移组织关系的请示、报告、通知、复函；民革党员及基层组织名册；党员概况、人数变动、分类情况；基层组织分类数目、基干成员、党员受奖情况调查表；组织关系证明书。

（三）行政类　有年度工作计划、报告、总结；有关办事通则、启用印鉴、专职人员特别补助费、工资评定、辞职调动、介绍工作的报告、请示、批复、通知、信函；联系社会人士名册（济南、青岛）；社会人士登记表、调查表；发放补助费名单；物资清查统计表：处理财物的单据、收据。

中国民主同盟山东省委员会

（1962 ～ 2015 年）

全宗号　A011

一、机构沿革

1962 年 5 月，中国民主同盟山东省委员会（简称民盟山东省委）筹备委员会成立。根据民盟中央指示，民盟济南市委员会、民盟青岛市委员会和泰安、曲阜、昌潍等基层组织及全省各地盟员均归省筹委会直接领导。1963 年 3 月，民盟山东省委正式成立，同时，在青岛召开民盟山东省第一次代表大会，选举了由 29 人组成的委员会，丁履德为主任委员。其内部机构设有办公室、组宣处。1966 年“文化大革命”开始，民盟山东省委活动停止。自 1979 年起，民盟逐步恢复组织活动，民盟山东省委员会机关恢复办公，并从 1982 年又开始发展新盟员。

1997 年年底，中国民主同盟山东省委员会机关下设办公室、组织部、宣传部、社会服务部（含议政调研室）和学习委员会、文教委员会、科技委员会、联络委员会、妇女委员会、省直属基层工作委员会等 6 个专门委员会，这些委员会没有专门编制，由兼职人员组成。到 2017 年，民盟山东省历届委员会主任委员为丁履德、郭贻诚、吴富恒、朱铭、温孚江、王修林。

二、全宗概况

该全宗主要收入了民盟山东省委 1962 ～ 2015 年形成的档案材料，排架长度 4.95 米。档案共 713 卷、1231 件，其中，永久 344 卷、702 件，长期 369 卷，定期 30 年 529 件。该全宗建有全宗指南、全宗介绍、案卷目录、全引目录、机读目录等检索工具。

三、档案内容

该全宗档案基本上反映了省民盟筹备、建立和活动情况，其主要内容有：民盟山东省委工作计划、总结、要点和情况报告；与民盟中央委员会的来往信件；有主任办公会议、常委会、委员扩大会会议文件材料和会议记录，民盟山东省委筹委会成立的文件材料；省民盟基层组织工作，地方组织改造委员名单、基层组织情况报告表；有关盟员发展、盟员违纪处理、开除盟籍、转移组织关系等文件材料，有盟员职业情况调查表；有盟员干部调动介绍信；下属各级组织通讯地址表；有民盟委员会职工人数工资定期报告，省民盟的重要活动、重大事件形成的文件材料、影音资料等。

山东省民族事务委员会

（1951 ～ 2006 年）

全宗号　A012

一、机构沿革

山东省人民政府民族事务委员会于 1952 年 8 月成立，与省侨委、省人委宗教事务处合署办公。1956 年 3 月，山东省人民政府民族事务委员会更名为山东省民族事务委员会。机关内设办公室、一科（负责管理城乡少数民族生产、生活、转业、就业工作）、二科（负责城乡少数民族宗教、婚姻、民族团结、文教、卫生等工作)，编制25人。1962年，省民族事务委员会与省侨委、省宗教事务处分开。1965年又实行合署。1967年2月，由于“文化大革命”，省民族事务委员会停止办公。1978年12月设山东省革命委员会民族事务委员会，1979年12月改称山东省民族事务委员会。1986年撤销政治处，设政策研究室，保留民族一处、民族二处和办公室。山东省人民政府宗教事务处于1980年2月恢复，与山东省民族事务委员会合署办公，1988年8月更名为山东省人民政府宗教事务局。1991年4月，设宗教一处、宗教二处，与山东省民族事务委员会一个办公室。2000年7月设置山东省宗教事务局，省民族事务委员会一个机构两块牌子，省宗教事务局（省民族事务委员会）是省政府主管全省民族、民族事务的直属机构。内设办公室(挂人事处牌子)、宗教一处、宗教二处、民族一处、民族二处、机关党委。

省民族事务委员会的主要职能是：贯彻执行党和国家关于民族、宗教工作的方针、政策和法律、法规；组织开展民族与宗教理论、政策等重要课题的调查研究；拟定山东省有关民族、宗教事务管理的政策和法规、规章；开展民族与宗教政策、法规的宣传教育并监督检查贯彻执行情况；依法加强对宗教事务的管理，保护公民宗教信仰自由，保护宗教团体和宗教活动场所的合法权利，保护宗教教职人员履行正常的教务活动，保护信教群众正常的宗教活动等。

二、全宗概况

山东省民族事务委员会全宗，共有文书档案1968卷、6119件，排架长度25.47米。其中，永久1465卷、4081件，长期503卷、2038件。该全宗建有全宗指南、全宗介绍、案卷目录、全引目录、归档文件目录等检索工具。

三、档案内容

（一）*党务类* 主要有中共山东省委、中共山东省委组织部、山东省编委、山东省民委关于机构设置、人员编制等方面的报告、方案、意见；关于干部任免、调配、接收、安排高等院校毕业生、军队转业干部等方面的报告、函，及全省各地民族宗教工作机构统计表、调资、福利、离退休干部发放护理费等方面的决定、报告、批复、通知；党组会议记录、纪要、党组生活会情况报告、党组织、党员干部统计、登记报表；本单位机关、事业、团体各种统计表；中共中央纪委、山东省纪委、山东省民委关于党员违法、违纪党纪处分、纠正行业之风、印发本局干部廉洁守则的报告、通知。

（二）综合类　主要有国家民委、国家宗教局、中共山东省委统战部、山东省民委及各地市民宗局关于民族、宗教全面性工作总结、计划；民族、宗教工作会议文件材料；关于《山东省志·少数民族志》和《山东省志·宗教志》编纂工作有关方面的文件材料；关于机关信息处理办法及加强信息报送工作的通知；《民族与宗教》出版、发行等方面的请示、报告、通知；解决本单位办公用房、用车、职工宿舍及各种经费的报告、批复。

（三）民族类　主要有国家民委、山东省民委及各地市民委等单位关于民族工作的计划、总结、报告；全国、全省民族工作会议、民族团结进步表彰大会、民族团结进步宣传月活动有关文件材料；少数民族宣传、外事及干部培训工作方面的文件材料；少数民族文教卫生、计划生育等方面的报告、决定、方案、意见；关于发展少数民族经济、发放少数民族地区补助等方面的文件材料；关于民族工作调研方案、工作情况的汇报、通知；关于少数民族文艺调演及评奖情况的通知、通报；举办少数民族文艺会演所需经费的报告；关于少数民族工作方面的统计、登记材料。

（四）宗教类　主要有国家宗教局、山东省人民政府宗教局及各市地宗教局等单位关于宗教工作计划、总结、报告及落实宗教政策等方面的文件材料；全国、全省宗教工作会议、宗教局长会议材料；关于宗教教职人员教育、涉外工作、宗教出版物等的报告、批复、通知；关于起草印发《山东省宗教事务管理条例》的通知及情况汇报。

山东省华侨事务委员会
山东省归国华侨联合会

（1955 ～ 1968 年）

全宗号　A013

一、机构沿革

（一）山东省华侨事务委员会（简称省侨委），是在省民政厅华侨事务处的基础上，于 1957 年 4 月建立的，与省民族事务委员会、省人委宗教事务处合署办公。1962 年，省侨委机构单设。1965 年年底，省侨委又与省民委、省人委宗教事务处合署为一个机构。省侨委主任先后由副省长余修、省人委外事办公室主任丁韬兼任。

省侨委是掌管全省侨务工作的机构，其职能主要是贯彻执行党和国家的侨务政策，积极争取与团结国外华侨参加社会主义建设。

（二）山东省归国华侨联合会（简称省侨联），于1957年5月筹建，1962年8月正式成立，王捷臣为主席。该会设立办公室，负责日常工作。

省侨联是中共山东省委领导下的归侨、侨眷统一战线的人民团体。其主要任务是团结和组织全省归侨、侨眷，加强社会主义教育；联系国外华侨，促进华侨的爱国大团结；鼓励和协助归侨、侨眷和国外华侨参加祖国建设事业；为归侨、侨眷和国外华侨服务。

二、全宗概况

现馆藏该联合全宗的档案共133卷，排架长度1.8米，档案形成时间为1955～1968年。其中1957年4月以前的档案，是省民政厅侨务处形成的。于1969年接收进馆。1980年3月鉴定时，重新划分了保管期限，修改了案卷标题。鉴定后划为永久一个保管期限，统一编流水号。档案按年度—问题分类排列。检索工具有全宗指南、全宗介绍、案卷目录、全引目录等。

三、档案内容

（一）组织人事类　有关机构合并、人员编制、干部任免、职务变动、工资调整、成立侨联、启用印鉴的报告、批复、通知；省侨委、省侨联正副主任、委员常务委员名单。

（二）侨务类　有关侨务工作、归侨安置、安置经费、国籍处理、办理出入国境手续及审批原则、华侨房地产、国外财产、涉外公证、出国去港、出国逾期、越境归侨、归侨违法、归侨救济及华侨职工的工资待遇、工龄计算、工作调动、探亲假的指示、政策、计划报告、总结、意见、规定、通知；廖承志、方方等关于侨务工作的讲话；《山东省归国华侨联合会章程》《侨务工作条例》；侨务工作会议及侨联会议文件；华侨、归侨、侨眷统计表。

（三）经济类　有关侨汇工作、侨汇政策、侨汇物资供应、华侨投资、保护侨汇、侨汇转解、侨汇建房、经费预算、小额贷款、争取侨汇、华侨捐资兴办公益事业、非贸易外汇、借用侨汇、出售进口物资、征税办法、反走私的报告、指示、批复、通知；华侨投资会议和省华侨投资公司股东代表会议文件。

（四）教育类　有关侨生工作、思想教育、升学就业、报考安置、福利补助、建立华侨中学、侨生学历证明的方针、政策、指示、意见、通知；归侨学生教育工作会议纪要；在校华裔学生情况、归侨学生统计表。

山东省人民政府宗教事务处

(1950 ～ 1965 年)

全宗号　A014

一、机构沿革

山东省人民政府宗教处，根据中央人民政府政务院的命令，于 1951 年 9 月成立，由山东省人民政府文化教育委员会领导，汪亚明代理处长。1955年3月，山东省人民委员会宗教事务处改为厅局级机构，由省人委领导。1958 年 12 月，省人委决定，将省宗教事务处、省民族事务委员会、省华侨事务委员会实行合署办公。在“文化大革命”中被撤销。该处主要任务是贯彻党中央关于宗教工作的指示和方针政策，团结、争取、联合宗教界的上层人士，孤立少数顽固分子，坚决打击宗教内的反动势力，教育广大教徒群众，使他们逐步摆脱宗教的束缚，使其成为纯宗教的活动。

二、全宗概况

山东省人民政府宗教处全宗共有文书档案 78 卷，上架排列总长度 1.35 米，档案形成时间为 1950 ～ 1965 年，于 1969 年 1 月接收进馆，保管期限全部为永久。档案按照“保管期限—年度—机构”分类法进行分类。检索工具有全宗指南、案卷目录、全引目录、机读目录等。

三、档案内容

（一）国务院宗教局、中共中央领导同志对宗教工作的指示、通知、报告。如陆定一、习仲勋、罗竹风等在全国和华东宗教工作会议上的讲话；中央文委宗教处、省宗教处关于宗教工作的方针、任务、计划、总结、报告、通知等；中共中央统战部、省宗教处关于宗教工作领导关系、组织机构、业务范围、工作概况、驱逐帝国主义分子等问题的指示、通知、报告。

（二）省宗教处关于本省宗教工作情况的文件材料。如关于宗教团体机构负责人情况；接受外资的学校、文化机关统计花名册；对外籍人员处理情况；有关于省宗教工作计划、情况调查、加强领导开展社会主义教育运动等的通知、报告。省宗教处召开全省佛教、道教座谈会的请示、通知、总结，中国佛教协会第三届代表大会的决议、报告；还有山东省天主教、基督教及各教会的历史沿革；山东省天主教、基督教常委扩大会议文件材料；省宗教处、省公安厅关于加强对宗教活动管理、对天主教、基督教进行斗争的规定报告及省委的批示。

此外，还有关于宗教调查统计综合资料和天主教、基督教、佛教、道教参考资料等。

山东省人民政府政治法律委员会

（1952～1955年）

全宗号　A015

一、机构沿革

1951年5月，根据政务院、最高人民法院、最高人民检察署联合发出关于建立省级政治法律委员会的指示精神，山东省人民政府政治法律委员会（简称省府政法委员会）开始筹建，于1952年8月正式成立，李士英任主任。下设办公室为专职办事机构。1955年3月，省人民政府改为省人民委员会，撤销了省府政法委员会，设立省人民委员会政法办公室，刘秉琳任主任。内部设秘书、民政、司法、监察4个组。该机构于1956年5月撤销。

省府政法委员会的职能是：负责指导与联系民政、司法、公安、监察等政法部门的工作，研究党的政法工作方针、政策，并贯彻实施。

二、全宗概况

山东省人民政府政治法律委员会全宗共有文书档案137卷，上架排列总长度0.45米，档案形成时间为1952～1955年，于1961年10月接收进馆。案卷按“保管期限—年度—机构（问题）”分类。检索工具有全宗指南、全宗介绍、案卷目录等。保管期限全部为永久。检索工具有全宗指南、案卷目录、全引目录、机读目录等。

三、档案内容

（一）综合类　包括该委关于政法工作的计划、总结、报告、简报；委党组及政法委员会的会议记录；机关工作规章制度。

（二）机构人事类　主要有该委关于机构建立、人事任免、人员编制、干部配备等方面的材料。

（三）政法类　主要关于司法改革、政权建设、私商改造、清理积案、审判工作、建立法庭、推选审判员、刑事判决、自杀事件、错判错杀情况、非正常死亡情况、公安保卫、禁毒、“镇反”、案件处理、敌产处理、不法资本家和地富反革命分子活动、违法乱纪、铺张浪费、贪污盗窃、劳改生产管理、社会福利、社会救济、优抚工作、代耕工作、生产救灾、烈军属补助费、贯彻《婚姻法》、婚姻财产纠纷、职业情况调查、地政工作、民族政策，行政区划等的报告、指示、通报、通知；以及法院组织条例、监狱条例、动用民工暂行规定和海外华侨归国统计表等。

山东省人民检察院

（1950 ～ 1970 年）

全宗号　A016

一、机构沿革

1950 年 7 月，成立山东省人民检察署。1954 年 12 月，改名为山东省人民检察院。“文化大革命”中，检察机关被撤销，其部分工作合并到公安机关军事管制委员会，后又恢复。主要职能是运用司法行政程序，对各级政府机关、公务人员和全国国民是否严格遵守法律进行检察，以保障人民利益与法律、法令、政策、决议等确切实施。

二、全宗概况

山东省人民检察院全宗共有文书档案 7120 卷，上架排列总长度 43.65 米，档案形成时间为 1950 ～ 1970 年，于 1972 年移交进馆。后经山东省档案馆整理鉴定，确定永久 6519 卷、长期 601 卷，共区分 20 个目录，案卷按年代—问题（结合机构）分类排列。该全宗检索工具有全宗指南、全宗介绍、案卷目录、全引目录、人名索引、机读目录等。

三、档案内容

（一）综合类　主要有该院工作计划、要点、总结及各种专题报告；有最高人民检察署关于检察工作指示、各级检察署组织通则、干部任免办法、机关名称、启用印信等问题的通知；有公、检、法三个部门分工负责互相制约制度若干问题的规定；全国历次检察工作会议、侦查工作会议文件；省历次检察工作会议文件材料；山东省公、检、法联席会议文件；省政法工作会议文件；有1964—1966年大事记。

（二）组织人事类　包括该院关于机构建立、机关整编、干部配备、组织建设等问题的通知、报告、通报等；该院党组会议记录；有1953—1966年本院干部任免材料及任命干部简历表；关于专案调查请示报告、函件和批复；历次政治运动中形成的文件材料。如省检察院关于“肃反”运动的计划、情况、报告、总结；“三反”“五反”运动情况简报；“整风”“反右”斗争情况报告；1959—1965年机关增产节约、“五反”“四清”运动的报告等；还有历次运动中个别人的检查、处理决定和甄别结论等材料。

（三）检察类　主要有该院对各地、市报送审查、批捕、起诉案件的批复；关于劳改、监所、检监工作的报告、意见、批复及其情况统计表；省检察院召开的批捕、审查、起诉、侦查、监督等专业会议文件；高检院检察长张鼎丞的指示信；有关于日本战犯在鲁罪行调查材料和罪恶摘要表。有政务院关于对战犯、汉奸、官僚资本家财产处理的意见等。

案件档案内容包括该院关于各类案件的控告书、起诉书、申诉书、对案件材料调查及有关案件的来往公函；商事调解笔录、调查总结及处理意见的报告、结案报告及逮捕人犯呈报表等。

山东省人事厅

（1950～2009年）

全宗号　A018

一、机构沿革

山东省政府机关的人事工作，是随着革命和建设事业的发展逐步健全起来的。1940年8月，山东省战时工作推行委员会设立政治组，负责省级人事工作。1941 年 3 月，省战工会政治组改为民政处后，仍负责人事工作。1946 年 7 月，省政府专设人事处。1949 年 6 月，改在省人民政府民政厅设人事处，协助党委部门综合管理政府部门的干部工作。1950 年 3 月，省民政厅人事处改称干部处，负责管理行署和直属市的干部，同时在省人民政府办公厅设人事处，负责管理省直机关的人事工作。1951 年 7 月，山东省人民政府人事厅成立，作为全省具体管理政府部门人事工作的部门，成为省级独立的人事工作机构。省政府人事厅于 1955 年 3 月改称山东省人民委员会人事局，“文化大革命”中曾被取消，其工作移交给山东省革命委员会政治部组织组。1974 年 2 月 4 日，山东省革命委员会人事局成立，与中共山东省委组织部合署办公；1976 年 3 月 1 日正式独立对外办公。1979 年 12 月，随着省革命委员会的撤销和省人民政府的成立，省革委人事局亦改称山东省人事局。1993 年 5 月改称省人事厅。省机构编制委员会办公室为省机构编制委员会的办事机构，具体负责全省机构编制工作，与省人事厅合署。2009 年，原省人事厅、原省劳动和社会保障厅的职责整合，成立省人力资源和社会保障厅。

其主要职责是：负责拟订人力资源和社会保障有关法规、政策等并组织实施；负责人力资源流动、人力资源市场建设和人员调配工作；负责就业促进、鼓励创业和农民工工作；负责统筹建立覆盖城乡的社会保障体系；负责全省机关、企事业单位工资福利综合管理工作；负责全省事业单位人事管理工作；负责人才开发和专业技术人员管理工作；负责综合管理全省引进国外智力、赴国（境）外培训和留学人员来山东省工作；负责军队转业干部安置工作；负责行政机关公务员综合管理工作。

二、全宗概况

山东省人事厅全宗共有档案 22779 卷（件），上架排列总长度 235.53 米。档案形成时间为 1950 ～ 2009 年，分别于 1969 年、1996 年、2002 年、2014 年和 2015 年五次接收进馆。分类方法是按年度—问题—保管期限分类法。检索工具有全宗指南、全宗介绍、案卷目录、全引目录、归档文件目录、机读目录等。

三、档案内容

（一）综合类　省人事厅（局）党组会议记录、厅（局）务会议记录、纪要、文件汇编；关于人事工作、国家行政机关工作人员奖惩、监察工作的要点、意见、报告、总结、通知、干部介绍信存根、统计报表、人民来信来访材料等。

（二）组织人事类　关于机构编制、建立、撤并、更名、精简整编、调整增拨人员编制的请示、报告、令、通知、方案等；关于干部任免、调配、提拔条件与手续、干部配偶调动、干部奖惩、对犯错误干部处理的请示、报告、规定、通知、办法、令、函、批复等；关于研究生、高校、中专、半工半读毕业生分配、选拔、审查、考试、调配的指示、通知、计划、总结、办法、名册等；关于研究生、高校、中专、半工半读毕业生分配、选拔、审查、考试、调配的指示、通知、计划、总结、办法、名册等。

（三）财会类　关于各级干部、高校毕业生津贴、工资定级、生活待遇、工资等级评定、供给制人员改为薪金制、政府各类工作人员技术津贴、工龄计算、犯错误人员工资待遇的办法、规定、通知、指示、报告、批复、函等。

（四）军转干部类　关于军队转业干部接收、安置、退职退休的报告、指示、通知、登记、统计表等；军转干部分配名单、统计表、工作安置等方面的文件材料等。

（五）汇编资料类　国务院人事部、内务部政府机关人事局、省委组织部、省人事局、省编委、省人委办公厅编印的《人事工作手册》《人事工作选编》《全省各级国家机关、党派、人民团体机构编制资料汇集》、全省干部统计资料、省市主要负责人名录、接收分配军队转业干部统计资料、接收分配高等学校、中等专业学校毕业生情况统计资料等。

山东省监察厅

（1950 ～ 2001 年）

全宗号　A019

一、机构沿革

山东省监察厅前身是1950年7月成立的山东省人民监察委员会，中共山东分局组织部长张晔兼任监委主任。内部机构设财政经济处、政法文教处、秘书室。1953年5月，山东省监察委员会与中共山东分局纪律检查委员会合署办公。1954年6月，山东省监察委员会与中共山东分局纪律检查委员会的工作机构又分开，此时，山东省监察委员会重新调整了内部机构，设办公室、第一处、第二处、第三处。

1955年3月，省人委统一机构设置时，将原省监察委员会改为山东省监察厅，张谦恒任厅长。内部机构设办公室、公民审诉审理处、农村监察处、工业交通城市建设监察处、商业监察处、财政粮食监察处。1959年12月，省人委通知撤销省监察厅。

1987年11月，山东省监察厅恢复成立，列入省政府工作部门序列。厅机关内设办公室、干部处、研究室、信访处、案件审理处、第一监察处、第二监察处、第三监察处和第四监察处等9个职能处室。1993年3月，根据中共中央、国务院关于纪检监察机关合署办公的决定，省纪委、省监察厅机关合署办公，履行党的纪律检查和政府行政监察两种职能。

二、全宗概况

山东省监察厅全宗，上架排列总长度13.5米。共有按卷整理的文书档案1372卷，其中永久339卷，长期1033卷，起止年代为1950～2001年。永久分别编为01、04、07、10目录，长期分别编为02、05、08、11目录。该全宗按“年代—问题”分类整理。建有全宗指南、全宗介绍、案卷目录、全引目录和机读目录。

三、档案内容

（一）综合类　山东省监察委员会、省监察厅年度工作总结；办公会、党组会、监察工作会会议记录、纪要、通知；工作通报、报告、计划、意见、工作制度、工作简报等。

（二）行政执法类　中央监察委员会、监察部关于省、地市监察委员会试行组织通则；监察工作指示、批示；案件处理的报告、批复、来信来访情况；逮捕拘留条例、惩戒工作批准程序、管理范围标准掌握的规定、函复政务院、省监察厅关于机关工作人员奖惩、公民控诉、信访等的规定、通知、报告；各地商、工、农业违反国家政策法令情况的报告；国家机关工作人员违法乱纪问题的检查处理及部分案件处理情况的报告等。

（三）组织人事类　关于监察机构设置、机构编制、人员配备、干部任免、调整、工作关系、职权范围的规定、计划、方案、指示、通知、批复等。

山东省民政厅

(1949 ～ 2015 年)

全宗号　A020

一、机构沿革

1945 年 8 月，山东省政府成立，设立民政厅，民政厅内设一、二、三科，分管民政、土地、内务工作。1949 年 3 月，山东省政府改称山东省人民政府，下设民政厅。省人民政府规定民政工作的职责和业务是：组织建设、人事行政、市政建设、行政区划、户籍登记、土地管理、优抚工作、社会救济、婚姻登记、民族工作、宗教信仰、改革礼俗等。同时规定，省民政厅设秘书室、民政科、战勤科和社会福利科，原属省府秘书厅的人事处归民政厅领导。

1955 年 3 月，山东省人民政府民政厅改称山东省政府民政厅，内设办公室、人事处、民政处、社会处、地政处、优抚局、经费处。1967 年 2 月，山东省革命委员会成立，撤销民政厅。1970 年 3 月，山东省革命委员会决定成立山东省民政局，11 月改称山东省革命委员会民政局，民政局下设办事组、政工组、优抚组、社会组。1979 年 12 月，山东省革命委员会民政局改称山东省民政厅。

山东省民政厅主要职责：社团管理；民办非企业单位管理；拥军优属；优待抚恤；烈士褒扬；退伍军人和军队离退休干部安置；救灾工作；社会救济；城乡居民最低生活保障；基层政权建设；行政区划；地名管理；社会福利；婚姻管理；殡葬改革；儿童收养；流浪乞讨人员救助等。

二、全宗概况

山东省民政厅全宗档案，形成时间为 1949 ～ 2015 年，共有档案 8581 卷，7158 件，排架长度 119.7 米。分别于 1969 年、1989 年、1996 年、2008 年、2012 年、2016 年、2021 年、2022 年 8 次接收进馆。检索工具有全宗指南、案卷目录、全引目录、归档文件目录、机读目录等。

三、档案内容

(一) 综合类　有关于省民政厅(局)党组会议记录、厅(局)务会议记录；

关于省及各地、市人民代表大会情况报告及代表名单；关于内务部、省府、省民政厅民政工作计划、要点、工作情况报告；关于民政工作会议文件、民政工作手册等。

（二）组织人事类　有省政府、省委组织部、政法部、省编委、人事局、民政厅关于机构编制、设置、启用印章、调整工资、干部任免、处分、退职、“三反”“整风”“反右”等运动中对人员处理的通知、通报、批复、决定、总结、统计表等。

（三）行政区划类　有政务院、华东局、省府、省民政厅关于行政区划变更、勘界、更改地名、在城市设立居民委员会的指示、通知、资料汇集。

（四）土地户口类　有政务院、省府、省民政厅关于填发土地、房产所有证、征用土地、处理土地纠纷、民房统一地基计算、地政工作、土地遗留问题的处理；有户口、人口调查、人口地亩基础数字、户政工作的指示、通知、办法、标准、简报、报告、统计表等。

（五）民政类　有政务院、内务部、华东军政委员会、华东复员委员会、省政府、省民政厅、省财政厅关于灾情、生产救灾、处理接受美国津贴救济、机关福利、移民垦荒、拥军优属、优抚工作、审批烈士、修建烈士塔、红军登记、抗美援朝失踪军人家属待遇、被俘军人登记、回乡转业军人安置、贯彻《婚姻法》、宗教事务、殡葬问题的通知、条例、指示、规定、计划、总结、名单、统计表等。

山东省移民垦荒局

（1955 ～ 1957 年）

全宗号　A021

一、机构沿革

山东省移民垦荒局，前身是 1955 年 4 月成立的山东省移民委员会，其办事机构设在省民政厅。随着移民工作从救灾转为农业建设的性质变化，省移民委员会已不适应工作的需要。1956 年 12 月经国务院批准，成立山东省移民垦荒局，王云生为局长。内部机构设办公室、组织动员处、规划迁送处、财务科。1957 年 5 月，省人委撤销山东省移民垦荒局。移民工作划归省民政厅办理。山东省移民垦荒局，是山东省人民委员会直接领导下的一个国家机关工作部门，在业务上受内务部和农垦部的指导。其职责是：制定移民计划，部署移民任务，宣传移民政策，组织动员移民和管理使用移民经费。

二、全宗概况

山东省移民垦荒局全宗，上架排列总长度 0.4 米。共有按卷整理的文书档案 40 卷，其中永久 2 卷，长期 6 卷，短期 32 卷，起止年代为 1955 至 1957 年。永久编为 01 目录，长期编为 02 目录，短期编为 03 目录。该全宗按“年度—保管期限”分类整理。建有全宗指南、全宗介绍、案卷目录和机读目录。

三、档案内容

国务院内务部关于移民工作的意见、指示、报告、会议文件；省人委、省委组织部关于省移民委员会、省移民垦荒局的成立、撤销、任命负责人的报告、批复、指示、决定、通知；省移民垦荒局年度移民工作计划、方案、规划、总结、通报；本局各种制度规定、会议文件、会议记录；关于移民经费管理、开支标准、使用范围、财产处理、贷款处理、迁送计划、迁送方法、调配干部、迁送和返籍移民的规定、意见、命令、指示、通知；省移民慰问团的工作计划、总结报告和有关移民生产、生活安置的报告及有关资料；1955 至 1956 年全省移民统计表，1956 年、1957 年分户和支出明细账。

山东省机关事务管理局

（1955 ～ 2010 年）

全宗号　A022

一、机构沿革

山东省机关事务管理局设立于 1955 年 4 月，时称省人委机关事务管理局，为正厅级单位；1970 年改称省革委机关行政管理局；1979 年 12 月改称省人民政府机关事务管理局；1984 年 3 月改称省级机关事务管理局，为副厅级单位，隶属省政府办公厅；1996 年 1 月省级机关事务管理局改为省政府直属机构，副厅级单位；2000年机构改革时，设置省级机关事务管理局，为省政府直属机构，正厅级单位。截至2017年，内设处室有办公室、政策法规处（研究会秘书处）、财务与资产管理处、房地产管理处、公务用车管理处、公共机构节能处（省公共机构节能办公室）、综合管理处、公务接待管理处、人事处、离退休干部处和机关党委。

山东省机关事务管理局是省政府直属机构，负责省级机关事务的管理、保障、服务工作，拟订机关事务工作和后勤体制改革的政策并组织实施，指导全省机关事务工作。

二、全宗概况

该全宗档案形成时间为1955～2010年，档案数量为1503卷，3956件，排架长度26.28米。分别于2001年前、2001年、2014年、2017年4次接收进馆。检索工具有全宗指南、全宗介绍、案卷目录、全引目录、归档文件目录、机读目录等。

三、档案内容

根据中共中央、国务院、省委、省政府有关机关事务管理工作的规定和要求，具体制定的省级机关财务经费、政府采购、房屋基建、汽车管理、内宾接待及后勤事务等方面的规章制度及管理办法；机关后勤改革及干部职工住房制度改革的规定及办法；本局党组会、局长办公会、局务会会议记录、纪要；向上级领导机关报送的请示、报告、计划、总结；重要会议、重要活动的讲话、材料、照片、音像等资料；局属单位重要事项的请示、批复；省级机关有关业务工作的函件、复函；全局党的思想、作风、组织、廉政建设方面有关情况文件资料；离退休干部待遇方面的重要文件资料；全局机构设置、人员编制、干部任免、工资福利等重要文件资料。

山东省人民政府外事办公室

（1956～2005年）

全宗号　A023

一、机构沿革

1950年11月，根据中共中央山东分局通知，成立山东省外事委员会，郭子化任书记。其办事机构为省人民政府办公厅外事处。1952 年 3 月，省府撤销外事处。

1954 年 9 月，山东省和济南市联合成立中共山东省委国际活动指导委员会，夏征农任书记。1959 年 6 月，根据中共中央外事小组、国务院外事办公室关于改变外事体制的指示，成立中共山东省委外事领导小组办公室和山东省人民委员会外事办公室，滕景禄任组长，两个办公室合署办公。

1972 年 1 月，省革委办公室外事组成立，负责全省的外事工作。1973 年 7 月，在省革委办公室外事组的基础上组建山东省革命委员会外事办公室。1979 年 12 月撤销山东省革委会，成立山东省人民政府时，原省革委会外事办公室改为省人民政府外事办公室至今。省外事办公室设秘书处(加挂人事处牌子)、综合业务处、出国管理处（加挂领事处、省政府港澳事务办公室牌子)、亚洲处、欧洲非洲处、美洲大洋洲处和机关党委。设省对外友好协会秘书处，处级建制。

省外办的主要职能包括：贯彻执行国家涉外法律法规、对外方针政策和省委省政府关于外事工作的指示决定，拟订外事工作和涉港澳事务的规章制度和工作规则；统筹协调重要外事事项；贯彻执行中央对港澳工作的方针、政策，指导、协调与港澳地区的交流与合作；利用对外交往渠道，为全省经济建设和社会发展服务；承办省级领导人出访和邀请外国相应人员来访的具体报批事宜；审核、审批因公临时出国、赴港澳及邀请外国相应人员来访的有关事宜；出具出国任务批件及办理因公出国护照、签证和应邀来访外国人士的签证通知函电；负责组织接待来访的国宾、党宾和其他重要外宾；负责外国驻华使节来我省进行公务活动的审核、审批和管理；办理山东省外国常驻新闻机构和外国记者事务；统筹安排省级领导人的外事活动；承办省委、省政府和中央主管机关交办的其他事项等。

二、全宗概况

该全宗档案形成时间为 1956 ～ 2005 年，档案数量为 2752 卷，4195 件，排架长度 39.6 米。分别于 2001 年前、2001 年、2016 年、2021 年 4 次接收进馆。检索工具有全宗指南、全宗介绍、案卷目录、全引目录、归档文件目录、机读目录等。

三、档案内容

（一）上级机关的文件材料　上级机关召开的需要贯彻执行的会议主要文件材料；上级机关制发的属于本机关主管业务并需要贯彻执行的文件，

普发的、非本机关主管业务但需要贯彻执行的法规性文件。

（二）本机关的文件材料　本办党委会、办公会会议记录、纪要等；本办制发的各种正式文件的签发稿、印制本以及重要文件的修改稿；本办的请示和上级机关的批复文件，下级机关的请示和本办的批复文件；反映外事活动的出访、来访相关请示、报告、计划等文件、批件；本办检查下级单位工作，进行工作调研形成的重要文件；本办增设、撤销内部机构及更改名称、启用印信及人员编制等文件材料；本办制定的工作规章、制度等文件材料；本办工作总结报告。

（三）同级机关和非隶属机关的文件材料　同级机关和非隶属机关制发的非本办主管业务但需要执行的法规性文件；同级机关和非隶属机关与本机关联系、协商工作的重要往来文件。

（四）下级单位的文件材料　下级机关报送的重要工作计划、报告、总结、统计报表等文件。

中国人民保卫世界和平委员会山东分会

（1951 ～ 1965 年）

全宗号　A024

一、机构沿革

1950 年 11 月 7 日，正式成立中国人民保卫世界和平反对美国侵略委员会山东分会。1956 年 1 月 12 日，中国人民保卫世界和平反对美国侵略委员会山东分会改名为中国人民保卫世界和平委员会山东分会。1965 年 4 月 16 日改选了新的委员会。

二、全宗概况

中国人民保卫世界和平委员会山东分会全宗，上架排列总长度 0.5 米。共有按卷整理的文书档案 12 卷，其中长期 12 卷，起止年代为 1951 ～ 1965 年。长期编为 01 目录。该全宗按年度—保管期限整理。建有全宗指南、全宗介绍、案卷目录和数字化机读目录。

三、档案内容

包括本分会组成人员名单，全省各界抗美援朝、保卫世界和平签名运动、游行示威、捐献武器交款统计数字、照片；总会有关运动的通知、指示、规定；赴朝慰问团筹备情况、慰问品、纪念品统计资料；慰问团来山东活动情况、传达报告、工作总结及庆祝中国人民志愿军出国作战三周年活动情况报告等；全国人民慰问解放军代表团成员名单、慰问团各项规定、通知、慰问计划、情况报告、总结及财务工作的计划纲要、开支标准等；接待保加利亚人民军歌舞团的计划、简报、总结；游行活动的计划、总结；纪念中国人民志愿军出国作战十周年工作计划、总结等。

山东省中苏友好协会

(1949 ～ 1964 年)

全宗号　A025

一、机构沿革

1950 年 11 月 7 日成立；1960 年与济南市友协分会合署办公。职能是以国际主义精神教育广大中国人民，加强中苏友好，推进我国的社会主义建设，保卫世界持久和平。

二、全宗概况

山东省中苏友好协会全宗，上架排列总长度 0.5 米。共有按卷整理的文书档案 22 卷，其中长期 22 卷，起止年代为 1949 ～ 1964 年，编为 01 目录。该全宗按“年度—保管期限”整理。建有全宗指南、全宗介绍、案卷目录和机读目录。

三、档案内容

包括本会筹备阶段的计划、报告、总结、会议记录；一、二、三次全省代表会议的通知；召开会议的方案；历届委员会的会长、副会长、秘书长、理事会理事名单；大会演讲稿、工作报告、决议等；与总会的来往书文、本会历年的工作计划、工作总结、工作报告；对基层的调查报告、来往书文等；接待苏军红旗歌舞团、艺术工作团、苏中友好访华代表团及捷克杂技艺术团的安排意见、情况报告、工作总结；关于将剩余会费投资于济南市少年文化宫基本建设的有关文件等。

山东省文化教育委员会

(1951 ～ 1983 年)

全宗号　A026

一、机构沿革

山东省人民政府文化教育委员会，于 1950 年 10 月成立，与省人民政府新闻出版处、文教机关党委会合署办公。

1955 年 3 月，山东省人委撤销省人民政府文教委员会，成立省人民委员会文教办公室（简称“省文办”)。1956 年 5 月，山东省人委撤销省人委文教办公室，但当时实际上成为省人委办公厅的一个处级单位，直到 1957 年 9 月才全部撤销。1961 年 11 月，省人委文教办公室恢复建立，又于 1964 年 11 月，撤销了省文办。1974 年 1 月，设立山东省革命委员会文教办公室。1979 年 12 月，山东省革命委员会文教办公室改为山东省文教委员会。1983 年 8 月，山东省文教委员会撤销。

山东省文教委员会机构名称几经变更，机关下设处室的变化也较大，先后设办公室、干部教育管理处、基建处。1954 年 5 月，原山东省人民政府宗教事务处改为山东省人民政府文教委员会宗教事务处。山东省革命委员会文教办公室成立后，机关下设秘书处、教育处、体育卫生处、文艺处等。

山东省文教委员会，是省人民政府领导下的全省文教事业的最高领导机关。负责全省的文化、教育、出版、体育、卫生、计划生育等工作。

二、全宗概况

山东省文化教育委员会全宗，上架排列总长度 5.5 米。共有按卷整理的文书档案 942 卷，其中永久 135 卷，长期 148 卷，短期 659 卷。起止年代为 1951 ～ 1983 年。永久分别编为 01、04 目录，长期分别编为 02、05 目录，短期分别编为 03、06 目录。该全宗按年度—保管期限分类整理。建有全宗指南、全宗介绍、案卷目录和数字化机读目录。

三、档案内容

山东省文教委员会全宗的档案，基本上反映了中华人民共和国成立后 30 多年本省文教事业的概貌，反映了省文委机关工作的历史。其主要内容概述如下：

（一）综合类　主要包括省文教委的办公会议记录；全省文教工作会议文件；省文教委及所属部门的工作计划、总结报告；省文教委主要负责人的讲话稿。

（二）党组类　主要包括省文教委党组会议纪要、工作报告以及文教委所属部门党组工作报告；文教委党组关于“肃反”、审干、“反右”等问题的总结、计划、报告、批复，省文教系统党员和党组年报表等。

（三）人事类　主要包括省文教系统机构设置、人员编制、干部任免等问题的报告、批复；干部调动行政介绍信存根、党员介绍信存根；省文教委及内部机构印章等。

（四）宗教事务类　主要包括政务院、中央宗教事务委员会、省政府关于宗教工作的报告、通知；政务院、省民政厅、省专门登记处关于接受美国津贴的文教救济机关及宗教团体的方针、决定登记条例；本省宗教团体的工作计划、情况报告及文教委的指示、意见等。

（五）基建类　主要包括中央文委关于文教系统基建暂行办法；省文教系统关于基建的计划、报告、批复；年度基建总账、分类账等。

（六）外事类　主要包括外交部关于外交工作的指示、通报；省政府外事处关于外侨房地产、债务、外资及本省外侨情况的报告、统计表；省政府外事处关于外国来访团体的总结报告等。

山东省文化厅

（1952 ～ 2015 年）

全宗号　A027

一、机构沿革

山东省文化厅，建于 1952 年 8 月，原称山东省人民政府文化事业管理局。1955 年改称山东省文化局。山东省文化局是全省文化事业的行政管理机构，设办公室、人事处、计划财务处、艺术处、文化处、出版处、电影处、党团总支等处室。1967 年“文化大革命”中建立山东省文艺革命委员会，文化局被取消。1974 年 2 月，山东省革命委员会文化局成立，1979

年 12 月，省革委撤销，原省革委文化局改称山东省文化局。1980 年成立山东省文化局文物事业管理局，同时撤销山东省文化局文物处。1983 年 7 月，山东省文化局改称山东省文化厅，下设办公室、直属政工处、人事处、艺术处、文化处、电影处、计划财务处、科教处 8 个处室。1996 年机构改革，省文物事业管理局并入省文化厅，在省文化厅挂省文物事业管理局牌子。2000 年，内设办公室、计划财务处、人事处、艺术处、科教法规处、文化市场处（挂电影处牌子）、社会文化处、文物处、外事处（挂港澳台文化事务办公室牌子）9 个处室和离退休干部处、机关党委，原省广播电视厅承担的音像制品经营活动的管理职能、省新闻出版局承担的音像制品批发经营单位审批管理职能交给省文化厅，明确山东省文化厅（挂省文物事业管理局牌子）是主管全省文化艺术和文物事业的省政府组成部门。2006 年成立副厅级参公事业单位山东省文物局。2014 年 4 月不再加挂山东省文物局牌子。

山东省文化厅负责统筹规划全省文化事业、文化产业和文物保护事业发展；推进文化产业与相关产业融合发展；维护各类文化市场秩序。

二、全宗概况

该全宗包括省人民政府文教厅文化处、山东电影制片厂、原省文化局和省文化厅的档案，排架长度 101.25 米。按卷整理的档案 3148 卷，永久 875 卷，长期 2273 卷；按件整理的文书档案 24932 件，其中永久 9051 件、长期 10371 件、定期 30 年 4093 件、定期 10 年 1417 件；会计档案 1409 册。形成时间为 1952 ～ 2015 年，分别于 1969 年、2000 年、2014 年、2019 年接收进馆。案卷按组织机构—保管期限—年度顺序排列。检索工具编有全宗指南、案卷目录、文件全引目录、机读目录、归档文件目录等。

三、档案内容

（一）综合类　主要包括中共中央、华东局文化部、省文化局（厅）关于文化事业发展的规划、计划、批复、报告、总结；有关群众文化艺术、农村文化工作、召开文化局长会议的文件材料；有关机构精简整编、迁址更名、房产移交等方面的文件；有关接待外宾、国际艺术团体的文件材料；有关党组、党委、团委工作的计划、报告、会议记录、召开党代会、团代会的材料；以及“肃反”“整风”等政治运动中形成的文件材料。

（二）组织人事类　主要有省文化局（厅）及所属单位机构编制，干部任免、调配、培训，职工录用、聘任、解雇，干部审查、奖惩等工作的文件；有关职工工资、福利、退职退休、整编下放等工作的文件；有党员、干部登记统计材料，组织、行政介绍信存根，退职退休审批存根等。

（三）计财类　主要有全省文化馆、图书馆、剧场、群众艺术学校、报社、新华印刷厂、书店等单位基建投资、修缮拨款的计划、报告、批复；关于文化事业经费的分配、财务收支计划、预决算及财务管理、会计制度等工作的文件；有关工资改革、艺术事业单位实行企业管理、艺术团体生活健康补助等问题的文件；凭证、账簿、报表等会计档案。

（四）文化类　主要包括中共中央、华东局文化部、省文化局（厅）关于文物、博物、图书等工作的指示、法令、条例；有关文化馆、图书馆建制、文化馆长情况、干部待遇调查，文化干部培训等方面的文件；有关文物、革命历史纪念建筑保护管理，孔庙、泰山岱庙、齐国古城等古迹整修，泰山风景区建设规划，公布全国、全省重点文物保护单位等方面的文件；有关保护、收集整理古旧书籍和革命文献资料、图书发行、建立群众文化网、组织农村文化工作队、管理农村业余剧团、民间职业剧团、加强剧场管理、组织全省群众歌舞会演及召开各种专业会议的文件材料。

（五）艺术类　主要有中共中央、华东局文化部、省文化局（厅）关于艺术团体整编、改变文工团领导关系、戏曲改革、剧目审定、举办戏曲艺人训练班、加强各类剧团和民间艺术团体管理的文件；有关剧目建设、京剧会演、全省剧场调查、职业剧团及演员登记、剧团组织章程、演员高工资处理、对民间艺术团体和艺人救济及美术作品评奖、召开美术工作会议的文件材料。

（六）电影类　主要有中共中央、华东局文化部、省文化局关于建立、调整电影放映管理机构、电影发行、修配机构、建立山东电影制片厂、电影学校等工作的指示、报告、批复；有关电影经营管理、放映人员培训、确定等级的文件以及山东电影制片厂建厂、生产、管理等全面工作的完整的文件材料。

山东省新闻出版局

（1948 ～ 2014 年）

全宗号　A028

一、机构沿革

山东省出版事业管理局，于 1958 年 6 月由山东人民出版社、新华书店山东分店、山东省新华印刷厂合并成立。三个单位合并后，对外仍保留各自的名称，对内分别为省出版局的编审处、发行处、印刷处。其职责是：贯彻执行党与政府的出版政策法令，管理期刊登记、书刊进出口，清除黄色书刊，处理擅自翻印和投机买卖书刊问题，安排改造木板年画，发展全省出版事业等。1971 年 3 月，原省出版事业管理局改为山东省革命委员会出版局。1979 年 12 月，原省革委会出版局改称山东省出版局。1983 年 2 月，省出版局改称山东人民出版社，仍为厅局级事业单位。1984 年 7 月，山东人民出版社改为山东省出版总社，行使全省出版行政管理职能。

1987 年 9 月，设立山东省新闻出版局，其职责是：起草有关新闻出版的法律、法令和规章制度，经审定颁发后组织实施；制订新闻出版管理的方针、政策，进行新闻检查；制订并组织实施新闻出版事业发展规划，对新创办的出版社、报纸和期刊进行审批，会同有关部门管理图书报刊市场，取缔非法出版活动；对全省图书报刊的印刷、物资供应和图书发行进行管理；归口管理新闻、出版方面的对外交流贸易和合作。山东省出版总社成为一个独立的经济实体，不再行使出版管理权。

二、全宗概况

该全宗现有档案 2122 卷、4936 件，排架长度 45. 9 米。其中永久档案 789 卷、1918 件，长期 620 卷、583 件，定期 30 年 1433 件，短期 713 卷、1002 件。档案形成时间为 1948 ～ 2014 年，分别于 20 世纪 70 年代、1995 年、2003 年、2016 年接收进馆。档案立卷按年代—组织机构组卷，以件为单位的档案分为永久、长期、定期 30 年、短期四种保管期限。检索工具备有全宗指南、全宗介绍、案卷目录、全引目录、归档文件目录、机读目录等。

三、档案内容

（一）秘书综合类　主要有省委、省人委、省委宣传部、省出版局、关于机构成立、改变领导关系、启用印章、出版、发行、印刷工作的报告、批复、通知、总结；省出版局局务会议记录等。

（二）党团、政治运动类　省出版局党组、党委关于“三反”“五反”“整风”“反右”等运动对人员处理、甄别、决定、结论、意见；党、团代表大会的总结、报告；党组会议记录等。

（三）组织人事类　包括文化部、省人委、省编委、省人事局、省监委、省出版局、省委宣传部关于机构调整、精简、干部任免、处分、甄别、工资调整的通知、批复、决定、方案、报表等。

（四）计划财务类　有省人委、省委宣传部、省出版局关于财务预决算、财务管理、基本建设、出版业务的计划、通知、报表等。

（五）出版业务类　包括文化部、省委宣传部、省文化局、省出版局、新华书店总店、山东分店关于处理反动、淫秽图书，制止封建迷信印刷品，书籍出版定价，出版物品出口的办法、规定、条例、报告、通知、指示、总结等。

山东省教育厅

（1949 ～ 2012 年）

全宗号　A029

一、机构沿革

山东省教育厅，是主管全省教育事业的行政机关。1949 年 10 月，设立山东省人民政府教育厅。1950 年 10 月，更名为山东省人民政府文教厅，主管全省的教育工作和文化工作，王哲任厅长。1953 年 3 月，省政府决定将文化工作分出，又改为山东省人民政府教育厅，专管全省教育工作。1956 年，更名为山东省教育厅，同年 10 月，高教工作又从省教育厅分出，单设省高教局。1961 年，省高教局撤销，其工作复归省教育厅。1964 年，省委决定将省教育厅分为第一、第二两个教育厅，第一教育厅分管全日制学校的教育工作，第二教育厅分管工读学校和业余教育工作。1965 年 10 月，两个教育厅重新合并为省教育厅。“文化大革命”开始后，省教育厅被撤销，其工作由省革委政治部教育组接管，1969 年 10 月，成立省革委政治部教育组。1974 年 2 月，教育组改为省革委教育局。1979 年 12 月，恢复设立山东省教育厅。其内部机构设办公室、政策法规处、人事处、发展规划处、综合改革处、财务处、基础教育处、高等教育处、职业教育处等 20 个处室。

山东省教育厅主要职责：起草教育方面的地方性法规、规章草案；拟定全省教育改革与发展的规划、政策并组织实施；负责全省基础教育（含学前教育）、高等教育、职业教育与成人教育和少数民族教育的统筹规划和协调管理工作；主管全省教师工作，指导学校教职工队伍建设；指导学校内部管理体制改革和教育教学改革；组织进行教育督导与评估；按规定承担各类高校、普通中等专业学校的设立、撤并、更名和调整的审核、报批工作；确定中等以下教育学制；参与拟定教育经费筹措、教育拨款、教育基建投资的政策，监测教育经费的筹措和使用情况；参与全省义务教育经费保障机制改革工作；负责全省语言文字管理工作；承办省委、省政府交办的其他事项等。

二、全宗概况

山东省教育厅全宗共有档案 7834 卷、22018 件，上架排列总长度 152 米。档案形成时间为 1949 ～ 2012 年，分别于 1975 年、1990 年、1997 年、2015 年和 2022 年 5 次接收进馆。分类方法是按年度－问题－保管期限分类法。检索工具有全宗指南、全宗介绍、案卷目录、全引目录、归档文件目录、机读目录等。

三、档案内容

（一）综合类　有省教育厅厅务会议记录、大事记；有国务院、教育部、省人委、省教育厅关于综合性会议、教育工作、启用印章、处理人民来信来访的总结、计划、规划、通知；优秀教师代表名册等。

（二）组织人事类　有省教育厅党组会议记录、历次政治运动对人员处理材料。有国务院、教育部、高教部、华东教育部、山东省政府、省人事厅、省编委、省教育厅关于机构设置、调整、干部任免、调配、培训、处分、工资福利、退职退休、优抚的报告、批复、决定、通知等。

（三）计划财务类　有国务院、教育部、省人委、省财政厅、省教育厅关于教育工作、经费管理、基建财务、劳动工资的计划、总结、办法、规定、标准、通知、统计表等。

（四）高等教育类　有教育部、高教部、华东教育部、省委、省人委、省教育厅关于大中专学校设置、领导关系，成立中等技术委员会，教员、干部、学生概况，招生工作的指示、意见、报告、通知、规定、简报等。

（五）普通教育类　有政务院、教育部、华东教育局、山东省府、省文委、省教育厅关于加强小学教育工作，中学、速中、师范、盲哑学校、幼儿园发展概况，课程教材改革、科目设置、学籍处理、征兵、勤工俭学、教师工资待遇、推广普通话的计划、方案、报告、批复、通知等。

（六）业余教育类　有政务院、教育厅、山东省府、省总工会、团省委、省教育厅关于业余教育、扫盲速中、半工半读、农中招生、录取标准、毕业生分配安置的指示、报告、批复、统计表等。

山东省高等教育局

（1958 ～ 1960 年）

全宗号　A030

一、机构沿革

山东省高等教育局，是负责全省高等教育和中等专业教育的国家行政机构。1958 年 10 月，成立山东省高等教育局，内设办公室、教学处、中专处、学生处、人事处、计财处，副省长余修兼任局长。1960 年，调整内部机构，将人事处、学生处合并为人事处，增设教学科研处、业余教育处、生产劳动处。1961 年 3 月，撤销省高等教育局，其工作并入省教育厅。

二、全宗概况

该全宗档案形成时间为 1958 ～ 1960 年，1964 年 5 月由省教育厅移交进馆。档案数量为 28 卷，排架长度 0. 45 米，其中永久 17 卷，长期 11 卷。检索工具有全宗指南、全宗介绍、案卷目录、全引目录、机读目录等。

三、档案内容

（一）综合类　主要有省高教局党组会议记录、中央及省教育工作会议文件；教育事业发展规划及年度计划；高校教学、科研等方面的计划、总结，高等、中等院校年度、季度工作计划、总结等。

（二）机构人事类　包括省委宣传部、省人事局、省高教局关于组织机构、干部任免、调配、启用印章的报告、通知、统计表等。

（三）教学管理类　有中共中央、省委、省人大、省高教局关于高校财务管理、基本建设、生产劳动的意见、报告、总结等。

山东省文学艺术界联合会

（1950～2010 年）

全宗号　A031

一、机构沿革

1951 年 4 月，山东省文学艺术界联合会正式成立，王统照当选为省文联主席。省文联机关内设联络部、编辑创作部、研究部、秘书处，并设立文协、音协、剧协、美协、曲协、舞协 6 个协会。1954 年 6 月，山东省文学艺术界联合会改称山东省文学艺术工作者联合会。王统照为省文联主席。1959 年 7 月，恢复山东省文学艺术界联合会的名称。同时成立中国作家协会山东分会、中国戏剧家协会山东分会、中国美术家协会山东分会、中国音乐家协会山东分会、中国曲艺家协会山东分会、山东民间文学研究会、山东省舞蹈研究会。以上各协会均作为省文联的组成单位。成仿吾为省文联主席。“文化大革命”期间省文联停止活动。1978 年，山东省文联及所属各协会重建并恢复活动。

省文联设有：办公室、人事部、组联部、文艺部、机关党委及山东省泰山文艺奖评选办公室、山东国际大众艺术节办公室等部室；省戏剧家协会、省音乐家协会、省曲艺家协会、省舞蹈家协会、省杂技家协会、省电影家协会、省电视艺术家协会、省美术家协会、省书法家协会、省摄影家协会、省民间文艺家协会等 11 个艺术家协会；省文艺创作研究院、《山东艺术》杂志社、山东艺术网及省文化艺术开发公司等直属单位；所属团体会员单位及挂靠管理的文化艺术社团 94 家。

山东省文学艺术界联合会的职责是：（一）贯彻落实党的文艺工作方针、执行省文学艺术工作者代表大会、省文联委员的决议、决定；（二）领导全省性文艺家协会的工作，对各地文联、各企业文联等团体会员进行联络、协调、服务和指导；（三）组织会员开展文艺创作、评论、学术交流、人才培训等活动和调查研究工作；（四）反映文学艺术工作者的意见和要求，开展维护文艺家和文艺团体知识产权等正当权益工作；（五）协同有关部门组织文艺界国内外艺术家、艺术团体开展文化交流活动；（六）完成省委、省政府和中国文联交办的其他任务。

二、全宗概况

山东省文联全宗档案共 813 卷、1427 件，排架长度 12.87 米。形成时间为 1950 ～ 2010 年，分别于 1969 年、2016 年、2021 年接收进馆。档案立卷按年代—问题组卷，按件整理的档案，按年度—组织机构—保管期限分类。检索工具有全宗指南、全宗介绍、案卷目录、全引目录、归档文件目录、机读目录等。

三、档案内容

（一）上级机关的文件材料　上级机关制发的属于本会主管业务的重要文件材料；本会需要贯彻执行的上级机关重要文件材料；上级机关制发的非本会主管业务但要贯彻执行的文件材料。

（二）本机关的文件材料　本会制定的政策性文件材料；本会召开重要会议、举办重大活动等形成的主要文件材料；本会职能活动中形成的重要业务文件材料；本会关于重要问题的请示与上级批复、批示，重要的报告、总结等；本会机构演变、人事任免等文件材料；本会职能活动中形成的一般性业务文件材料；本会一般性事务管理文件材料等。

（三）同级机关和非隶属机关的文件材料　同级机关制发的非本会主管业务但需要执行的法规性文件；同级机关和非隶属机关关于重要业务问题的来函、本会的复函等文件材料。

（四）下级机关的文件材料　下级机关关于一般性业务问题的请示等文件材料；下级机关报送的年度或年度以上计划、总结、统计、重要专题报告等文件材料。

本全宗中还存有 1953 年陶钝去淄川对蒲松龄故居的调查日记和严薇青关于蒲松龄著作的调查报告、蒲松龄资料选等，以及《山东文学》1960 ～ 1966 年各期原稿和印刷本，《前哨》1956 ～ 1959 年各期印刷本。

山东省社会科学界联合会

（1957 ～ 2003 年）

全宗号　A032

一、机构沿革

山东省从 1958 年开始，在建立中国科学院山东分院和一些自然科学学会的同时，先后建立了四个社会科学学科学会。山东省哲学学会于 1958 年 12 月 12 日成立，何匡为主席；山东省历史学会于 1960 年 5 月 15 日在中国史学会济南分会（1950 年 3 月成立）的基础上成立，李景春为主席；山东省教育学会于 1960 年 8 月 7 日成立，成仿吾为主席；山东省经济学会于 1959 年 8 月 13 日建立筹委会，1962 年 1 月 20 日正式成立，陈文其为主席。

1960 年春，中共山东省委责成有关部门成立山东省哲学社会科学联合会筹委会（简称省社联筹委会）。8 月，山东省人民委员会正式批准这一筹委会。山东省社联筹委会成立后，中共山东省委决定将中国科学院山东分院社会科学方面的哲学、经济、历史三个研究所交由山东省社联筹委会代管。这样，山东省社联筹委会便“一身二任”，担当起组织管理科研和组织指导学会的双重任务。1966 年春，省委决定成立山东省哲学社会科学研究所（简称省社科所）。“文化大革命”中被撤销。

1978 年 3 月 31 日，省委发文恢复成立山东省社会科学研究所，着手恢复原学会。1981 年 10 月，省委决定成立“山东省社会科学联合会”。省社联成立以后，与山东社科院合署办公，对外挂两个牌子，由山东社科院党委委员、副院长林江分管社联工作。1992 年，山东省社会科学界第三次代表大会通过的《山东省社会科学界联合会章程》确定将“山东省社会科学联合会”改名为“山东省社会科学界联合会”（简称省社科联），明确山东省社会科学界联合会是省委领导下的由所属团体会员联合组成的学术性群众团体，是党和政府联系社会科学工作者的桥梁和纽带。

二、全宗概况

该全宗档案形成时间为 1957 ～ 2003 年，档案数量为 743 卷，排架长度 15.3 米。分别于 1969 年、2017 年 2 次接收进馆。检索工具有全宗指南、全宗介绍、案卷目录、全引目录、机读目录等。

三、档案内容

该全宗档案绝大部分案卷属资料性的，文书卷不多。档案主要内容有：

（一）省社联党组会议记录、各年度工作计划、意见、总结等；各研究所设置的意见、报告、报表、批复；各学会成立的报告、计划、机构设置、人员编制等。

（二）各类学术讨论会的组织、计划、简报、总结、报告等，如第一、二次孔子学术讨论会计划、情况简报、总结报告；义和团运动十周年学术讨论会通知、会议情况、计划、组稿等；关于召开经济理论讨论会的通知及王和卿等人写的经济论文；哲学学会开展的各项学术活动的通知、讨论座谈纪要、学术论文等。

（三）省委宣传部、省社联党组关于编书等情况的报告、简报等。如《哲学》《中共党史》《政治经济学》《山东省志》等编委会名单、编写计划、内容情况、简报等。

山东省科学技术委员会

（1957 ～ 2011 年）

全宗号　A033

一、机构沿革

1957 年 12 月，山东省科学工作委员会成立，夏征农任主任委员，同时成立数、理、化、生物、海洋、水产等 11 个不脱产的专业小组。1958 年年底，科委设办公室、新技术办公室、农林水处、工矿交通处、科技情报处。科联、科普合并为科学技术协会筹委会（简称科协），设组织部、学术部、编辑部。1959 年 5 月，省科学工作委员会改名省科学技术委员会（简称省科委）。1960 年省科委与省科学分院合署办公，各自保留名称。1962 年 9 月，省科学分院撤销。1967 年 2 月，省科委撤销。1968 年，省革委生产指挥部内设立科技组。1977 年 10 月，恢复科学技术委员会，全称为“山东省革命委员会科学技术委员会”，内部机构设办公室、科技干部处、政治处、一处、二处、三处、四处、五处、计划处等；1979 年 12 月，改为山东省科学技术委员会；2000 年第三轮政府机构改革，省科学技术委员会更名为省科学技术厅至今，内设处室有办公室、人事处、政策法规处、科技规划与资源配置管理处、重大专项办公室、基础研究处、科技合作处、高新技术发展及产业化处、国家自主创新示范区建设指导办公室、农村科技处、社会发展科技处、海洋科技处、机关党委等。

山东省科学技术委员会是省政府综合管理全省科学技术工作的职能机构，主要任务是对全省的科技工作宏观规划、指导、监督和协调，研究制定科技工作方针政策，组织重点科技项目攻关及搞好各项服务等工作。

二、全宗概况

该全宗档案形成时间为 1957 ～ 2011 年，档案数量为 2849 卷、5796 件，排架长度 72.35 米。分别于 1969 年、1994 年、2001 年、2012 年、2022 年 5 次接收进馆。检索工具有全宗指南、全宗介绍、案卷目录、全引目录、归档文件目录、机读目录等。

三、档案内容

（一）综合类　委主任办公会议记录、全省科技工作会议材料，本委综合性工作计划、工作总结；向上级领导机关的请示、报告，省委省府领导关于科技工作讲话、指示，国家科委、省委、省政府颁发的属于省科委机关主管业务执行的重要的文件材料；科技外事工作会议、出国考察、培训参展等文件材料；省委、省政府领导批办件，人大代表建议和政协委员提案；科技工作信息。

（二）党务类　党组会议记录、党组向上级机关的请求、报告，党组工作计划、总结、决定、决议、批复，党组对本机关干部的任免材料；机关党委的有关任免、统计等材料，机关党委关于政治理论学习的文件材料。纪检工作的文件材料。

（三）人事类　机构、编制、干部任免、离退休、奖惩材料；委直属单位专业技术人员专业技术职务评聘材料；干部、职工转正、定级、工资调整等材料；干部、职工行政介绍信、统计报表。

（四）共青团、工会类　机关团委的工作报告、计划、总结、任免及统计表等材料；机关工会的工作报告、计划、总结、任免及重要活动材料；职工教育材料。

（五）科技政策类　中央、省委、省政府有关科技体制改革方面重要文件材料；本委制定的有关政策、法规等文件材料。

（六）科技宣传类　上级机关关于科技宣传的有重要指导意义的文件材料；本委关于加强科技宣传工作的文件材料。

（七）科研机构类　本委及有关单位关于建立科研机构、科技开发机构的请示、批复、报表及科研机构改革的有关文件材料。

山东省卫生厅

（1950 ~ 2013 年）

全宗号　A034

一、机构沿革

山东省人民政府卫生厅，始建于 1945 年 8 月，当时称山东省卫生总局，1949 年 3 月，改称山东省人民政府卫生厅。1955 年，省人民政府改称省人民委员会，该厅改称山东省卫生厅。1967 年 2 月，在“文化大革命”中省卫生厅被撤销。1968 年 5 月建立省革委生产指挥部卫生办公室，负责全省卫生工作。1970 年 3 月，省革委生产指挥部设立山东省卫生局。同年 11 月改称山东省革命委员会卫生局。

1979 年 12 月，撤销省革委，成立省人民政府，省革委卫生局改为山东省卫生厅。2014 年 1 月 21 日，经研究，将省卫生厅的职责、省人口和计划生育委员会的计划生育管理和服务职责进行整合，组建省卫生和计划生育委员会，加挂省中医药管理局牌子，为省政府组成部门。新组建的山东省卫生和计划生育委员会，整合了原山东省卫生厅、山东省人口和计划生育委员会的机构和职责，优化配置基层医疗卫生和计划生育服务资源。山东省卫生厅的主要职能是：在山东省人民政府的领导下，负责本省的医疗卫生工作，根据卫生工作的方针、政策、法规，提出本省卫生事业发展规划和工作计划；贯彻预防为主的方针，组织防治和控制本省范围内危害人民健康的疾病；管理卫生机构和卫生人员；开展医学科研、医学教育、中医、爱国卫生运动、妇幼卫生、计划生育工作；管理医疗器械生产、中西药品的质量监督；对各行业实行卫生监督等。

二、全宗概况

山东省卫生厅全宗，上架排列总长度 536.85 米。共有按卷整理的文书档案 27942 卷，其中永久 7152 卷，长期 7397 卷，短期 1852 卷，定期 30 年 11541 卷。起止年代为 1950 ～ 2013 年。按件整理的文书档案 68372 件，其中永久 31800 件，长期 12280 件，定期 30 年 13524 件，短期 3206 件，定期 10 年 7562 件。起止年代为 1990 ～ 2013 年。该全宗按年度—保管期限—机构分类整理。建有全宗指南、全宗介绍、案卷目录、全引目录、归档文件目录和机读目录。

三、档案内容

（一）综合类　包括中共中央、政务院、卫生部、华东局、省委、省政府、省卫生厅关于卫生工作的指示、规定、通知等；厅党组会议记录、厅务会议记录、历次政治运动中的案件材料；卫生援外工作及支援坦桑尼亚医疗队的材料等。

（二）机构人事类　包括卫生部、华东军政委员会、华东卫生部、省府、省编委、省人事厅、省劳动厅、省民政厅、省卫生厅及所属单位关于机构编制、专业技术职务评聘、干部培训、任免、调配、审查、考核、奖惩、老干部离退休、工资、福利的报告、批复、统计报表等。

（三）科教类　包括卫生部、高教部、中国红十字会、省科委、省爱委会、省计委、省文教委、省卫生厅及所属学校关于成立医学科学研究委员会、开展农村卫生教育、高等医药学校的编制、合并、改变领导关系、举办学习班、出省进修的请示、报告、计划、批复等。

（四）医政类　包括卫生部、财政部、内务部、公安部、华东卫生部、省委、省政府、省人事厅、省监委、省卫生厅关于医院、疗养院管理、公费医疗、医疗事故处理、干部保健、结核病防治、农村卫生工作的规定、报告、处理意见、典型材料等。

（五）药政类　包括卫生部、工业部、商业部、华东卫生部、省民政厅、省供销社、省卫生厅关于药品管理、医疗器械管理、发放的通知、规定等。

（六）防疫类　包括卫生部、华东卫生部、省人委、省爱委会、省教育厅、省卫生厅关于卫生防疫工作、防痨、防治传染病、慢性病、职业病的通知、报告、计划、会议材料等。

（七）妇幼保健类　包括卫生部、省卫生厅关于妇女卫生工作、妇女病的调查、防治；儿童保健、妇幼工作的计划、总结、通知、报告、指示、规定等。

（八）计划生育类　包括卫生部、省计生办、省卫生厅关于节育、避孕工具、药品的生产、供应、计划生育工作的报告、总结、通知、规划、报表等。

（九）财务类　包括卫生部、省人委、省财政厅、省商业厅、省卫生厅、省总工会关于年度财务预决算、医疗经费划拨、卫生院、医院基建经费、宣传教育经费的计划、报告、批复、通知、报表等。

山东省卫生厅康复医院管理局

（1951 ～ 1965 年）

全宗号　A035

一、机构沿革

山东省卫生厅康复医院管理局，前身为山东省人民政府卫生厅康复医院管理处。该处于 1950 年 10 月为配合抗美援朝战争而建立。管理处下设 8 个医院。1951 年，该处改称山东省人民政府卫生厅康复医院管理局，下属 11 个康复医院和 1 个康复大队。1954 年 7 月，该局又改名为山东省卫生厅康复医院管理局。局机关内设秘书科、供给科、药材科、医防科、政治处。1953 年 10 月，该局内设的机构政治处扩建为山东省卫生厅康复医院政治部。

随着形势的发展及病员的减少，原有的康复医院和康复大队逐渐予以合并或撤销。1956 年，遵照中央卫生部指示，山东省卫生厅康复医院管理局、山东省卫生厅康复医院政治部撤销，并于 1957 年 1 月停止办公。

山东省卫生厅康复医院管理局属事业单位，在省卫生厅的领导下，直接推动、领导各康复医院业务工作的进行。

二、全宗概况

该全宗档案形成时间为 1951 年至 1965 年，于 1969 年接收进馆，进馆档案总数为 140 卷，排架长度 1.8 米，其中永久 22 卷，长期 81 卷，短期 37 卷。检索工具有全宗指南、全宗介绍、案卷目录、全引目录、机读目录等。

三、档案内容

（一）综合类　主要包括中央卫生部、济南军区、省卫生厅、康复医院管理局关于加强、改进康复医院工作的指示、通知；局务扩大会议文件，会议记录，党代会议文件，各医院院长联席会议文件；局党委历年工作计划、总结。

（二）组织人事类　主要包括省卫生厅、康复医院管理局关于颁布印章、更改机构名称的通知，各康复医院启用印章、更改机构名称的通知，各康复医院启用印章备案报告、通知；关于干部调配、干部任免的指示、通知、批复；提拔干部呈批履历表、退职人员证明书存根；本局及所属各康复医院撤销、移交的通知、清册；省军区关于部队干部转业、回乡、去荣军学校学习的批复等。

（三）医务类　主要包括各康复医院接收伤病员情况、伤病员出院情况统计表；部队医务人员、伤病员、物资、药品、器材移交表；医务人员工作制度、规划，医务工作总结，死亡事故调查处理专案等。

中共山东省委党校

（1950 ～ 2018 年）

全宗号　A036

一、机构沿革

中共中央山东分局，于 1949 年 4 月开办了山东分局党校，内部机构设有组织科、教育科、行政科和秘书室，校长由彭康兼任。1951 年 8 月，山东分局党校将“科”改为“处”，即设教务处、组织处、校务处，同时增设教学研究室。

1955 年 1 月，山东分局党校改为中共山东省委党校。同年 4 月，中共山东省委，根据中央决定在山东建立第四中级党校的精神，将省委党校、省行政学院、省政治学校合并成立中级党校，称为中共中央第四中级党校，夏征农兼任校长。该校教学部门设哲学、政治经济学、苏共党史、中共党史、党的建设 5 个教研室，行政部门设组织处、教务处、行政处和办公室，主要任务负责山东、苏北、皖北等地县级以上党员干部的理论培训工作，并于当年下半年开始轮训学员。同年9月，省委在济南设立中共山东省委第一初级党校，校长王力夫；在青岛设立中共山东省委第二初级党校，校长钮新农。

1958年9月，中共山东省委将中共中央第四中级党校改为中共山东省委党校，省委第一初级党校撤销，省委第二初级党校下放青岛市委领导。中共山东省委党校内部机构设有资料室及哲学、政治经济学、中共党史、党的建设、社会主义教育等5个教研室。

1957年7月至1962年4月，任质斌任党校校长；1963年3月，王众音兼任党校校长。

"文化大革命"期间，1968年12月党校被撤销。1972年6月重建省委党校。

2018年10月，机构改革中原省委党校、山东行政学院、省委省直机关党校三校合并，组建新的省委党校（山东行政学院），实行一个机构两块牌子。曹普南、白如冰、武开章、梁丰、李昌安、梁步庭、姜春云、赵志浩、吴官正、张高丽、李建国、姜异康、龚正、王文涛先后担任校长。

中共山东省委党校，是对党的中级干部和理论工作干部进行马克思列宁主义、毛泽东思想教育的学校，是中共山东省委在理论工作和思想工作方面的助手。

2022年，省委党校内设29个正处级单位，其中事业部门15个，参照管理部门14个。有哲学、经济学、科学社会主义、中共党史、党的建设、管理学、文史、政法8个教研部和马克思主义学院、校刊编辑部、图书馆、信息网络中心、研究生院、教师进修学院、合作交流学院等科研教辅机构。

二、全宗概况

馆藏中共山东省委党校全宗，共有档案3344卷、15893件，排架长度53.1米，包括永久809卷、8328件，长期2535卷、2640件，定期30年4925件，档案起止时间为1950至2018年。分四次接收进馆，首次是在"文化大革命"中接收进馆的。进馆档案按照保管期限—年度—机构分类法进行分类。全宗内档案检索工具有全宗指南、全宗介绍、案卷目录、全引目录、归档文件目录、机读目录等。

三、档案内容

（一）综合类　包括省委党校校务会、办公会、党委（扩大）会会议记录，关于招生、教学、学员教育的报告、计划、总结；学员思想情况简报；关于处理人民来信、阅读文件制度的决定、通知；关于职工生活、干部训练预算、发放刊物、修建校舍等工作的通知、计划、批复；本校制定的工作条例、章程、制度、年度工作计划、总结；本校的历史沿革、大事记、年鉴及与有关单位签订的各种合同、协议等。

（二）组织类　包括省委组织部、宣传部、省委党校关于组织机构调整、公布印模、干部职工审查、培训、选拔、任免、退职退休、调整工资、党费交纳等工作的通知、计划、总结、指示、通报、统计表、呈报表；干部训练班、工业班学员入学通知、学员登记表、学员毕业证书存根、毕业生分配意见表等；干部登记表、干部职工调动行政介绍信、转递档案材料存根、退职退休证明信存根；本校历史沿革、组织简介、人员编制及干部奖惩等。

（三）资料类　有《山东省党校历史情况》，专门记述了省委党校自 1938 年苏鲁豫皖边区军政干校至 1956 年中共中央第四中级党校的发展演变情况，各时期的训练任务，教学方针、教学内容等。

山东省政治学校

（1952 ～ 1969 年）

全宗号　A038

一、机构沿革

山东省政治学校，于 1952 年 10 月在山东大学政治系的基础上成立，关锋任校长。内部机构设校长办公室、教务处、教研室、总务处、人事科等。1955 年 7 月，山东省政治学校与省委党校、山东行政学院合并，成立中共中央第四中级党校。

1957 年 12 月，为贯彻中共中央“关于领导和帮助民主人士、资产阶级分子进行政治学习和理论学习”的指示精神，由政协山东省委筹建山东省政治学校附设工商讲习班，吴德忠任党组书记。该校内设办公室和教导处。1969 年 1 月，省革委决定撤销山东省政治学校。

山东省政治学校的职能是：培训中等学校政治教员、在职干部理论常识教员、县级宣传干部，进行系统的马列主义、毛泽东思想基础理论知识教育以及宣传工作业务知识教育。

二、全宗概况

该全宗档案的形成时间是1952～1955年、1957～1969年两个时期，于1961年和1969年分两次进馆，经整理后的档案共有103卷，排架长度1.08米。其中永久71卷、短期32卷。本全宗由于立档单位的变迁，同省委党校交叉，有部分材料划归省委党校全宗。该全宗档案材料按年代—问题组卷，检索工具有全宗指南、全宗介绍、案卷目录、全引目录、机读目录等。

三、档案内容

（一）综合类　包括山东省政治学校校务会议记录、总支会议记录、党组会议记录；教育、行政、总务、管理工作计划、规划、制度、总结；整风工作总结等。

（二）人事机构类　有省委、省政府、山东省政治学校关于人事任免、调配、奖惩、机构设置、编制的报告、批复、通知、命令、统计表、党团关系介绍信、行政介绍信、登记表、启用印章通知等。

（三）教学业务类　有省委、省政府、山东省政治学校关于举办民主人士自修班的通知；关于经费问题、招生、毕业生分配的计划、通知、总结、情况反映、简报、学员成绩表、部分学科讲义等。

山东省革命残废军人速成中学总校

（1949～1957年）

全宗号　A041

一、机构沿革

1947年3月，新四军军部、山东省政府决定成立华东荣誉军人学校总校，梁竹航任校长，孟东波任政治委员。

1949年2月，华东军区、山东省政府对荣军组织进行调整，将华东荣军总校第一总分校改为华东荣军总校，下辖原总校第五、八、十等分校；将原华东荣军总校改组建立山东省荣军管理局，并于同年4月正式成立。下辖原总校第一、三、四、七、十五等分校及疗养院、教养院，孙子权任局长。

1950年5月，山东省荣军管理局改为山东省荣誉军人学校总校，并直接领导4个分校。另设山东省人民政府荣军办事处，专责办理荣军复员事宜，行政上归民政厅领导。

1951年12月，山东省人民政府民政厅优抚局与山东省荣军总校合署办公。1952年8月，山东省荣誉军人总校改称山东省革命残废军人速成中学总校，下设第一至第七革命残废军人速成中学和文化补习学校、革命残废军人疗养院、教养院等10个单位，刘庸任总校校长。1956年，山东省革命残废军人速成中学总校大部分学员离校分配工作。因此，先后撤销了6所速成中学及文化补习学校，成立第二所教养院。至此，该总校下设速成中学1所、荣军疗养院1个、荣军教养院2个。1958年3月，山东省革命残废军人速成中学总校学员全部离校分配工作。同年5月，该总校正式撤销。

二、全宗概况

该全宗案卷起止年代为1949～1957年，于1963年接收进馆，进馆档案总数为1011卷，排架长度64.8米，其中永久187卷，长期77卷，短期747卷。检索工具有全宗指南、全宗介绍、案卷目录、全引目录、机读目录等。

三、档案内容

该全宗主要收入省荣军总校、省荣军管理局等单位的档案，主要内容有：

（一）综合类　有荣军总校、荣军管理局的党委会议记录、党代会文件、校长会议记录、局务会议记录；半年及年度工作计划、总结、报告等；《山东荣军》刊物底稿、《荣中校刊》存稿及人民来信等。

（二）机构人事类　有荣军总校、荣军管理局关于机构设立、撤销、更名、启用印章、干部任免、调配、人员编制的规定，通知、报告、批复；关于学员闹事、自杀、犯错误的处分、决定、结论等；党团员关系介绍信、行政介绍信、退伍证明书、退职人员介绍信存根、教员解聘书、各种人员登记表、花名册等。

（三）民政类　有荣军总校、荣管局关于荣军接收、教育、医疗、优抚、复员、分配、护送、供给及家属待遇方面的规定、通知、报告、批复等。

（四）基建类　有荣军总校、荣管局关于基建计划、征购土地、修建校舍、疗养院的报告、批复及工程合同、设计图、建筑图等。

（五）财务类　有荣军总校、荣管局关于经费支出标准、财务制度等的规定及经费支出总账目、财务预算核定书、决算表等。

（六）政治运动类　有“肃反”“三反”“五反”等政治运动的材料。

山东财经学院

（1958～1970年）

全宗号　A044

一、机构沿革

山东省财经学院，1958年建立，1970年撤销，历时13年。其间，学校经历了几上几下，内部机构和科系、专业设置变动也较频繁。其大体变化情况是：1958年，省委决定在省财贸口所属商业、合作、粮食、财政、银行等5所专业干校的基础上建立财经学院。该学院是一所具有党校性质的专门培养财贸系统在职干部的高等专业学校，由省委、省人委统一领导，省委财贸部具体分管；设预科和专科，分财政、金融、粮食、商业4个系，同时附设干部文化补习学校、鲁医学校和计划统计学校。1961年，省委决定将山东省财经学院改为一所正规高等学校，学校的基本任务和培养目标是培养有社会主义觉悟、有文化的财经专门人才。学校设本科、专科，计统财会、外贸两个系和国民经济计划、统计、外贸经济3个专业。1963年，根据中央教育部召开的全国文科高等院校的专业调整会议精神，该院由原3个专业调整为工业企业财务、商业经济、对外贸易及财政与信贷4个专业。1970年，山东省革委决定将该院撤销。该校自1958～1961年由陈文其任院长；1962～1970年，由李予昂任院长。

二、全宗概况

该全宗档案形成于1958～1970年，于1973年前接收进馆，进馆档案总数为152卷，排架长度4.5米，其中永久70卷，长期82卷。检索工具有全宗指南、全宗介绍、案卷目录、机读目录等。

三、档案内容

（一）综合类　主要有省委及该院形成的关于学院筹建的报告、批复及基建等方面的文件材料；有该院机构设置、机构调整、人员编制、干部任免、调配、奖惩、工资调整等方面的文件材料；有该院1966年召开的第一次党代会，1964 年召开的团代会形成的文件；有该院 1959 ～ 1966 年院党委会议记录；有该院制订的各项法规、条例，如教务处工作暂行条例、教学研究室工作暂行条例、系行政工作试行条例、交通工具暂行管理办法、科学研究委员会工作条例等；有该院开展“整风”“反右”运动的意见、总结报告及对有关人员的处分决定、甄别意见。

（二）教务类　有山东财经学院及省教委形成的关于学制、规模和科系、专业设置等方面的意见、报告及上级批复；有该院及各专业年度教学方案、教学计划、开展教育革命进行教育改革的方案及有关专业培养目标等问题的调查报告；关于招收新生的计划、学生学籍管理、成绩考核、奖惩、处分方面的文件材料；关于毕业生分配、调配、派遣方面的计划、意见、报告；有该院关于函授教育管理试行办法，函授夜校招生简章等。

济南工学院

（1952 ～ 1964 年）

全宗号　A045

一、机构沿革

济南工学院，于 1962 年 9 月改建成立。该学院的前身几经变化，早于 1951 年 9 月，在工人文化补习学校基础上成立了山东省人民政府工业厅中等技术学校，内设化工、电机、土木、纺织等专业，其业务由省工业厅领导。1952 年 10 月，该校改名为山东省济南工业学校，增设机械专业，次年，又将纺织专业、土木专业调往青岛。1956 年，该校专业调整，将机械专业分设为金属切削、铸造、金属热处理、农业机械制造 4 个专业，将电机专业调往天津，化工专业调往北京，随之校名改为济南机器制造学校。1958 年，该校又改名为山东机械工业学院，隶属于山东省机械工业厅领导，学校设通用机械系、专用机械系和中专部。1961 年年底，中专部调往兖州。1962 年 9 月，山东机械工业学院与山东水利学院合并，命名为济南工学院，内设农业机械系、矿山机电系、农田水利工程系。其党政工作分别归省委、省教育厅管理。1964 年 10 月，济南工学院撤销。

济南工学院主要任务是培养有社会主义觉悟的、有马列主义基础理论知识、有高等科学技术知识、身体健康的高级工业技术干部。

二、全宗概况

该全宗档案，在学院撤销后接收进馆，档案所属年代为1952～1964年。1980年7月，鉴于该立档单位已经撤销，档案形成时间已久，对该全宗档案进行了重新鉴定整理。现馆藏该全宗档案总数为336卷，排架长度7.2米，其中永久188卷，长期53卷，短期95卷。检索工具有全宗指南、全宗介绍、案卷目录、全引目录、机读目录等。

三、档案内容

该全宗档案基本上反映了济南工学院的成立、发展至撤销的过程。其主要档案材料有：

（一）学院发展的几个阶段的文件材料，确定学校名称及更换学校校名、颁发印章的报告、批复、通知等。如山东机械学院、水利学院合并为济南工学院的方案、报告等文件材料。

（二）党委会议记录，院务委员会及行政会议记录，教务工作规章制度、工作计划、报告、总结、意见等文件材料。如关于组织人事、监察、机构调整、干部配备等党委会议记录；1962年教育工作条例、计划、高等学校工作会议纪要、专题介绍等文件材料。

（三）有学院招生、学生生产实习、毕业生分配等工作计划、意见、总结等文件材料。如1957～1962年毕业生领取证书登记表；毕业班学生登记表、卡片等档案材料；山东机械工业学院、济南工学院1958～1964年学生名册及学生统计表。

此外，还有机器制造学校、机械工业学院及济南工学院各届毕业生合影、入党宣誓、五好民兵、先进单位、先进人物及师生支援农业等照片档案，有财务工作中形成的会计档案。

中国人民解放军济南军区山东生产建设兵团

(1970 ～ 1975 年)

全宗号　A046

一、机构沿革

中国人民解放军济南军区山东生产建设兵团（简称山东生产建设兵团），于 1971 年 2 月经国务院、中央军委批准组建，同年 10 月正式成立。1975 年奉命撤销。山东生产建设兵团是为贯彻“备战、备荒、为人民”的方针，按照人民解放军的建军宗旨和原则建立的。平时以生产为主，劳武结合；战时一面打仗，一面生产，是政治、军事、经济三位一体的生产建设部队。

二、全宗概况

该全宗主要包括兵团党委、司、政、后机关以及辖属的 3 个师、15 个团、4 个独立营工作中形成的文件材料，共 231 卷，排架长度 3.6 米，其中永久 121 卷，长期 91 卷，短期 19 卷，起止年代为 1970 ～ 1975 年。检索工具有全宗指南、全宗介绍、案卷目录、机读目录等。

三、档案内容

（一）省革委、济南军区、省军区、山东生产建设兵团关于兵团工作的计划、规划、报告、总结，兵团党代会、团代会文件，兵团党委、各师党委常委会议记录，领导同志的重要讲话，各种调查报告，各项登记统计材料。

（二）有关兵团机构设置、撤销、移交、人员编制，干部调配、任免，职工工资调整、劳保福利，处理违纪干部，征招兵团战士，安置复退人员等工作的命令、指示、通知、报告、批复。

（三）关于基本建设、工农业生产、征用土地、处理民事纠纷、建设人防工程等问题的计划、报告、批复。

（四）有关财务管理、物资供应、清仓核资、卫生防疫、税收等工作的计划、报告、指示、批复等。

（五）有关军事训练、武器装备、通信、战备、安全保卫工作以及开展政治活动中形成的文件材料。

山东省革命委员会

(1967 ～ 1985 年)

全宗号　A047

一、机构沿革

1967 年 2 月 3 日，全省 25 个群众组织联合召开群众大会，宣布夺了中共山东省委、山东省人民委员会的领导权，成立了山东省无产阶级革命造反派大联合革命委员会。2 月 23 日，山东省无产阶级革命造反派大联合革命委员会改名为山东省革命委员会（简称省革委）。

省革委开始是党政合一的机构，替代原省委、省人委的工作，负责贯彻中共中央、国务院、“中央文革领导小组”、中央军委的各项方针、政策、指示，领导全省的政治、经济、文化等全面工作。1971 年 4 月，成立中共山东省（第三届）委员会，撤销省革委党的核心领导小组，省革委成为省级行政机关。

1967 年 5 月，中共中央任命王效禹为山东省革命委员会主任，杨得志为第一副主任。批准韩金海、王竹泉、赵修德为副主任。1969 年 5 月，省革委副主任韩金海被停职接受审查、王竹泉离职。1969 年以后，中共中央相继任命袁升平、李水清、李耀文、穆林、张富贵、张桂秀、白如冰、苏毅然、曹普南为省革委副主任。1971 年 3 月，中共中央决定撤销王效禹省革委主任职务，杨得志任省革委主任。1974 年 11 月，中共中央决定白如冰任省革委主任。1977 年 12 月，山东省五届人大第一次会议改选了省革委，白如冰当选为省革委主任，苏毅然、秦和珍、厉日耐、李振、高启云、李子超、刘秉琳、张富贵、姚士昌、武开章、宋一民、杨波、刘鹏、朱本正当选为副主任。之后，还有赵峰、张敬焘、朱启民、高克亭、赵林、强晓初、王众音、徐雷健、徐建春（女）、郑子久任省革委副主任。

1979 年 12 月，山东省五届人大第二次会议，根据中共中央新《组织法》的规定，选举产生了第五届山东省人民政府，同时撤销了山东省革命委员会。

省革委建立初期，内部设办公室、政治部、生产指挥部和政法组。

1971 年 4 月，中共山东省委成立后，省革委办公室同时又是省委办公室。1977 年 1 月，省革委生产指挥部撤销，省革委办公室与省委办公室开始分设，以原省革委生产指挥部办公室为基础，建立省革委第二办公室，对外使用省革委办公室的名义，直到 1979 年 12 月撤销省革委为止。先后任省革委办公室主任的有庄中一、刘长茂、张子石、许森、于克颖。

1968 年 5 月，省革委设立山东省革委政治部。陈风来、曹普南先后任省革委政治部主任。该部负责“文化大革命”前省委组织部、宣传部、统战部、省人事局、文化局、教育厅以及群众团体等方面的工作。1974 年 1 月，中共山东省委撤销省革委政治部，设立省委组织部、宣传部、统战部。同年 2 月，省革委设立人事局、教育局、文化局。

省革委生产指挥部于 1967 年 3 月成立。该部负责全省的国民经济计划、农林、工交、财贸、民政、卫生、科技等方面的工作。杨国夫、穆林、白如冰先后任生产指挥部领导小组组长。1977 年 1 月，中共山东省委撤销省革委生产指挥部。

二、全宗概况

该全宗包括省革委、省革委政治部、生产指挥部、山东省革命委员会省直文革小组（简称省直文革）、清查敌档办公室、清查“5·16”小组办公室、省大中专毕业生分配办公室（省人事厅毕业生分配处将 1981 年至 1985 年毕业生分配办公室部分善后工作的档案一并归入该全宗）、重点工程会战指挥部以及“一打三反”等临时办公室的档案，共有档案 3577 卷，排架长度 48.6 米，其中永久 658 卷，长期 1663 卷，短期 1256 卷，另有录音带 56 盘、电影纪录片 1 盘，档案形成时间为 1967 ～ 1985 年。

省革委全宗，由省委办公厅和省府办公厅分别于 1979 年、1987 年移交给省档案馆。本馆于 1981 年对该全宗（不包括生产指挥部）档案进行了鉴定整理。全宗内各单位的档案主要按年度—问题和年度—组织机构方法组卷，每个单位案卷的不同保管期限各编 1 个目录号。省革委案卷编为 01、02、03 目录，省革委政治部案卷编为 04、05 目录，清查敌档办公室案卷编为 10、11 目录，省“一打三反”办公室案卷编为 14、15 目录，省大中专毕业生办公室案卷编为 16、17 目录，重点工程会战指挥部案卷编为 18、19 目录，省生产指挥部案卷编为 20 ～ 28 目录。检索工具有全宗指南、全宗介绍、案卷目录、全引目录等。

三、档案内容

（一）山东省革委文书档案主要内容

1. 综合类　中央领导同志在“文化大革命”中的重要讲话、指示；中共中央、中央文革、省革委关于开展“文化大革命”的指示、意见、通知；中共中央关于人民解放军“三支两军”工作的通知、决定、布告；山东省造反派的夺权通告、告全省人民书、给毛主席的致敬电；省革委常委会和党的核心领导小组会议记录；省革委、济南军区关于“文化大革命”问题给中央的报告；省革委有关征用土地、防空战备、民兵建设、侨务外事、拥军优属、知青下乡等工作的意见、报告、通知；人民来信、群众组织传单、大字报汇编、介绍信存根等。

2. 组织类　省革委关于机构设置、人员编制、干部任免的决定、通知；关于各地（市）、省直机关、大专院校建立和改组革委会、党的核心领导小组的通知、决定、批复；关于召开山东省第三次党代会和选举第四届全国人大代表的方案、意见；关于启用印章、行政区划、大中专毕业生分配、举办毛泽东思想学习班、清理阶级队伍等工作的通知、意见、决定。

3. 经济建设类　省革委下达的各年度国民经济计划和经济技术指标；关于财政金融、交通运输、邮政通信、口岸工作、渔业生产、三线建设等的意见、报告、通知；关于解决土地纠纷、抗旱防汛、“农业学大寨”、治理河流、人口统计、粮棉价格、征用、划拨土地等的意见、决定、批复、报告；关于安全生产、招工、转正定级、老弱病残职工安置等工作的规定、通知。

4. 文教卫生类　中央、省革委关于在大专院校、中学开展“文化大革命”和选派工宣队进驻学校的意见、规定、通知；省革委关于调整教师队伍、学生集训和开展教育革命的意见、决定；关于加强农村广播网、影片回收、学习样板戏、出版发行毛主席著作，取缔非法印刷品、古迹维修、防治地方病等工作的通知、意见、决定。

（二）省革委政治部文书档案主要内容

1. 省革委政治部办公会议和党的核心小组会议记录；全省政治工作座谈会纪要、负责人讲话和典型发言材料；省革委政治部关于机构设置、调整、移交、干部任免、人员处理的意见、请示、报告、批复；全省工宣队工作座谈会会议纪要和负责人讲话；省革委政治部关于整党建党、整团建团、整顿群众组织和举办学习班的意见、报告、决定；关于大中专学生分配计划、工资待遇、招收演员和讲解员的通知、批复；关于外事、侨务、统战工作的请示、报告、批复。

2. 省革委政治部关于清查“5·16”运动的动员报告、实施意见、人员统计表；关于部分事件清查情况的请示、报告、证明材料；省内大专院校和省直文化系统清查运动情况的工作报告、计划和情况简报。

（三）省直文革文书档案主要内容

1. 省直文革关于省直机关解放干部、建立革委会领导小组的规定、指示、批复；关于启用印章、建立核心小组和党团支部、清队、整党工作的通知、报告、批复；省直文革小组会议记录；有关人员的处理报告、批复；省直文革系统各单位人员名册；省直文革党组织、党员、干部统计年报表；各级干部、工勤人员退休档案和退职人员有关材料；省直文革党员关系信、退休人员介绍信存根等。

2. 省文联革委会各种会议记录、省文联有关人员的处理报告、批复等。

3. 省革委负责人在毛泽东思想大学校首批学员学习班的讲话；省革委惠民、济宁、沂源毛泽东思想大学校的会议记录、工作安排、学习计划、工作简报等。

4. 省阶级教育展览馆关于干部任免、人员编制、调整工资的报告、意见、通知；关于财物、展品处理等问题的报告、批复；省阶级教育展览馆关于改装设计建筑、安装工程项目的委托合同书；各种人员统计表、党团员关系介绍信存根等。

（四）省清查敌档办公室文书档案主要内容

1. 全省清查敌档工作会议文件。

2. 省清查敌档办公室关于敌伪档案保存情况的报告、说明和统计表；关于清查敌档工作的总结、规定、情况报告；省清查敌档办公室的党委会议和办公会议记录。

3. 关于敌伪组织资料汇编、人员名册、清查敌档工作简报。

（五）省清查“5·16”联合专案小组办公室文书档案主要内容

1. 中共中央、山东省委关于清查“5·16”运动的指示、通知、决定。

2. 全省清查“5·16”运动情况座谈会文件和“5·16”组织线索材料。

3. 省清查办关于清查工作向省委的请示报告、汇报提纲；专案小组会议纪要、记录；省清查办对有关事件和人员的调查、处理材料。

4. 省直机关、省属企业和各地、市清查“5·16”运动上报材料。

5. 清查工作简报、人民来信存根等。

（六）省革委“一打三反”等4个临时办公室文书档案主要内容

1. “一打三反”（打击反革命破坏活动、反对贪污盗窃、反对投机倒把、反对铺张浪费）办公室：关于贯彻执行中共中央“一打三反”指示的意见；关于“一打三反”运动的总结报告、统计表和负责人讲话；关于清查群众组织、举办学习班的报告；对有关单位“一打三反”运动情况报告的批复。

2. 清理阶级队伍办公室：关于做好清队定案处理工作的请示报告；关于建立清队办公室和领导小组的通知、报告；全省清理阶级队伍工作会议纪要、典型材料、简报；1970年清队工作要点和全省清队工作总结。

3. “一打三反”落实政策办公室、关于全省“一打三反”运动情况和进一步落实政策的意见的报告；全省“一打三反”落实政策座谈会文件等。

4. “两打”（打击阶级敌人的破坏活动、打击资本主义势力）办公室：关于“两打”工作的意见、请示、报告及负责人讲话；有关案件人员、赃物、赃款的处理通知、统计表；各地、市开展“两打”工作的意见、请示、报告；“两打”情况简报等。

（七）省大中专毕业生分配办公室文书档案主要内容

1. 中央有关部、委和省大中专分配办公室关于1966～1968年三届大中专毕业生分配工作的通知、计划、总结。

2. 省直各部门、各地、市需要毕业生计划。

3. 全省各大中专院校毕业生的按名分配表；全省各大专院校在解放军农场锻炼的毕业生分配名册。

4. 各地、市、省直部门毕业生分配工作总结、简报。

（八）省重点工程会战指挥部文书档案主要内容

1. 省重点工程指挥部关于工程会战、干部管理、“一打三反”运动、政治工作等问题的请示、报告、意见、通知。

2. 会战系统各类干部统计表、党组织、党员统计表。

3. 全省重点工程工作会议典型材料等。

（九）省革委生产指挥部文书档案主要内容

1. 综合类　省革委生产指挥部核心领导小组办公会议记录、工宣队会议记录；全省生产指挥部工作会议、省直各系统专业会议通知、会议纪要和负责人讲话；省革委生产指挥部关于机构设置、改变隶属关系、人员编制、启用印章的请示、报告、通知、批复；关于干部任免、调动、职工工资转正、定级的通知、决定、批复；关于安置归国华侨、接收援外任务和外国实习生的报告、通知、批复；生产指挥部党员、干部情况统计年报表。

2. **政工类**　生产指挥部关于建立、调整省直各部门革命委员会和核心领导小组的报告、批复；有关人员任职、处分的请示、报告、批复、决定；关于整党建党、整团建团工作的意见、通知；关于清理阶级队伍、“一打三反”运动中定案处理工作的决定、批复。

3. **计划统计类**　省革委生产指挥部关于全省国民经济发展计划的统计年报和五小工业生产计划的通知、报告；关于部分基建工程项目计划、设计、投资和审查工作的报告、批复；关于部分工矿企业的设计任务书和建设选址、扩建改造的请示、报告、批复；关于物资供应、设备管理、价格调整、新产品试制、援外项目协作等工作的通知、报告、意见；关于1974—1975年科技发展计划的通知。

4. **工业交通类**　生产指挥部关于部分企业合并、迁移、归口和下放管理权限等问题的报告、批复；关于修建扩建公路、铁路、港口、运河复航工程的通知、报告、批复；关于编制调整科研计划、重点项目计划、召开科技工作经验交流会议的通知、报告；关于地方电业、开发小煤矿、改革邮电体制、工程设备配套、军工生产等工作的通知、报告、批复。

5. **财粮贸易类**　生产指挥部关于财政收支预算、控制集团购买力、流动资金管理、经费分配等问题的通知、报告、规定；关于原料、物资的供应、分配、保管和建立出口基地的请示、通知、批复、报告；关于粮棉、花生、蔬菜、水果、生猪生产、运销、征购、储存等工作的报告、通知、规定、指示；关于加强市场管理、发放各种票据的报告、通知。

6. **农林水利类**　生产指挥部关于防汛、防凌和黄河治理工作的指示、报告、通知；关于黄河河口和其他河流的综合治理、展宽、改道和东调工程的报告、批复、设计图纸；关于水库移民、渔民陆地安置、渔业设备管理、春季造林绿化等工作的报告、通知、意见。

7. **民政卫生类**　生产指挥部关于征用土地、分配救济款、安置退伍军人、慰问烈军属等工作的通知、意见、报告、规定；关于开展爱国卫生运动、计划生育、预防传染病、组织献血队伍等工作的报告、批复、通知；关于医疗器械生产、降低药品价格等问题的报告、通知。

山东省质量技术监督局

（1949 ~ 2018 年）

全宗号　A048

一、机构沿革

山东省标准计量局前身是 1948 年接收的济南度量衡检定所。1956 年 11 月，改名为山东省计量管理局，直属省商业厅领导。1957 年 5 月，该局改由省重工业厅领导，其内部机构设有秘书科、监督科、技术研究科、检定科。1958 年 4 月，该局改由省科学技术委员会领导，其内部机构改设为秘书科、监督科、检定科。1959 年 11 月，山东省计量管理局改名为山东省计量标准局。1967 年 2 月，省科委被取消，该局由省革委生产指挥部科学技术办公室领导，后来又改名为省标准计量局。1977 年 12 月，该局由处级单位提升为厅局级单位，作为省革委职能工作部门，定名为山东省革命委员会标准计量管理局。

1983 年，省标准局与省计量局合并，组建山东省标准计量局（副厅级），为省政府主管全省标准化和计量工作的职能部门，归属省经委领导。主要负责全省的标准化、计量、产品质量监督检验和优质产品评选等工作的管理、组织协调、检查监督和有关的执法工作。

1992 年 12 月，山东省标准计量局更名为山东省技术监督局，更名后其机构规格、职能、人员编制及隶属关系等不变。2000 年 1 月，省政府确定：省技术监督局改为省质量技术监督局（正厅级），为省政府直属机构。省质监局内设办公室、计划财务处、政策法规处、组织人事处（挂离退休干部处牌子）、质量处（挂省工业产品生产许可证办公室牌子）、监督管理处、标准化处、计量处、认证处、锅炉压力容器安全监察处、政治工作处 11 个职能处室和机关党委。主要职责是：领导省以下质量技术监督部门正确执行国家有关质量技术监督的法律法规和方针政策，履行法定职责规定的质量技术监督职能。

2018 年机构改革中被撤并。

二、全宗概况

该全宗馆藏共有档案 3629 卷、22519 件，排架长度 19.9 米，档案起止时间是 1949 年至 2018 年。分别于 2018 年以前、2018 年两次进馆，其中永久 2344 卷、13552 件，长期 1285 卷、3014 件，定期 30 年 5908 件，定期 10 年 45 件。案卷按年度—组织机构分类排列。该全宗建有全宗指南、全宗介绍、案卷目录、全引目录、归档文件目录、机读目录等检索工具。

三、档案内容

该全宗档案主要内容有：

（一）综合类　有国家计量局关于加强地方计量检定管理办法、收费标准及各项规程的规定、指示、办法、通知，该局历年工作计划、总结等文件材料；省编委、商业厅、工业厅关于计量机构编制的报告、批复；局务会议记录；有该局基建计划、房屋修缮合同、仪器购置和分配意见；办公楼设计图纸等。

（二）组织人事类　该局有关开展“肃反”“整风”“反右”运动的材料、总结；有该局内部机构设置、人员调整、干部任免、奖惩、转正等问题的报告、批复、决定；干部介绍信存根、本局干部统计表；成立计量标准学会的材料。

（三）业务类　各类业务工作会议材料，如全省计量工作会议情况及今后意见的报告、全省计量和标准化工作经验交流会通知、总结等文件材料、全省计量工作为农业服务座谈会材料；全省度量衡器检定、管理办法的报告、批复，有度量衡检定所衡器管理条例、总结等全省度量衡器检定情况调查表；本局、省直有关厅局关于棉花、烤烟、蓖麻、蚕、机械等标准、通知。

（四）财务类　主要是该局历年会计总账、预算、决算等材料。

山东省储备物资管理局

（1949 ～ 2008 年）

全宗号　A049

一、机构沿革

山东省储备物资管理局前身机构几经更名，后为山东省财政厅物资管理局。早在1950年1月，即成立了山东分局整编节约委员会清查物资委员会，郭子化任主任。同年5月，该机构撤销。同时，成立全国仓库物资清查调配委员会华东分会山东支会，郭子化仍任主任。该机构下属有各专区、市、县的仓库。其主要任务是处理接收山东地区的敌伪库存物资的管理工作。

1952年，经山东省人民政府批准，山东省财政厅物资管理局以全国仓库物资清查调配委员会华东分会山东支会为基础建立。

1955年，省人委将省财政厅物资管理局更名为山东省储备物资管理局，为省人委的组成部分，由省计委分管。其隶属关系采取双重领导制，行政上受省人委领导，具体工作由省计委负责，业务上受国家物资储备局领导，省计委负责指导监督。1956年6月，该局内部机构设办公室、仓储科、人事科、基建科、会计科等。

1958年，省人委将省储备物资管理局并入省计委，作为省计委的直属机构，名称改为山东省计划委员会储备物资管理局。

1963年9月，根据中共中央、国务院关于国家物资储备局省、市机构改为垂直领导的通知精神，山东省储备物资管理局改为国家物资储备局山东储备物资管理局，由省委组织部与省人委人事局协助国家物资储备局管理，党的关系属省级机关党委负责。

1967年，国家物资储备局山东储备物资管理局撤销，山东省的物资管理工作由国家储备物资局华东办事处直接领导。

1970年，山东省革命委员会生产指挥部计划办公室国家储备物资组成立，王善臣任组长，内设业务、财务、政工、基建、办事等5个组。该组由山东省物资局领导，业务上受国家计委物资局直接领导。

1973年10月，根据国务院有关文件精神，山东省储备物资管理局恢复，实行国家计委和省计委双重领导，列事业编制。

1996年，山东省储备物资管理局进行了机关机构改革暨国家公务员过渡工作。内设机构共有10个处室，分别是办公室、物资管理处、财务处、仓库管理与基本建设处、劳动人事处、保卫处、经营指导处、监察与审计处、直属机关党委、离退休人员管理处。5月成立机关服务中心。1988年至2001年，宋文源、张彤兵先后担任局主要领导。

中华人民共和国成立初期储备部门，主要任务是处理接收敌伪库存物资。之后，随着仓库物资处理工作的完成，其主要任务又演变为：管理国家掌握的战略储备物资，主要用于防备战争、防备灾荒、防备国民经济重大失调。

二、全宗概况

该全宗档案形成年代为 1949 ～ 2008 年，档案数量为 1936 卷、1440 件，排架长度 28.22 米。分别于 1989 年、2016 年、2022 年 3 次接收进馆。1989 年进馆档案总数为 652 卷，2016 年接收进馆档案 1284 卷，2022 年接收进馆档案 1440 件。检索工具有全宗指南、全宗介绍、案卷目录、全引目录、机读目录等。

三、档案内容

全宗内档案主要包括以下几方面内容：一是上级单位制发的文件，需要贯彻执行的会议文件，上级领导的重要讲话、指示等；二是本局党、政及业务工作中形成的历史纪录和有保存价值的各种文件材料；三是下级单位报送的重要年度工作计划、要点、总结，以及经本局批复的文件材料；四是本局的人事任免、机构变化、请示、报告、批复、通知、总结、会议文件等。

（一）综合类　包括该局年度工作计划、总结、报告等；历年局务会议记录以及上级有关的会议记录材料等。

（二）机构人事类　包括该局关于机构设置、隶属关系变更、人员分配、调动、编制、待遇、干部任免、调配等方面的通知、报告、批复，以及对有关犯错误人员的审查材料、结论、报告、处理意见等。

（三）政治运动类　包括该局历次政治运动的材料。

（四）物资储备、管理类　包括该局关于储备物资清理调配的价拨、统计、接收、处理、保管、检验、技术鉴定、维修、存储、管理制度等方面的通知、报告、批复；关于储备物资经费、纳税报解、收入及财务计划方面的通知、报告；历年的财务预、决算表；关于益都仓库、济南总库、二五二工程、三七二工程等仓库的基建计划、设计、施工情况、竣工验收、基建财务预决算等的报告、批复、通知；关于仓库安全保卫工作的措施、规定、办法、通知等，以及一些具体的业务工作会议文件。

山东进出口商品检验局

(1949 ～ 1999 年)

全宗号　A050

一、机构沿革

山东进出口商品检验局前身是青岛商品检验局，于 1949 年 12 月成立，受中央人民政府贸易部国外贸易司商品检验处和山东省国外贸易管理局青岛分局双重领导。内部机构设有总务科、业务科。姜维任局长。1950 年 5 月，青岛商检局改称中央人民政府贸易部青岛商品检验局。机构设置为：秘书科、总务科、报检科、农检处、畜检处、化检处、烟台筹备分处。同年 12 月，烟台商品检验处正式成立。1951 年 3 月，青岛商检局增设海务衡量鉴定处。1952 年 9 月，赵明甫任局长。1954 年 3 月，成立青岛商检局驻济宁工作组。同时局内进行机构调整，设公证鉴定科、检务科、农检室、畜检室、化检室、人事科、秘书科。段生耀任局长。1959 年 10 月，王明之任青岛商检局局长。同年 11 月，设立济南商品检验处。1960 年 11 月，遵照国务院“关于各地商检局体制下放”的指示精神，青岛商检局下放到山东省对外贸易局，以省外贸局领导为主。1961 年 1 月，赵善普任青岛商检局局长。1967 年 2 月，青岛商检局改称青岛商品检验局生产指挥部。1973 年 2 月，青岛商检局改称中华人民共和国青岛商品检验局。1975 年 9 月，局内机构设办公室、政工组、秘书科、业务科、化检室、畜检室、动植物检疫所，烟台商检处、济南商检处。1984 年青岛商检局更名为山东进出口商品检验局。

1997 年 5 月 12 日，山东商品检验局机关机构设置包括 13 个行政处室、5 个事业单位和 1 个企业单位，行政处室有办公室、人事教育处、政工处、监察审计办公室、行政财务处、科技处、检验鉴定管理处、监管认证处、检务处、检验一处、检验二处、检验三处、鉴定处；事业单位有综合检测中心、质量体系评审中心、评估鉴定事务所、机关服务中心、商检协会；企业机构有商检公司。

1989 年至 1999 年，刘金祯、葛志荣、邢德茂先后任主要领导。

山东进出口商品检验局是统一监督管理全省进出口商品检验业务的主

管机关。

二、全宗概况

该全宗档案先后于1989年11月、1998年5月、2015年9月分三次接收进馆。2022年馆藏该全宗档案共4578卷，排架长度46.8米，其中永久1633卷，长期2945卷。全宗内档案的形成时间为1949～1999年，先后按年代—问题、年度—机构法分类排列。检索工具有全宗指南、全宗介绍、案卷目录、机读目录等。

三、档案内容

全宗内档案的主要内容有本机关召开各种会议、举行重大活动形成的文件材料；本机关制发的各项办法、决定、规定、指示、通知等；本机关向上级机关的请示及上级机关的批复；本机关的组织机构沿革、大事记；各内设机构制定的工作计划、总结及本机关在业务、行政、人事、教育、党团等各项工作中形成的具有参考利用价值的文件材料。具体包括：

（一）综合类　包括全国商检局长会，进出口商品检验会，外贸经理会，农检、棉检、化检会，省商检局局务、检务会会议记录；年度工作总结、工作计划、商检工作十年规划、十年总结；关于公文处理、档案管理、保密、调研工作的通知、决定；关于行政经费领报、公费医疗、保险、工作事故检查的规定、决定、通知、意见；关于各项会计制度、财政预决算汇总、收支对照、资产清估、赃款处理等财会工作材料。

（二）机构、人事类　包括青岛商检局及其上级机关关于机构设置、调整、启用新印章、干部任免、人员编制、干部花名册、对犯错误干部的处理、领导关系、退役军人安置的报告、批复、通知、决定；关于职工转正、定级、工资评定、福利待遇、遗属生活补助的请示、批复、通报。

（三）商检法规类　包括中贸部、华东贸易部、省商检局制定的商品检验标准、商检条例及实施细则、植物检疫法令、输入商品细则草案、商检规章汇编、包装检验规定、标记包装法令、样品管理办法，登记鉴定操作规程、商检规章制度等。

（四）公证鉴定类　包括青岛商检局及其上级机关关于重量鉴定、品质鉴定、残损鉴定、积货鉴定、衡量、公证鉴定收费、证书签发、证书格式用语、公估工作、易地签证、伪造证书案等工作的规定、决定、报告、意见、通知、资料等。

（五）检务类　包括中贸部、华东贸易部、青岛商检局关于检发和修改检验标准、国内外对商检工作的反映意见、商品扦样、商品封识、品质包装检验、索赔查验、开验新商品、商检种类、检验费、报验签证、进出口商品签证、放行、换证、验余样品处理及受理报验、船舱检视、监装、货物配载、检务工作手续的通知、规定、报告、指示、批复、意见等。

（六）农、畜、化检验类　包括青岛商检局关于对棉花、花生、大米、稻谷、苹果、烟叶、茶叶、豆类、蔬菜、柞蚕丝绸等农副产品的扦样方法、检验标准、通知、报告、批复；关于对猪鬃、羽绒、肠衣、动物皮、肉蛋、鸡、鸭、鱼畜产品的品质、规格、包装的检验标准、通知、报告；关于对矿产品、植物油、食盐、橡胶、动物胶、药材、酒、罐头、颜染料、甘草、硼酸等商品的检验标准、通知、报告、规定。

山东省高级人民法院

(1949 ～ 1966 年)

全宗号　A051

一、机构沿革

1945 年 8 月，山东省政府设立司法厅，省政府主席黎玉兼任厅长。该厅既是审判机关，又是司法行政机关。1947 年年底，省司法厅的工作因战争停顿，有关工作由公安总局和民政厅办理。1948 年 8 月，省政府决定恢复司法厅。1949 年张伯秋任厅长。省司法厅内部机构设秘书室、行政科、审理科。

1950 年 10 月，省司法厅改称为省人民法院，张伯秋任院长。省人民法院内部机构设办公室、司法行政处、刑事审判庭、民事审判庭、经济建设保护庭。

1954 年 9 月，省人民法院改称为省高级人民法院。1955 年 3 月，经省人代会选举，杨宣武任院长。同时，省人委决定恢复司法厅建制，省法院的司法行政工作移交省司法厅。1956 年 9 月，王云生任省高级人民法院院长。1959 年 12 月，省人委又撤销了省司法厅，司法行政工作移交省高级人民法院办理。截至 1966 年，省法院的内部机构设办公室、司法行政处、人事处、刑事审判庭、民事审判庭。

该院的主要职能是：审判刑事案件和民事案件。通过审判工作惩办一切犯罪分子，解决民事和经济、行政纠纷，保证人民民主专政，维护社会主义法制和社会秩序，保护国家、集体和个人的合法财产，保护公民的人身权利、民主权利和其他权利，保障社会主义现代化建设事业的顺利进行。

二、全宗概况

该全宗共有档案 768 卷，排架长度 15.3 米，档案形成时间为 1949 ～ 1966 年。1986 年 2 月由省高级人民法院移交进馆。本全宗包括山东省高级人民法院、原平原省人民法院两个立档单位的档案，其中山东省高级人民法院永久档案 392 卷、长期档案 281 卷，原平原省人民法院永久档案 95 卷。档案采用年度—问题分类排列。山东省高级人民法院的永久、长期卷分别编为 01 目录和 02 目录，平原省人民法院的案卷编为 03 目录。检索工具有全宗指南、全宗介绍、案卷目录、全引目录、机读目录等。

三、档案内容

（一）综合类　省司法厅、省法院关于司法工作的计划、纲要、总结、报告；省政府、省法院有关清理积案工作的指示、报告、总结、通令；省司法厅厅务会和省法院院务会的会议记录；历次全省司法工作会议的通知、工作报告、会议纪要、会议典型材料等；省司法厅、省法院历年刑事案件和民事案件收结情况统计表；历年刑事复核和上诉案件统计表；各地市司法部门刑事案件和民事案件分类统计表；司法训练班的教学计划、训练情况和吸收学员的报告等。

（二）政工类　省政府、省司法厅、省法院关于组织机构、人员编制、干部任免、调动、训练等问题的报告、通知、通令、意见，工作人员登记表、司法干部登记表；关于检举泄露国家机密的布告和处理通报；关于“镇反”和“三反”运动中司法干部情况和暴露问题的报告、意见等。

（三）审判类　省法院审判委员会的会议记录、案件评议记录；省政府、省法院、省司法厅有关刑事民事审判政策和程序的请示、批复、函；省法院关于部分刑事民事案件的请示、报告、批复；省法院、省司法厅有关案件审理情况的专题报告；省法院对部分地（市）县一级法院审判工作、案件复查工作检查情况报告材料等。

（四）其他类　省司法厅、省法院关于司法改革工作的计划、总结报告、通报；关于调查研究、接待信访、贯彻婚姻法等的总结、报告、通知、通报；全省公证律师工作会议文件材料；省法院关于山东人民司法工作十年经验总结材料等。

原平原省法院案卷的内容有：南旺、复程、堂邑、菏泽、成武、朝城、聊城、鱼台、高唐、茌平、寿张、梁山、金乡、清平、曹县、单县、巨野、定陶、嘉祥、观城、郓城、阳谷、冠县、鄄城、范县、濮县、博平、东阿、莘县、夏津等县法院关于刑事具体案件的报告和复核备案材料；原平原省法院有关司法干部调查总结、统计报表；菏泽、聊城、湖西地区法院各种案件统计表等。

山东省农业科学院

（1948 ～ 2010 年）

全宗号 A052

一、机构沿革

山东省农业科学院前身为山东省农业实验所，下设作物组、园艺组、兽医组、病虫害组、森林组、测候组、实验农户组、总务组。另设莒县农事试验场，浮来山林场和大店苗圃。该所隶属山东政府实业厅。

1950 年 5 月，省农业实验所改称山东省农科所，隶属于省农业厅，下设棉作系、食用作物系、园艺系、农业化学系、病虫害系、经管科和秘书科。李明任所长。

1958 年 12 月，中共山东省委批准，山东省农科所扩建为山东省农业科学院（简称省农科院）。1959 年 3 月，成立山东省农业科学院党组，直接归省委领导，日常工作由省委农村工作部负责，行政业务由省人委农林厅管理。其内部机构设办公室、学术办公室、党委办公室、人事科、计划财务科、行政科、《农业科学通讯》编辑室、图书资料情报室、放射性同位素应用研究室、农业气象试验站、试验农场。下属有作物育种栽培、土壤肥料、植物保护、蚕业、棉花、花生、烟草、园艺、林业、畜牧兽医、水利、蔬菜、农业经济、农业机械、淡水养殖、黄海水产等专业研究所。杨维屏任院长。

1961 年，省委决定省农科院由省农业厅代管，由农业厅厅长陈挺兼任院长。1965 年，省农科院改属省农林办公室。1966 年 3 月，王瑞任省农科院院长。1968 年 6 月，省革委省直机关文化革命领导小组任命曹子丹为省农科院革委会主任。1970 年，省农科院改由省革委直接领导。1971 年，省农科院被拆散下放。1973 年，省革委生产指挥部决定，将省农科院所有下放到地方的农业科研机构全部收回（中国农科院下放山东的土肥所作为省农科院的直属所）。

1975 年 12 月，省委决定将山东省农科院恢复为厅（局）级单位。1976年3月,省委任命卢洪为省农科院革委会主任、党的核心领导小组组长。

1978 年 4 月经省委批准，院的核心领导小组改为党组；同时，撤销院革命委员会，恢复原来的领导体制，仍隶属省委、革委领导。1983 年 2 月经省委批准，院党组改为党委，隶属省委。文菲、陆懋曾、王大刚、阙连春等先后主持农科院工作或担任领导。

省农科院机构几经更迭，2022 年设有办公室、政工处、人事处、科研处、科技产业处、财务计划处、法律审计处、国际合作处、老干部处、纪检监察室行政处、保卫处、研究生教育中心等 12 个处室，20 个研究试验单位和 18 处有业务关系的分院，并设有 1 处博士后科研工作站。

省农科院为本省农业专业科研机构，其基本任务是出成果，出人才，为发展农牧业生产服务。

二、全宗概况

本全宗档案先后于 1989 年 12 月、2002 年 12 月、2016 年 3 月分三次移交进馆，主要是省农科院及其前身山东省农业实验所、山东省农科所等所形成的文书档案共 2602 卷、5207 件，排架长度 63.54 米，其中永久 1415 卷、2629 件，长期 1187 卷、1786 件，定期 30 年 792 件。档案所属年代为 1948 ～ 2010 年。

全宗内档案先后按年度—问题、年度—组织机构两种方法分类组卷，检索工具有全宗指南、全宗介绍、案卷目录、全引目录、归档文件目录、机读目录等。

三、档案内容

该全宗档案的主要内容包括：

（一）综合类　包括山东省农科所、省农科院的院务会议记录，院党支部会议记录，“文化大革命”核心组会议记录与党内活动和部分院长的工作记录，支部年度计划、总结，党建工作计划，毛泽东主席、朱德副主席亲临省农科院视察的文稿；直属试验农场历年工作计划、总结；历次农业科学工作会议文件，本院制发的各种规章制度、条例、意见；关于土地及物资调拨的报告和移交书等文件材料。

（二）机构人事类　主要有院所机构变动，干部任免等报告、通知。如省农科院的建立，农大（山东省农科院半农半读专科学校）撤销。山东莒县农业试验场概况，工作人员统计表，干部构成情况表，对犯错误人员的处分决定等。

（三）政治运动类　有山东省农科所、省农科院关于“肃反”“三反”“五反”“整风”“反右”“四清”等历次政治运动的材料。

（四）农业科研类　有山东省农科所、省农科院、试验农场历年来农业科研计划、规划、调查研究、工作成果等方面的文件。

按年度—机构方法组卷的档案，其主要内容依据各处室职能归入相应内部机构或部门，主要包括：本单位制定的条例、章程、制度、办法；所属单位在机构变更、启用印章、人员编制、干部任免、奖惩、调资定级、退职退休等工作中形成的文件材料；院党委会记录、工作会记录；本单位及各处室制定的工作计划、总结，与有关单位签订的合同、协议书及与有关单位在工作中形成的重要文件材料。

山东省广播电视厅

（1946～2013年）

全宗号　A053

一、机构沿革

1948年济南解放后，华东军区济南特别市军事管制委员会无线电部接收国民党山东广播电台，经整顿改造，建立了济南特别市新华广播电台，同年11月8日正式播音，黎韦任台长。1949年6月改名济南人民广播电台，下设编辑室、记者组、播音组、工务组、总务组，共有68人。

1950年10月，根据中央人民广播事业局和山东省人民政府关于省会台改为省台兼市台的决定，该台改为山东省兼济南市台，以“山东人民广播电台”呼号向全省播音，共有干部60名，台长王夷黎。该台下设秘书室、编辑室（省台编辑组、工业组、文教组、研究组、文艺组、播音组）、工务组、总务组、修理部。根据山东省人民委员会关于成立广播管理机构的通知，于 1956 年 6 月成立山东省广播事业管理局，与山东人民广播电台合署办公，下设编辑部、工务科、人事科、行政科、办公室、广播网处、省台服务部。1958 年 5 月，宋寒毅任局长兼台长。1961 年 5 月，李新雨任局长兼台长、党组书记。1963 年 2 月，省人委批准省广播事业管理局“关于广播系统整编精减的意见”，将局与电台合并，保留局的名义，一个机构两个牌子，下设办公室、人事处、广播网管理处、技术处、省台编辑部、农村部、城市部、文艺部、记者部、广播修理服务部。1967 年 2 月，省广播事业管理局撤销，保留山东人民广播电台。1969 年 1 月，成立山东人民广播电台革命委员会。1983 年 3 月，中央批准成立山东省广播电视厅。

1995 年山东省人民政府机构改革保留山东省广播电视厅。省广播电视厅领导和管理山东人民广播电台、山东电视台、山东电影电视剧制作中心。内设办公室、总编室、人事教育处、科技处、社会管理处、计划财务处、保卫处、离退休干部处和机关党委。

2000 年 4 月山东省广播电视厅更名为山东省广播电视局，内设办公室、总编室、科技处、社会管理处、人事处、计划财务处、保卫处、离退休干部处和机关党委。

1983 年至 2000 年，金钊、孟宪荣、刘守璞、陈光林、张海涛、刘学德先后担任或兼任单位主要领导。

山东省广播电视厅是管理全省广播事业的专业机构，其主要任务是负责城乡广播网的规划，编制全省年度广播事业发展计划，指导广播站的技术设计和编播业务，分配供应器材，训练广播站的技术、编辑干部、组织技术和编播业务经验交流，管理省辖市的人民广播电台工作。

二、全宗概况

山东省广播电视厅共有档案 1837 卷、9555 件，排架长度 53.1 米，档案起止年代是 1946 年至 2013 年。分别于 1987 年、1993 年、2001 年、2014 年、2019 年五次进馆，按年度—组织机构分类排列。编有全宗指南、全宗介绍、案卷目录、归档文件目录、全引目录等检索工具。

三、档案内容

全宗内档案主要包括四方面内容：一是本机关形成的文件材料，二是广电部等上级机关下发的属本机关主管业务并要执行的文件材料，三是同级机关和非隶属机关制发的非本机关主管业务但要贯彻执行的文件材料，四是下级机关报送的有关材料。具体包括：省广播电视厅党组会议记录；该厅及所属单位关于机构设置、机构编制、机构调整、人事任免、人员配备、干部调整、干部培养、干部下放、技术干部培训的请示、报告、指示、批复、通知；关于“镇反”“肃反”、审干、“三反”“五反”“整风”“反右”等政治运动中的计划、总结、报告、结论、简报、会议记录，以及个人检查、排队分析情况，检举证明来往函件；大中专毕业生分配计划，使用情况调查；关于人事工作总结、病故家属抚恤等。

该厅广播事业年度、季度工作计划，长远发展规划；历年工作总结、广播宣传工作计划，编播工作各项规章制度；出席全国文教群英会代表先进事迹、代表名单；广播节目时间表；《编播生活》《内部参考》；刘连仁的情况等。

关于建立农村广播网、收音站的计划、总结、报告；公社广播网的建设、使用、管理，维护农村有线广播的规定、条例；调频试验安排、频率更换；广播器材的供应、技术训练经费、福利情况、购销喇叭等文件；电视情况调查，事故调查；发射台、电视台、播音馆基建情况等。

山东省体育运动委员会

(1950 ～ 2016 年)

全宗号 A054

一、机构沿革

1953 年 10 月，山东省体育运动委员会（简称省体委）成立，内设秘书科、组织宣传科和群众体育科三个科，为山东省人民政府主管全省体育工作的办事机构。该机构成立前，曾以中华全国体育总会山东省分会的名义开展工作。1967 年 2 月，省体委被撤销。1970 年 8 月，山东省革命委员会批准成立山东省体育局，下设政工组、业务组、总务组和办事组四个组。1972 年 10 月，恢复省体委，称山东省革命委员会体育运动委员会。1979 年 12 月，改名为山东省体育运动委员会，其内部机构设办公室、人事处、竞赛处、训练处、群众体育处、宣传科教处、计划财务处。2000 年 4 月 30 日，山东省体育运动委员会更名为山东省体育局，列入省政府直属机构序列，内设办公室、人事处、群众体育处、竞技体育处、科技宣传教育处、青少年体育处、体育经济处等 7 个职能处和离退休干部处、机关党委。

先后担任省体委主任的有夏征农、王道、李澄之（兼）、季明焘、徐雷健（兼）、杨季全、曹学成、于学田、张洪涛、张松林。

二、全宗概况

山东省体育运动委员会全宗共有档案 3189 卷、10514 件，上架排列总长度 28.35 米，档案形成时间为 1950 ～ 2016 年，分别于 1987 年、2001 年、2016 年和 2022 年 4 次接收进馆。分类方法是按年度一问题一保管期限分类法。检索工具有全宗指南、全宗介绍、案卷目录、全引目录、归档文件目录、机读目录等。

三、档案内容

（一）综合类　主要有省体委关于体育工作的计划、总结；事业费分配计划、预算核定表、体育事业年报等；历年全省体育工作会议、全省国防体育工作会议以及全省群众体育工作经验交流会等的会议材料；省体育事业十年发展纲要（草案）、省国防体协十年规划纲要（草案）；关于成立山东省体育学院的报告、批复；关于成立陆上运动俱乐部问题的意见、报告；关于青少年业余体育学校的工作意见和省体育场工作计划、总结、条例；关于体育馆经费开支的批复、意见等。

（二）组织人事类　有省体委关于组织机构、人员配备、干部任免、奖惩、劳动工资等问题的报告、批复等文件材料；历年行政介绍信，关于“肃反”“整风”等政治运动的计划、简报、统计表、总结等材料；机关党委关于甄别工作的总结报告、简报、决定等材料。

（三）体育业务类　主要有历届全省运动会的报告、方案、筹委会名单及工作总结；历届省运动会的男女田径、游泳等成绩统计表、等级运动员评比表，省体委公布省一级以上裁判员名单；关于山东省参加全国第一、二、三届运动会的文件材料；历年体育事业综合统计表；各类体育运动锦标赛规程、成绩册；国家体委关于各项运动全国最高纪录审查及奖励制度的暂行规定；省体委关于接待罗马尼亚等十几个国家各类运动代表队来访计划、日程、总结报告、比赛成绩等。

此外，还有 1972 年全国武术比赛（济南赛区）会刊、照片；省人民体育场新建楼房工程设计图、省体育馆设计说明书、基本建设计划任务书、工程协议书、工程合同以及征用土地、地方房屋、安置计划等材料。

山东省司法厅

(1955 ~ 2010 年)

全宗号 A055

一、机构沿革

1945年8月,山东省政府成立,将原省政委会高级审判处改为省司法厅,兼负责审判和司法行政两项工作,省政府主席黎玉兼任司法厅长。1946 年司法机关的工作因战争停止。1949 年 3 月,省政府进行改组,同时复建司法厅,张伯秋任厅长。1950 年 10 月,司法厅改为省人民法院。1955 年 3 月,省人委决定恢复司法厅,于勋忱任厅长,内部机构设办公室、一处、二处、三处。1958 年省级机构编制调整后,与山东省高级人民法院合署办公。1959 年 12 月撤销机构,保留名义,司法行政工作由山东省高级人民法院办理。1960 年 1 月 17 日又撤销了名义。1979 年 12 月 23 日,中共山东省委决定建立山东省司法厅。1983 年 8 月 12 日,根据中共中央决定,山东省的劳改、劳教工作由山东省公安厅整建制移交山东省司法厅管理。2000 年 7 月 4 日,省政府批准的省司法厅“三定”方案规定:省司法厅机关设办公室、法制宣传处、律师管理处、公证管理处、基层工作处(挂安置帮教办公室牌子)、法规教育处(挂法学教育处牌子)、装备财务处、组织人事处(挂警务处牌子)、离退休干部处等 9 个职能处室和机关党委,组织人事处、离退休干部处设在政治部。

山东省司法厅主要职责:起草司法行政工作地方性法规、规章草案;拟订全省司法行政工作规划、政策并组织实施;管理全省监狱工作;指导、监督全省司法行政系统戒毒场所的管理工作;制定全省法制宣传教育和全民普及法律常识规划并组织实施;指导依法治理工作和对外法制宣传;负责指导监督全省律师、公证工作并承担相应责任;指导、监督全省司法所建设和人民调解、社区矫正、基层法律服务和帮教安置工作;参与社会治安综合治理工作;配合人民法院做好人民陪审员工作;按规定承担国家司法考试的有关工作;负责全省仲裁机构登记工作;负责全省司法鉴定人和司法鉴定机构登记管理工作;监督管理全省法律援助工作;负责全省司法行政系统枪支、弹药、服装和警车管理工作。

二、全宗概况

山东省司法厅全宗共有档案 4718 卷、5875 件，上架排列总长度 67.68 米，档案形成时间为 1955 ～ 2010 年，分别于 1987 年、2003 年、2015 年和 2022 年 4 次接收进馆。分类方法是按年度—问题—保管期限分类法。检索工具有全宗指南、全宗介绍、案卷目录、全引目录、机读目录等。

三、档案内容

山东省司法厅全宗内档案主要包括上级机关、本级机关、同级机关、非隶属机关及下级机关形成的指示、讲话；会议记录、纪要、请示；厅志、大事记、年鉴；法规性文件及有关外事活动中形成的文件资料。

（一）综合类　包括司法行政工作计划、报告、总结；司法审判工作报告、通报、通知；全省律师工作会议文件；“整风”工作简报；党组会议、厅务会议、座谈会议记录；有关司法业务、行政经费指标的文件等。

（二）人事机构类　有司法行政机构设置、干部调配、奖惩、培训的报告、通知、批复；省高院、各地中院、法律顾问处干部情况报告表；在职司法行政干部年度报表；全省律师组织的机构设置、人员编制等的报告、通知。

（三）司法行政类　有司法部、省司法厅关于审判政策程序、公证、律师工作等文件材料；司法厅关于劳改错案情况的调查报告，关于转发刑事判决，有关案件向当地党委请示的通知；省人委、司法厅关于调解工作、加强治安工作的指示、批示、函复、通知；审判制度和法律程序、法制建设等工作的文件材料。

中共山东省委组织部

（1949 ～ 2011 年）

全宗号　A056

一、机构沿革

中共山东省委组织部（1954 年年底以前称中共中央山东分局组织部）1949 年 4 月设立，内部机构设有干部科、组织科、秘书科、统计科。1951 年 12 月，将科改为处室，设干部管理处、组织指导处、办公室、党员管理处。

1956 年 3 月，增设干部训练处，将干部管理处分为干部管理一处、干部管理二处。1957 年 1 月，内部机构又作调整，将办公室改为秘书室，干部管理一处、二处合并为干部处，撤销干部训练处。1966 年“文化大革命”开始，机关陷入瘫痪。山东省革委成立后，省委组织部改名为省革委组织部。1968 年 5 月，又改为省革委政治部组织组。1974 年 1 月，省革委政治部组织组撤销，恢复省委组织部。

1986 年，省委组织部内部机构设有办公室、党政干部处、青年干部处、干部调配处、组织处、党员管理处、知识分子工作处、经济宣教干部处、干部监督审理处、干部培训处。同年 10 月，增设机关党委。1988 年 6 月，将组织处与党员管理处合并，称组织处。1989 年 1 月，设研究室。同年 2 月，将组织处分为城市组织处、农村组织处。3 月，建立省党员电化教育中心。

其主要职责是：贯彻执行党的组织工作路线、方针、政策；研究制定党的组织建设和干部队伍建设的规划；指导检查全省党组织建设和干部管理工作，负责县以上领导班子的考察、任免、调配工作；负责党员干部的培养教育工作；受理党员、干部申诉和来信来访工作等。

二、全宗概况

现馆藏该全宗档案 9783 卷、13546 件，上架排列总长度 187.38 米。档案形成时间为 1949 ～ 2011 年。截至 2022 年先后 13 次接收进馆。案卷按年代—问题顺序排列。该全宗编有全宗指南、全宗介绍、案卷目录、全引目录、归档文件目录、人名索引等检索工具。

三、档案内容

该全宗档案的主要内容有：

（一）综合类　主要包括该部历年来的工作计划、总结；部务会、办公会议记录；关于“三反”“五反”“肃反”“反右”及“文化大革命”中清理阶级队伍等运动中对党员干部审查、处理、甄别等工作的意见、计划、报告、总结；中组部、华东局组织部关于组织工作座谈会的文件；刘少奇、安子文等在全国组织部长会议上关于组织工作的讲话、报告、总结；省委组织部有关组织工作、干部工作、党的建设、监察工作向中共中央、华东局、省委的报告、汇报材料及与各市地组织部的来往材料。

（二）组织类　主要有中组部、华东局组织部、省委组织部关于机关整顿精简、加强党的基层组织建设、党团组织的领导关系、编制方案等的决定、通知、报告、请示、批复；该部关于贯彻民主集中制、加强党的集中统一领导、加强各级党的委员会建设、调整行政区划、地区建制的意见、报告、通知等。

（三）党建类　包括中共中央、华东局、该部关于党籍处理原则、党员留党察看期间的待遇、党员转移组织关系、党龄计算、接收新党员、加强预备党员考察，党费收支等问题的意见、办法、通知、批复、通报及有关整党建党工作的文件材料。

（四）干部管理类　包括中共中央、华东局、省委、该部关于干部调配、任免、鉴定、审查，干部培训、下放，选调援外、支边干部，及大中专毕业生分配工作的指示、报告、批复、总结、通知等；关于供给人员待遇、干部工资福利、职工退职退休、遗属补助等问题的规定、意见、办法、通知。

（五）统计类　主要包括历年全省党员情况、各级党委与党员分布情况、建党情况、接收新党员情况、各级干部情况、各系统干部分类情况、部队转业干部情况、干部下放情况、审干情况、历次政治运动中干部受处分情况等项统计及有关统计工作的总结、报告等。

中共山东省委宣传部

（1949 ～ 2007 年）

全宗号　A057

一、机构沿革

山东省委宣传部（1954 年年底以前称中共中央山东分局宣传部）于 1949 年 4 月设立，内设宣传科、教育科、秘书室、资料室。1959 年 9 月，省委成立教育工作委员会，其工作由该部学校教育处负责。1961 年 4 月，宣传部文艺处划归文教部。至 1965 年，宣传部内设机构有办公室、干部处、宣传处、理论教育处、学校处、卫生处、文艺处、党史室、机关党委、《支部生活》编辑部、讲师团等。1966 年“文化大革命”开始后，宣传部工作陷入瘫痪状态。1974 年后又恢复。

省委宣传部的主要职能是：负责指导全省理论研究、理论学习、理论宣传工作；负责从宏观上指导全省文化艺术工作和精神产品的生产。对省文化厅和省新闻出版局的工作实施方针政策的指导；负责规划、部署省内全局性的思想政治工作，会同有关部门研究和改进基层宣传思想工作；负责指导、协调和组织全省社会宣传工作等。

二、全宗概况

省委宣传部全宗共有档案 1706 卷、1580 件，上架排列总长度 16.74 米。档案形成时间为 1949 ～ 2007 年。先后于 1969 ～ 2021 年五次接收进馆。该全宗档案按年代—组织机构顺序排列。编有全宗指南、全宗介绍、案卷目录、文件分类卡片目录、全引目录、归档文件目录等检索工具。

三、档案内容

该全宗档案的主要内容有：

（一）中共中央、省委、宣传部关于党的宣传工作的指示、通知、报告，领导同志的重要讲话。

（二）该部工作规划、计划、总结、报告、会议记录、宣传工作会议文件、各种综合统计材料等。

（三）有关土改、“镇反”“三反”“整风”、抗美援朝、农业合作化、对资本主义工商业的社会主义改造等重大活动的宣传计划、宣传纲要、通知、报告。

（四）有关形势教育、理论研究、干部学习工作的意见、通知、报告；有关文教工作和知识分子工作的意见、通知、报告。

（五）有关机构设置、人员编制、干部任免、审干、干部奖惩等方面的文件材料。

中共山东省委统战部

（1950 ～ 2000 年）

全宗号　A058

一、机构沿革

1950 年中共山东省委统一战线工作部（简称省委统战部）设立，由郭子化兼任部长。内部机构设秘书科、党派科、工商科。

1956 年 2 月，内部机构设办公室、党派处、协商处、干部处，同年 6 月，省委通知马保三任省委统战部部长。

“文化大革命”期间，省委统战部被撤销；1968 年 5 月省委统战部改称省革委政治部联络组。

1969 年建立省革委政治部联络组分外事、统战两部分；1973 年 1 月，又改为省委政治部统战组。

1974 年 1 月，省委统战部恢复，内部机构设办公室、干部处、党派工商处、侨务处、民族宗教处。

历任主要领导人有：刘居英、郭子化、朱瑞、谷牧、晁哲甫、任质斌、马保三、冯平、赛风、李子超、刘干、周星夫、金宝珍、周振兴、田健、韩寓群、王久祜、齐乃贵、张传林、颜世元、吴翠云、邢善萍。

省委统战部的主要职责是：组织贯彻执行中央和省委关于统一战线的方针政策，开展调查研究，结合山东的实际，提出具体落实措施，向省委反映情况，提出开展统战工作的意见和建议；负责联系各民主党派和无党派代表人士，及时通报情况，反映他们的意见和建议；贯彻落实中国共产党领导的多党合作和政治协商制度及党对民主党派的方针、政策；落实中央和省委关于发挥民主党派、无党派人士参政议政和民主监督作用的工作；支持、帮助各民主党派加强自身建设；负责联系海内外工商界社团和代表人士；负责开展山东省的以祖国统一为重点的海外统战工作等。

二、全宗概况

现馆藏该全宗共有档案 3038 卷，上架排列总长度 57.24 米。档案形成时间为 1950 年至 2000 年。先后于 1969 年、1989 年、2002 年、2007 年和 2013 年五次接收进馆。编有全宗指南、全宗介绍、案卷目录、全引目录等检索工具。

三、档案内容

该全宗档案的主要内容有：

（一）综合类　主要有中共中央、华东局、中央统战部、省委关于统战工作的指示、通知、通报；该部历年工作计划、总结、部务会议记录、负责人讲话；召开全省统战工作会议、政协会议的文件；有关处理信访工作的材料及历年的财会预决算等。

（二）组织人事类　包括建立民主党派，机构设置，人员编制，干部任免、调配、奖惩、工资福利和党员、干部统计登记等文件材料。

（三）政治运动类　有该部关于“镇反”“三反”“五反”“肃反”“整风反右”“四清”等政治运动形成的文件材料和对右派分子改造、摘帽、遣返安置等工作的文件。

（四）工商类　包括中央统战部、该部关于对资产阶级分子、私营工商业者进行社会主义改造的方案、计划、报告、统计材料；关于全省实行公私合营、企业精简，对待资产阶级工商业者的政策，私营大型企业基本情况及工商界座谈会的材料等。

（五）党派类　包括中共党员参加民主党派的情况，民主党派座谈会、各党派、民主人士神仙会记录，有关民主人士鉴定、安排使用，党派共事关系，党派改选、改组及安置起义和解放军官等工作的指示、规定、意见等。

（六）民族、侨务、宗教类　有统战部关于民族、侨务、宗教工作计划、总结、报告；山东省回族分布情况，少数民族工作检查，华侨入境，归侨安置，天主教、基督教、伊斯兰教教会等工作的报告、总结及该部编印的《宗教政策选辑》等文献资料。

中共山东省委企业政治部

（1983～1987年）

全宗号　A059

一、机构沿革

中共山东省委企业政治部，1983年7月成立，内部设办公室、组织处、干部处、宣传处、调查研究处，编制50人，杨兴富任部长。1987年10月，省委企业政治工作部撤销。该部的主要职能是：宣传贯彻党的路线、方针、政策，保证企业的社会主义性质和方向；负责企业党的思想建设、组织建设和干部管理工作；研究探索新时期职工思想政治工作的规律，推动企业完成生产建设任务，提高经济效益。

二、全宗概况

省委企业政治工作部全宗档案，于1988年1月接收进馆，共有67卷，排架长度1.35米，按年代—问题顺序排列。档案的形成时间为1983年4月至1987年10月。编有全宗指南、全宗介绍、案卷目录、全引目录、机读目录等检索工具。

三、档案内容

（一）省委、该部关于建立省、地、市企业政治工作部，调整企业领导班子，干部任免、调配、培训工作的决定、批复、通知。

（二）该部年度工作计划、总结、报告。在企业进行四项基本原则教育，建立岗位责任制，整党、整改及关于领导作风和工作方法等方面的文件材料。

（三）加强城市经济改革工作、城市工作情况分析的文件材料及全省县属以上企业党的基层组织统计资料，党员、干部介绍信存根等。

（四）全省企业思想政治工作会、城市经济改革会、地市委企业部长会、厂长负责制会、工业企业管理工作会议的文件材料及该部筹备小组会议纪要、部务会记录、部长办公会议记录、大事记等。

山东省委农村工作部

（1949 ～ 1988 年）

全宗号　A060

一、机构沿革

中共山东省委农村工作部于 1955 年 6 月设立，其前身是山东分局农村工作委员会。1966 年 2 月撤销农村工作部，设立农林政治部。内部机构设有办公室、一处（主管农业生产）、二处（主管人民公社）、三处（主管林牧副渔）、四处（主管社办工业和国营企业）、五处（主管农业技术）、六处（主管干部工作）。先后担任部长职务的有穆林、张新村、冯平、陈洪波、李文等。

二、全宗概况

该全宗档案 1969 年和 2006 年两次接收进馆，共有按卷整理的档案 754 卷，排架长度 6.75 米，档案形成时间为 1949 ～ 1988 年。案卷按年代—组织机构（问题）顺序排列。编有全宗介绍、案卷目录、机读目录等检索工具。

三、档案内容

（一）中共中央、国务院、中央农村工作部、华东局、山东省委、省政府、省委农村工作部关于土地改革，农业合作化，人民公社体制，经营管理，收益分配，建立供销社、信用社、各类合作社，改造落后村等工作的指示、报告、批复、通知、政策法规；有关召开农村工作部部长会议、农业劳模会议、各种专业会议的材料。

（二）有关农业区划，农场建设，建立商品基地，建立拖拉机站，新农具推广，水利、林业、渔业建设，开发山区等工作的文件材料。

（三）有关全省地理、气候、地下水资源及中华人民共和国成立后历年水、旱灾情的调查资料。

（四）有关农林水系统机构设置，人员编制，干部调配、任免，干部审查、处理，职工工资福利，各类干部工作的登记统计材料。

（五）有关“三反”“五反”“肃反”“反右”“整风整社”“四清”等政治运动形成的文件材料以及处理来信来访，解决农村土地、水利纠纷形成的材料。

中国油脂公司山东省公司

（1949 ～ 1957 年）

全宗号　A061

一、机构沿革

中国油脂公司山东省公司于 1950 年 5 月成立。该公司 1955 年前由省商业厅领导，1956 年划归省粮食厅。1957 年 12 月，省委、省人委决定实行粮油机构合一，撤销了该公司，在粮食厅内设立油脂处。该公司内部机构先后设有秘书科、人事科、财务科、业务科、计划科、组织技术指导科、监察室等。先后担任省公司经理职务的有宋鲁泉、马仲常等。

该公司的主要职责是：贯彻国家油脂统购统销政策，负责全省范围内油脂的生产、收购、销售供应，油料委托加工、调运、保管，稳定、调剂油脂市场，保证油脂供给。

二、全宗概况

该全宗档案于 1969 年由省粮食厅移交进馆。档案形成时间为 1949 ～ 1957 年。1975 年对档案进行了鉴定。鉴定后共有档案 199 卷，排架长度 4.32 米，其中永久 36 卷，长期 163 卷。档案按年代—组织机构顺序排列。编有全宗指南、全宗介绍、案卷目录、机读目录等检索工具。

三、档案内容

（一）中国油脂公司、商业部、粮食部、中财部、省商业厅、粮食厅、该公司、各支公司关于机构设置、调整，干部管理、任免、调动、处理，职工工资福利、退职退休、劳动保险等问题的指示、批复、报告、通知。

（二）有关油脂、油料、油饼调拨、统购统销、代购代销、出口、商品流转计划、市场情况调查，油票证发放的通知、规定、办法、协议、总结、报告等。

（三）关于财务计划、财会决算、信贷结算、账务处理、物资调拨、财产管理、纳税、利税上缴、清仓核资、基本建设、经费开支等问题的指示、规定、办法、通知等。

山东省对外贸易局

（1949 ～ 1996 年）

全宗号　A062

一、机构沿革

1949 年 11 月，山东省人民政府奉令将山东省工商部进出口贸易管理局改为山东省国外贸易管理局，分设青岛、烟台两个分局。1950 年 11 月，青岛分局改组为青岛对外贸易管理局，受中央贸易部和华东贸易部双重领导，郭士毅任局长。1951 年 1 月，中央贸易部将青岛对外贸易管理局改为中央人民政府贸易部青岛对外贸易局，杨威任局长。次年 9 月，又改为中央人民政府对外贸易部青岛对外贸易管理局。

1953 年 4 月，奉中央人民政府对外贸易部指示，成立中央人民政府对外贸易部山东特派员办事处。1954 年 2 月，该办事处改组为山东省人民政府对外贸易局，由青岛迁至济南办公。1955 年 3 月，山东省人民委员会将山东省人民政府对外贸易局改为山东省对外贸易局，杨威任局长。1956 年 12 月，李丕宽任局长。

1958 年 8 月，省委决定将省商业厅、省对外贸易局、省供销合作社三个单位合并办公。山东省的对外贸易工作改由省商业厅领导与管理。在青岛口岸设立青岛市对外贸易局，作为省商业厅的派出机构，受省商业厅和青岛市委的双重领导，为了工作方便，仍沿用“山东省对外贸易局”之名称。

1959年7月，山东省人委向国务院报告，请将对外贸易工作从省商业厅划出，拟成立山东省对外贸易局，同年8月，经国务院批准后，成立了山东省对外贸易局。

1965年10月，省委通知同意省外贸局移驻青岛办公，撤销青岛市对外贸易局。同年12月，省外贸局由济南迁至青岛，并在济南设立山东省对外贸易局济南办事处。

1967年2月，省外贸局被撤销，其工作由省革委生产指挥部财政贸易办公室接管。1970年3月，省革委生产指挥部通知，设立山东省对外贸易局。同年11月，省革委将山东省对外贸易局改称山东省革命委员会对外贸易局。1979年12月，撤销省革委成立省人民政府，省革委对外贸易局改称山东省对外贸易局。

二、全宗概况

山东省对外贸易局全宗档案共5892卷，排架长度82.17米，档案起止年度为1949～1996年，其中永久2192卷、长期3700卷。该全宗检索工具有全宗指南、全宗介绍、案卷目录、人名卡片目录、人名卡片簿式目录、机读目录等。

三、档案内容

（一）综合类　有中央外贸部、华东贸易部、省商业厅、省外贸局、青岛军管会关于行政区划，召开各类综合、专业会议，启用印章，接待外宾，改善经营管理，清仓核资，商品出口的指示、规定、通知、报告、电报等。

（二）组织人事类　有国务院、中央外贸部、省人委、省编委、省商业厅、省外贸局、山东特派员办事处关于机关编制，人员调配，干部任免、处分，工人转正定级、工资、福利、退职退休，党的基层组织情况的请示、报告、通知、批复、报表等。

（三）业务类　有中央外贸部、华东贸易部、海关总署、省人委、省工商部、省商业厅、省外贸局关于对港澳、东南亚、中东、西欧等地区国家的商品出口，建立出口商品基地，周转外汇，进口货车，商标注册的指示、通知、请示、报告等。

（四）计划财务类　有中央外贸部、省财委、省财政厅、省外贸局关于对外贸易年度计划、外汇收支结算、信贷、外贸企业会计制度、预决算、财会工作会议、税务的通知、指示、报表、总结等。

（五）统计类　有中央外贸部、华东特派员办事处、省人委、省商业厅、省计委、青岛外贸管理局、青岛海关、省外贸局关于统计制度的指示、请示、批复。各进出口公司对外贸易收购、销售、调拨、加工的统计年报、劳动工资报表等。

（六）基建类　有中央外贸部、省人委、省商业厅、省计委、省建委、省外贸局关于年度基建计划，建立进出口商品生产基地，新建外贸大楼的规划、调查、报告、批复、统计表、设计图纸等。

山东省供销合作社联合社

（1950 ～ 2010 年）

全宗号　A063

一、机构沿革

山东省供销合作社，前身是 1950 年 6 月在省实业厅合作局基础上建立的山东省合作总社，贺致平兼任主任。其内部机构设办公室、财务处、组织指导处、经济计划处、供销部、合作干校等。省供销合作社主要职责是：在国营商业的领导下，组织大部分农副产品的收购，组织对农村的商品供应，为农业生产和农村人民生活服务，并负责领导农村市场。

1954 年 9 月，中华全国合作总社指示，将山东省合作总社改为山东省供销合作社。

1958 年 2 月，省委、省人委决定，将山东省服务厅与山东省供销合作社合并，称山东省供销合作社。同年 7 月，省委又决定将山东省供销合作社连同省外贸局一起并入省商业厅、仍保留省供销合作社的牌子。

1961 年 8 月，省供销合作社从省商业厅析出，刘方任该社主任、党组书记。其内部机构设办公室、监察室、人事、计划、财务会计、业务、商政物价、储运、组织技术、生产企业等 10 个综合处室和盐业、生产资料、棉烟麻、食品、土产废品等 5 个经营管理处。

1988 年，省供销社更名为山东省供销合作社联合社。

1996年2月，山东省供销合作社联合社内设办公室、人事教育部、综合计划部、财务会计部、合作指导部、对外合作部、科技工业部、经济发展部、离退休干部服务处和机关党委、纪检组、监事会办公室等机构。

二、全宗概况

现馆藏该全宗共有档案4842卷、933件，上架排列总长度71.37米。档案形成时间为1950年至2010年。分别于1969年、2004年、2013年和2021年4次接收进馆。文书立卷按照年度—组织机构—保管期限予以分类。编有全宗指南、全宗介绍、案卷目录、全引目录、归档文件目录等检索工具。

三、档案内容

该全宗档案的主要内容有：

（一）本机关形成的文件材料：重要的请示、报告、通知、批复、党组会议记录、纪要、领导同志讲话、决议；机构设置、干部任免、录用、聘任、职称评审；职工代表大会、党代会、团代会形成的工作报告、总结、换届选举结果；财务管理制度、年度财务分析、专项资金分配；涉及房产、土地所有权、使用权和管理方面重要的文件材料。

（二）上级机关领导同志考察本机关形成的重要讲话、批示，上级机关对本机关干部工作报告的批复、指示及有关的制度、办法、规定、年度工作计划、表彰决定。

（三）同级机关和非隶属机关制发的与本机关业务工作相关的制度、办法、批复或具有依据性的文件材料。

（四）下级机关报送重要的请求报告。

山东省服务厅

（1957 ～ 1958年）

全宗号　A064

一、机构沿革

山东省服务厅1957年1月由山东省农产品采购厅改建成立，刘方任厅长。其内部机构设秘书室、人事处、计划处、财务处、物价处、业务处、生产企业处、商政处、储运处、基建处、监察室。同年5月，内部机构又调整为秘书室、监察室、人事处、计划处、财会处、商政处、储运处、生产企业处、物价处、食品商业处、烟酒商业处、蔬菜果品商业处、饮食服务管理处、糕点商业处、党总支办公室。1958 年 2 月，根据省委、省人委的决定，山东省服务厅撤销，其业务合并于省供销社。

山东省服务厅是一个政企合一的机构，主管全省的副食品经营，烟酒专卖，糖业糕点、蔬菜果品，饮食服务业，以及城市的房产管理等工作。

二、全宗概况

1958 年，该全宗档案移交省供销社保存。1969 年，随省供销社档案一起移交进馆。计有 260 卷，案卷形成年代为 1957 ～ 1958 年。70 年代初，本馆对该全宗档案进行了鉴定，为便于保管和查找利用，只划分两个保管期限，即长期和短期。1977 年 7 月，又将短期 212 卷退还省供销社。案卷按年代—机构分类排列。现馆藏该全宗档案 48 卷，排架长度 0.72 米，编有全宗指南、全宗介绍、案卷目录、机读目录等检索工具。

三、档案内容

（一）综合类　包括该厅党组关于机构成立、调整、撤销的报告、通知、批复；关于撤销服务厅名称，与供销社合并办公的通知、决定；关于干部任免、奖惩的报告、通知；关于年度工作安排、总结、检查的通知、报告；关于城市私营饮食、副食品服务性行业改造情况和今后意见及市地私营工作情况等问题的通报；厅党组关于“整风”计划和“整风”情况的报告；关于增产节约运动的方案、总结、意见及改善经营管理问题的报告。

（二）业务类　主要有省服务厅关于服务系统物价管理、商品流转、计划的通知、意见；有该厅主管的服务业、饮食业基本情况综合表；关于城市服务系统商业企业会议制度、开支标准，以及 1958 年度财务费用计划；关于副食品经济规划的通知等。

山东省农产品采购厅

(1955 ～ 1956 年)

全宗号　A065

一、机构沿革

1955 年 12 月，山东省农产品采购厅成立。刘方任厅长。1957 年 1 月，山东省农产品采购厅改称山东省服务厅。

建厅之初，内部机构设办公室、计划处、物价处、财会处、生产企业处、储运处、政治处、监察室、基本建设科、棉花采购处、烟麻采购处。1956 年 6 月，该厅增设土特产采购处，基本建设科改为基本建设处。同时，省茶叶公司和畜产公司并入该厅，改为该厅的两个处。

山东省农产品采购厅，是一个政企合一的工作部门。负责组织和经营全省的农产品采购工作。其职责范围是：掌握棉花、烟、麻、茶叶、畜产和土特产品在全省范围内的采购、加工、调拨、分配任务和经营管理工作；负责采购范围内的农产品的计划、物价、财会、储运工作；管理与掌握农产品生产加工企业的计划、技术指导、企业管理；贯彻和监察农产品采购业务的政策和计划的执行；负责厅及专区、县农产品采购机构的设置和人员编制工作。

二、全宗概况

山东省农产品采购厅档案于 1969 年 3 月随省供销社档案移交进馆，计 247 卷。1974 年，本馆对该全宗档案进行了鉴定，划分为长期、短期两个保管期限。1977 年 7 月，将短期档案 216 卷退回省供销社。现馆藏该全宗长期档案 31 卷，排架长度 0.63 米，起止年代为 1955 ～ 1956 年。案卷按年代—机构排列。检索工具有全宗指南、全宗介绍、案卷目录、人名索引、机读目录等。

三、档案内容

(一) 综合类　主要有省人委、本厅党组关于机构编制及管理机构设置、调整，干部任免、调配等方面的报告、批复；本厅召开全省采购局长会议的文件材料；本厅所属行政、企业单位开支标准等文件材料；中央采购部的指示、批复、报告，如关于农产品采购工作的任务及全国会议情况的报告。

（二）业务类　包括中央采购部、财政部、税务局、本厅关于农产品纳税问题的规定、通知、函；中央采购部对省中小型棉花、轧花加工厂及打包仓房的设计修改意见及批复；本厅关于 1955 ～ 1957 年农产品采购工作的报告、总结、意见、任务；本厅农产品购、销、存历年统计资料汇编和统计报表。

山东省保险公司

（1949 ～ 1988 年）

全宗号　A066

一、机构沿革

中国人民保险公司山东省分公司（简称山东省保险公司）成立于 1949 年 11 月 25 日。该公司为省人民银行内设机构，其内部设总务、业务、会计三个股。

随着保险业务的扩大，1952 年 5 月省保险公司从省人民银行分出，单独建立机构，直属财政部门领导。其内部机构设有总务、财产保险、人身保险、农业保险、会计、研究 6 个股。同年 7 月，改设秘书室、人事科、计划科、业务科、会计科、检查科、农保科、防灾理赔科。同时省内各专区、市、县保险机构相继建立。到 1952 年年底，全省共有保险机构 139 处。

1953 年，山东省保险分公司根据保险总公司的指示，紧缩了山东保险机构，经过整顿共留下保险机构 84 处，其中有省分公司一处，济南、青岛、烟台 3 个市支公司，12 个中心支公司，8 个县支公司，57 个营业所，3 个办事处。

1959 年 1 月，山东省人民委员会根据中共中央 1958 年 10 月召开的财贸工作会议《关于农村人民公社财政管理问题的意见》精神，批准撤销了山东省地方保险业务机构。

1979 年 4 月经国务院批准，决定恢复国内保险业务。同年 10 月山东省人民银行开始筹建，1980 年 1 月 10 日正式恢复中国人民保险公司山东省分公司。该公司为山东省人民银行内设机构，其内部设人秘科、国内业务科、国外业务科、计财科，许德昌任经理。

1983年10月山东省保险公司从山东省人民银行分设，成为副厅局级经济实体。内设纪检组、办公室、劳动人事处、国内业务处、国外业务处、计划财务处。李仕强任副经理。

1984年11月16日，升格为厅局级经济实体。内部机构在原来的基础上，又增设了人身保险处、政策研究室、审计处、干训部、机关党委、工会。李仕强任副总经理，1985年10月16日任总经理。

山东省保险公司的主要任务是：积极开展各项保险业务，积累保险基金，组织经济补偿，促进经济发展。

二、全宗概况

1959年1月，山东省保险公司撤销后，其全部档案材料移交省财政厅代管。同年6月进行全面整理。1963年3月，省财政厅将该全宗档案移交省档案馆。1965年10月，根据省档案局、省财政厅关于账簿、报表、单据划分保管期限的联合通知精神，进行了初步鉴定。1978年4月，再次进行鉴定。按照保存精华，供今后历史考证和历史研究工作之用的要求，对鉴定后的案卷全部改为长期卷统一编号保管。对失去保管价值的事务性材料、原来作为短期待销毁的账本、统计报表及重份材料，也进行了整理，编号登记，作为待销毁卷处理。经鉴定，确定了长期档案188卷，待销毁档案240卷（内有会计总账368本），其形成时间为1949～1959年。1980年11月，将待销毁档案240卷全部退回省保险公司。省保险公司第二批档案于1998年12月移交进馆，共有档案932卷，其中永久卷530卷，长期卷402卷。档案形成时间为1980～1988年，排架长度26.55米。档案按年代—机构顺序排列。编有全宗指南、全宗介绍、案卷目录、全引目录、机读目录等检索工具。

三、档案内容

（一）综合类　有省保险公司关于该公司的建立、内部机构设置、人员编制、干部任免、生活福利等的规定、指示；全省保险工作会议文件材料，如华东区公司山东省分公司保险工作各种会议材料；有省保险公司保险业务统计表、年度决算表和会计总账；本公司大事记等。

（二）党组纪检类　包括会议文件、干部任免、民主生活会、党风党纪、人民来信。

（三）工会政工类　包括表彰先进、思政文体工作、党建及党团员的管理。

（四）劳动人事类　包括干部任免与管理、机构设置、职称评聘、工资调整、福利待遇、职工教育、培训、老干部工作。

（五）办公室类　包括会议文件、信息调研、宣传、刊物、档案保密、安全保卫、车辆房屋行政管理。

（六）业务类　包括条款、费率、规章。财产、人身、信用、责任保险、防灾防损、国外代理机构及网点管理。

（七）计财类　包括计划、财务、资金运用、基建、固定资产管理、稽核审查。

（八）电脑类　包括计算机的购置与管理。

山东省清仓核资指挥部

（1960 ～ 1964 年）

全宗号　A067

一、机构沿革

1961 年 10 月 16 日成立山东省物资清理指挥部及办公室。1962 年 2 月 22 日，中共中央和国务院成立中央“清资核算领导小组及办公室”，在物资清理指挥部和“三清”办公室的基础上，更名为山东省清仓核资指挥部；于 1964 年 2 月 27 日撤销。该单位职能是通过生产劳动和文化技术学习，培养有社会主义觉悟、有一定科学文化水平和专业技能的社会主义建设人才。

二、全宗概况

馆藏中山东省清仓核资指挥部文书档案 43 卷，排架长度 7.2 米，档案起止时间为 1960 年至 1964 年。

三、档案内容

有关于物资清理工作的规划、规定、通知、报告、意见；全省 1 ～ 3 次清理工作会议文件材料、电话会议文件材料；全省材料设备、库存清查的总资料、多余物资情况统计表、清查物资统计表；关于不易处理物资移交报告、通知、移交统计表等。

中国人民银行山东分行

(1950～2000年)

全宗号　A068

一、机构沿革

中国人民银行山东分行（简称省人行）始建于1948年，其前身是北海银行。省人行是管理全省金融事业的机构。其主要任务是：发行货币，调节货币流通，综合平衡信贷，管理金融市场，对金融活动进行领导、管理、协调、监督和稽核，加强经济核算，促进全省经济的发展。

省人行建立后，机构设置有多次变化。1955年3月，分设出农业银行，为省人行辖属的专业银行。1957年，农业银行并入省人民银行。1963年农行再次分设，至1965年再次并入省人民银行。1970年3月，省人行与省财政厅合并成立山东省财政金融局。1975年10月，又分设为省革委财政局和中国人民银行山东分行。

1979年，人民银行体制进行了改革，确定从人民银行现有机构中重新恢复和分设中国农业银行、中国银行及保险公司三家金融机构。1983年，经国务院决定：人民银行统一掌管企业流动资金，不再兼办工商信贷和储蓄业务，专门行使中央银行职能。1985年，省人行机关内部业务处室有办公室、人事处、老干部处、监察稽核处、科技处、综合计划处、会计处、金融管理处、货币发行处、保卫处（货币发行处与保卫处暂合署办公）、机关党委、金融研究所、工会办公室和外汇管理办公室。设置两个直属科级单位，即省行招待所、石岛接待处；直属单位不变。1988年，机关内部有关处室进行个别调整，即撤销外汇管理办公室，设立外汇综合处、外汇管理处；增设金银管理处，成立了山东省金融系统监察专员办公室（副厅局级），与金融系统纪检组合署办公，机关内部处室增加到20个。1998年11月20日，撤销中国人民银行山东分行，设立中国人民银行济南分行。中国人民银行济南分行在山东省和河南省行政区划内履行中央银行职能，领导管理辖区内人民银行中心支行、县支行和分行派出的金融监管办事处。

二、全宗概况

中国人民银行山东分行全宗共有档案7896卷，排架长度90米，档案起止时间为1950年至2000年。先后于1982年、1989年、2019年移交档案进馆，检索工具主要有全宗指南、案卷目录、全引目录、机读目录等。

三、档案内容

（一）本机关形成的文件材料：本行工作活动的通知、报告、总结、计划、请示、批复、综合性报告、专题报告、本行编制的统计报表、财务、劳动工资计划、年度预算、决算、账簿、凭证和基建、房产文件。金融研究重要成果文件；本行召开各种会议文件材料，本行及内设机构设置与名称更换、人员编制、干部职工调动、录用、处分，行政工资与党团关系，离退休、死亡、抚恤等。

（二）总行等上级机关颁发的属于经济、金融工作范畴或涉及经济、金融工作内容的命令、决定、决议、条例、通知等文件。上级机关转发、批转、批复本机关的文件。

（三）同级机关和非隶属机关制发的非本机关主管业务，但是要贯彻执行的文件或依据性的文件材料。

（四）下级机关报送的有关材料。

山东省蔬菜副食品公司

（1949 ～ 1975 年）

全宗号　A069

一、机构沿革

山东省蔬菜副食品公司是由中国糖业烟酒公司山东省公司、省蔬菜果品公司和省茶叶、土产等公司发展、演变而来的。

（一）*省糖业烟酒公司*　其前身是1949年1月在青州成立的山东省烟酒产销管理局，同年2月迁至济南。1950年3月，该局并入省税务局，成立山东省烟酒公司。1951年10月，省烟酒公司改名为山东省专卖事业公司。1957年，省专卖事业公司改名为山东省服务厅烟酒商业处。1958年，成立山东省供销社烟酒糖茶处。之后，省供销社和省商业厅合并，烟酒糖茶处归省商业厅领导。1961 年 10 月，成立山东省烟酒糖茶公司。1962 年 11 月，省烟酒糖茶公司改名为中国糖业烟酒公司山东省公司，内设人事、秘书、烟酒糖业、茶叶、计划统计、财会、储运物价等 8 个科室。

（二）省蔬菜果品公司　1956 年 1 月，中国蔬菜公司山东省公司成立，内设经理室、秘书、人事、行政、监察、业务、物价、财会、组技、计划 10 个科室。同年 8 月，省公司改名为中国蔬菜食品杂货公司山东省公司，同时将省供销社副食品公司并入该公司，内部机构增设果品科。1957 年，该公司划归省服务厅领导，改名为山东省服务厅蔬菜商业处。1961 年，该处改称山东省蔬菜果品公司，内设秘书、人事、计划、会计、业务 5 个科。1975 年，成立山东省蔬菜公司，归省商业厅领导。

（三）省茶叶公司　其前身是1950 年成立的中国茶叶公司华东区公司济南经营处。1953 年改名为中国茶叶公司山东省支公司，归省商业厅领导。1956—1957 年，先后在省农产品采购厅、省供销社内设茶叶处。1958 年 3 月，茶叶业务与烟酒糖业务合并，省供销社内所设茶叶处改称烟酒糖茶处。

二、全宗概况

该全宗档案于 1988 年 6 月移交进馆，共有档案 772 卷，排架长度 12.6 米，其中永久 340 卷，长期 432 卷，资料 86 册。案卷按机构—年代顺序分类排列。档案所属年代为 1949 ～ 1975 年。检索工具有全宗指南、全宗介绍、案卷目录和全引目录、机读目录等。

由于机构几经分合撤并，多次改变领导关系，致使该全宗档案收集得不够完整，但基本上能反映山东烟酒糖茶副食品业务发展变化的历史概况。

三、档案内容

（一）组织人事类　包括省人委、省财政厅、省商业厅、该公司及所属单位关于机构成立、合并、撤销、恢复，领导关系变更，机关名称改变，迁移地址，启用印章，干部任免、培训、调配、奖励、处分，职工工资调整、退职退休、自然减员、老弱病残人员安置、遗属安排等问题的通知、报告、批复、指示、意见、方案等。

（二）政治运动类　包括该公司及所属单位关于“镇反”“肃反”“三反”等政治运动形成的材料；有关对城市工商业者社会主义改造、“一打三反”、处理各种违纪案件、整党建党、整团建团等工作的通知、计划、总结、报告。

（三）业务类　主要包括商业部、财政部、外贸部、中国烟酒糖茶总公司、省人委、省商业厅、省供销社、本公司及所属二级站关于烟酒专卖、烟草代销、禁止私人蒸酒、取缔私卖露酒、私酒登记、处理私营及合营企业等工作的通知、意见、条例；有关卷烟生产、收购、分配、调拨、销售、包装，商标改革，经营管理，纳税，烤烟种植及灾害情况调查等工作的办法、计划、通知、指示、报告、总结等；有关对私营茶商改造，茶叶标价调整，省间茶叶调拨作价，南茶北调，茶叶零售、内销、储运，茶树种植和研究茶树越冬管理、苗期管理的办法、通知、意见、报告、批复、指示；有关食糖储备，土产、果品产销经营，增设商品网，仓储规划等工作的总结、报告、指示、通知、意见等。

（四）财务统计类　主要包括该公司、各分站年度会计决算报表、各种统计年报表、财务计划执行情况分析、商品流转计划、商品损失汇总统计、单位合并会计决算表、财务统计总表与财产清理汇总表、干部定期统计表、劳动工资统计表及统计工作条例、会审汇编等。

（五）资料类　主要有山东省工农商品比价调查、省商业厅物价年报、省内外卷烟销价、酒类价格登记、烟酒产地价格表、烟酒价格变动表、烟酒生产成本、烟酒产销统计、私营商业及饮食业普查、烤烟种植及灾害情况调查、露酒配方操作方法、农村经济调查、野生植物调查等。

山东省百货公司

（1950 ～ 1975 年）

全宗号　A070

一、机构沿革

山东省百货公司全称为中国百货公司山东省公司，建于 1950 年 4 月，行政上受山东省人民政府商业厅领导，业务上受华东区公司领导。内部机构设会计科、业务科、储运科、秘书科、计划科、人事科。

1958 年，山东省百货公司并入山东省商业厅，成为省商业厅百货处。1961 年恢复山东省百货公司。

山东省百货公司的职能是向全省百货系统宣传贯彻国家有关商业工作的方针、政策，编制各种商品计划，领导并管理下属分公司，同时组织货源，调节市场，保障供给。

二、全宗概况

该全宗档案于1988年6月由山东省百货公司移交进馆，共有档案186卷，排架长度3.15米，其中永久65卷，长期121卷。档案形成时间为1950～1975年（由于机构的变更，1958～1960年的档案存于省商业厅全宗）。案卷按年代—问题顺序排列。检索工具有全宗指南、全宗介绍、案卷目录、全引目录、机读目录等。

三、档案内容

（一）综合类　省百货公司半年、年度工作计划、总结；厅长、局长、各级经理会议总结等。

（二）机构人事类　省百货公司及其下属各分公司的机构设置、调整、人员编制、工资待遇的通知、报告、批复、表格、示意图等。

（三）财务、价格统计类　省百货公司年度财务工作计划、总结；财务管理制度、财产交接办法的规定；商品价格、商品流转的计划、规定、办法；会计报表、统计报表、生产单位统计表等。

（四）商品储运、管理类　省百货公司关于商品仓储、调运、分级管理的制度、措施、通知、方法；商品的调拨、供应、归口管理的通知、规定以及部分商品的部颁标准等。

（五）资料类　省工商局统计资料，公私合营比重资料，总产值及产品产量调查估算资料，物价资料汇编，城市市场情况调查统计资料，百货公司百货商品生产量、库存量资料，举办展览的有关资料等。

山东省食品公司

（1952～1976年）

全宗号　A071

一、机构沿革

中国食品公司山东省食品公司（简称山东省食品公司）于1954年3月在青岛成立。内部机构设人事科、秘书科、计划科、财务科、业务一科、业务二科、物价科、储运科、企业管理科、监察室、工会等11个科室，袁代新任经理。1955年11月，山东省食品公司从青岛迁来济南。

1957年1月，唐军任省食品公司经理；同年7月，山东省食品公司撤销，改设山东省服务厅食品管理处，唐军任处长。

1958年3月，山东省服务厅撤销，并入山东省供销合作社，该厅食品管理处成为省供销合作社食品管理处，王之初任处长。同年7月，山东省供销合作社又与省商业厅合并，食品管理处成为省商业厅的内部机构，由赖胜宏负责。1959年，黄茂田负责省商业厅食品管理处的工作。

1961年，省商业厅与省供销合作社分开，食品管理处再次划归省供销合作社领导。处内设人事秘书科、食品业务科、大牲畜科、生产卫生科、计划科、财会科。黄茂田负责该处工作。

1963年，山东省供销合作社食品管理处撤销，恢复成立中国食品公司山东省食品公司，隶属于山东省商业厅领导。内部机构设人事科、秘书科、计划科、财会科、业务科、企业管理科、储运科、生产卫生科。黄茂田任经理。

1965年10月，山东省水产供销公司归属省商业厅，并入省食品公司。食品公司内部增设水产业务科、渔需物资科。

1968年，山东省食品公司革命委员会成立，军代表李福海为负责人。1970年，成立中共山东省食品公司核心领导小组，李福海任组长。1971年，军代表撤出省食品公司，黄茂田为该公司主要负责人。

主要职能：山东省食品公司是一个食品专业经营的管理机构，其职责是在商业部中国食品公司和山东省商业厅的双重领导下，负责领导和管理全省各市、县食品公司，其本身不兼营具体的购销业务。

二、全宗概况

现馆藏该全宗档案196卷，排架长度3.6米，其中永久96卷，长期100卷。起止年代是1952～1976年。于1988年6月，由山东省食品公司移交进馆。案卷按年代顺序排列。检索工具有全宗指南、全案介绍、案卷目录、全引目录、机读目录。

三、档案内容

（一）机构人事类　省商业厅、省食品公司关于机构设立、变更，干部任免，人员编制、调动、转正定级、退休、离休等问题的通知、函、报告、批复以及对人员历史问题的处理意见、结论；党员干部行政介绍信和干部统计年报表等。

（二）食品购销类　商业部、中国食品公司、省商业厅、省食品公司关于肉、禽蛋等食品以及与之相关的医药、轻工等领域有重要再创造价值的产品在收购、奖售、调运等方面的规定、标准、通知、报告等。

（三）财务、价格统计类　商业部、中国食品公司、省商业厅、省食品公司关于肉、禽蛋等购销、调运的价格以及计价收购的通知、报告、批复；省食品公司历年会计决算报告、财产移交表、商品流转统计报表；财务批标、计划、财务状况分析报告；部分年度的生产计划以及计划执行情况的报告等。

中国五金交电化工公司山东省公司

（1950～1976 年）

全宗号　A072

一、机构沿革

1950 年 10 月，中国工业器材公司青岛分公司成立。公司内部管理实行三级责任制，经理室下设科，科下设股。1952 年年底，该公司改组为中国五金机械公司青岛分公司、中国交通电工器材公司青岛分公司和中国化工原料公司青岛分公司。1954 年后，中国五金机械公司青岛分公司改称为中国五金机械公司山东省公司，中国交通电工器材公司青岛分公司和中国化工原料公司青岛分公司，也先后改为中国交通电工器材公司山东省公司和中国化工原料公司山东省公司。

1958 年 3 月，五金、交电、化工 3 个省公司合并入山东省商业厅，改称工业器材处。1961 年，改为山东省商业厅工业器材公司。1962 年 9 月，山东省商业厅工业器材公司撤销，恢复建立中国五金机械公司山东省公司、中国交通电工器材公司山东省公司和中国化工原料公司山东省公司。1965 年，上述 3 个公司又合并为中国五金交电化工公司山东省公司（简称山东省五交化公司）。

山东省五交化公司在业务上受中国五交化公司领导，行政上受省商业厅领导。该单位系经营管理型机构，行使系统管理权力和直接进行购销业务。

二、全宗概况

该全宗档案于 1988 年 6 月由山东省商业厅五金交电化工管理处移交进馆。共有档案 360 卷，排架长度 6.3 米，其中永久 145 卷，长期 215 卷，档案形成时期为 1950 ～ 1976 年，案卷按年代—问题顺序排列，检索工具有全宗指南、全宗介绍、案卷目录、全引目录、机读目录等。

三、档案内容

（一）该公司年度工作计划、规划、总结、报告。

（二）该公司及所属单位机构设置、调整，干部调配、任免，职工工资、福利等问题的报告、批复、意见，对犯错误人员处理的意见、决定、结论及历次政治运动中形成的材料。

（三）关于五金、交电、化工等产品的市场调查、产销供应报告及商品订货、库存、运输、供应等工作的规定、通知、批复；关于商品价格确定、调整，召开物价会议的文件材料，年度商品流转计划、统计，年度会计预决算，财务状况分析报告等。

山东省水利勘测设计院

（1956 ～ 1976 年）

全宗号　A073

一、机构沿革

1956 年 10 月，经省人民委员会批准，由省水利厅勘测设计处、山东省治淮指挥部勘测设计处合并成立山东省水利勘测设计院。张瑨任院长。内部机构设办公室、人事室、计划室、试验研究室、勘察测量室、流域规划主任工程师室、设计主任工程师室、水工结构室、保卫科、财务器材科、工会、党团总支及钻探、勘察、测量 3 个大队。该院担负全省大、中型水利水电工程的规划、勘测、设计任务，代水利厅审核全省水利水电基本建设工程设计工作。1957 年，该院内部撤销计划室、水工结构室，成立总工程师室。1976 年，该院内部机构设有办公室、政治处、行政科、规划室、设计室、地勘队、测量队。

二、全宗概况

该全宗档案于 1988 年 11 月移交进馆。共有档案 151 卷，排架长度 2.88 米。其中永久 106 卷，编为 01 目录，长期 45 卷，编为 02 目录。案卷起止年代为 1956 ～ 1976 年，按问题—年代顺序排列。检索工具有全宗指南、全宗介绍、案卷目录、全引目录等。

三、档案内容

（一）省水利厅、该院关于水利勘察、设计、审核工作的计划、规划、总结、报告；全省水利资源普查、水库保安全设计、处理水库大项工程坝基渗透漏水问题及设计革新等工作的文件材料；有关勘察统计年报、财务、器材登记、统计，该院土地、建筑物移交材料。

（二）关于机构设置、调整，人员编制，干部任免、调配、奖惩，历次政治运动中形成的文件，院务会议、办公会议记录和有关会议的文件。

山东省纺织品公司

（1950 ～ 1976 年）

全宗号　A074

一、机构沿革

山东省纺织品公司，前身是中国花纱布公司济南分公司，于 1950 年 4 月在济南成立，1950 年年底改称中国花纱布公司山东省公司。该公司接受总公司和省商业厅的双重领导。内部机构设计划、原棉、成品、财务、储运、人事、秘书 7 个科。1953 年 3 月增设物价科。同年 4 月又增设了监察室。1956 年中国花纱布公司山东省公司改称中国纺织品公司山东省公司，同时将原计划科、统计科合并为计统科，原成品科分为采购供应科、品种调研科、经营科。1957 年 12 月，中国纺织品公司山东省公司改为山东省商业厅纺织品贸易处，实行政企合一，合署办公，下设纺织科、计划统计科，主管纺针织品在全国及全省范围的调拨分配。1962 年 10 月，恢复中国纺织品公司山东省公司。1976 年改称山东省纺织品公司。

山东省纺织品公司的任务是根据上级指示，向全省各级国营商业纺织品批发企业传达贯彻纺织品经营方针政策，审批各级纺织品企业的商品流转计划、运输计划、费用计划、财务计划、基本建设计划以及各项开支的预算和决算，并组织和领导全省纺织品批发企业完成各项经营任务。

二、全宗概况

该全宗档案于 1988 年 12 月由省纺织品公司移交进馆。档案形成时间是 1950 ～ 1976 年，共 229 卷，排架长度 4.5 米，其中永久 89 卷，编为 01 目录，长期 140 卷，编为 02 目录，案卷按年度—问题分类排列。检索工具有全宗指南、全宗介绍、案卷目录、全引目录等。

三、档案内容

（一）省政府、省商业厅、该公司关于组织机构、人员编制、启用印章、劳动工资等工作的指示、规定、办法、函。

（二）该公司年度工作计划、总结、远景规划；关于保密、档案、统计、财务等工作的报告、意见、统计报表。

（三）该公司关于全省棉花收购、检验，纺棉、絮棉的供应，花纱布援外出口，纺织品调拨作价、流转情况，棉花、棉布统购统销，布票、鞋票、民用票等票证的发放、验收、兑换管理，军事、体育、铁路、邮电等行业的收票标准及农产品奖售，自留棉换购等的通知、报告、意见、规定、统计报表、决算报表、年报、季报、资料汇编等。

山东省大运河工程指挥部

（1958 ～ 1960 年）

全宗号　A075

一、机构沿革

山东省大运河工程指挥部于 1958 年 3 月成立，下设办公室、工程科、机料科、计划财务科。邓辰西任指挥。1961 年 2 月，山东省大运河工程指挥部撤销，将有关运河工程的未完规划、设计等工作，交由山东省交通厅办理。

该指挥部职能是担负京杭运河工程山东段（南自苏鲁交界的刘香庄向北延经临清、四女寺至冀鲁交界处）373 公里的航道、船闸、桥梁工程的修建任务。

二、全宗概况

该全宗档案于 1988 年 11 月由山东省交通厅移交进馆。共有档案 173 卷，其中永久 41 卷，长期 61 卷，短期 71 卷。起止年代为 1958 ～ 1960 年。案卷按年代顺序排列。检索工具有全宗指南、全宗介绍、案卷目录、全引目录等。

三、档案内容

（一）中央交通部水工局负责人在京杭运河会议上的讲话，邓辰西、白如冰在全省基建会议上的报告等。

（二）中央交通部、山东省大运河建设委员会、山东省大运河工程指挥部等单位关于京杭运河工程、南四湖、四女寺、菏泽地区等大运河工程规划、设计、报告、批复、通知、决议、总结。

（三）财务预决算，物资统计等。

（四）关于机构设置、干部配备、启用印章等的报告、批复；山东省大运河工程指挥部与江苏省大运河工程指挥部等单位关于京杭运河山东段与江苏段交界问题的处理等文件。

山东省交通厅公路局

（1949 ～ 2019 年）

全宗号　A076

一、机构沿革

山东省交通厅公路局，前身是 1950 年 6 月设立的山东省人民政府交通局路政处，曹光任处长。1951 年 3 月，山东省人民政府交通局改为山东省人民政府交通厅。同年 12 月，该厅路政处改称公路修理处，曹光任处长。

1952 年 10 月，山东省交通厅公路管理处改为山东省交通厅公路管理局。1953 年 7 月，该局内部机构设办公室和工程、养护、财务、人事、材料、监理 6 个科。1958 年 10 月，山东省交通厅公路管理局撤销，改设山东省交通厅路政处。1960 年 7 月，山东省交通厅路政处改为山东省交通厅公路处。1961 年 9 月，山东省交通厅公路处又改称山东省交通厅路政处。

1962 年 8 月，根据中共中央、国务院关于加强公路养护和管理工作的指示精神，撤销山东省交通厅路政处，成立山东省交通厅公路管理局。该局内部机构设办公室和工程、养护、财务、材料、监理 5 个科。

1965 年 9 月，山东省交通厅将山东省交通厅公路管理局和山东省交通厅工程大队合并，改称山东省交通厅公路局。

1967 年 11 月，山东省交通厅改称山东省交通厅生产指挥部，山东省交通厅公路局亦同时改称山东省交通厅公路局生产指挥部。1970 年 2 月，山东省交通厅和山东省邮电局合并，成立山东省交通邮政局，山东省交通厅公路局生产指挥部撤销，公路业务由山东省交通邮政局基建组管理。

1983 年 6 月，在省交通厅公路处和援外办公室基础上，成立山东省公路管理局。2000 年 7 月，山东省人民政府办公厅批复：济青高速公路管理局更名为省交通厅公路局，同时撤销省公路管理局、省京福高速公路管理办公室，有关职能划归公路局承担，12 月，山东省交通厅公路局为副厅级建制全额预算管理事业单位，内设 7 个处室。

该局主要职能是主管全省公路业务、车辆监理工作，为一级企业管理机构，受山东省交通厅领导。对所属各公路段、站、工程队、测量队、机械队、车辆监理所等单位实行统一领导，全面管理。负责公路养护、修建（包括测设施工），县、乡道路和交通秩序，车辆监理，筑路机械的管理工作。

二、全宗概况

馆藏山东省交通厅公路局档案共有文书档案 6020 卷、15735 件，专业档案 1298 卷，排架长度 202.86 米，档案起止时间为 1949 年至 2019 年。1988 年、2021 年和 2022 年 3 次进馆。案卷按年代顺序排列，检索工具有全宗指南、全宗介绍、案卷目录、全引目录、归档文件目录、机读目录等。

三、档案内容

（一）综合类　山东省交通厅公路局工务会议记录，交通部副部长王首道在全国交通会议上的报告等。

（二）组织人事类　山东省交通厅、山东省交通厅公路局关于人事任免的通知；关于离、退职规定办法、技术人员培训提拔、审定工作计划，供给制人员待遇，对民工粮油工资待遇问题的规定、通知；启用印章的通知；关于整党教育等方面的报告、计划、指示，党员关系介绍信和党员登记表等；关于公路基建部门开展肃反斗争的具体意见、总结、报告；华东交通部、山东省交通厅关于道桥工等病故处理的指示、报告、通知。

（三）征税类　山东省政府、山东省交通厅、华东公路局等单位关于养路费征收，养路费解缴，征用土地，交纳农业税，征收汽车季捐等的办法、通知、报告、命令。

（四）规范标准类　中央交通部、山东省交通厅、华东公路局等单位关于汽车管理暂行办法，文牟线、济宁线等勘查报告、总结，军用线路情况变动表，华东区选拔公路工作劳模暂行办法，公路养护方面各项规章制度，中华人民共和国公路养护修理技工规范，黄河大桥设计图表，全国全省公路里程表等。

（五）财会统计类　山东省交通厅关于历年统计概况，交通运输基本统计资料，肇事月报表，养护工程预决算登记表和计划表等。

（六）监理类　山东省交通厅监理会议记录、总结、决议。

（七）基建类　华东交通部、山东省交通厅关于基建工作检查验收工作总结、报告、通知。

山东省交通厅工程大队

（1954～1967 年）

全宗号　A077

一、机构沿革

山东省交通厅工程大队，前身是 1955 年 2 月成立的山东省交通厅公路管理局济菏路工程大队。1956 年 3 月，山东省交通厅将济菏路工程大队并入山东省交通厅公路管理局第二工程大队。1958 年，山东省交通厅公路管理局第二工程大队改称山东省交通厅工程队。1959 年 1 月，又将山东省交通厅工程队改称山东省交通厅工程大队。内部机构设行政、人事、财务、机料、工程 5 个科和卫生所，下辖第一、二、三、四中队和机械中队。

1961 年 4 月，将该大队各工程中队改称工程队，同时将山东省交通厅机械队并入山东省交通厅工程大队机械中队，改称山东省交通厅工程大队机械队。同年 9 月，成立山东省交通厅工程大队第五工程队。

1965 年 9 月，山东省交通厅工程大队和山东省交通厅公路管理局合并为省交通厅公路局，该大队各工程队均归属山东省交通厅公路局领导。

二、全宗概况

该全宗收入了济菏路工程大队、山东省交通厅工程大队、山东省交通厅公路管理局、山东省交通厅工会的档案。1988 年 11 月，由山东省交通厅移交进馆。共有档案 603 卷，排架长度 5.85 米，其中永久 333 卷（缺第 275 卷），长期 64 卷，短期 207 卷，档案起止时间为 1954 ～ 1967 年。该全宗档案内容主要是该工程大队形成的一些专业性文件和极少量机构、人事变动情况的材料。案卷按年代—问题（组织机构）排列。检索工具有全宗指南、全宗介绍、案卷目录、机读目录等。

三、档案内容

（一）该工程大队历次队务会议记录，济宁地委召开有关济菏路工程的各种会议文件及上级领导的讲话；历年该队工作总结、计划、统计材料。

（二）关于机构建立、调整，启用印章，干部任免、调配、奖惩、退职的通知、报告、决定；工资待遇，复员军人安置，劳保福利，安全卫生等暂行办法、规则、通知。

（三）关于“肃反”“三反”“五反”“四清”等政治运动的总结、计划、意见、简报、调查材料。

（四）关于技术革新方面的计划、方案、总结、指示等。

（五）征用土地方面的政策、规定。

（六）基本建设计划、设计。

（七）有关共青团、工会、职工教育、增产节约等方面的文件。

山东省交通厅汽车运输公司

（1950 ～ 1975 年）

全宗号　A085

一、机构沿革

1950 年 6 月，山东省公路运输总局改称为山东省人民政府交通局，同时成立山东省运输公司。内部设经理办公室、营业、车机、联运、计划、人事等 6 个科。下辖济南、烟台、青岛、潍坊、临沂、徐州、济兖等分公司以及交通工人医院、济南汽车修配厂。王亮任经理。

1952年6月，山东省运输公司的行政机构与联运、搬运公司合并，成立山东省交通厅运输局。1957年6月，山东省交通厅调整机构，撤销山东省交通厅运输局。1962年8月，成立山东省交通厅汽车运输管理局。1965年5月，将山东省交通厅汽车运输管理局改为山东省交通厅汽车运输公司。1968年10月，成立山东省交通厅汽车运输公司革命委员会。

1970年2月，山东省交通厅和山东省邮电局邮政合并，成立山东省交通邮政局，撤销山东省交通厅汽车运输公司，改设山东省交通邮政局运务组。1973年7月，交通与邮政分开，成立山东省革命委员会交通局，公路运输业务仍由该局运务组负责。1974年1月，山东省革命委员会交通局内部机构调整，撤销运务组，成立山东省汽车运输公司，内部设办公室、营调、计财、机务、材料、劳动工资等科室。1976年3月，山东省汽车运输公司和山东省革命委员会交通局内部机构县、社运输管理处合并，成立运输处。

该公司主要职能是负责全省公路运输业务，是一级企业管理机构，在省交通厅的直接领导下，对各个汽车运输公司、汽车站、轮胎翻修厂、地方铁路局、汽车技工学校等单位实行统一经营、全面领导，负责汽车运输、地方铁路运输、汽车修理、技工训练等。

二、全宗概况

该全宗档案于1988年12月由山东省交通厅移交进馆，共有516卷，排架长度7.2米，其中永久126卷，长期201卷，短期189卷。起止年代为1950～1975年（其中缺1971～1973年的档案）。该公司搬运科、监理科形成的档案，分别在山东省运输联社和公路局全宗内。案卷按年代—问题排列。检索工具有全宗指南、全宗介绍、案卷目录、机读目录等。

三、档案内容

该全宗包括山东省运输公司、山东省交通厅运输局、山东省汽车运输公司等机构形成的档案，其主要内容有：

（一）综合类　该公司历年工作总结、报告等。

（二）机构人事类　中央交通部、省交通厅、省交通厅运输局关于机构变动、人事任免的报告、通知，如交通邮政局军管委关于建设山东省汽车修配厂等的请示，报告、批复；启用新印章的报告、通知；干部职工定级简历表、花名册、介绍信存根等；对犯错人员的处分、决定、报告、批复及第三届劳模大会先进人物事迹等。

（三）运输安全类　包括汽车员责任制暂行办法、奖惩办法等规章制度的说明、报告、通知，业务统计表；财务预决算审查、执行办法，调整运价及证车费计算办法；关于合理运转各种原材料和收购畜产品等问题的规定、制度、指示、通知；中央交通部、海河总局关于运输安全、卫生防治等各项规定、指示、办法等文件。

（四）劳保类　山东省交通厅运输局、山东省工会关于劳保福利基金使用范围的报告、通知等。

山东省运输合作社联社

（1951 ～ 1970 年）

全宗号　A086

一、机构沿革

山东省运输合作社联社，前身是山东省交通厅于 1951 年 4 月设立的搬运科。1952 年 9 月，山东省交通厅决定，将搬运业务并入山东省交通厅运输局管理。

1957 年 6 月，山东省交通厅调整机构，撤销山东省交通厅运输局，分设公路运输处和民间运输处，分别管理公路汽车运输和民间运输业务。1958 年 1 月，山东省交通厅民间运输处改为合作指导处。1959 年 5 月，该厅合作指导处改为县社运输处。1961 年 9 月，省交通厅内部机构调整，县社运输处又改为县社交通处。

1965 年 5 月，山东省民间运输合作联合社社员代表大会在济南召开，山东省民间运输合作社联合社正式成立。山东省交通厅县社交通处改为山东省运输合作联社。

1970 年 11 月，省革委将山东省交通邮政局改称山东省革命委员会交通邮政局，撤销山东省运输合作联社，其业务并入交通邮政局的运务组。

二、全宗概况

该全宗档案于 1988 年 12 月由山东省交通厅移交进馆。主要收入了山东省交通厅运输局搬运科、民间运输处、合作指导处、县社运输处、县社交通处、山东省民间运输合作联合社等机构形成的部分档案，但山东省运输合作社联社所形成的档案极少。该全宗共有档案 443 卷，排架长度 4.5 米，其中永久 134 卷，长期 160 卷，短期 149 卷。起止时间为 1951 ～ 1970 年。案卷按年代问题排列。检索工具有全宗指南、全宗介绍、案卷目录、机读目录等。

三、档案内容

（一）综合类　该社历年来工作总结、搬运工作调查报告，全国民间运输工作情况报告，全省民间运输社员一届一次会议文件。

（二）机构人事类　该社关于各地成立搬运机构的报告、批复、通知及来往文书，启用印章，省、专、县成立运输联社、运输站的报告、批复，通知，干部奖惩制度等。

（三）计划财务类　包括生产财务计划情况，工具、人员统计，所得税计算等通知、批复，债务定息债权，公积金问题的方案、总结，报告。

（四）劳保福利类　搬运合作社社员劳保福利待遇办法、方案、意见、通知。

（五）规章制度类　山东省运输食作联社示范、营业章程和搬运木材、调整运价办法、规定等。

（六）基本建设类　各地联社基本建设项目申请书、平面图、基建申请报告、批复。

（七）对资改造类　国家计委、中央交通部、山东省交通厅关于各地运输公司对私营资本主义工商业改造的指示、计划、总结、报告、意见；对私营汽车、马车等运输工具及民间私人（个体）运输业社会主义改造计划，情况总结、报告，阶级划分等文件。

（八）政治运动类　关于“整风”、整社的报告、通知，小业主股金清算、退赔，“四清”工作的政策、指示、报告、批复。

山东省交通厅航运公司

（1950 ～ 2019 年）

全宗号　A087

一、机构沿革

山东省交通厅航运公司，前身是山东省人民政府交通局航政处。1950 年 6 月，山东省公路运输总局改为山东省人民政府交通局，内部机构设航政处。该处主要负责管理全省内河国营及民间运输船只及内河航道养护工作，是一级企业管理机构，在山东省交通厅直接领导下，对各航（海）运局、船厂实行统一经营，全面领导，负责海河运输、渡口管理、航道和港口养护维修、船舶修理、港航监督、航行安全工作等。李化民任处长。

1951 年 10 月，山东省人民政府交通厅航政处改为航运管理处及航运公司，政企两机构合署办公，内部设办公室和营业、船舶、会计 3 个科。下辖小清河航运分公司、南运河办事处。

1952 年 10 月，山东省交通厅将航运管理处改为航务局，为政企合一机构，内部机构设办公室和财务、计划、航运、船舶、港务、机料 6 个科。下辖运河航运办事处、黄河航运办事处和航运分公司，小清河航运办事处。李华民任局长。

1953 年 7 月，山东省交通厅航务局改为航运管理局。内部机构设人事、计划、财务、运务、航政、机料 6 科及办公室。下辖黄河、小清河航运分公司，运河航运办事处，青岛航运分局。李华民任局长。

1958 年 1 月，山东省交通厅撤销了航运管理局，将其航运业务并入运务处。另设航政处，负责航政管理工作，周云祥任处长。

1962 年 8 月，山东省交通厅为适应交通体制变化情况，又将航政处改为航运管理局，列企业编制。内部机构设办公室和计财、港监、机料、运务、航道养护 5 个科。下辖青岛海运局，黄河、小清河、运河、卫运河航运局。杜恒淦任局长。

1965 年 9 月，山东省交通厅航运管理局改为山东省交通厅航运公司，内部机构设办公室和运务、政工、计财、港航监督、机料 5 个科，1 个航道测设队。下辖青岛海运局，黄河、小清河、卫运河 3 个航运局。王云新任经理。

1967 年 11 月，山东省交通厅改称山东省交通厅生产指挥部，该航运公司同时改称山东省交通厅航运公司生产指挥部。

1970 年 2 月，山东省交通厅与山东省邮电局邮政部分合并，成立山东省交通邮政局。原山东省交通厅航运公司生产指挥部撤销，其航运业务及下辖的青岛海运局和黄河、小清河、卫运河航运局归山东省交通邮政局直接领导。

1974 年 1 月，根据山东省革命委员会文件精神，成立山东省交通厅航运公司。内部机构设政工、港航监督、运务、航道养护、机料、计财 6 个科。负责全省港航管理工作。1976 年年初，撤销山东省交通厅航运公司，改建山东省交通局航运处。

二、全宗概况

该全宗档案于 1988 年和 2021 年两次进馆，起止时间为 1950～2019 年。现馆藏档案 2620 卷、7011 件，排架长度 84.42 米，其中永久 596 卷、4194 件，长期 994 卷、1847 件，短期 1030 卷、850 件，定期 30 年 120 件。检索工具有全宗指南、全宗介绍、案卷目录、全引目录、归档文件目录等。

三、档案内容

（一）综合类　航运管理局局务会议记录，勘查山东省航运资料，如大运河山东段航道调查报告，中朝两国水产互用会谈纪要等文件。

（二）机构人事类　关于机构、人事等问题的报告、批复。如成立公私合营青岛轮船公司，人员调配、提拔、奖惩，船员退职辞职处理，转业军人、大专和中专毕业生工资待遇的请示、报告、批复、指示、决定；启用印章的通知等。

（三）科技类　航运局与运河办事处关于河道工程设计、总结、报告、批复；水源示意路线图，水泥船和钢质海船建造规范等办法、通知。

（四）基建类　关于基建计划、任务书，房地产变动、修建的报告、批复。

（五）财务统计类　关于财务预决算，编制财务统计程序等决定，统计工作细则；中央内河总局、山东省交通厅关于航运客货营业票据、报表式样及收费办法等；中央交通部青岛区港务局船舶及属具交接清册。

（六）安全保卫类　关于安全防护的措施、指示、办法、细则、通知等。

山东省地方铁路局

（1958 ～ 1962 年）

全宗号　A089

一、机构沿革

山东省地方铁路局，前身是 1959 年 3 月成立的山东省交通厅轻便铁路管理处。刘景华任处长。1960 年 6 月，省人委批准成立山东省地方铁路局，山东省交通厅轻便铁路管理处并入省地方铁路局。该局内部机构设办公室、人事处、工程处、材料处、计划财务处、机车车辆处、技术革命处、运务处和党组。曲明任局长、党组书记。

1961 年 9 月，中共山东省委决定将山东省地方铁路局改为山东省交通厅地方铁路局，1962 年年底，山东省交通厅地方铁路局撤销。

山东省地方铁路局是企事业合一的经营管理机构，主要负责运输生产和基本建设工作，领导管理直管线，对各市、地的线路进行业务指导。

二、全宗概况

该全宗档案于 1988 年 12 月由山东省交通厅移交进馆，共有档案 414 卷，排架长度 4.5 米。其中永久 142 卷，长期 69 卷，短期 203 卷。档案起止时间为 1958 ～ 1962 年。主要是山东省交通厅轻便铁路管理处、山东省地方铁路局、山东省交通厅地方铁路局形成的档案。上级对山东省地方铁路局有关成立组织机构的一些审批文件归档不全，其他业务文件尚完整。检索工具有全宗指南、全宗介绍、案卷目录、全引目录等。

三、档案内容

（一）综合类　山东省地方铁路局局务会议记录，电报留底等。

（二）机构人事类　山东省人民委员会、山东省地方铁路局，济南、淄博等地方铁路局关于改进地方铁路局体制管理，撤销地方铁路局党组等文件；山东省人民委员会、山东省计划委员会、山东省劳动局、山东省地方铁路局关于工人转正、劳动调配、干部调动、人事任免、工资福利等的指示、报告、通知及介绍信存根等。

（三）计划财政类　山东省地方铁路发展规划，铁路运输计划，生产管理办法、通知，清理“一平二调”物资等问题的报告、简报、通知。

（四）基本建设类 中央交通部、山东省交通厅等单位关于基本建设施工计划、报告、批复、通知，修建铁路（包括土铁路、轻便铁路）的情况调查表、说明、总结，枣临线房屋施工标准设计图，张北铁路扩建工程设计图，禹临线等施工详图，辛黑线地方铁路调查报告等文件。

（五）治安保卫、医疗卫生类 山东省人民委员会、山东省交通厅等单位关于加强治安保卫，医疗卫生等问题的通知、意见、报告。

（六）征用土地类 关于征用土地情况的报告等文件。

山东省卫生防疫站

（1950～1976年）

全宗号 A094

一、机构沿革

1953年，山东省卫生防疫站成立，隶属于省卫生厅领导，侯克济任站长。其主要职能是运用预防医学理论和技术，贯彻预防为主的方针，负责领导全省各级卫生防疫站工作，并为上级卫生部门当好参谋。

建站初期，内部机构设卫生防疫科、检验科、秘书科和事务行政科。1959年增设劳动卫生科，1965年，省立医院附属的省地方病防治研究所并入省防疫站，改名为地方病防治科，对外仍称地方病防治研究所。1970年，站内科室调整，分设防疫科、地方病科、卫生科、劳动卫生科、卫生宣传科、政工科和站办公室。1976年，增设食品卫生科。

二、全宗概况

该全宗档案于1989年9月移交进馆，共有481卷，排架长度6.3米，其中永久367卷，长期114卷。案卷所属年代为1950～1976年。按问题—年代分类排列，分为计划总结、传染病防治、食品卫生、劳动卫生、卫生检验和会计决算等6类。该全宗档案收集比较完整。检索工具有全宗指南、全宗介绍、案卷目录、全引目录等。

三、档案内容

该全宗档案基本上反映了山东省卫生防疫工作的建立和发展过程，真实地反映了 20 多年来全省卫生防疫事业发展全貌。档案的主要内容有：

（一）该站年度工作计划、总结；关于机构的调整、人事任免、工资待遇等问题的请示、报告、通知。

（二）该站关于传染病、寄生虫病、地方病等防治工作的报告、通知、计划、总结。

（三）该站检验工作计划、总结、通知，如：关于食品卫生实施办法和管理条例、乳制品标准检验方法等文件材料；卫生部、食品公司关于食物中毒检验方法的通知；该站转发饮料酒质量标准、12 度熟啤酒质量标准和啤酒检验方法、食用合成染料的使用范围等问题的通知；关于水质调查的通知；关于黄河水、小清河水系污染调查报告、通知等。

（四）该站关于工业卫生、防尘防毒的报告、通知。

另外还有历年卫生防疫简报；经费开支预算表、决算表；退交基建用地证明书等。

山东省泰山疗养院

（1952 ～ 1976 年）

全宗号　A095

一、机构沿革

山东省泰山疗养院始建于 1952 年 7 月，名称为山东省泰山黑龙潭疗养院。1954 年 6 月，该院易名为山东省第十康复医院，隶属于山东省卫生厅康复医院管理局领导。同年 11 月，山东省第六康复医院一分院并入该院。1956 年 6 月，省卫生厅决定，该院改名为山东省黑龙潭疗养院，将志愿军、结核病人全部转出，改为接收地方干部和一般性病人，并直接由省卫生厅领导。1956 年 6 月，省卫生厅决定，将该院交泰安专署领导。1958 年 11 月，泰安专署撤销，该院划归济南市卫生局领导。1961 年 4 月，泰安专署恢复，该院又转归泰安专署卫生局领导。1966 年 9 月，该院改名为山东省泰山疗养院，1968 年 9 月该院撤销。1973 年 8 月，根据中共中央指示，经省革委批准，恢复了山东省泰山疗养院，隶属泰安地区卫生局领导。白会文、孙立五、王义同、马洪震、赵加善、魏捷生等先后任疗养院院长、党委书记。

泰山疗养院是山东省社会主义建设的保健事业单位，系一般慢性病的疗养院，接收生活能够自理的慢性病人。主要病员对象为省直机关和泰安地区一般行政干部，以及无疗养院的地、市、县级机关正、副局长，公社党委书记以上干部。

二、全宗概况

该全宗档案于 1989 年移交进馆，是该院 1951 ～ 1976 年间形成的文书档案，共有 66 卷，排架长度 1.08 米，其中永久 43 卷，长期 23 卷。案卷按年代一问题分类排列。检索工具有全宗指南、全宗介绍、案卷目录、全引目录、机读目录等。

三、档案内容

（一）该院年度工作计划、总结、报告、决议；关于干部任免、调动、提级、处分、工资待遇等批复、决定。

（二）该院院务会议记录；泰安地委、卫生局、本院党委关于干部疗养规定，党委工作、整顿支部、审干、医务工作计划、总结、批示；回乡转业建设军人呈批表；1954 ～ 1964 年度干部调令、介绍信及工作人员花名册，领取帽徽、胸章花名册等材料。

山东省荣军医院

（1949 ～ 1976 年）

全宗号　A096

一、机构沿革

山东省荣军医院，前身是 1946 年华东军区在惠民成立的华东军区荣军管理局休养大队。1947 年 7 月，改为华东军区荣军管理局渤海休养院。1948 年 8 月，改为华东军区荣誉军人总校疗养院。1949 年 5 月改为山东省荣军管理局疗养院。1950 年 8 月改为山东省荣誉军人疗养院。1952 年 10 月改为山东省革命残废军人疗养院。1959 年 11 月改为山东省荣誉军人医院。1966 年 3 月改为山东省民政厅革命残废军人疗养院。1968 年 6 月改为山东省民政局革命残废军人疗养院革命委员会。1989 年 5 月改称山东省荣军医院。该院是省民政厅的优抚事业单位，是收治全省带病回乡复员军人及在乡三等残废军人的综合性医院。

二、全宗概况

该全宗档案于 1989 年 11 月移交进馆，共有 237 卷，排架长度 3.6 米，其中永久 91 卷，长期 146 卷，起止年代为 1949 ～ 1976 年。案卷按年代—问题分类排列。检索工具有全宗指南、全宗介绍、案卷目录、全引目录等。

三、档案内容

该全宗档案收集比较完整，基本上能反映建院近 30 年的活动情况和发展概貌，主要内容有：

（一）综合类　该院工作计划、规划、总结；编制方案、整院方案、医疗器械、技术革新计划、医院情况、干部统计表等；该院历年院务会议记录、院总支会议记录、历年年度决算；省民政厅、该院关于疗养院归优抚局领导等材料。

（二）组织人事类　该院关于干部任免、人事工作情况、工资调整、机构编制的意见、通知、批复、总结；荣军总校、该院关于更改院名、启用印章的通知，历次政治运动中人员处分等文件材料。

（三）业务类　该院关于保护性医疗制度、工作常规、药品使用、病员饮食、医务人员职责等各种规章制度；该院技术革新论文汇编 1 ～ 3 集。

山东省血液中心

（1962 ～ 1976 年）

全宗号　A097

一、机构沿革

1964 年，中央卫生部决定在省建立中心血站。1965 年 8 月，省中心血站建成，并与省生物制品所合并，定名为山东省济南中心血站。1982 年 6 月，该站更名为山东省中心血站。1987 年 1 月，根据中央卫生部颁发的《全国血站管理条例》的有关规定，山东省中心血站更名为山东省血液中心。其内部机构有采血制备组、供应储备组、二号血清制备组、生化检验室、总务组、办公室。

山东省血液中心是山东省卫生厅直接领导的卫生事业单位。主要任务是在战时解决伤病员的输血，平时供应所在地区医院的用血，并担负起血浆及动物血清的生产研究工作。

二、全宗概况

现馆藏该全宗档案46卷，排架长度0.45米，其中永久30卷，长期16卷，是省中心血站（包括其前身山东省卫生厅生物制品所）1962～1976年间形成的文书档案材料。1989年12月移交进馆。案卷按机构—年代分类排列。检索工具有全宗指南、全宗介绍、案卷目录、全引目录等。

三、档案内容

（一）省中心血站党支部的建立、改选、成员名单及党支部、团支部的工作计划、总结。

（二）该站干部职工调动、任免、晋升、奖惩、工资待遇、人员处分的报告、决定、批复及干部统计表。

（三）该站机构设置、编制、启用公章、规章制度、年度工作的计划、总结、报告、批复、通知及站务会议记录等。

（四）该站主要业务，血液制品生产的报告、计划、通知、报表、批复等。如卫生厅、该站关于二号血清临床应用的报告、计划、通知；卫生厅、该站关于生产干血浆的报告、通知、报表、批复。

（五）该站关于财务预决算和基本建设的报告等。

山东省人民政府办公厅

（1950～2011年）

全宗号　A101

一、机构沿革

山东省人民政府办公厅是省政府的综合办事机构，协助省政府领导处理省政府日常工作。1949年12月15日，山东省人民政府办公厅成立。1955年，山东省人民政府改名为山东省人民委员会，同年，成立山东省人民委员会办公厅。

1967年2月3日，全省25个群众组织联合召开群众大会，宣布夺取中共山东省委、山东省人民委员会的领导权，成立山东省无产阶级革命造反派大联合革命委员会。2月23日，山东省无产阶级革命造反派大联合革命委员会改名为山东省革命委员会（简称省革委），同年，成立山东省革委会办公室。

1979年，山东省革委会改称山东省人民政府，山东省革委会办公室改称山东省人民政府办公厅。

2007年，省政府办公厅共有15个处室，即：综合处、文秘处、秘书一处、秘书二处、秘书三处、秘书四处、信息处、督查处、人事处、保卫处、行政处、接待办、电子政务处、离退休干部处、机关党委。原省政府办公厅技术处和省政府办公厅电子政务中心分设。分设后，省政府办公厅技术处更名为电子政务处。省政府办公厅电子政务中心更名为省政府办公厅政务网络中心，为省政府办公厅所属社会公益一类处级事业单位。省打击走私综合治理领导小组办公室设在办公厅，工作机构单列。

2009年，省政府办公厅共有15个处室，督查处更名为督查室，电子政务处更名为电子政务办公室（挂省政府信息公开办公室牌子）。

二、全宗概况

山东省人民政府办公厅全宗，包括山东省人民委员会、山东省革命委员会、山东省人民政府办公厅等机构所形成的档案。接收进馆按卷整理共19699卷，其中永久8234卷，长期9901卷，短期1564卷；按件整理共29490件，其中永久14971件，长期10798件，定期30年3721件。排架总长度569.25米。1961年10月20日，移交档案共1箱3457卷。其中，革命历史档案1箱，前省府财委档案3320卷，前省府政法委员会档案137卷。1961年12月14日，移交档案506卷。其中，胶东行署革命历史档案38卷，敌伪档案4卷，前省府文教委员会档案464卷。1962年6月21日，移交前省府财委档案308卷。1988年3月26日，移交档案120卷。1988年11月14日，移交1950年至1965年间形成的档案，共1600卷，其中，短期1600卷。移交检索工具是案卷目录。2006年8月26日，移交1977年至1985年间形成的档案，共2098卷，其中，永久1259卷，长期839卷。其分类方法为：年度—问题分类法。移交检索工具有案卷目录、全引目录。2006年9月7日，移交1986年至1992年间形成的档案，共4650卷，其中，永久2119卷，长期2531卷。其分类方法为：年度—问题分类法。移交检索工具有案卷目录、全引目录。2013年7月12日，移交1993年至2000年间形成的档案，共6659卷，其中，永久3583卷，长期3076卷。其分类方法为年度—机构—保管期限分类法。移交检索工具有案卷目录、全引目录。2017 年 12 月 20 日，移交 2001 ～ 2011 年间形成的档案，共 29490 件，其中，永久 14971 件，长期 10798 件，30 年 3721 件。其分类方法为年代—问题分类法。移交检索工具有归档文件目录。

三、档案内容

（一）本机关形成的文件材料：这是全宗内的主要成分。主要是反映本机关主要职能活动和基本历史面貌的，对本机关工作、国家建设和历史研究具有查考利用价值的文件材料，具体包括：各类会议纪要、领导讲话、报告及重要批示，省政府及办公厅印发的各种正式文件、电报及请示批复，职能活动中形成的工作计划、总结、报告、项目合同、协议书、工作条例、章程、制度，编写的历史沿革、大事记、年鉴等，人事及内设机构变化的文件材料，党团、工会方面的文件材料，省政府办公厅财产、房产、物资等方面的文件材料。

（二）上级机关文件材料：主要包括国务院及国务院办公厅文件、函件、电报，国务院各部委、办、局主送省政府文件、电报、批复等文件材料。

（三）下级机关文件材料：各市政府和省政府各部门报送的请示、报告、重要工作计划、总结等文件材料。

山东省发展和改革委员会

（1954 ～ 2005 年）

全宗号　A102

一、机构沿革

山东省计划委员会成立于 1954 年 9 月，内部机构设综合计划处、工业计划处、农业计划处、商业计划处、交通运输计划处、文教卫生计划处、基本建设计划处、劳动工资计划处、物资分配计划处、财政金融成本计划处和办公室。

1958 年 2 月，山东省物资局、山东省储备物资管理局并入省计委，为省计委的直属局。同年 9 月 10 日，省委、省人委决定把工业生产和基本建设两项工作从省计委分出，成立山东省工业生产委员会和山东省基本建设委员会。

1962 年，新成立的山东省经济委员会又从省计委接管了工业生产方面的工作。同年，省基本建设委员会并入省计委，并扩编为基建局。

“文化大革命”期间，山东省计划委员会的工作由山东省革命委员会生产指挥部计划办公室接管，计划办公室下设办事组。

1972 年 3 月，计划办公室又改称为山东省革命委员会计划委员会，下设办事组、政工组、综合计划组、基建组、财贸物价组、军工援外组、企事业编制组、统计组、物资组。

1979 年 12 月，山东省革命委员会撤销，成立省人民政府，省革委计划委员会改称为山东省计划委员会，下设 11 个处室。

山东省计划委员会的主要职能和任务是：负责编制山东省国民经济计划，做好社会总需求和总供给的平衡；研究分析宏观经济管理中各种重大比例关系；组织制订产业政策、技术政策、分配政策和对外经济政策；综合运用经济杠杆进行调控；组织协调和解决经济运行中出现的新问题、新矛盾；指挥省直部门和各地市的计划工作，并监督、检查计划执行情况。

2004 年 3 月 1 日，省发展计划委员会改组为省发展和改革委员会（简称省发展改革委），将省经济体制改革办公室的职能划入省发展改革委，撤销省经济体制改革办公室。

二、全宗概况

该全宗按卷整理共 11855 卷，按件整理 11616 件，排架长度 239.85 米，档案起止时间为 1954 年至 2005 年。山东省发展和改革委员会全宗档案。分别于 1969 年、1988 年、2012 年三次移交进馆。1969 年，第一批移交的是 1954 ～ 1967 年间形成的档案材料。1978 年对该部分档案进行了鉴定。鉴定后计有永久 385 卷，编为 01 目录；长期 1071 卷，编为 02 目录；短期 1309 卷。按问题—年代分为 14 个大类。同年 6 月，根据省革委办公室指示精神，将短期档案退还省计委。第二次移交进馆的是 1968 ～ 1976 年间形成的档案 649 卷，其中永久 87 卷、长期 233 卷、短期 329 卷，分别编为 03、04、05 目录。案卷按年代—组织机构分类排列。检索工具有全宗介绍、案卷目录、全引目录等。第三次移交进馆是 1977 ～ 2000 年间形成的档案 9750 卷（其中，永久 6583 卷，长期 3167 卷）和 2001 ～ 2005 年间形成的档案 11616 件（其中永久 7148 件，长期 4468 件）。

三、档案内容

（一）综合计划类　国务院、国家计委编制的国民经济长远计划、年度计划、国民经济计划主要指标安排意见、国民经济计划控制数字及有关编制国民经济计划的指示、办法、规定、意见；山东省人民政府、省计委编制的全省国民经济计划、国民经济发展规划纲要及计划管理体制、计划条例等；省计委关于国民经济计划编制及执行情况的总结、报告、计划调整意见，对各市、专计划执行情况监督检查报告；国家计委、省计委关于改进计划工作制度和财政体制，划分中央和地方财政管理权限等问题的规定；全省计划工作会、市专计委主任座谈会的文件材料，其中有李富春副总理 1959 年在全省计划工作会议上的讲话材料。

（二）工业交通计划类　山东省人委、省计委形成的全省工业生产计划及工业计划编制细则、暂行办法，全省地方工业生产计划，包括地方工业合营、私营，手工业生产合作社及个体手工业生产计划等；全省钢铁、冶金、化工、轻工、纺织、机械电力工业的生产计划，产品销售、调拨等方面的报告、方案、意见及各种统计登记，省计委关于地方工业、交通等项目报告的批复意见，关于地方工业执行情况检查报告。

（三）基本建设计划类　国家计委、省计委关于全省基本建设方面综合性计划，年度、季度计划的审批报告，基本建设投资数字指标、投资安排、施工情况等方面的规定、意见、报告；省计委对全省工业、农业、交通、邮电、文教、卫生等项事业基建项目的批复材料；关于处理停建、缓建、调整基建项目的规定、办法；国家计委与有关部委颁发的关于工业、商业等系统基建管理条例、基建计划编制办法；省计委、省统计局对各基建单位投资完成情况的监督、检查及调查统计材料，市、地、县上报的基建项目及省计委的批复文件。

（四）农业计划类　省计委形成的关于全省农业生产计划，旱涝保收稳产高产田建设计划，小麦、玉米、棉花、烟草等农作物种植、产量估计等的计划、报告；关于支援农业，增拨支农物资的计划、报告、通知；省计委对烟台、昌潍、惠民、菏泽等市、地国营农场、园艺场、蚕种场、林场、农科所设计任务书的批复；省计委、省农业厅等单位关于农村电网建设、农田水利建设的计划、报告。

（五）商业计划类　省计委编制的全省商业计划、商品分配计划和商品调拨、购销计划及计划管理、计划编制的规定、审批办法；省人委、省计委下达的社会商品流转计划、商业零售计划、地方外汇进出口商品计划及外汇使用规定；省计委、商业厅关于商品购销、供需问题的指示、报告；1956 年对资本主义商业改造的报告、意见及调查统计材料；全省商业计划会议及全国商业计划会议的文件材料。

（六）**文教卫生计划类** 省计委形成的全省文教卫生年度计划、1957—1967 文教卫生规划、大中专学校人才培养十二年远景规划；山东省民办中小学管理暂行办法（草案），大中专学校年度招生计划，大中专毕业生分配计划；全省文教卫生工作会议形成的文件材料，文教卫生调查统计材料。

（七）**物资分配计划类** 省计委形成的关于物资分配计划、物资供应计划及有关方面的规定、办法、报告及调查统计材料；国家计委、省计委关于国家统配物资年度计划及统配物资申请范围的规定、条例，物资消耗定额管理办法；省计委、省监察厅等单位关于物资供应的检查、普查及物资耗用情况、积压情况的总结、报告。

（八）**财政成本计划类** 国家计委、省计委关于财政、金融、成本费用计划的总结、报告；关于加强成本计划管理工作的意见，计划执行情况分析报告等；关于地方工业产品出厂价和调拨、销售、运输价格问题的文件材料；全省财政金融会议、成本计划会议及全国有关会议形成的文件材料。

（九）**党组** 主要包括党组会议记录、纪要或以党组名义发出的重要文件。

（十）**办公室** 主要包括本委办公会议记录、纪要、全省计划会议等重要会议文件、机关的重要活动等有保存价值的文件材料等。

山东省统计局

（1953 ～ 2005 年）

全宗号 A103

一、机构沿革

山东省统计局是省政府直属机构，是管理全省统计工作的行政机关，业务上接受国家统计局的领导和指导。

1953年3月14日，山东省人民政府决定成立山东省人民政府统计局。统计局在省财政经济委员会统计处的基础上于4月15日正式成立，于4月25日启用印章。内部机构设办公室、综合统计科、农业统计科、贸易统计科、工业统计科、基本建设统计科、私营工业统计科、社会统计科等8个科室。

1955年3月，山东省人民政府改为山东省人民委员会，山东省人民政府统计局改为山东省统计局。

1959年2月，省统计局并入省计委，为该委直属局。同年7月，省计委统计局又改为省人委直属局。

1964年1月2日，山东省统计局机构设置科室改为处室，即办公室、人事处、综合统计处、工业交通统计处、农业统计处、财政贸易统计处、劳动工资文教卫生统计处、基本建设统计处、物资统计处、山东省农村经济调查队等10个处室（队）。

1968年6月，撤销山东省统计局，统计工作并入省革委生产指挥部计划办公室接管。1970年，山东省统计局机构改为省革命委员会生产指挥部计划办公室统计组。1973年12月23日，山东省革命委员会计划委员会将各组改为相应的处，其中统计组改为统计处。1978年，山东省计委统计处改为山东省计委统计局（二级局）。1979年10月12日，山东省革命委员会决定设立山东省革命委员会统计局（正厅级），归计委口，人员在计委统计局的基础上加强和充实。1981年6月8日，省统计局与省计委分开，下设7个处室。1996年1月10日，山东省统计局职能配置、内设机构和人员编制调整，内设13个职能处室：办公室、人事教育处、政策法规处、工业交通统计处、贸易统计处（挂对外经济贸易统计处牌子）、固定资产投资统计处、社会科技统计处、人口就业统计处、普查办公室、统计设计管理处、国民经济综合统计处、国民经济核算处、财务基建处。

山东省统计局是省政府主管全省统计和国民经济核算工作的直属机构。2022年省统计局设11个职能处室和离退休干部处、机关党委。下设办公室、政策法规处（挂统计执法检查室牌子）、统计设计管理处、国民经济综合统计处、国民经济核算处、工业交通统计处、固定资产投资统计处、贸易外经统计处、社会科技统计处、人事教育处、财务基建处、离退休干部处、机关党委。两个中心：统计普查中心、机关服务中心（为处级事业单位）。

山东省统计局主要职责为：承担组织领导和协调全省统计工作，确保统计数据真实、准确、完整、及时；贯彻执行统计工作法律、法规和方针、政策，起草有关地方性法规、规章草案；拟订全省统计工作规划、政策、统计制度和统计标准并组织实施；依法监督涉外调查活动；依法实施统计执法检查并查处统计违法行为；建立健全全省国民经济核算体系和统计指标体系；依法审批地方统计调查项目，审核统计计划、调查方案；建立健全统计数据质量审核、监控和评估制度，开展对重要统计数据的审核、监控和评估；指导部门统计工作；统一核定、管理、公布全省性的基本统计资料，定期发布全省国民经济和社会发展情况的统计信息等。

二、全宗概况

馆藏山东省统计局档案共有文书档案 4784 卷、3797 件，排架长度 120.6 米，档案起止时间为 1953 年至 2005 年。

1.1953 年至 1968 年形成的档案

全宗档案于 1969 年 3 月由省革委生产指挥部计划办公室移交进馆。案卷所属年代为 1953 ～ 1968 年，该全宗档案包括文书档案、统计报表、资料汇编三部分，合计 3549 卷（册），其中永久 1215 卷（册），长期 2334 卷（册）。

1978 年，本馆对该全宗档案进行了鉴定，将短期卷和省统计局编印的重份资料 2316 卷退回省统计局保存。现馆藏该全宗档案 844 卷，其中永久 393 卷、长期 451 卷，分别编为 01 目录、02 目录。案卷按机构—年代排列。检索工具有全宗介绍、案卷目录等。

2.1968 年至 1988 年形成的档案

全宗档案于 1999 年 6 月由省统计局办公室移交进馆。案卷所属年代为 1968 ～ 1988 年永久、长期文书档案。其中永久 845 卷，长期 503 卷，合计 1348 卷。案卷目录 4 本，全引目录 12 本。档案分类方法：1968 ～ 1971 年采取年度分类方法，1972 ～ 1988 年采取年度—组织机构分类方法。

3.1989 年至 2000 年形成的档案

全宗档案于 2013 年 7 月由省统计局办公室移交进馆。这次进馆的档案主要包括：山东省统计局 1989 ～ 2000 年形成的档案，共计 2592 卷。其中永久 1735 卷，长期 857 卷。目录号永久为 05，长期为 06。检索工具有案卷目录、全引目录。档案分类方法：年度—组织机构—保管期限分类法。

4. 2001 年至 2005 年形成的档案

全宗档案于 2019 年 8 月由省统计局办公室移交进馆。这次进馆的档案主要包括：山东省统计局 2001 ～ 2005 年形成的档案，共计 3797 件。其中永久 2951 件，长期 846 件。检索工具有归档文件目录。档案分类方法：年度—保管期限—机构分类法。

三、档案内容

（一）本局形成的文件材料：这是全宗内的主要成分。包括本局形成的，与其他机关联合制发的文件材料；本局工作活动的通知、报告、总结、计划、请示、批复、调查及综合、专题成果；本局编制的全省统计工作制度、行政工作有关规定、本局干部任免、省局及各专业先进单位、先进个人通报、统计资料、统计报表及制度。本局召开的各种会议文件材料；本局及内设机构设置与名称更改、人员编制、干部职工调动，录用、处分、行政工资与党团关系，离退休、死亡、抚恤等；本局外事活动等文件材料。

（二）国家统计局等上级机关下发的属本机关主管业务并要执行的文件材料等。

（三）同级机关和非隶属机关制发的非本机关主管业务但要贯彻执行的文件材料或依据性文件材料。

（四）下级机关报送的有关材料。

山东省劳动和社会保障厅

（1950 ～ 2009 年）

全宗号　A104

一、机构沿革

山东省劳动局成立于 1949 年 9 月，张敬人为局长。省劳动局的性质是综合性的工作部门，工作范围较广，主要职责包括：负责全省范围的劳力调配、职工就业；负责全省工厂、矿山、交通等企业的安全保护；负责全省职工福利的实施、发放等。1960 年经中央批准，改名为山东省劳动厅，内部设办公室、劳动工资处、工资福利处、人事科。1968 年 12 月，省劳动厅撤销，其工作由省革委生产指挥部计划办公室接管。

1970 年 2 月，恢复设立山东省劳动局；11 月 7 日，山东省劳动局改为山东省革命委员会劳动局。内部机构设为办公室、计划调配组、工资保险组。1974 年内部机构设为办公室、计划处、调配处、工资处、劳动保险处、劳保锅炉处。1980 年 8 月，省委书记办公会议决定：省知青办与省劳动局合署办公，挂两个牌子，建一个党组。1981 年省知青办与省劳动局合并后，增设社会劳动力处、信访仲调处，原计划处改为计划财务处。

1988 年至 1993 年 6 月 21 日，称山东省劳动局。1993 年 6 月 22 日，省委、省政府决定，省劳动局更名为省劳动厅。

1999 年 3 月 16 日，省机构编制委员会批准山东省劳动厅更名为山东省劳动和社会保障厅。将由人事部门承担的机关事业单位社会保险职能、民政部门承担的农村社会保险职能、卫生部门承担的社会医疗保险职能划归劳动部门，实行机关与事业单位的养老、医疗等各种社会保险和农村社会保险工作统一管理。

2000 年，山东省进行党政机关机构改革。原由省人事厅承担的机关、事业单位工作人员社会保险职能，省民政厅承担的农村社会保险职能，省卫生厅承担的公费医疗管理、医疗保险制度改革职能，均由省劳动和社会保障厅承担；原承担的实行系统统筹的 11 个部门和单位的养老保险职能，由省劳动和社会保障厅承担。原省劳动厅承担的安全生产综合管理、职业安全监察、矿山安全监察职能，交由省经贸委承担；原省劳动厅承担的职业卫生监察（包括矿山卫生监察）职能，交由省卫生厅承担；原省劳动厅承担的锅炉、压力容器、电梯、防爆电器等特种设备的安全监察职能，交由省质量技术监督局承担。省劳动和社会保障厅内设 11 个职能处室和离退休干部处、机关党委。将原省劳动社会保险事业处、机关事业单位社会保险事业办公室和省劳动就业办公室内设的失业保险机构合并组建山东省社会保险事业局；原省劳动厅机关服务中心更名为省劳动和社会保障厅机关服务中心；劳动就业工作的行政职能，暂委托省劳动就业办公室承担。同时组建山东省社会保险事业局，为副厅级事业单位，负责统一管理养老、失业、医疗、工伤、生育社会保险基金收缴、支付、管理、运营事务，组织实施社会保险的基础性、技术性、事务性和服务性工作。原山东省劳动社会保险事业办公室建制撤销。

二、全宗概况

该全宗档案共 8395 卷、7867 件，排架长度 117 米，其中永久 2616 卷、

3438件，长期5779卷、4429件。档案起止时间为1950年至2009年。该全宗档案分5次进馆，第一批是1969年1月23日接收进馆，1950～1969年间形成的档案，共接收永久388卷，长期456卷，短期114卷，合计958卷。目录号分别为永久01、长期02、短期03。接收进馆后，对该全宗进行了一次鉴定整理，通过鉴定划出永久198卷、长期178卷，短期580卷，合计956卷，案卷是按机构—年代排列的。第二批进馆的是1970～1976年间形成的档案，共142卷，其中永久57卷，长期85卷，目录号分别为永久04、长期05。这部分档案是按照年度—内部组织机构—问题进行分类排列的。第三批是1977～1987年间形成的档案，共860卷，其中永久326卷、长期534卷，目录号分别为永久06、长期07，按年度—机构分类排列，检索工具有全宗介绍、案卷目录、全引目录、实体分类目录和文号索引。第四批进馆的是1988～2000年间形成的档案，共计6985卷，其中永久2035卷，长期4950卷，目录号永久为08、长期为09。检索工具有案卷目录、全引目录。其分类方法为年度—保管期限—机构分类法。第五批进馆的是2001～2009年间形成的档案，共计7867件，其中永久3438件，长期4429件。检索工具有归档文件目录。其分类方法为年度—保管期限—机构分类法。

三、档案内容

（一）1949至1969年间形成的档案

党组，党委会议记录，形成的决议。组织机构的设立、编制方案，人事任免，干部福利。年度及专题工作总结、工作报告。在“三反”“五反”“反右”“整风”“四清”等运动中形成的有关人事处分、甄别处理、鸣放意见等文件。

（二）1970年至2009年间形成的档案

1. 本机关形成的文件材料：这是全宗内的主要成分。包括本厅形成的，与其他机关联合制发的文件材料；本厅工作活动的通知、报告、总结、计划、请示、批复、调查及综合、专题成果；本厅编制的劳动工资计划、各种统计报表；本厅召开的各种会议文件材料；本厅及内设机构设置与名称更改、人员编制、干部职工调动、录用、处分，行政工资与党团关系，离退休、死亡、抚恤等；本厅外事活动等文件材料。

2. 劳动部等上级机关下发的属本厅主管业务并要执行的文件材料、国民经济计划、各类专业性计划执行情况等。

3. 同级机关和非隶属机关制发的非本机关主管业务但要贯彻执行的文件材料或依据性的文件材料。

4. 下级机关报送的有关材料。

山东省物资局

(1955 ~ 2001 年)

全宗号　A105

一、机构沿革

1954 年 12 月，经中共中央山东分局批准，成立山东省人民政府物资供应局。1955 年 3 月，改称为山东省物资供应局，为省计委的直属局。1958 年 4 月，省物资供应局与省计委物资分配处合署办公，改称省计委物资供应局。1959 年 9 月，省计委物资供应局改称为山东省物资供应局，属省人委的职能部门之一。1961 年 4 月，改称为山东省物资厅。1967 年 2 月省物资厅被撤销，其工作由省革委生产指挥部计划办公室接管。1973 年 4 月省委决定设立山东省革命委员会物资局。1978 年 3 月 8 日省革委物资局工业学大庆办公室与业务处合署办公。1979 年 12 月 15 日，山东省第五届人民代表大会第二次会议决定撤销山东省革命委员会，成立山东省人民政府。据此，山东省革命委员会物资局改称为山东省物资局。1982 年底，山东省物资局机关内部机构设置：办公室、政治处、综合计划处、经营管理处、节约处、金属回收处、财务处、基建办公室。省物资局直属事业单位 3 个：山东省物资局招待所、《山东市场报》编辑部、山东省物资学校。直属企业 6 个：山东省金属材料公司、山东省机电设备公司、山东省物资服务公司、山东省物资储运公司、山东省木材公司、山东省燃料公司。1986 年，省物资局先后撤销了物资经济研究室、化轻建材处、直属政工处，设立了经营管理处、审计处、科技教育处。1987 年，省物资局先后成立了电子计算站、山东省建材公司、山东省化轻公司、省物资局老干部处、省物资局驻深圳物资总公司联络处。局机关设有 9 个处室，省物资局直属处级事业单位 2 个，企业单位 10 个。

山东省物资局的职能是贯彻执行党和政府有关物资工作的方针、政策，研究拟定全省的物资管理体制、制度、办法，指导各级物资部门工作；具体编制国家统配和省管重要物质的申请、分配计划；组织物资供应和物资协作，开展物资配套供应，组织物资调度调剂；负责废金属管理，编制回收、上交、利用计划并开展拆船业务，负责物资节约工作管理和推广；以及全省物资行业的各项管理工作等。

二、全宗概况

现馆藏该全宗档案3559卷，上架排列总长度24.75米。档案形成时间为1955～2001年。分别于1969年、1988年、2001年和2018年四次接收进馆。1969年首次进馆档案348卷，其中永久176卷，编为01目录，长期172卷，编为02目录。1988年第二批进馆档案137卷，其中永久81卷，编为03目录，长期56卷，编为04目录。2001年第三批进馆档案549卷，其中永久卷232卷，编为05目录，长期卷317卷，编为06目录。2018年第四批进馆档案2525卷，其中永久579卷，编为07目录，长期1946卷，编为08目录。该全宗按年代—组织机构分类法分类整理。建有全宗指南、案卷目录、全引目录、机读目录、全宗介绍等检索工具。

三、档案内容

全宗内主要有以下四个方面的内容：

（一）综合类　省物资厅（局）党组会议记录、党团工作计划和总结报告、局务会议记录、办公会议记录等文件材料；该厅（局）全面性工作计划、总结；全国、全省物资工作会议文件材料及贯彻执行的情况报告等。

（二）组织人事类　省物资厅（局）关于组织机构设置、启用印章、人员编制、人事任免、调配、奖惩、培训、劳动工资、离退休批复等方面的文件材料；下属机构设置计划、人员编制计划、单位成立、撤销、移交等问题的文件材料；历次政治运动中有关人事的处理、甄别材料及检查、检举、鸣放等材料。

（三）物资管理类　山东省历年来国家统配部（局）管理物资订货统计分析表、需用明细表、汇总表等，物资普查、平衡物资分配的规定、办法、总结，各种货物订货、供应、调拨、储运等规定办法、条例；全省物资调剂会议、物资供应会议的文件材料；关于物资供应、价格的批复、请示、通知等来往文件，国外进口物资的订货、发运办法等文件材料。

（四）基建财务类　省物资厅（局）对下属物资局、物资公司的仓库、宿舍等基建项目和设备购置的批复、通知；厅（局）各项财务预决算编报、资金划拨等文件材料。

山东省住房和城乡建设厅

（1957 ～ 2015 年）

全宗号　A106

一、机构沿革

山东省住房和城乡建设厅，其前身为山东省人民政府建筑工程局（1953年成立）与山东省基本建设委员会（1958 年成立）。1953 年 3 月，成立山东省人民政府建筑工程局。1954 年，该局与省建筑公司合并，仍称山东省人民政府建筑工程局。1955 年 3 月，山东省人民政府建筑工程局改为山东省建筑工程局，10 月改为山东省城市建设局，统管全省基本建设和城市建设。1958 年，山东省城市建设局恢复为山东省建筑工程局，其职责未变。1958 年 11 月，设立山东省基本建设委员会，其任务是组织贯彻中央和省委有关基本建设的方针、政策和指示，保证国家基本建设计划的完成。1960 年 5 月，山东省建筑工程局改为山东省建设厅。1961 年，省基本建设委员会与省建设厅合并，仍保留各自的名称，负责全省基本建设的计划、规划、勘测、设计、施工、材料、设备生产、供销、管理等。1962 年，撤销山东省基本建设委员会，其工作并入省计委和省建设厅。1970 年 7 月，省建设厅改为省革委基本建设局。1972 年 2 月，省革委基本建设局与省重点工程会战指挥部合并组建山东省革命委员会基本建设委员会（简称省建委）。

1979 年 12 月，原省革委基本建设委员会改为山东省基本建设委员会。1983 年 7 月，省委、省政府决定山东省建委与山东省城建局合并，成立山东省城乡建设环境保护厅。同年 8 月，山东省城乡建设环境保护厅改为山东省城乡建设委员会。1995 年 7 月，省城乡建设委员会改称省建设委员会。2000 年，山东省建设委员会更名为山东省建设厅，是主管全省建设工作的省政府组成部门。

2009 年 7 月，设立山东省住房和城乡建设厅，将原省建设厅除指导城市客运以外的职责划入省住房和城乡建设厅。2016 年省住房城乡建设厅进行机构调整，内设办公室、城镇化综合协调处、城镇化发展指导处、综合财务处（挂省城市建设利用外资项目办公室牌子）、政策法规处、建筑节能与科技处、建筑市场监管处（挂建设工程招标投标管理办公室牌子）、工程质量安全监管处、勘察设计处（挂建设工程抗震处牌子）、城乡规划处（挂省城乡规划督察员办公室牌子）、城市建设处、城市管理局（挂城市防汛抗旱工作办公室牌子）、房地产市场监管处、住房保障处、住房公积金监管处、物业管理处、村镇建设处、行政许可处、国际交流与合作处、人事处等20个职能处室，以及离退休干部处和机关党委。

山东省住建厅是省政府组成部门，其职能是贯彻执行住房和城乡建设方面法律、法规，起草地方性法规、政府规章草案；负责推进新型城镇化建设；指导全省建筑活动；组织实施工程建设实施阶段的国家标准、全国统一定额和行业标准；指导城市建设管理工作，拟订住房和城乡建设方面相关政策并监督实施；负责城镇中等偏下收入和低收入家庭住房保障工作；负责住房公积金监督管理；负责行政执法相关政策标准制定、重大案件查处和跨区域执法的组织协调工作，集中行使法律法规明确由省级承担的执法职责，监督指导市县行政执法工作；负责全省住房和城乡建设领域人才队伍建设。

二、全宗概况

馆藏山东省住房和城乡建设厅文书档案共3590卷、12773件，上架排列长度104.58米，于2002年、2013年、2014年和2020年4次接收进馆。共有按卷整理的档案3590卷，其中永久档案1434卷，长期2156卷，起止时间为1957年至2000年。永久分别编为01、03、05、07、08目录，长期分别编为02、04、06、09目录。按件整理的文书档案12773件，其中永久6487件，长期3887件，定期30年2399件。该全宗按年度—保管期限—机构分类法整理，建有全宗指南、全宗介绍、案卷目录、全引目录、归档文件目录、机读目录等检索工具。

三、档案内容

全宗内主要有以下三个方面的内容：

（一）上级机关、上级领导同志视察、检查全省住房城乡建设工作的指示、讲话、题词、工作汇报等文件材料；上级机关制发的与省住房和城乡建设厅业务职能相关的文件材料、会议纪要、典型材料、代表发言材料、交流材料、简报等；承办的上级机关的来函、批复、报告及本机关的复函、请示等。

（二）本机关承办的会议、活动文件材料（请示、批复、通知、名单、日程、报告、讲话、总结、决定、纪要、典型材料、代表发言材料、交流材料、简报等）、起草制定的政策规定或厅机关文件、年度及专项工作计划、要点、总结、一般事务性工作通知等。

（三）承办的同级机关和下级机关来函、请示、报告及本机关复函、批复等文件材料。

山东省建设厅

（1950 ～ 1970 年）

全宗号　A107

一、机构沿革

山东省建设厅，前身为山东省建筑工程局、山东省城市建设局和山东省建筑工程公司。1950 年 1 月，省人民政府将 1949 年 6 月组建的建鲁营造公司更名为山东建筑公司。1952 年，又将山东军区后勤部生建公司并入该公司，称为山东省人民政府工业厅建筑工程公司。1953 年 3 月，山东省人民政府决定成立山东省人民政府建筑工程局。局内设办公室、计划处、财务处、技术处、材料处、人事处、劳动工资处、监察室、机关党总支。1954 年，该局与省建筑公司合并，仍称山东省人民政府建筑工程局。合并后，除继续保留原省建筑工程局内部机构外，又增设了机关政治部党委、技术监督处、保卫科。1955 年 3 月，该局更名为山东省建筑工程局。同年 9 月，该局又改称为山东省城市建设局。1958 年 7 月，山东省人民委员会恢复了山东省建筑工程局，内部机构设置不变。同年 12 月，该局成立科学研究所。1959 年 4 月，局内又增设供销处。1960 年 4 月，建工局又成立机械化施工站。

1960 年 5 月，山东省建筑工程局改为山东省建设厅。内部机构设 1 室 9 处 1 站。同时，将城市规划处、市政建设处、城乡规划设计室、市政工程设计室、勘察测量大队等合并，建立山东省建设厅城市建设局和山东省建设厅城市建设设计院（一个机构两个牌子）。1961 年 1 月，省委决定，将山东省基本建设委员会与山东省建设厅合并，仍保留各自名义（一个机构两个牌子)。1962 年 6 月，山东省基本建设委员会撤销，其工作分别并入省计划委员会和建设厅。至 1965 年 9 月，省建设厅内部机构设办公室、综合处、城建处、房管处、建材处、机关党委；建设厅政治部下设办公室、组宣处、干部处、保卫处、监委会、工会、团委。1967 年“文化大革命”中，建设厅成立了革命领导小组。1970 年成立山东省革命委员会基本建设局。

二、全宗概况

山东省建设厅全宗共有档案 1659 卷，排架长度 39.6 米，起止年代为 1950 ～ 1970 年。该全宗档案是 1969 年由省建设厅移交进馆的。1977 年，本馆对文书档案进行了整理鉴定。鉴定后永久 315 卷（包括山东省建筑工程公司的 102 卷)，编为 01 目录，长期 1344 卷（包括山东省建筑公司的 343 卷)，编为 02 目录，短期 1031 卷。案卷按组织机构—年代分类排列。1977 年 8 月，根据省委办公室关于短期档案退回原单位保存的通知精神，将 4949 卷短期文书档案和技术档案退回省建委保存。检索工具有全宗指南、全宗介绍、案卷目录、人名卡片目录、人名索引等。

三、档案内容

建设厅全宗档案，基本上反映了新中国成立后 20 年来山东省基本建设事业的概貌，反映了省政府（省人委）城乡建设部门工作的历史。其主要内容按问题分类概述如下：

（一）综合类　建设厅党组会议记录、厅务会议记录，建设厅年度工作计划、总结、综合报告、各项规章制度；建工部、省人委、省计委、财政厅、建设厅关于基建工作的计划、报告、通知和批复；山东分局、分局工业部、分局财委、省政府党组关于成立机构、启用印章、统战工作、建筑工人罢工等问题的意见、通报、通知；全省重点建材厂矿的工作计划、总结、基本建设资料等。

（二）劳动人事类　该厅及所属机构的人员编制、干部任免、调配、奖惩等问题的报告、通知和函；关于职工福利、劳动保护、抚恤、工资标准、离退休职工管理等问题的请示、批复、规定；山东省援蒙、援闽森工生产的职工花名册及有关待遇规定等。

（三）政工类　省城建局机关党代会文件；上级有关“三反”“五反”“肃反”“整风”“反右”“四清”等历次政治运动的指示、通知、规定等文件材料和该厅监察工作的计划、总结及在历次政治运动中的工作计划、总结、请示、批复、对有关人员和案件的处分决定、处理报告、复查、甄别材料等。

（四）计划类　上级下达和该厅制订的全省基本建设计划指标；关于建筑工程概算定额、承包计划、技术指标方面的材料；关于基建项目的变更、基建计划的调整、工程任务的分配、主要工程的估算会审材料等。

（五）财务类　上级和该厅颁发、制订的财务会计法令、章则、制度、成本计算规程，会计人员职权条例；该厅及所属单位的财务收支预决算、财务会计年终总结、基建资金的筹备及调拨分配等材料。

（六）总务类　在全省城市住宅的建设、维护和房屋（包括私有房产）的分配、经营和管理工作中形成的文件材料。

山东省经济委员会

（1958 ～ 2009 年）

全宗号　A108

一、机构沿革

1955 年 3 月设立山东省人民委员会工业办公室、山东省人民交通办公室，后演变为山东省工业生产委员会—山东省经济委员会—山东省革命委员会生产指挥部工业交通办公室。

1962 年 7 月，山东省经济委员会成立。内部设办公室、生产处、计划处、企业管理处、轻工业处、重工业处、机电工业处、交通运输处。1967 年3月省革委生产指挥部工业交通办公室成立。内部设办事组、计划调度组、交通组、工业组、军工组等机构。1978 年 5 月，山东省革命委员会工交办改为山东省革命委员会经济委员会。1979 年 12 月改称山东省经济委员会。

1983 年撤销省经济委员会、省财政贸易委员会、省进出口委员会和省节能办，组建新省经委。内设 18 个机构：办公室、调查研究室、政工处、人事处、经济综合处、生产调度处、交通处、节约能源处、财政金融处、国内贸易处、对外贸易一处、对外贸易二处、科技处、技术改造处、企业管理处、教育处、老干部处、发展集体个体经济办公室。

1996 年 6 月 18 日省经济委员会更名为省经济贸易管理委员会。几经调整，2008 年内设机构有党组、人事处（机关党委、离退休老干部、油区办）、纪检组、办公室（机关服务中心）、综合法规处、经济运行局、产业政策处、整顿办、投资与规划处、企业处、市场营销处、产业损害调查处（原外经处）、技术进步与装备处、节能办综合协调处、节能办资源节约处、节能办循环经济与清洁生产处、省机电产品进出口办、交通与物流处、行业发展处、培训处、市场体系建设处、流通运行调节处。2009 年 6 月撤销省经贸委和省信息产业厅，合并成立山东省经济和信息化委员会。

二、全宗概况

馆藏山东省经济委员会文书档案共 13066 卷（件），排架长度 87.21 米，档案起止时间为 1958 年至 2009 年，先后五次接收进馆。

山东省经济委员会及省革委生产指挥部工交办公室形成的档案（包括 1958 年 12 月成立的工业生产委员会等机构的档案），分别于 1979 年 1 月和 1989 年 4 月移交进馆，共有档案 437 卷，其中永久 171 卷，长期 266 卷，档案形成时间为 1958 ～ 1976 年，按年度—问题分类排列。检索工具有全宗介绍、案卷目录、全引目录等。

1983 年机构改革时，撤销“三委一办”（即省经委、财委、省进出口委、省节能办）重新组建新经委。原省财委撤销后其档案全部移交省档案馆。节能办撤销后，档案归省经委节能处。省进出口委撤销后，于 1984 年 8 月设立省对外经济贸易委员会，原档案存外经委（其中 1983 年 5 月至 1984 年 8 月档案存省经委）。二级单位 9 个存本单位。

1977 年至 1982 年度形成的档案进馆，共计 344 卷，其中永久 98 卷，长期 246 卷：案卷按永久、长期、短期分别编流水号，一卷一号。永久、长期案卷目录、全引目录分别装订，案卷按照保管期限—年代的次序分类排列。检索工具有案卷目录、全引目录，按永久、长期分别装订。

1983 年至 1999 年度形成的档案进馆，共计 6023 卷。其中永久 2469 卷，长期 3554 卷。目录号永久为 07、长期为 08。检索工具有案卷目录、全引目录。案卷按照年度—机构—保管期限分类法。

2000 年度至 2009 年 6 月形成的档案进馆，共计 6262 件。其中永久 2675 件，长期 3587 件。按照年度—机构—保管期限分类法。

三、档案内容

（一）本机关形成的文件材料，包括与其他机关联合制发的文件材料：本委工作活动通知、报告、总结、计划、请示、批复、法规政策性文件、来文、来函、调查及综合、专题材料；本委编制的生产调度、行政审批、各种统计报表本委召开的重要会议、重大活动、外事活动；本委及内设机构设置与名称更改、人员编制、干部职工调动、录用、奖励、处分、行政工资与党团关系、离退休、死亡、抚恤等文件材料。

（二）本委上级机关下发的属本委主管业务并要执行的文件材料、各类专业性计划执行情况等。

（三）同级机关和非隶属机关制发的非本机关主管业务但要贯彻执行的重要文件。

（四）下级机关报送的有关重要依据性材料。

山东省工业厅

（1948 ～ 1958 年）

全宗号　A109

一、机构沿革

山东省工业厅的前身是山东省人民政府生产部。1950 年 7 月，成立山东省工业厅。1952 年，华东工业部山东办事处撤销，由省工业厅接管。至此，省工业厅成为全省轻、重工业的主管机关。主要职能是负责管理、指导全省私营企业、公私合营企业、合作事业单位的生产和工作，贯彻执行中央财经委制订的有关方针政策，审查监督所属工矿企业执行情况。成立时其内部机构设经理处、秘书处、计划处、人事处、财务处、经营处、化工管理处、食品工业管理处、纺织工业管理处、建筑工业管理处、基本建设处。1954 年机构整编，改设为劳工处、私营处、办公室、人事处、计划处、财务处、基建处、供销处、轻工业处、重工业处、烟酒处、化验室、监察室、盐务局。1956 年内部机构又进行调整，取消私营处、烟酒处、化验室、监察室、盐务局，增设了教育处、纺织工业处、机械工业处、食品工业处、矿产处、电业处、公私合营局和烟酒局。冯平、刘清训先后任厅长。

1958 年 2 月，经国务院核准，省人委将省工业厅分设为省轻工业厅和重工业厅，山东省工业厅随即撤销。

二、全宗概况

馆藏山东省工业厅文书档案共 1064 卷，排架长度 4.05 米，档案起止时间为 1948 年至 1958 年。1969 年第一次进馆，移交 1948 年至 1958 年文书档案共计1064卷，其中永久89卷，编为01目录，长期197卷，编为02目录，短期778卷，编为03目录。案卷按机构—年代分类排列。检索工具有全宗指南、全宗介绍、案卷目录、人名卡片、人名索引等。

三、档案内容

省工业厅全宗档案基本上反映了山东省在中华人民共和国成立初期工业发展的情况，其主要内容有：

（一）综合类 省工业厅及厅属厂矿、公司的年度工作计划、总结、情况汇报；关于省工业厅及所属各厂矿的机构调整、迁移、撤并的决定、通知等，如关于建鲁企业公司组织机构调整令；工业厅关于建立专业公司的意见等；解放初期各单位技术人员及公务人员登记表；省工业厅1953—1957年工业劳动计划草案；山东省有关劳动工资调查表、工业厅综合表；关于干部任免、工资调整、奖惩问题的报告、批复；关于处理人民来信工作情况的报告，对犯各种错误人员的处分、决定、通知等；省工业厅第一届先进生产者代表大会文件材料。

（二）业务类 山东省1950—1958年间私营工业基本情况综合表以及重点厂矿的统计表；1951年对青岛、淄博、烟台等市调查的1936—1951年工矿企业的情况；山东分局、统战部关于1954至1957年扩展公私合营计划、建议、报表等有关文件；省人委下发1955年扩展公私合营计划指示及省工业厅转发的通知；1955年该厅及各地对资本主义工业改造的有关政策问题的调查研究、工作总结及改造意见；工业厅颁发“公私共事规定”；各类工业专业技术会议的文件材料，如全省地方工业铸造会议、棉织专业会议、烟酒工业会议、全省专卖工作会议等文件材料。

山东省轻工业厅

（1949～2020年）

全宗号 A110

一、机构沿革

中华人民共和国成立后，山东省人民政府成立生产部，1950年7月生产部撤销，建立山东省工业厅，一轻企业归属工业厅领导。1958年2

月，山东省人民委员会将省工业厅划分为山东省轻工业厅和山东省重工业厅。山东省手工业管理局和山东省盐务管理局并入轻工业厅，作为厅属局。1960 年 2 月，省委将手工业管理局下设的计划、供销、生产、公社工业、工艺美术、政策研究室等撤销，新成立五金机械处、公社工业处、工艺美术处、服务生产管理处，直属轻工业厅领导。仍保留山东省轻工业厅手工业管理局的名称。1966 年“文化大革命”开始后，轻工业厅机构瘫痪。1967 年 2 月，省轻工业厅被取消，其工作由省革委生产指挥部工业交通办公室接管。3 月建立山东省革命委员会生产指挥部，内设轻工组，取代原轻工业厅。1970 年 2 月，将原山东省轻工业厅、省纺织厅、手工业管理局、省盐务局合并，组成山东省革命委员会轻工业局。1975 年 9 月，省轻工业局分设为山东省革命委员会第一轻工业局、第二轻工业局、纺织工业局。1979 年 12 月，山东省人民政府将原山东省革命委员会第一轻工业局更名为山东省第一轻工业厅（简称省一轻厅），是省政府主管一轻工业生产建设的职能部门。1996 年 4 月 25 日，省政府将省一轻厅改为山东省第一轻工总会（简称省一轻总会），为省政府直属事业单位。2000 年 9 月 26 日，省政府将省一轻总会改为山东省轻工业办公室（副厅级，简称省轻工办），隶属省经济贸易委员会，负责全省轻工行业管理工作；从原山东省第二轻工总会选调 8 名工作人员，随职能调整划转到省轻工办。2004 年 3 月，山东省轻工业办公室改为山东省轻工业协会，副厅级财政拨款事业单位，由省经贸委管理。2015 年 12 月，省政府决定撤销包括省轻工协会内的 5 个工业协会建制，设立省经济和信息化委工业行业离退休干部服务中心，设立省经济和信息化研究院，现有人员根据不同情况进行分流安置。

其职能是按照统筹安排、合理布局的原则，对轻工业实行归口管理；负责全省轻工业的计划、统计、财务、物价等方面的具体管理工作；搞好轻工业科学研究、新技术、新产品开发和标准化工作；主管全省轻工业系统的基本建设和环境保护工作；组织轻工业行业生产原材料供应和产品销售工作；组织全省轻工产品出口，引进新技术、新设备；开展对外技术交流、经济合作和有关外事接待工作；主管轻工业专业教育，组织全省轻工业系统干部培训。

二、全宗概况

现馆藏该全宗档案 18560 卷，4035 件，上架排列总长度 162.9 米。档案形成时间为 1949 ～ 2020 年。分别于 1988 年、1989 年、2001 年、2015

年、2016 年、2021 年 6 次进馆。该全宗按年度—机构—保管期限分类法分类整理，建有全宗指南、案卷目录、全引目录、归档文件目录、机读目录、全宗介绍、人名卡片目录、人名索引等检索工具。

三、档案内容

全宗内主要有以下五个方面的内容：

（一）综合人事类　上级机关颁发的决议、决定、批示、条例、规定、办法等文件材料；本机关颁发的或与有关机关联合发出的规定、办法及各种通知、通报等文件，本机关党组记录、纪要、重要汇报材料，本机关召开的工作会议和专业会议文件材料等。机关人员编制表、干部名册，本机关干部任免、职称审批、干部录用、奖励、退职等文件，出国人员的审批、干部调配的报告及批复等文件。

（二）资产、财务类　本单位财政经费的申请；直属单位固定资产处置的批复，专项经费的申请报告及拨付通知；直属单位负责人离任审计通知；直属企业清产核资方案，年度本机关财务预决算等资料。

（三）政策指导类　全省轻工行业发展中的重大问题调查研究，相关政策建议；拟定省发展轻工集体经济的地方性法规、规章和政策办法等材料。

（四）规划发展类　上报轻工项目可行性研究、技术创新项目拨款、投资项目建议计划等报告；转发上级部门下达技术创新项目和国家重点新产品计划的通知等文件；省轻工业“十五”“十一五”计划及远景目标规划调研的材料；外商投资企业技术先进性的评审意见，科学技术奖轻工专业组评审，全省轻工业发展战略、行业规划和有关政策等文件，轻工业结构调整，指导国有轻工企业深化改革的文件材料。

（五）行业管理类　对外经济技术合作交流与贸易项目洽谈，重点企业情况调度表；安全生产工作通知，白酒、啤酒、葡萄酒、果露酒质量鉴评文件；表彰省轻工统计、劳资先进工作者的决定，申报轻工名牌产品等文件；经济运行与产业发展座谈会相关材料；山东省轻工业科技进步奖评定；省轻工行业特色产业集群培育和制造业基地建设的决定；安全标准化工作的指导意见及省轻工业统计年报汇编等。

山东省冶金工业总公司

（1953 ～ 1987 年）

全宗号　A111

一、机构沿革

山东冶金工业的管理机构，始自 1948 年 4 月华东财政经济办事处工矿部接管南定工厂、金岭铁矿、利国铁矿、山东模范窑业厂。翌年，华东财办工矿部易名为山东省人民政府工矿部。1950 年 7 月，山东省人民政府工矿部改为华东工业部驻山东办事处，仍领导原工矿部所属企业。1952 年，华东工业部驻山东办事处与山东省工业厅合并，设矿产处，负责全省的金属与非金属矿的生产、经营管理工作。1953 年 2 月，成立中央人民政府重工业部山东矿冶办事处，下辖金岭铁矿、利国铁矿、南墅石墨矿、山东窑业厂。1955 年中央人民政府重工业部山东矿冶办事处改称中央人民政府重工业部钢铁工业管理局山东矿冶办事处。1958 年 3 月，山东矿冶办事处改名为冶金部山东矿山管理局。同年 8 月，冶金部山东矿山管理局下放山东，山东省人民委员会成立山东省冶金工业局。1960 年 5 月，山东省冶金工业局改为山东省冶金工业厅。1962 年 7 月，将山东省冶金厅与山东省化工厅合并成立山东省重工业厅。1965 年 9 月，山东省委决定撤销山东省重工业厅，分别成立山东省冶金工业公司和山东省化学工业公司。

1970 年 2 月，山东省革委生产指挥部决定成立山东省革委冶金工业局。1979 年 12 月 25 日，山东省革委冶金局改为山东省冶金厅。1981 年 7 月，成立山东省冶金工业总公司，列企业编制，保留山东省冶金工业厅名称，一个机构两块牌子。由 32 个直属企事业单位组成。

1984 年 1 月，山东省政府撤销省冶金工业厅，组建省冶金工业总公司，定为厅局级单位。同年 4 月，省政府授权山东省冶金工业总公司行使行政管理机构的职能，并担负全行业的企业或管理机构的归口管理。

二、全宗概况

馆藏山东省冶金工业总公司文书档案共 6167 卷，排架长度 63.9 米，档案起止时间为 1953 年至 1987 年。先后于 1969、1991、1993、2002 年进馆，按年代—组织机构—问题分类组卷。检索工具有全宗指南、案卷目录、全引目录、机读目录等。

三、档案内容

（一）山东省冶金工业总公司党组会、办公会记录，干部和工人调动、离退休、任免、体制、劳资、学校招生分配、各种统计报表等方面的报告、批复、通知。

（二）山东省冶金工业总公司关于下达各种计划及企业生产建设、指标、产品产量、质量、标准、设计、费用、安全环保、价格、运输、固定资产等问题的通知、报告、批复。

（三）冶金工业部、山东省委、省政府、省计委、经委等有关单位针对本公司和与本公司有关的重要来文，以及直属企事业单位的重要请示、报告等文件。

山东省化学工业厅

（1958 ～ 2016 年）

全宗号　A112

一、机构沿革

中华人民共和国成立初期，山东省人民政府设工矿部与生产部。工矿部下设化工局，其前身是 1949 年 3 月华东财办工矿部在博山建立的化学总厂。1950 年 2 月改为山东省人民政府工矿部化工局。是年 7 月，工矿部上划改为华东工业部山东办事处，内设化工管理处，分管华东工业部所属化工企业。生产部内设化工管理处，分管地方化工企业。1950 年下半年省政府生产部改为工业厅，内设化工管理处，仍分管地方化工企业。1952 年 5 月，华东工业部山东办事处撤销，并入山东省人民政府工业厅，内仍设化工管理处，直至 1958 年。为管理中央所属化工企业，曾于 1952 年 11 月建立重工业部化工局山东办事处，翌年该机构撤销。1958 年 2 月，省政府工业厅一分为二，建立山东省重工业厅与山东省轻工业厅，化工管理处设于省重工业厅内。1958 年 7 月 21 日，省人委撤销省重工业厅。8 月 25 日正式成立山东省化学工业局，从此化学工业有了独立的省级管理机构。1960 年

5 月 9 日，省化学工业局改为山东省化学工业厅。1962 年 7 月，省化工厅与省冶金工业厅合并，成立山东省重工业厅，下设化学工业局。1965 年 4 月改为山东省重工业厅化学工业公司。是年 12 月，省重工业厅再次撤销，分别成立山东省化学工业公司和山东省冶金工业公司。“文化大革命”开始后，1967 年春到 1969 年年底，省化学工业公司的工作陷于瘫痪。1970 年，省化学石油工业局改称为省革委化学石油工业局。1979 年 12 月，将省革命委员会化学石油工业局改为山东省化学石油工业厅。1983 年 7 月，省化学石油工业厅改为省石油化学工业厅。1993 年 5 月，山东省石油化学工业厅更名为山东省化学工业厅。1995 年 7 月，省化学工业厅改称省石油化学工业厅。2000 年 4 月，不再保留省石油化学工业厅，在省经济贸易委员会内设立省石油化学工业办公室，为副厅级建制。2004 年 3 月，将省石油化学工业办公室改为山东省石油化学工业协会，副厅级财政拨款事业单位，由省经贸委管理。2015 年 12 月 10 日，省政府决定撤销山东省石油化学工业协会建制，设立省经济和信息化委工业行业离退休干部服务中心，设立省经济和信息化研究院，现有人员根据不同情况进行分流安置。

山东省化学工业厅的职能是负责全省化学矿开采，基本无机化工原料、有机化工、化肥、农药、染料和涂料、橡胶加工、化工机械等行业的规划、计划、生产、管理、供销等业务的组织领导、监督指导。

二、全宗概况

现馆藏该全宗档案 12517 卷、6136 件，上架排列总长度 231.75 米。档案形成时间为 1958 ～ 2000 年。分别于 1988 年、1990 年、2002 年、2012 年、2016 年、2021 年 6 次接收进馆。采用保存期限—年度—机构分类法。2000 年度及之前的文书档案，以卷为单位进行整理；2001 年之后的文书档案，以件为单位进行整理。编制了文书档案案卷目录、全引目录、归档文件目录，会计档案目录等检索工具。

三、档案内容

全宗内主要有以下四个方面的内容：

（一）本机关形成的文件材料。这是全宗的主要成分。包括本机关形成的，与其他机关联合制发的文件材料；本机关工作活动的通知、报告、总结、计划、请示、批复、调查及综合、专题成果；本机关编制的行业发展、生产基建、财务、劳动工资计划、各种统计报表；本机关召开的各种会议文件材料；本机关及内设机构设置与名称更改、人员编制、干部职工调动，录用、处分、行政工资与党团关系，离退休、死亡、抚恤等；本机关外事活动等文件材料。

（二）化工部等上级机关下发的属本机关主管业务并要执行的文件材料、国民经济计划、各类专业性计划执行情况等。

（三）同级机关和非隶属机关制发的非本机关主管业务但要贯彻执行的文件材料或依据性文件材料。

（四）下级机关报送的有关材料。

山东省机械工业厅

（1959 ～ 2016 年）

全宗号　A113

一、机构沿革

1950 年 7 月，山东省人民政府生产部改为山东省人民政府工业厅，管理地方国营和公私合营企业。山东省人民政府工矿部改为华东工业部山东办事处，直接管理山东大型国营机械厂。1952 年 5 月，华东工业部山东办事处并入山东省人民政府工业厅。

1955 年 3 月，山东省人民政府工业厅改名为山东省工业厅。1958 年 2 月，将工业厅分为重工业厅、轻工业厅，重工业厅管理机械工业。7 月 21 日，国务院批准山东省撤销重工业厅，分别组建机械工业厅、化学工业局。从此，山东省机械工业成为独立管理的工业部门。

1962 年 6 月，国务院批准山东省机械工业厅与山东省农业机械厅合并为山东省机械工业厅。1967 年 2 月，省革命委员会成立，机械工业厅的职能作用随之消失。3 月 3 日，省革命委员会生产指挥部成立工业交通办公室，统揽了全省工业交通的管理权。1970 年 2 月，设立山东省机械工业局。1970 年 11 月，改为山东省革命委员会机械工业局。1975 年 9 月 17 日，省革命委员会机械工业局恢复了处室建制，设办公室、政治处、计划处、财务处、基建处、民机处、农机处、军工动员处、科技处。12 月 25 日，建立山东省造船工业公司，隶属于山东省机械工业局。

1979 年 12 月，山东省革命委员会机械工业局改为山东省机械工业厅。

1986 年至 2000 年，山东省机械工业厅是省政府主管全省机械行业的职能部门。2000 年 4 月，省机械工业厅改为山东省经济贸易委员会内设的山东省机械工业办公室。2004 年 3 月，山东省机械工业办公室改为山东省机械工业协会，副厅级财政拨款事业单位，由省经贸委管理。2015 年 12 月，省政府决定撤销包括省轻工协会内的 5 个工业协会建制，设立省经济和信息化委工业行业离退休干部服务中心，设立省经济和信息化研究院，现有人员根据不同情况进行分流安置。

二、全宗概况

馆藏山东省机械工业厅档案共 17622 卷、2770 件，排架长度 232.65 米，档案起止时间为 1959 年至 2016 年。先后于 1969 年、1992 年、2004 年、2015 年、2017 年 5 次进馆。案卷按年代—组织机构排列。检索工具有全宗指南、全宗介绍、案卷目录、全引目录、归档文件目录等。

三、档案内容

（一）综合类　山东省机械工业厅、省革委机械工业局形成的关于全省机械工业生产方面的计划、总结、报告；关于加强企业管理的规定、办法；全省召开的机械工业工作会议、直属企业及地、市企业负责人会议形成的文件材料；该厅与上级有关单位为接管中央下放企业及收回地方企业的来往文件。

（二）生产、技术类　第一机械部、省机械工业厅、省机械工业局关于全省机械工业生产年度安排计划、完成情况总结、报告；出口机电产品、外援工业产品、军工产品新型材料专案任务生产计划及完成情况的总结、报告；关于机电产品、动力机械等项产品质量评比的意见、总结；关于企业技术管理、产品质量标准、产品质量考核方面的规定、意见；关于新产品试制计划、试制费用及样品鉴定的总结、报告；关于新产品双革技术工作总结、产品质量检查评比意见及总结报告；关于机械工业产品调整、设备维修的计划、报告等材料。

（三）计划、统计类　省机械工业厅编制的 1958—1968 年全省机械工业生产规划方案；山东省地方机械工业第二个五年计划发展规划；省机械工业厅下达的全省机械工业生产计划指标及控制数字；全省机械工业 1958—1967 年统计年报材料。

（四）财务类　省机械工业厅与有关单位制定的工业企业会计核算工作若干规定；关于部分企业奖励基金制度的规定；关于机械产品定价的方

针政策及报价、审价、批价的有关文件材料；省机械工业厅召开的全省财务成本工作会议、财务价格会议形成的文件；转发上级有关部门关于财务预算、决算核定及投资使用计划的批复；省机械工业厅所属企业财务年度决算报告。

（五）人事类　第一机械部及省机械工业厅关于加强企业编制定员工作的规定；省机械工业厅及所属企业、学校人员编制、机构设置、干部任免、管理，劳动工资、职工福利等方面的报告、批复及规定、办法；关于大中专生工作安排、工资待遇、技工学校招生等方面的计划、规定；省人委、省机械工业厅关于 1963 年工资调整的通知及对直属企业职工调整工资方案的批复。

山东省农业机械局

(1959 ～ 2017 年)

全宗号　A114

一、机构沿革

1954 年，省农林厅成立农业机械管理局。1958 年 7 月 13 日，中共山东省委成立农具改革办公室，工作人员以农业厅农业机械管理局为主组成。1959 年 7 月，农具改革办公室的工作终止。其工作人员一部分回到农业厅，恢复了农业机械管理局的工作，一部分调入新组建的省农业机械化研究所，另一部分调入省委农村工作部新成立的第五处（负责农具改革）。1959 年，设立山东省农业机械厅。原机械工业厅的农业机械处、动力机械处和原农业厅的部分人员调农业机械厅。1962 年 7 月，山东省农业机械厅与山东省机械工业厅合并，成立新的省机械工业厅，山东省农业机械厅的业务工作移交省机械工业厅。1965 年 12 月，山东省人民委员会农林办公室成立，原农口各厅撤销，改为农林办公室下属的局。农业厅改称农业局，所属的农机管理局改为农业局农机管理处。处内设管理组、机务组、农具组和农机试验鉴定站。1978 年 3 月，省革命委员会农业机械管理局成立，负责农业机械的使用管理、供应、人员培训、试验推广等工作。1983 年 6 月，省农机管理局改为省农业机械服务公司。1988 年 3 月，省政府撤销山东省农业机械服务公司，设立山东省农业机械管理局，为副厅级机构。主要任务是对全省农业机械化发展进行统筹规划、组织协调、监督检查、搞好服务。

山东省农业机械局的职能是对全省农业机械化发展进行统筹规划、组织协调、监督检查、搞好服务，组织领导全省农业机械的制造、修配和使用管理工作。

二、全宗概况

现馆藏该全宗档案 3474 卷、7575 件，上架排列总长度 73.35 米。档案形成时间为 1959 年至 2017 年，分别于 1969 年、2004 年、2019 年 3 次接收进馆。检索工具有全宗指南、案卷目录、全引目录、归档文件目录、机读目录、全宗介绍等。

三、档案内容

全宗内主要有以下四个方面的内容：

（一）组织人事类　农机部、省农机厅、各直属企业关于机构设置、机构调整、机构建立、人员编制、干部任免、管理、调配、工人转正、定级、对犯错误人员处分等问题的通知、报告、批复，工业企业劳动工资统计年报等。

（二）农机生产、管理类　农机部、省农机厅等部门关于农机生产、农机修配、企业生产任务调整、重大技术革新经验介绍、新产品试制鉴定、产品质量检查、订货材料拨付、物资普查、产品积压处理、农机价格、产品规格型号规定的计划、总结、规定、报告等。

（三）计划统计、财务类　农业机械发展和企业定点定局发展规划；农业机械工作总结、农业机械综合统计年报、厂矿企业概算、企业基本情况调查、产品质量逐月统计年报；基层单位统计年报等各类报表、统计表、调查表，如 1961 ～ 1963 年农业机械发展和企业定点定向发展规划，农业机械三年工作总结，1960 ～ 1961 年农业机械综合统计年报，1959 年农业机械工业企业概算、企业基本情况调查表，1960 年产品质量逐月统计年报表，1961 年基层年报、统计年报等；财务管理、企事业单位经费开支的通知、决定、规定等。

（四）基建类　该厅基本建设计划、基建投资、基建资金的使用、基建统计、基建财务决算的通知、报表、年报、总结等。

山东省手工业管理局

(1952 ～ 1967 年)

全宗号　A115

一、机构沿革

山东省手工业管理局的前身是省供销合作总社生产处。1953 年 10 月，省供销合作总社将生产处改称手工业合作处，是全省手工业专门管理机构。1954 年 12 月，建立省手工业合作社联合社(对外称省政府手工业管理局)，内部机构设计划统计处、供销处、人事科。1955 年 2 月，省政府决定成立山东省手工业管理局，与省手工业生产合作社联合社等合署办公，一套人马，两块牌子。1958 年 2 月，省人委将省手工业管理局并入省轻工业厅，为省轻工业厅的直属局。同年 8 月，省人委又将山东省轻工业厅手工业管理局改称山东省手工业管理局。1961 年 2 月，设立山东省公社工业局，以代替山东省手工业管理局。1962 年 2 月，国务院将山东省公社工业局改称为山东省手工业管理局。

1962 年 8 月，省手工业管理局与省手工业生产合作社联合社合署办公，内部机构设办公室、人事处（机关党委)、计划处、财务处、组织监察处、农村工业处、日用品生产管理处、服务修理处、工艺美术处（与工艺美术联社合署办公)、供销处（与供销经理部合署办公)。1967 年 2 月，该局被取消。到 1970 年该局原有人员同轻工业厅一起组建省革委轻工业厅。

山东省手工业管理局是全省公社工业、手工业的主管机关，负责全省公社工业（包括城市的、农村的）和手工业（包括全民所有制的和集体所有制的）的工作。

省手工业生产合作社联合社是手工业者在共产党和人民政府的领导下，按照自愿互利的原则组织起来的集体经济组织。它是生产资料集体所有，有计划地进行共同生产、实行按劳计酬的社会主义性质的经济组织。

二、全宗概况

现馆藏该全宗档案 486 卷，排架长度 9. 45 米，其中永久 86 卷，编为 01 目录，长期 400 卷，编为 02 目录。该全宗档案于 1969 年 3 月由山东省手工业管理局移交进馆。起止年代为 1952 ～ 1967 年，共有档案 1088 卷，其中永久 86 卷，长期 400 卷，短期 602 卷。1979 年 3 月，遵照省委办公室的指示精神，将手工业管理局的短期 602 卷退回省二轻局。除缺少“文化大革命”初期组织机构变化方面的文件外，其他年度的档案较为完整。检索工具有全宗指南、全宗介绍、案卷目录等。

三、档案内容

（一）综合类　党组会议记录、局长、联社主任会议文件；年度工作计划、总结、报告；社员代表大会文件，手工业技术人员代表大会文件、广交会议文件；手工业若干政策问题的规定，负责人在有关会议上的讲话；省手工业生产合作社联合社管理暂行条例，个体手工业向全民所有制过渡办法，省手工业生产合作社联合社社章等。

（二）机构人事类　关于建立省手工业管理局、省手工业生产合作社联合社机构变动的报告、批复、改变企业隶属关系的请示、批复、启用印章、干部调配、干部任免、人员编制等。

（三）基建财务类　历年预算、决算计划、报告、会计财务、清资退赔工作的规定、指示、通知、批复，基本建设意见、统计、报告、计划任务书、河北调整边界中有关手工业划出划入资财处理的意见。

（四）政治运动类　“五反”“肃反”“整风”“反右”、手工业社会主义改造、社会主义教育运动的总结、报告、整社指示等。

（五）劳保福利类　劳动工资、工资福利规定意见、工资福利综合调查表、退职金发放和亦工亦农劳动制度。

（六）统计类　历年手工业主要产品、产值综合统计报表、干部统计表、工业统计表。

（七）安全保卫类　关于加强安全保卫工作的报告、通知等。

山东省交通厅

(1949～2012年)

全宗号　A116

一、机构沿革

新中国成立初期，山东省级交通管理机构为山东省公路运输局。1950年4月改为山东省人民政府交通局。1951年4月，山东省人民政府交通局改为山东省人民政府交通厅。1955年3月，改称山东省交通厅。

1967年1月，省军区“支左”部队进驻山东省交通厅机关，成立山东省交通厅革命接管委员会，3月改为山东省交通厅临时革命委员会，11月又改为山东省交通厅生产指挥部，归属省革委生产指挥部工业交通办公室领导。1969年4月，撤销山东省交通厅，除保留7人负责善后工作外，其他机关干部全部下放农村接受贫下中农“再教育”。7月，恢复原省级各部委厅局，原山东省交通厅机构和革命领导小组随之恢复。

1970年2月，山东省交通厅与省邮政局合并，组成山东省革命委员会交通邮政局和党的核心领导小组。局机关设政工组、办事组、生产组、计财劳组、运务组、基建组、工业组和邮政局，统辖山东交通、邮政业务。同年11月，改称山东省革命委员会交通邮政局。

1973年7月，交通与邮政分设，成立山东省革命委员会交通局、山东省革命委员会邮电管理局。1979年12月，改为山东省交通厅。

2009年，设立山东省交通运输厅，为省政府组成部门。设10个职能处室：办公室、政策法规处、综合规划处、运输管理处、建设管理处、财务处、人事处、科技处、安全监督处、省交通战备办公室，另设离退休干部处、机关党委。

省交通运输厅主要职责：承担涉及综合运输体系的规划协调工作，会同有关部门组织编制综合运输体系规划，指导交通运输枢纽规划和管理；起草相关地方性法规、规章草案；承担道路、水路运输市场监管责任；拟订道路、水路运输有关政策、准入制度、运营规范、技术标准并监督实施；承担水上交通安全监管责任；负责省辖内河水上交通管制、救助打捞、危险品运输监督管理工作；负责船舶（不含渔业船舶）及相关水上设施检验、登记、防止污染工作；指导港口设施保安、引航管理工作；负责提出公路、水路固定资产投资规模和方向、政府财政性资金安排建议；承担公路、水路建设市场监管责任；组织协调公路、水路有关重点工程建设和工程质量、安全生产监督管理工作，指导公路、水路基础设施管理和维护工作；按规定负责港口规划和岸线使用管理工作；承担全省高速公路统一管理责任；负责全省国道、省道的布局规划，组织公路及其附属设施的建设、养护和管理；监督和指导农村公路的规划、建设、养护、管理工作等。

二、全宗概况

现馆藏该全宗档案 9043 卷，13943 件，排架长度 231.03 米。档案形成时间为 1949 年至 2012 年，分别于 1969 年、1988 年、2002 年和 2014 年 4 次接收进馆。案卷按组织机构—年代分类排列，按不同的保管期限和进馆顺序排列。其中：1949—1969 年间形成的文书档案 1529 卷，其中永久（01 目录）293 卷、长期（02 目录）1236 卷。1968—1970 年间长期（03 目录）41 卷；1967—1979 年间短期（04 目录）29 卷；1970—1976 年间永久（05 目录）179 卷、长期（06 目录）406 卷。1977—1985 年间形成文书档案 1782 卷，其中永久 516 卷（07 目录）、长期 1266 卷（08 目录）。1986—1999 年间形成的文书档案 5077 卷，其中永久 1755 卷（09 目录）、长期 3322 卷（10 目录）。2000—2012 年间形成的文书档案 13943 件，其中永久 8734 件、定期 30 年 5209 件。检索工具有全宗介绍、案卷目录、全引目录、归档文件目录、人名卡片等。

三、档案内容

（一）综合类　山东省交通厅党组会议记录、党委会议记录和机关总支委员会会议记录，工作计划、总结、青工部关于第一次地方交通青年工作会议文件，统战工作、政治工作座谈会纪要，人民来信来访处理情况的报告、批复等。如王首道部长在中南地区视察工作中给部党组的信等材料。

（二）组织人事类　关于山东省交通厅的干部任免，国家管理人员、技术人员、工人调资、中高等学校毕业生分配，工资标准以及职工退职退休等方面的规定、办法；山东省交通厅机构编制方案、山东省公路运输局及所属单位组织机构统计表；各级机构建立、调整、合并、启用印章等向中央和山东省人民委员会的各种报告以及上级下达的批复、通知；山东省交通厅厅属单位党团员登记表、组织关系介绍信及存根，党团员处分等文件材料。

（三）基建物资类　关于山东省交通厅历年基建工作总结、基建设计任务书、公路修建规划、京杭大运河、微山船闸工程竣工验收、援外工程等方面的报告、批复，公路干线规划图表及渡口调查表。物资供应，基建物资的分配、三类物资管理、物资材料统计等工作的规定、制度、办法、通知。关于基本建设计划和技术资料、统计资料等。

（四）政治运动类　关于“三反”“五反”“肃反”“整风”“反右”“社会主义教育”（包括“四清”）等运动的指示、情况总结、报告、批复，对反革命分子，右派分子、贪污分子调查材料，结案处理意见，肃反移交清册，十类反革命和四类坏分子材料汇集，各类人员处分登记表等。

（五）劳保福利类　关于防止职工伤亡事故，加强劳保工作，因公负伤丧失部分劳力等方面的办法、规定、报告、批复、通知等。

（六）财政类　关于财务管理制度、预决算、资产清估、审查意见的指示、规定、办法、通知，财务工作会议支出总概算计划报告，财务会议纪要及成本计算，各种财务预决算总结，港航企事业会计预决算报告。

（七）科学技术类　关于交通运输技术政策；科研计划，科研成果，产品标准化、规范化的规定、报告、通知等。

（八）公路航运类　公路养护暂行办法，货运规划，县社运输企业船舶机务管理，船舶交通运输方面的资料等。

另外，还有几个临时办公室形成的关于企业管理、四防外迁、清资、工业学大庆等文件资料。

第一机械工业部山东办事处

（1953 ～ 1955 年）

全宗号　A117

一、机构沿革

第一机械工业部山东办事处，于 1953 年 3 月在山东省工业厅机电工业管理处的基础上成立。同年 6 月，该处内部设办公室、机械检查科、电器检查科、财务科、统计科。刘名南任主任。1954 年 4 月，许杰任主任。

同年 12 月，王星如任主任。

1955 年 7 月，经国务院批准、第一机械工业部山东办事处撤销。

该办事处主要职能是监督、指导与检查第一机械工业部所属山东地区各厂生产管理与计划执行情况，保证第一机械工业部生产方针的贯彻执行。

二、全宗概况

该全宗有档案 28 卷，排架长度 0.45 米。该全宗于 1962 年 8 月，由山东省物资局移交进馆。1978 年 8 月进行了鉴定。对大部分失去保管价值的事务性文件，都作为销毁文件处理，并将下属单位有关上报第一机械工业部山东办事处的文件，退还济南机床二厂。鉴定后该全宗有长期 28 卷，所属年代为 1953 ～ 1955 年。案卷按问题—年代顺序排列。检索工具有全宗指南、全宗介绍、案卷目录、机读目录等。

三、档案内容

（一）关于对国营工业工作的指示、计划、报告、处务会议记录。

（二）第一机械工业部关于成立与撤销山东办事处的命令。有关山东办事处组织机构的建立方案、指示、批复、干部任免，调整工资的请示报告，对犯错误同志的处理意见及其附件。

（三）基本建设总结调查综合报表；各种统计报表。

（四）行政经费预决算报告、历年年度总账、财务移交清册等文件。

第一机械工业部供应局山东办事处

（1953 ～ 1958 年）

全宗号　A118

一、机构沿革

1953 年 8 月，在原山东省工业厅机电处的基础上，成立第一机械工业部供应局济南供应站，直属中央第一机械工业部供应局领导。1953 年 12 月，该站改名为中央第一机械工业部供应局华东供应办事处山东供应站，归华东供应办事处领导。其内部设总务、供应、储运、会计、计划组和驻青岛工作组。1954 年 12 月，改称第一机械工业部供应局上海供应办事处山东供应站。

1956 年 4 月，改建为第一机械工业部供应局山东供应办事处，归第一机械工业部供应局领导。内部机构被调整为计划供应、储运、财会、秘书 4 个科，将原青岛联络组，改为山东供应办事处青岛仓库。1958 年 9 月，将第一机械工业部供应局山东供应办事处划归山东省领导，同时并入山东省物资供应局。

第一机械工业部供应局山东供应办事处是第一机械工业部的派出机构，是一个企业化经营的经济核算单位。其主要任务是具体组织山东境内的企业和建设工程的供应业务，监督与检查供应计划的执行情况。

二、全宗概况

现馆藏该全宗档案 31 卷，排架长度 0.9 米。于 1962 年 8 月由省物资局移交进馆。1978 年 9 月，省馆对所存档案作了鉴定，把这些案卷均定为长期卷统一编号保管，对大部分失去保管价值的一般事务性文件，都作为应销毁文件处理。

该全宗档案不够齐全，组织人事方面文件更少，案卷按问题一年代分类排列。检索工具有全宗指南、全宗介绍、案卷目录、全引目录等。

三、档案内容

（一）第一机械工业部供应局山东供应办事处有关历年来工作总结、计划。

（二）关于组织机构变动、启用印章的请示、报告、通知，人事任免，干部调动、培养、提拔，职工履历表、花名册，党员关系信，犯错误人员的处分、决定。

（三）会计财务工作年度表及基本业务决算报告书，各年度总分类账等文件。

山东省农业厅

(1949 ～ 2018 年)

全宗号　A119

一、机构沿革

1950 年 3 月，山东省人民政府确定撤销实业厅，建立农林厅，下设秘书处、农业处、特产处、畜产改进处、林业局、农田水利处等 6 个行政处室，另设 1 个厅直属的编审委员会。1952 年 1 月，省水利局并入农林厅，与农林厅的农田水利处合并为农林厅水利局。1955 年 3 月，将农林厅分为农业厅、林业厅、水利厅、气象局、水产局 5 个厅局。1958 年 1 月，将省气象局划归农业厅，改称省农业厅气象局（对外仍称山东省气象局）。4 月，又将民政厅的移民处移交农业厅，在农业厅设移民处。同年 7 月，将山东省种子管理局移交粮食部门。1958 年 8 月农业厅与林业厅合并为山东省农林厅。1960 年 1 月，将农林厅又分设为农业厅、林业厅、畜牧厅。1964 年 1 月 30 日，山东省渤海农垦局撤销并入农业厅，其工作并入农业厅农场管理处，同时将农场管理处改组为农业厅农垦管理局。1965 年 12 月，省人民委员会决定撤销农业厅、林业厅、水利厅等原农口各厅局，合并建立山东省人民委员会农林办公室（简称大农办），农业厅改称农业局，对外称山东省农业局。1967 年 3 月，改称山东省革命委员会农业局。1972 年 3 月，改称省革委农林水产局。1975 年 9 月，将农林水产局分设为省革委农林局和省革委水产局。1978 年 12 月，省委决定将农林局分设为省革委农业局和省革委林业局。1979 年 12 月，改称为山东省农业厅。1996 年 4 月，山东省农业厅是省政府主管农业和会同省政府农业办公室管理农村经济工作的职能部门。管理省农业机械局、省畜牧局，归口管理省农业科学院的业务工作。2000 年 4 月，原省农业厅、省农委合并，组建新的山东省农业厅。

山东省农业厅的职责是拟订全省农业和农村经济中长期发展规划、政策并组织实施；起草有关地方性法规、规章草案；参与拟订涉农的财税、价格、金融保险、进出口等政策，提出农业产业保护的政策建议；推进农业依法行政。

二、全宗概况

现馆藏该全宗档案 9244 卷、26614 件，上架排列总长度 221.58 米。档案形成时间为 1949 ～ 2018 年，分别于 1988 年、1990 年、1996 年、1999 年、2006 年、2012 年、2019 年、2020 年 8 次接收进馆。检索工具有全宗指南、案卷目录、全引目录、归档文件目录、机读目录、全宗介绍、文件卡片、人名卡片和簿式人名索引等。

三、档案内容

全宗内主要有以下四个方面的内容：

（一）本机关形成的文件材料：这是全宗内的主要成分。包括本厅形成的，与其他机关联合制发的文件材料；本厅工作活动的通知、报告、总结、计划、请示、批复、调查及综合、专题成果；本厅编制的农业生产基建、财务、劳动工资计划、各种统计报表；本厅召开的各种会议文件材料；本厅及内设机构设置与名称更改、人员编制、干部职工调动、录用、处分，行政工资与党团关系，离退休、死亡、抚恤等；本厅外事活动等文件材料。

（二）农业部等上级机关下发的属本厅主管业务并要执行的文件材料、国民经济计划、各类专业性计划执行情况等。

（三）同级机关和非隶属机关制发的非本机关主管业务但要贯彻执行的文件材料或依据性的文件材料。

（四）下级机关报送的有关材料。

山东省林业厅

（1949 ～ 2018 年）

全宗号　A120

一、机构沿革

1950 年 7 月，山东省人民政府实业厅农林局改为山东省人民政府农林厅；1955 年 3 月，省委、省人委决定撤销农林厅，分别成立山东省农业厅、山东省林业厅和山东省水利厅；1965 年成立省人委农林办公室（简称大农办），撤销林业厅，在农林办下设林业局；1967 年林业局撤销，其工作由省革委农林局接替；1970 年 11 月成立省革委农业局；1978 年 12 月，单独成立省革委林业局；1979 年改称林业厅；2000 年，行政单位进行机构改革，林业厅改为林业局。2018 年 10 月山东省自然资源厅成立，加挂省林业局牌子。

二、全宗概况

现馆藏该全宗档案 3494 卷、16668 件，上架排列总长度 88. 29 米。档案形成时间为 1949 ～ 2018 年。分别于 1969 年、1998 年、2013 年、2016 年、2021 年和 2022 年 6 次接收进馆。文书档案按照保管期限—年度—组织机构进行分类整理。检索工具有全宗介绍、案卷目录、归档文件目录、文件分类目录、人名卡片、人名索引等。

三、档案内容

全宗内主要有以下四方面的内容：

（一）本机关形成的文件材料：这是全宗内的主要成分。包括本厅形成的，与其他机关联合制发的文件材料；本厅工作活动的通知、报告、总结、计划、请示、批复、调查及综合、专题成果；本厅编制的林业生产基建、财务、劳动工资计划、各种统计报表；本厅召开的各种会议材料；本厅及内设机构设置与名称更改、人员编制、干部职工调动、录用、处分，行政工资与党团关系，离退休、死亡、抚恤等；本厅外事活动等文件材料。

（二）国家林业局等上级机关下发的属本厅主管业务并要执行的文件材料。

（三）同级机关和非隶属机关制发的非本机关主管业务但要贯彻执行的文件材料或依据性的文件材料。

（四）下级机关报送的有关材料。

山东省水利厅

（1948 ～ 2005 年）

全宗号　A121

一、机构沿革

1946 年春，在山东省人民政府实业厅内成立了水利队，负责小型水利工作。1949 年 4 月，成立山东省人民政府实业厅水利局。1950 年 9 月，山东省人民政府实业厅水利局改为山东省人民政府水利局，成为省政府直接领导下的一个独立工作部门，局下设技术室、测绘科、工务科、行政科、财务科、秘书科、人事科、测候所。1951 年 12 月，山东省人民政府水利局与省人民政府农林厅合并，成为农林厅下的一个直属局。

1952 年 1 月，水利局并入农林厅，与该厅的农田水利处合并为山东省农林厅水利局。

1955 年 3 月，省人委决定撤销山东省人民政府农林厅，分别成立山东省农业厅、省水利厅、省林业厅。1956 年 7 月，山东省治淮指挥部与山东省水利厅合并为山东省水利厅。

1958年10月，山东省水利厅与山东省黄河河务局合并为山东省水利厅，下设山东省水利厅黄河河务局，同时保留黄河水利委员会山东黄河河务局名义。1961年年底至1962年年初，水利厅与黄河河务局分设。

1966年3月，撤销省水利厅，成立省人委农林办公室，下设山东省水利局。

1966年“文化大革命”开始后，1967年由省水利局革命委员会、革命领导小组接替工作。1968年撤销省水利局，人员仍在原单位。

1970年3月设立山东省水利局，11月山东省水利局改为山东省革命委员会水利局。1979年12月，省革委水利局改名为山东省水利厅。

1985年2月，将打渔张引黄灌溉管理局收归省水利厅领导，列厅直属处级事业单位，党、团关系仍由地方党委领导。1月将原山东省水利机电学校改为山东省水利学校。2月成立山东水利水电工程公司（实际未开展工作）。12月建立山东省引黄济青工程指挥部办公室。

1985山东省水利厅内部机构设置：厅机关行政有办公室、直属政工处（机关党团委）、人事劳动处、计划财务处、科技教育处、基本建设处、农田水利处（与水利灌溉公司合署）、老干部处、保卫科。厅机关事业有省抗旱防汛指挥部办公室（与水利工程管理局合署办公）、省水利灌溉公司（与农水处合署）、省水利物资管理站、厅生活服务站、省水土保持委员会办公室、省水资源管理委员会办公室、省水利史志编辑室。厅直低半格单位有省引黄济青工程指挥部办公室、省治淮南四湖流域工程指挥部、省海河流域治理指挥部、省水利专科学校、省水利职工大学。厅直处级单位有省水利勘测设计院、省水利科学研究所、省水文总站、厅建筑安装总队、省水利学校、省淄博水利技工学校、省水利职工培训中心、省打渔张引黄灌溉管理局。

二、全宗概况

山东省水利厅全宗共有档案5576卷、8401件，排架长度30.15米。1969年、1997年、2012年、2022年4次移交档案进馆。检索工具包括全宗指南、案卷目录、全引目录、归档文件目录、机读目录等。按保管期限—年度—机构分类。

三、档案内容

省水利厅全宗包括山东省人民政府实业厅水利局、山东省人民政府水利局、山东省人民政府农林厅水利局、山东省水利厅、山东省人委农林办公室水利局、山东省水利厅等时期所形成的档案，基本反映了该厅建立前后各个时期的机构变化、职能、活动情况，档案材料比较齐全，其主要内容有：

（一）本机关形成的文件材料。这是全宗内档案的主要构成部分。包括本机关印发的文件材料，以及与其他机关联合印发的文件材料；本机关召开的各类会议文件材料；本机关工作活动的通知、报告、请示、计划、批复、总结等；本机关形成的综合、专题调查调研成果；本机关编制的水利基建、财务、劳动工资计划及各类统计报表；本机关及直属单位机构设置、撤并与名称更改的请示及批复文件材料；本机关人员人事任免文件，以及职工录用、转正、聘任、调资、定级、停薪留职、辞职、离退休、死亡、抚恤等文件材料；本机关外事活动文件材料等。

（二）水利部等上级机关下发的属本机关主管业务并要求执行的文件材料、国民经济计划、各类专业性执行计划等。

（三）同级机关和非隶属机关印发的非本机关主管业务但需贯彻执行的文件材料及依据性文件材料。

（四）下级机关报送的有关材料。

山东省海洋与渔业厅

（1950～2018 年）

全宗号　A122

一、机构沿革

1950 年 4 月，山东省政府批准在胶东行署水产科的基础上成立山东省人民政府水产管理局。1955 年，改名为山东省水产局。1960 年 1 月，山东省人委贯彻中共中央关于农林牧副渔五业并举的方针，决定将山东省水产局改为山东省水产厅。1965 年 12 月，山东省人委撤销了农林水系统各厅局，成立山东省人民委员会农林办公室，水产局归属农林办公室领导。1975 年 10 月，恢复成立山东省革命委员会水产局。1979 年 12 月，山东省革命委员会水产局改名为山东省水产局。1995年7月，撤销山东省水产局，组建山东省海洋与水产厅，为省政府主管海洋事务和渔业行政的职能部门。

2000 年 4 月，山东省海洋与水产厅更名为山东省海洋与渔业厅。2018 年 10 月，组建省海洋局，由省自然资源厅管理。不再保留省海洋与渔业厅。

二、全宗概况

现馆藏该全宗档案 3432 卷，13529 件，上架排列总长度 152.1 米。档案形成时间为 1950 ～ 2018 年。分别于 1969 年、2000 年、2014 年、2015 年和 2021 年 5 次接收进馆。文书档案按照保管期限—年度—组织机构进行分类整理。检索工具有全宗指南、全宗介绍、案卷目录、全引目录、归档文件目录和机读目录。

三、档案内容

全宗内主要有以下五方面的内容：

（一）综合类　省水产厅关于海洋捕捞、渔船管理、渔船通信、渔具改革、渔民教育、渔业政策等方面的文件材料；执行渔业协定、渔船撞击事件、人民来信处理及一些政策性文件材料，如该厅贯彻中华人民共和国政府和朝鲜民主主义人民共和国政府黄海渔业协定通知的通知；淡水渔业生产方针、政策性文件材料；关于渔船电台设置管理、船舶信号规定、处理渔业纠纷等渔业行政，保护管理渔区渔场，渔业安全生产等文件材料；省水产工作会议文件材料等。

（二）组织人事类　该厅（局）党组关于贯彻上级方针政策的计划、报告、决议、决定；党组会议记录、密码电报；开展政治运动的报告、意见；党团员关系介绍信；党组织情况统计表，对党员的处分意见、报告、决定；厅（局）机构建立、撤销、调整、颁发启用印信等文件材料；关于干部职工任免、奖惩、晋级、调配、退职退休等文件材料；监察机构设置、监察干部配备及对违法乱纪案件的调查处理等材料；年度、季度工作总结。

（三）业务类　关于海洋捕捞技术、捕对虾苗、运苗养殖、港湾养殖、鲍鱼、扇贝、海参养殖经验的总结、报告；关于海洋业生产经验资料汇编；关于对全省湖泊河流调查、湖区渔村的调查、鱼鹰情况、渔民陆居工作等问题的报告、总结、通知；关于微山、南四湖、东平、黄河调查资料，关于微山湖水产资源开发利用及生产任务，体制政策等问题的调查报告。

（四）技术类　省渔业水产科学技术发展规划；渔具渔法改革、水产科学技术发明创造和推广等方面的文件材料。如山东省海水养殖研究所张德良等人发明“海带自然光育苗法”等技术材料；省水产学会成立及学术讨论会文件材料。

（五）计划财务类　水产计划、统计、基建、劳动工资及行政、企事业财务方面的文件；省水产企业历年统计资料汇编；水产生产综合统计年报等。

山东省农办计财局

（1966 ～ 1967 年）

全宗号　A123

一、机构沿革

1969 年 12 月 13 日山东省人委决定由原省农业厅、林业厅、水利厅、水产局合并成立山东省人民委员会农林办公室，1966 年 2 月 28 日，省委以鲁发 33 号文件批准了组建方案；后由于“文化大革命”，省人委农办被撤销，1968 年以后人员逐步调离。1969 年 12 月，曾用名为山东省人民委员会农林办公室。其职能是负责山东省范围内农、林、水、基建等事业的财务管理工作。

二、全宗介绍

馆藏山东省农办计财局文书档案共 19 卷，排架长度 0.9 米，档案起止时间为 1966 年至 1967 年。1969 年接收进馆文书档案 19 卷，其中永久 19 卷。该全宗检索工具有全宗指南、案卷目录、全引目录、机读目录、全宗介绍等。

三、档案内容

包括国营农林水等企事业单位关于财务管理的批复、通知、规定，关于企业的财务决算；包括林业、水产、农田水利、水土保持等的年报；包括农林水基建统计年报综合表；包括 1949—1965 年农业生产基本资料等。

全国农产量调查总队山东分队

(1963～1966年)

全宗号　A124

一、机构沿革

全国农产量调查总队山东分队于1963年2月开始筹建，4月上旬基本建成，5月4日正式对外办公。1963年曾用名为全国农产量调查总队山东分队部。1966年至1969年机关撤销再未进行。其职责是在全国农产量调查总队的统一领导下，用等距抽样的方法，在抽中的若干生产大队对农作物产量进行调查，然后推选出全省产量上报中央。为中央和省的党政领导提供第一手资料。

二、全宗概况

馆藏全国农产量调查总队山东分队文书档案共13卷，排架长度0.9米，档案起止时间为1963年至1966年。1969年接收进馆文书档案13卷，保管期限全部为永久。

三、档案内容

包括国营农林水等企事业单位关于财务管理的批复、通知、规定，关于企业的财务决算；包括林业、水产、农田水利、水土保持等的年报；包括农林水基建统计年报综合表；包括1949年至1965年农业生产基本资料等。该全宗检索工具有全宗指南、案卷目录、全引目录、机读目录、全宗介绍等。

山东省财政经济委员会

（1949 ～ 1955 年）

全宗号　A125

一、机构沿革

山东省财政经济委员会（简称省财委），于 1949 年 4 月成立，隶属中共中央山东分局领导。由康生、方毅分别任省财委书记、副书记。1950 年 3 月，省财委隶属山东省人民政府领导，内部机构设计划处、秘书处。同年 7 月，向明任省财委主任。1954 年，山东省人民政府决定，省财委设 4 个办公室，分别指导省府所属各财经部门的工作。即第一办公室主管工业，第二办公室主管财粮贸，第三办公室主管农林水，第四办公室主管私营工商业的社会主义改造。同年 11 月，省财委增设第五办公室，以加强交通运输、劳动工资工作的领导。1955 年 12 月，遵照省一届二次人代会通知，省财委撤销，其工作移交给省人委财粮贸办公室。

省财委是省政府一个综合性的部门。其主要任务是在省政府领导下及华东军政委员会财政经济委员会指导下，结合山东的实际情况，贯彻执行中央财政经济方针、政策及上级财委的计划、决议、指示。

二、全宗概况

省财委全宗档案是 1961 年接收进馆的，共有案卷 3310 卷，其中永久 1354 卷，长期 1956 卷，形成年代为 1949 ～ 1955 年。1980 年 8 月省馆对该全宗进行了鉴定，重新调整了案卷排列顺序，修改了保管期限，并按年代一问题分类排列。鉴定后，共有案卷 1227 卷，排架长度 13.77 米，永久 172 卷，编为 01 目录，长期 1055 卷，编为 02 目录，检索工具有全宗指南、全宗介绍、案卷目录、机读目录等。

三、档案内容

该全宗档案基本能反映省财委在社会实践活动中的全貌，是研究中华人民共和国成立初期山东省工农业生产、交通运输、财政金融等情况的可靠依据。其主要内容是：

（一）综合类　全国、华东财经工作会议，省财委办公会，省财、粮、盐、税、工业生产、基建、劳资等会议的记录、文件；陈云、向明、王卓如等在会议上的讲话、报告；省财委关于增产节约、“三反”“五反”“整党整风”等政治运动的文件材料；关于保密、档案等工作的通知、规定。

（二）组织类　省财委及下属企事业单位关于机构设立、整编、启用印章、人员编制、干部任命调配、干部职工离退休、审干工作等问题的通知、指示、报告、批复、组织条例；关于干部工资调整发放、工资会议、职工补助、奖金发放的通知、批复、报告。

（三）工业类　山东省 1951 ～ 1957 年工业生产计划纲要、建议数字，公营私营工厂调查统计材料，各煤矿工业状况参考资料；山东省各企业关于经费调拨、资金预算、基建投资、物资供应分配、工业产品产量，烟、酒、面粉、煤、盐等主要商品生产的请示、报告、计划、总结、统计表，以及省财委对以上问题的批复、指示、指令、规定、决定；企业各年度的计划任务书、城市公用事业建议计划任务书等。

（四）财、粮、贸类　关于财务检查管理、地方财政收支概算、财务转账、基建投资拨款、折实公债、税收、税务等工作的指示、通知、规定、报告、批复；关于对人民币及外汇流通管理、农业生产贷款投资、交通企业基建投资贷款等工作的规定、办法；关于国库粮食动支，粮食、烤烟、纱布、棉花等主要农产品的生产、收购、供应、调拨、消费市场管理等工作的通知、指示、调查登记表、统计表；关于国营贸易工作、对外贸易工作、市场物资交流、城乡市场社会购买力调查、钢材木材市场管理、主要商品物价控制等问题的通知、决定、规定、意见。

（五）农林水类　农村阶级变化调查报告，农村土改互助合作情况，1949 ～ 1954 年全省工作概况，农业生产计划、推广农业科技经验、农林水基建、水利建设、防潮防汛工程修筑、水土保持、水产养殖运销、盐业、渔业生产、畜牧业发展等问题的文件材料。

（六）计划统计类　中央财委、华东军政委财委、省财委关于国民经济、物资供应、工农业生产、社会商品、交通运输、基本建设的计划编制情况，中华人民共和国成立初期山东省经济概况统计，农村经济调查统计及工农业总产值统计等。

（七）交通邮电类　省财委关于公路养路费征收、铁路公路桥梁的设计和修筑、运输计划、电信管理的通知、规定、报告、批复。

（八）对资改造类　省财委所属各行各业对私营企业、私营商业进行社会主义改造的计划、情况调查，私营企业暂行条例、年度产值产量表；公私合营企业的扩展、整顿改造、利润分配、劳资关系盈方情况统计、公股产权清理、银行债权债务处理、财产清估、工商关系调整的指示、通知、报告、函、总结、报表；山东省人民政府对外资企业进行处理接管、加强工商联工作、对公私房地产进行清理估价工作中形成的文件材料。

山东省人民委员会财贸办公室

（1961 ～ 1983 年）

全宗号　A126

一、机构沿革

1961 年 6 月，山东省人民委员会设立财贸办公室（简称省财办）。内部设商业、粮食、财政金融、轻工、物价、秘书等 6 个处。李思敬任主任。1963 年 9 月，山东省物价委员会成立，省财办管理的物价工作移交山东省物价委员会管理。1964 年 2 月，李瑜任省财办主任。1965 年 12 月，省人委将省物价委员会的工作并入省财办，但对外保留山东省物价委员会的名称并单独行文。

1967 年 3 月，成立山东省革命委员会生产指挥部，下设财贸办公室，其内部机构设办事组、业务组、物价组、“文革”斗批改组等。1972 年 8 月，建立中共山东省革命委员会生产指挥部财贸办公室核心小组，朱超任省财办主任、核心小组组长。1973 年 8 月，丁子勋任省财办主任、核心小组组长。1975 年 4 月，刘毅任省财办主任、核心小组组长。

1977 年 1 月，省委决定撤销省革委生产指挥部，该部财贸办公室改为省革委财贸办公室，王今吾任主任、核心小组组长。1979 年 12 月，省革委财贸办公室改称山东省财政贸易委员会，内部设办公室、财粮处、贸易处、组织宣传处、政治处、干部处、科技处。

1983 年 7 月，省委公布省经委领导班子，同年 8 月，停用省财委印章。

省财办的主要职能是掌管财政、金融贸易、粮食、轻工、纺织、公社企业等方面的政策业务工作，并对各地、市、县的财贸办公室实行业务指导。

二、全宗概况

省财办全宗现有档案672卷，排架长度11.25米，其中永久262卷，长期410卷。案卷起止年代为1961～1983年。该全宗档案1969年和1987年分两次移交进馆。该全宗档案中1961～1967年的案卷，按组织机构—年代分类排列，1967～1983年的案卷按年代—组织机构分类排列。检索工具有全宗指南、全宗介绍、案卷目录、全引目录、机读目录等。

三、档案内容

（一）综合类　历年的全省财贸工作会议文件；省、市、地、县、区财贸系统会议文件；省财贸系统厅局长、党组书记会议纪要；省财办核心小组会议记录；中央、省财办领导在各种会议上的发言、指示、讲话、总结报告；关于在“学大庆、学大寨”运动中，财贸系统内部企业的考查验收情况报告以及财贸系统学大庆、学大寨先进会议文件。其中有李富春同志给姚依林同志的信，国务院财办转发谭震林副总理给省财办的信，李先念同志的会议讲话记录等。

（二）政治运动类　省财办、省革委打击投机倒把办公室、“两反”“三反”办公室关于财贸系统开展“五反”“社会主义教育”、反对商品走后门、“文化大革命”、“一打三反”等的意见、报告、批复、情况简报等。

（三）机构人事类　省财办关于机构设立、调整、变更、精减、人员调动、任免、编制、离退休等方面的通知、报告、批复；关于对所犯错误人员的调查报告、处理意见、决定；财办系统各级劳模先进事迹报告材料以及党员介绍信存根、干部行政介绍信等。

（四）经济管理类　省财办关于产品的生产、供应、收购、奖售、调整、分配、调拨以及库存等方面的标准、指示、通知、报告、批复；关于军需物资供应的计划、通知；关于开展改善经营管理运动的通知、总结、报告、批复以及有关试点地区的情况报告；关于对全省粮食、商业、手工业等商业体制、机构的调查、市场安排的通知、报告；关于财贸系统各项业务计划主要指标及其执行情况的月报、年报；关于对财贸系统贪污、盗窃、投机倒把、违法乱纪等情况的调查报告等。

（五）财务、物价、统计类　省财办关于市场物价管理、价格调整的报告、批复；10个省、市物价会议材料；全国物委、商业部、省物价委员会等关于粮、棉、果品、肉食蛋；水产品、轻工产品、化工产品、交通运输产品、煤炭、机械产品等方面价格的通知、报告、批复；有关外汇物资分工管理的通知、函；关于贷款的原则、规定、清理情况等的报告、批复、通知等；关于历年基建会计决算、财政收支预算的核定，历年财政积累调查、财会档案移交清册，部分年度清仓核资工作情况的报告等。

山东省物价局

（1962 ～ 2018 年）

全宗号　A127

一、机构沿革

1957 年 7 月，山东省物价管理局经国务院同意而成立。在此之前，全省的物价工作分别由省财委和省商业厅管理。1961 年 12 月，经国务院同意，重新成立山东省物价局。1962 年 10 月撤销山东省物价局，成立山东省物价委员会，受山东省人委直接领导。1965 年 11 月，山东省物价委员会并入山东省财贸办公室，成为山东省财贸办公室的物价办公室，对外仍保留山东省物价委员会的名称，并单独行文。

1967 年 2 月，山东省物价委员会撤销，物价工作由山东省革委生产指挥部计划办公室负责。1980 年 1 月，成立山东省物价管理局，归省计委管理，2005 年，归省发展和改革委员会管理。2014 年，设立山东省物价局，由山东省发展和改革委员会管理。

二、全宗概况

现馆藏该全宗文书档案 5146 卷、11476 件，会计档案 4326 卷，上架排列总长度 176. 76 米。档案形成时间为 1962 ～ 2018 年。分别于 1969 年、2003 年、2018 年和 2021 年 4 次接收进馆。文书档案按照保管期限—年度—组织机构进行分类整理。检索工具有全宗指南、全宗介绍、案卷目录、全引目录、归档文件目录和机读目录。

三、档案内容

山东省物价局全宗档案有文书和会计两大类，主要内容有：

（一）综合类　山东省物价委员会机构建立、调整、撤销，启用印章、人员编制、干部任免、调级，“整风”检查、办公制度等；物价工作总结、报告，定价、计价办法、规定等文件材料；山东省物价委员会党组会议记录、办公会议记录；全国、全省物价工作会议的文件材料，如山东省物价委员会关于1963年全国物价会议情况和贯彻意见的汇报提纲，全国物价委员会领导关于市场物价问题的报告提纲；全国物价委员会、商业部、省物价委员会关于议销、议购价格管理、老产品削价管理、市场物价等问题的办法、意见、通知、批复、报告；国务院关于物价管理的规定及全国物价委员会、省人委关于颁发中央部管、省管商品目录的通知。

（二）业务类　关于机械、重工、冶金、化工、运输等商品价格的报告、通知、批复，如全国物价委员会、山东省物价委员会、机械厅关于农机产品价格的报告、通知、批复；关于进出口商品作价、化肥农药化工产品价格的通知、报告、批复；关于轻工、纺织、百货等商品价格的报告、通知、批复，如全国物价委员会、省物价委员会、商业厅、纺织局等关于烟、酒、糖茶、针棉毛麻纺织品、鞋价格的报告、通知、批复，关于粮食、水产、畜产品等商品价格的通知、报告、批复。如全国物价委员会、山东省物价委员会及有关单位关于猪肉、粮食、水产品等价格的通知、报告、批复等。

此外，还有全国物价委员会主编的主要物价文件汇编。重工业产品价格成本资料和重工业产品现价选编和局机关编印的情况反映、信息、简报等。

山东省财政厅

（1949 ～ 2005 年）

全宗号　A128

一、机构沿革

山东省人民政府财政厅于1949年4月成立。下设山东省税务局、山东省粮食局、山东省盐务局及山东省专卖公司。1955年3月，山东省人民政府财政厅改称为山东省财政厅。1966年“文化大革命”开始后，山东省财政厅工作陷入瘫痪。1968年11月，财政厅被撤销，财政业务工作移交给山东省革命委员会生产指挥部财贸办公室。1970年3月，以原山东省财政厅和山东省人民银行的人员，组成山东省革命委员会财政金融局，对外保留省人民银行名义。1975年10月，中共山东省委决定，山东省财政金融局分设为山东省革命委员会财政局和中国人民银行山东省分行。1979 年 12 月，省人民政府决定，将山东省财政局改为山东省财政厅。

二、全宗概况

馆藏山东省财政厅文书档案共 8266 卷、6382 件，排架长度 132.93 米，档案起止时间为 1949 年至 2005 年。1969 年第一次进馆，移交 1949 ～ 1975 年文书档案 1113 卷。2004 年第二次进馆，移交 1976 ～ 1988 年文书档案 1898 卷，其中永久 947 卷，长期 951 卷。2015 年第三次进馆，移交 1989 ～ 1999 年文书档案 5255 卷，其中永久 2533 卷，长期 2722 卷。2022 年第四次进馆，移交 2000 ～ 2005 年文书档案 6382 件。检索工具有全宗指南、全宗介绍、案卷目录、全引目录、归档文件目录和机读目录。

三、档案内容

（一）综合类　财政工作计划、总结、报告；全省财政工作会议形成的文件材料；党组会议记录；财政系统开展增产节约运动、反右倾整风运动的总结、报告；该厅及所属单位机构编制、干部任免、奖惩等方面的文件材料。

（二）财政监察类　该厅形成的关于财政监察工作的计划、总结、报告、意见；关于财政监察工作会议材料；关于违纪干部处分的报告、批复、通报及登记、统计材料；检查企业财务计划执行情况的报告等。

（三）计划、会计类　该厅及有关部门颁发的财政收支、预决算条例、会审制度等法规性文件；关于年度财政收支预算、指标、计划调整、管理、核定及执行情况的命令、规定、草案、报告、批复等；全省财政预算会议形成的文件材料。

（四）企业财务类　关于企业财务管理方面的各项规章制度，企业财政收入、划拨、清算的规定、办法、经费使用管理的请示、报告等；关于企业资产负债重估、企业申请外汇、外资企业清资估价、企业流动资金执行情况等方面的文件材料；该厅召开的经济建设财务管理会议形成的文件材料；各类企业年度预决算，企业利润留成、折旧、利润亏损、清仓核资等方面的文件材料。

（五）农业财务类　农业税、契税的征收办法、条例、规定、报告、通知；关于农业、林业、水利、气象等事业费开支、资金管理的规定、报告；关于农垦企业、水产企业的财务管理的有关规定及统计报表等。

（六）行政事业财务类　该厅及上级主管部门形成的各类行政事业经

费开支标准、财务管理的有关规定、办法及各级召开的有关会议形成的文件材料。

山东省国家税务局

（1949～2018年）

全宗号　A129

一、机构沿革

山东省税务局于1949年1月在华东财政经济办事处货物税科和稽征处（地方税）的基础上建立。1950年2月，山东省税务局与山东省烟酒产销管理局合并，成立山东省人民政府税务局。1951年，山东省人民政府税务局改称山东省人民政府财政厅税务局。1958年10月，该局与山东省财政厅合并，对内称税政处，对外仍挂税务局牌子。1965年10月，山东省税务局与中央企业财务处、地方企业财务处合署办公，在财政厅内称“收入局”。1966年“文化大革命”开始后，全省税务机构瘫痪。1968年11月，山东省财政厅被撤销，原税务局业务工作移交山东省革命委员会生产指挥部财贸办公室。1970年3月，成立山东省革命委员会财政金融局，税务工作归局内下设的财政业务组。1975年10月，成立山东省革命委员会财政局，内设税政处，对外称“山东省税务局”。1983年10月，山东省税务局升格为副厅级单位。1994年8月，山东省税务局分为山东省地方税务局和山东省国家税务局，为正厅级单位。2009年，改称为国家税务总局山东省税务局。

二、全宗概况

现馆藏该全宗档案2575卷、35826件，上架排列总长度131.4米。档案形成时间为1949～2018年。分别于1974年、2007年、2019年、2021年和2022年5次接收进馆。文书档案按照保管期限—年度—组织机构进行分类整理。检索工具有全宗指南、全宗介绍、案卷目录、全引目录、归档文件目录和机读目录。

三、档案内容

山东省税务局全宗档案，基本反映了该机关的职能活动，其主要内容有：

（一）会议类　历年各类税务会议的材料，如全省税政业务专业会议文件材料，全省监交利润工作会议文件材料；全国、全省税务会议情况报告及文件材料；全省税务局长会议的文件材料等。

（二）机构人事类　全省税务机构编制、人员配备、干部任免调配、退职退休、奖惩处分及工资等级等问题的规定、通知、报告等。

（三）税收类　历年税收计划、执行情况、工作总结及决算的规定；各种税收的征免等问题的规定、通知，如华东税务局、省税务局关于货物税的工业品类有关征税处理范围、办法的指示、通知、批复；关于烟、酒、粮、油、纱布、矿产品等征免商货税、华侨携带物品征免税等问题的规定、通知；工商企业、销售产品及委托相互调拨纳税环节适用税率及利息所得税问题的指示、规定、通知。

（四）资料类　《工商业税法令解释汇集》（第129卷至143卷），《地方各税业务手册》（一、二），《工商所得税业务手册》（上、下册）等。

中国人民建设银行山东分行

（1951～1968年）

全宗号　A130

一、机构沿革

建设银行的前身是交通银行。1951年6月，交通银行山东支行成立，李华民任经理。内部机构设秘书股、人事股、计划股、会计股、拨款股、业务股。1952年10月，省人民政府通知，将该行名称改为交通银行山东分行，仍由李华民负责。1953年2月，冯文增任交通银行山东分行经理，内设秘书室、人事科、监察科、计划科、会计科、合企科、中央拨款科、地方拨款科、营业部。1954年10月，根据省府通知，中国人民建设银行山东分行成立（简称山东省建行），茆仁中任行长。内部设办公室、人事科、监察室、计划科、会计科、技术科、拨款一科、拨款二科、拨款三科。1965年8月高兆珍任行长，内部机构撤销科室，设综合组、拨款组、贷款组。

中国人民建设银行山东分行属于事业单位，实行企业管理。其基本职责是办理基本建设的财务拨款工作，保证按国家基建计划供应资金，并监督资金的合理使用，促进完成基本建设任务，同时开展银行短期贷款业务。

二、全宗概况

现馆藏该全宗档案共 284 卷，排架长度 5.85 米，其中永久 71 卷、长期 213 卷。档案形成年代为 1951 ～ 1968 年。1969 年 3 月由省建行移交进馆。进馆时有档案 875 卷。1974 年 9 月，本馆对该全宗档案进行了鉴定整理，将案卷划分为永久 71 卷，长期 213 卷，短期 422 卷，待销毁 169 卷。1977 年 7 月，遵照省委办公室通知精神，将短期 422 卷、待销毁 169 卷移交给省财政局。该全宗案卷按年代—问题分类组卷，检索工具有全宗指南、全宗介绍、案卷目录、机读目录等。

三、档案内容

（一）综合类　山东省建行及下属支行的年度工作总结、计划；行务扩大会议、经理行长会议记录及部分人民来信。

（二）机构人事类　山东省建行关于机构筹备建立、干部任免、调配、职工调动、工资待遇、对人员处分的报告、批复、通知、结论等。

（三）政治运动类　关于历次政治运动开展情况及对有关人员的处理材料。

（四）信贷、投资类　山东省建行及其下属支行关于基建拨款、投资、信贷工作的指示、决定、办法、计划、专题报告、业务总结；关于基建工程的验收报告、批复；关于对各系统基建单位清仓损失审查，对建筑安装企业的要求、意见、制度、办法；关于监察工作的指示、计划、总结；建行系统全国性业务会议文件、各项业务专题、专户报告等。

（五）财务类　山东省建行系统年度财务收支计划，会计工作的章则、规定、办法、通知，年度财务决算，接收账表，移交清册；关于经费管理办法、开支标准的通知及对固定资产报废审核意见；关于资金调拨会议的文件等。

山东省粮食局

(1948 ～ 2010 年)

全宗号　A131

一、机构沿革

1952 年 10 月，山东省人民政府奉华东军政委员会指示，将山东省财政厅粮食局与中国粮食公司山东省公司合并成立山东省人民政府粮食厅，1955 年 3 月，改称山东省粮食厅。1967 年后，粮食工作曾一度集中到省革命委员会生产指挥部财贸办公室。1970 年 2 月，山东省革命委员会批准成立山东省革命委员会粮食局。1979 年 12 月，山东省革命委员会撤销，重建山东省人民政府，山东省革命委员会粮食局遂于 25 日改为山东省粮食厅。1983 年 5 月，山东省粮食厅改为山东省粮食局。1992 年 11 月，山东省粮食局整建制转为省粮油集团总公司，隶属省政府领导，为大型一类企业，1996 年 4 月，按照政企分开的原则，省政府又决定取消省粮油集团总公司，组建山东省粮食局。2004 年 3 月省粮食局由省政府直属机构改为由省发展和改革委员会管理的正厅级单位。

山东省粮食局的职能是负责掌管全省粮食收支、保管、供应、加工等事宜。

二、全宗概况

现馆藏该全宗档案 4381 卷，上架排列总长度 67.5 米。档案形成时间为 1948 年至 2010 年。分别于 1969 年、1998 年、2014 年、2022 年 4 次接收进馆。检索工具有全宗指南、全宗介绍、案卷目录、全引目录、归档文件目录、机读目录等。

三、档案内容

全宗内主要有以下五个方面的内容：

（一）综合类　粮食总局、华东粮食局及该单位形成的关于全面性的工作总结、计划、报告；该单位召开的粮食工作会议、地市粮食局长会议、粮食系统模范工作者代表会议形成的文件材料及厅务会议记录；各地市粮局关于粮食工作的总结、报告、调查统计材料。

（二）仓储类　华东粮食局、省粮食厅形成的关于粮食征收、公粮入库方面的总结、报告；关于粮食仓库保管工作暂行规则，粮食入库质量标准，有关粮食装具、粮仓器材使用管理办法；关于粮仓修建方面的计划、报告；关于仓储费用开支的规定及预决算材料。

（三）供调类　该单位形成的关于粮食供应调运工作的总结、计划、报告；关于粮食供应、粮票管理及行业用粮的规定、计划、总结；关于粮食供应调运会议形成的文件材料；有济南、青岛等地市粮食局关于粮食供应、调运工作的总结、报告及移交清册等。

（四）购销类　山东省政府、省财委及该单位关于夏粮、秋粮征购计划、总结、报告；关于粮食购销暂行办法、细则、统购统销价格方案，粮食价格调整的指示、规定；关于粮食市场管理、节约用粮、粮食“三定”等方面的总结、报告及调查统计材料；专署、县（市）关于粮食购销工作总结、年度粮食预购工作专题报告；全省粮食征购工作会议形成的文件材料。

（五）粮食加工类　该单位关于面粉及各种粮食加工的标准和质量检查等方面的总结、报告；企业管理、厂房建筑等方面的指示、报告及批复；全省粮食加工会议的文件材料。

中国粮食公司山东省公司

（1949 ～ 1952 年）

全宗号　A132

一、机构沿革

中国粮食公司山东省公司，1950 年 4 月成立，1952 年 11 月撤销。

中国粮食公司山东省公司的职能是负责全省粮食的经营业务，业务上受中国粮食公司领导，行政上归省商业厅领导。

二、全宗概况

现馆藏该全宗档案 76 卷，上架排列总长度 2. 25 米。档案形成时间为 1949 年至 1952 年。1969 年接收进馆文书档案 76 卷，其中永久 16 卷，长期 60 卷。检索工具有全宗指南、全宗介绍、案卷目录、全引目录、机读目录等。

三、档案内容

全宗内主要有以下六个方面的内容：

（一）关于粮油购销经营方面的指示、意见。

（二）关于粮食保管、储存、损失保险等方面的规定、通知。

（三）关于粮食贷放、调拨、出口、作价方面的文件。

（四）关于粮食供应、折粮标准的办法、规定。

（五）关于该公司机构设置、资金管理使用、清资估产、财产移交等方面的指示、报告、规定。

（六）关于经理会议、粮食加工会议及有关会议的文件材料。

山东省人民防空办公室

（1972 ～ 2003 年）

全宗号　A133

一、机构沿革

中华人民共和国成立初期，山东省各级人民防空工作办事机关为人民防空处（科），均设在公安部门。从 60 年代至 90 年代，山东省各级人防办事机构均为人民防空办公室。1962 年 6 月，山东省和济南市人民防空委员会下设人民防空办公室。1971 年 11 月，山东省各级人民防空领导小组办公室改为战备领导小组办公室，对上、对外亦称人民防空领导小组办公室。1974 年 11 月，山东省各级战备领导小组办公室又改为人民防空领导小组办公室，省军区及各地驻军有关部门均派出一定数量的干部参加。1982 年 2 月，省委、省政府和省军区决定将全省各级人防办事机构改为人民防空委员会办公室，简称人民防空办公室，既是人民防空委员会的办事机构，又是同级政府的常设职能机构，在同级政府和军事部门的双重领导下，负责承办人防战备的日常工作。1996 年 3 月，山东省人民防空委员会办公室改称山东省人民防空办公室（简称省人防办），为议事协调机构的常设办事机构，为山东省国防动员委员会的常设办事机构和省政府人民防空工作的主管部门。

二、全宗概况

现馆藏该全宗档案 2024 卷，上架排列总长度 36 米。档案形成时间为 1972 年至 2003 年。分别于 1990 年、2006 年、2015 年 3 次接收进馆。检索工具有全宗指南、全宗介绍、案卷目录、全引目录、机读目录等。

三、档案内容

全宗内主要有以下四个方面的内容：

（一）综合类　该单位办公会议记录、全省人防工作会议文件、人防工作情况报告，各地市人防办的情况报告、人防资料、《人民防空》刊物等。

（二）组织人事类　省人防办关于机构设置、启用印章、干部任免的通知、报告、批复、函；人防干部党员统计表、党员介绍信。

（三）财物类　财政部、国家人防办、省财政局、省人防办关于经费分配、经费申请、经费使用的通知、意见、报告、批复；关于财产清理、会计决算、处理人防工程建设中伤亡事故的抚恤经费开支的通知、函。

（四）工程类　人防工程建设计划、建设意见、工程统计，人防工程。

山东省海水养殖研究所

（1950 ～ 1976 年）

全宗号　A134

一、机构沿革

山东水产养殖场于 1950 年 10 月在青岛正式成立；1958 年 7 月，改称为山东省海水养殖试验场，由省水产局直接领导；1960 年 12 月，改称为山东省海水养殖研究所；1971 年 5 月，省水产局决定将省海水养殖研究所与中国水产科学院黄海水产研究所合并为山东省海洋水产研究所。原省海水养殖研究所改称为省海洋水产研究所育苗试验场。

山东省海水养殖研究所的职能是进行以海带为主的养殖生产，开展鱼、虾、贝、藻的试验研究工作。为鱼、虾、贝、藻的全面养殖创造经验、提供方法，供应种苗，培养人才。研究项目在动物方面着重进行人工孵化育苗工作；藻类方面着重进行人工采苗、育苗工作。

二、全宗概况

现馆藏该全宗档案 169 卷，上架排列总长度 4.05 米。档案形成时间为 1950 年至 1976 年。1990 年接收进馆档案 169 卷，其中永久 151 卷，长期 18 卷。检索工具有全宗指南、全宗介绍、案卷目录、全引目录、机读目录等。

三、档案内容

全宗内主要有以下两个方面的内容：

（一）综合类　关于机构设置、机构调整、机构编制和人事任免的通知、批复、报告、函；年度工作计划、养殖计划、试验研究计划、总结和省水产厅的批复；办公会议记录、决议；养殖工作会议总结；更改机构名称和启用印章的通知、函；年度财务收支计划、决算报告，年度基本建设总结报告、资金财务决算及编制说明，劳资计划、财务移交书；海带生产综合资料；1963 ～ 1972 年规划；关于联合举办省水产养殖专科学校的报告；干部统计表；出席先进集体、先进个人代表会议的材料；职工代表大会章程、决议、报告。

（二）党务类　关于成立党委、委员分工、党员转正、开除党籍的通知、意见、决定、报告；党委（支部）的工作计划、总结；党委会议记录；关于发展组织的总结、建党总结、整编方案、整党工作计划及总结；“三反”“五反”“肃反”运动的计划、总结、报告、统计材料；关于右派分子的定案结论、处理决定、甄别工作会议记录、概况报告、统计报表；关于设置政治机构的意见、通知。

山东省海洋水产研究所

（1954 ～ 1976 年）

全宗号　A135

一、机构沿革

1957 年 3 月，经省人委批准，在原省水产局渔业生产指导船和烟台市渔业技术推广站的基础上，成立山东省海洋水产试验所；1968 年 1 月，山东省海洋水产试验所及烟台专区海洋水产试验所合并改建为山东省海洋水产研究所；1972 年 3 月，该所又改名为山东烟台地区水产研究所。

山东省海洋水产研究所的职能是研究解决山东海洋水产捕捞生产中遇到的技术问题，运用和发展新技术，开发海洋水产资源，进行海洋捕捞理论研究工作。

二、全宗概况

现馆藏该全宗档案 207 卷，上架排列总长度 2.25 米。档案形成时间为 1954 年至 1976 年。1990 年接收进馆文书档案 207 卷，其中永久 119 卷，长期 88 卷。检索工具有全宗指南、全宗介绍、案卷目录、全引目录、机读目录等。

三、档案内容

全宗内主要有以下四个方面的内容：

（一）该所、党支部年度工作计划、总结，会议记录，行政工作、出国考察文件材料及大事记、历史资料等。

（二）关于机构编制，干部调配、任免、转正定级，奖惩、劳动工资、福利，整编下放，退职退休及职称工作的文件材料。

（三）关于水产资源调查、渔情预报、渔具标准化、渔船机械化，开发鱿鱼、人工饲养海参、鲍鱼、扇贝，开展对虾放流、拖网，颗粒饲料养鱼试验，研制钢丝网、鱼探仪、水泥船，合作开展中朝黄海科研项目及科技计划、科研课题、科技成果、经验总结、渔业生产等方面的意见、计划、总结、报告等。

（四）年度财务预决算，基建立项投资、科研立项会计报表，财会规章制度，财产交接凭证，房地产契约、合同以及筹建海洋水产试验楼、职工宿舍楼等文件材料。

山东省水产学校

（1951 ～ 1976 年）

全宗号　A136

一、机构沿革

1958 年 9 月，烟台地区行政公署在烟台创办烟台大学；1959 年 8 月，烟台大学撤销，附属水产学校改名为烟台水产专科学校；1960 年 8 月，烟台水产专科学校又改为山东省水产学院，并附属中专部；1976 年，学校归山东省革命委员会水产局主管，学校名称改为山东省水产学校。

山东省水产学校的职能是遵照党的教育方针，造就为人民服务的中级水产技术人才，以配合新中国经济建设的需要。

二、全宗概况

现馆藏该全宗档案 314 卷，上架排列总长度 4.5 米。档案形成时间为 1951 年至 1976 年。1990 年接收进馆档案 314 卷，其中永久 232 卷，长期 82 卷。检索工具有全宗指南、全宗介绍、案卷目录、全引目录、机读目录等。

三、档案内容

全宗内主要有以下四个方面的内容：

（一）综合类　学校党委会、行政工作会议记录，党委工作计划、工作总结，组织工作统计、党员名册，学校行政工作计划、行政工作总结，学校大事记、学校发展史，学校综合情况统计，出国人员考察材料，学校工会、团委工作计划、总结等。

（二）机构人事类　学校机构成立、机构变动，启用印章、人事任免、干部统计、奖惩材料；学校转干、招干、职称、离退休方面的材料，行政介绍信等。

（三）物资、财务、审计类　学校财务预算、决算、统计，财务工作规章制度，房地产契约、合同、征地、贷款、财产交接凭证，审计方面的材料等。

（四）教育类　学校教育工作年度计划，总结，教职工培训材料，教育工作典型材料，办学合同、科研计划、科研总结等。

大众日报社

（1944 ～ 2000 年）

全宗号　A137

一、机构沿革

《大众日报》于 1939 年 1 月 1 日在山东省沂水县王庄创刊出版。《大众日报》是新型的无产阶级的报纸，是党和人民的代言人。抗日战争时期，是中共中央山东分局的机关报；在解放战争时期，是中共中央华东局的机关报。1949 年 3 月，中共中央华东局南下，山东分局重建后，《大众日报》是中共中央山东分局机关报；1954 年 8 月，中共山东省委成立，《大众日报》改为中共山东省委机关报。2000 年，省政府批准成立山东大众报业集团，保留大众日报社牌子。

1949 年 4 月以前，《大众日报》一直在解放区农村出版。主要活动在沂水、沂南、莒南、临沂、临沭、日照、五莲、临朐、青州等地。1949 年 4 月 1 日迁到省会济南市。社址最初在经二路纬二路东原国民党中央银行住址，后迁至山东省总工会现住址内。1958 年 8 月迁至历山路 141 号，1990 年 5 月迁至经十路 8 号（后改为 46 号）。

二、全宗概况

现馆藏该全宗档案 1657 卷，上架排列总长度 23.4 米。档案形成时间为 1944 ～ 2000 年。分别于 1990 年、2004 年、2021 年 3 次接收进馆。该全宗中 1944 年以前的档案，由于处在战争环境，报社转移频繁，收集甚少，只有 1 卷。中华人民共和国成立以后，又因 1957 年以前无专门档案室管理，加之人员调动频繁，致使有些关于该社机构人事变动、党委会记录等重要档案收集不够齐全。文书档案按照保管期限—年度—组织机构进行分类整理。检索工具有全宗指南、全宗介绍、案卷目录、全引目录和机读目录。

三、档案内容

全宗内主要有以下十方面的内容：

（一）综合类　历年来该社及各部门工作总结、报道计划；有关宣传报道具体规定；省委负责同志对报纸工作的指示；历年来该社编委会会议记录，中共《大众日报》社机关委员会代表会的决议、报告、总结。

（二）机构人事类　历年来该社及各部门机构变动情况，干部调动报告、任免；关于建立大众日报社记者站的通知，关于新华社山东分社领导关系的批复；重要干部与工作人员简历登记表、调整工资表，职工调动介绍信，该社首批特约记者名单和有关规定等。

（三）政治运动类　关于“镇反”“三反”“五反”“肃反”“反右”工作计划、总结、报告，整风补课及犯错误同志的情况调查、甄别、平反材料等。

（四）党建类　关于党总支工作的计划、条例、报告、批复；党代会决议、选举名单；党员登记表等。

（五）工资福利类　该社关于实行薪金制的报告及批复，离退休职工工资福利待遇的有关规定等文件。

（六）基建财务类　该社基本建设统计表，投资计划任务书，新建东郊新址办公楼、印刷厂的设计方案及南郊宿舍、礼堂、托儿所等工程投资财务预决算。

（七）奖惩类　关于创造曝光仪换尺的奖励办法，开除党籍的处分决定、通知以及撤销错误处分的决定等。

（八）安全保卫类　关于保密、保卫工作规定、总结，消防队组织纪律等。

（九）征用土地类　征用土地安置计划任务书，调换房屋协议书等。

（十）规范条例类　记者站工作条例、报社工作规范等。

山东省商业厅

（1948 ～ 1991 年）

全宗号　A138

一、机构沿革

山东省商业行政机构是在解放区工商行政机构的基础上建立发展起来的。1948 年 9 月济南解放后，原华东财办工商部改为山东省人民政府工商部，管理全省商业和进出口贸易。1950 年 7 月，经政务院第四十次会议批准，山东省人民政府工商部改组为山东省人民政府商业厅（9 月 20 日正式成立）。

1955 年 3 月，省人委将省人民政府商业厅改为山东省商业厅。1961 年 8 月，省商业厅又同省供销社分开。1966 年“文化大革命”开始后，大部分厅领导被停职，人员全部下放农场劳动。1970 年 1 月，省商业厅同省供销社合并，同年 3 月，省革委生产指挥部公布设立山东省商业局。1980 年年初，山东省商业局更名为山东省商业厅。1992 年年底，根据省委、省政府部署，省商业厅在全国商业行政系统第一家整建制转为山东省商业集团总公司（简称鲁商集团）。

山东省商业厅的职能是负责全省商业运营管理工作。

二、全宗概况

现馆藏该全宗档案 4300 卷，上架排列总长度 65.7 米。档案形成时间为1948年至1991年。1990年首次接收进馆案卷1512卷，其中永久463卷，长期1049卷。1996年第二次接收进馆2788卷，其中永久1447卷，长期1341卷。检索工具有全宗指南、全宗介绍、案卷目录、全引目录、机读目录等。

三、档案内容

全宗内主要有以下六个方面的内容：

（一）综合类　国务院及有关部委、省人委及有关部委对商业工作的政策、规定、通知；省商业厅以及下属各专业公司关于商业工作年度工作规划、总结；该厅党组、核心小组会议记录，厅务、办公、商业局长、经理会议记录等。

（二）机构人事类　省商业厅及其下属公司的机构设置、变更、人员调配、安置、编制以及干部任免的通知、报告及批复；各项劳资政策、计划、综合报告以及劳资年报及统计报表；省商业厅关于退职、退休、军人转业的待遇、安置等问题的规定、通知以及证明书存根、发文登记簿；商业系统中某些人员、案件的处理意见、犯罪报告、审查材料、结论、决定以及专案记录；党员、团员关系介绍信及存根；先进人物登记表；干部档案转递存根以及统计表等。

（三）政治运动类　历次政治运动的材料。

（四）商品购销类　省商业厅及各专业公司的具体业务会议记录；商会的调查、省集市分布图等市场调研材料；省人委、商业厅以及有关部局关于原材料收购、市场管理、物资供应管理、生产分配、储运、商品流通、经营分工和管理以及商业体制等问题的通知、决定、报告；省商业厅关于农副产品、工业品等奖售计划、指标和办法等。

（五）基建类　关于基建计划、资金筹集、基建财务会议决算统计问题的规定、分析、报告、通知等；烟台、枣庄、新汶、青岛、济南等地建立和扩建石油库、冷库、储备库、糖库和肉联厂等方面的工程设计任务书、图纸和有关来往文件；省商业厅基建统计报表、基建会计决算报告等。

（六）财务、物价、统计类　财政部门关于财务和资金管理有关贷款、财务拨款、资金核算、流动资金使用、财产交换和资金划分等问题的通知、报告、报复；关于三清商品损失的材料及明细表清仓查库工作经验交流会纪要；各种物价会议文件，上级有关部门对物价工作的政策性规定、通知；关于各类商品收购、销售价格的规定以及有关物价管理的各项具体措施和方法；历年度各项会计报表、会计汇总报告、商业流转统计报表、经济类商品零售总额比重报表，年终材料统计表、经营指标统计表、历年度国营商业企业统计年报，对外贸易业务统计年报，国营贸易统计年报等以及下属单位的各种统计表等。

中共山东省委监察委员会

（1950 ～ 1966 年）

全宗号　A139

一、机构沿革

前身中共山东分局纪律检查委员会（简称山东分局纪委），成立于 1950 年 1 月；1953 年 5 月，山东分局纪委与山东省人民政府监察委员会合署，1954 年 6 月，山东分局纪委与省政府监委机构分开；1955 年 1 月，山东分局纪委改为中共山东省委纪律检查委员会；在 1955 年召开的山东省第二次党代表会议上，选举产生了中共山东省委监察委员会。

中共山东省委监察委员会的职能是维护党的纪律和规章制度、检查本省党组织和党员执行党的路线、方针、政策、决议及遵守党章、党纪的情况；查处党组织和党员的检举、控告、申诉案件；协助有关部门对党员进行党风、党纪教育；监督、指导各地市、省直各部门、各企事业单位的党的监察工作。

二、全宗概况

现馆藏该全宗档案 2358 卷，上架排列总长度 31.5 米。档案形成时间为 1950 年至 1966 年。1969 年接收进馆档案 2358 卷，其中永久 937 卷，长期 1310 卷，短期 111 卷。检索工具有全宗指南、全宗介绍、案卷目录、全引目录、机读目录等。

三、档案内容

全宗内主要有以下三个方面的内容：

（一）综合类　中共中央、中央监委、山东省委等上级机关关于党的监察工作的指示、规定、通知；省监委的工作计划、报告、总结；省监委办公会议、常委会议记录；全省市委、地委监委书记会议纪要；省监委历年编印的情况简报。

（二）组织人事类　省监委关于机构设置、人员编制、干部任免、公布印章等问题的通知、意见、请示与批复；全省各级党的监察机关干部增减情况统计、登记表；省监委历年工资年报表等。

（三）案件审理检查类　省监委关于全省各地、市党员干部违法乱纪的情况调查材料、检查报告及对控诉、申诉案件的检查处理意见、通报；省监委关于处理党委纪律案件、积案情况及违纪党员干部受处分情况统计表；省监委受理的专案材料及人民来信等。

中共山东省委文教部

（1956 ～ 1962 年）

全宗号 A140

一、机构沿革

中共山东省委文教部于 1954 年 9 月成立；1958 年 1 月，省委决定将省委文教部并入省委宣传部；1960 年 3 月，重新成立省委文教部，同时，将省委学校教育工作委员会并入文教部；1962 年 5 月，文教部再次并入省委宣传部。

中共山东省委文教部的职能是协助省委监督检查政府文教部门贯彻执行中央、省委有关文教工作的方针政策，管理干部，指导党的基层组织工作和有关部门的思想政治工作，团结和发挥广大干部、知识分子的作用，为社会主义建设事业服务。

二、全宗概况

现馆藏该全宗档案 152 卷，上架排列总长度 0.63 米。档案形成时间为 1956 年至 1962 年。1969 年接收进馆档案 152 卷，其中永久 33 卷，长期 63 卷，短期 56 卷。检索工具有全宗指南、全宗介绍、案卷目录、全引目录、机读目录等。

三、档案内容

全宗内主要有以下三个方面的内容：

（一）该部历年工作计划、总结，领导同志的讲话，全省教育工作会议、文艺座谈会、医疗工作座谈会、政治工作会议的有关文件。

（二）关于“肃反”“反右”“整风”等政治运动中形成的文件材料。

（三）关于机构编制、干部调配、任免，调整农村卫生组织、卫生人员、贯彻高校“六十条”，高校、中等学校调整，教学科研，教学改革，高校招生，应届毕业生分配，落实知识分子政策，职工业余文化教育，文教系统压缩城镇人口，组织医疗队，安排落榜生等工作的意见、计划、报告、批复、总结等。

中共山东省委政法工作部

（1956 ～ 1962 年）

全宗号　A141

一、机构沿革

中共山东省委政法工作部于 1956 年 4 月成立。1962 年 5 月，根据省委决定，省委政法部撤销，其业务工作转交省人委政法办公室。

中共山东省委政法工作部的职能是指导、监督全省公安、司法、监察、民政工作，严厉打击各种刑事犯罪活动，加强法制建设和民政工作，保护人民民主权利，维护社会安定、团结。

二、全宗概况

现馆藏该全宗档案 424 卷，上架排列总长度 3.6 米。档案形成时间为 1956 年至 1962 年。1969 年接收进馆档案 424 卷，其中永久 60 卷，长期 131 卷，短期 233 卷，编为永久 01 目录，长期 02 目录，短期 03 目录。检索工具有全宗指南、全宗介绍、案卷目录、机读目录等。

三、档案内容

全宗内主要有以下五个方面的内容：

（一）综合类　省委政法工作部党组书记会、党组书记扩大会、部务会、部办公会，省委政法领导小组会议记录、会议纪要，省委政法系统各厅、局党组书记会议记录；中央、省委及该部领导同志在全国、全省政法会议上的讲话、报告、总结、指示及贯彻意见；该部关于政法工作的年度工作计划、工作纲要、工作总结，各地市县政法部门关于政法工作的报告、请示及该部的批复、通知、通报等。

（二）政治运动类 关于省直政法系统“镇反”“肃反”“反右倾”整风、社会主义教育、审干、甄别等工作的计划、通知、通报、指示、总结、报告等。

（三）组织人事类 省委、省委政法工作部关于政法系统机构建立、合并、撤销，建立党组、干部任免、调配、培训、干部工资及健全、整顿地区政法组织、考察各地政法干部等工作的意见、方案、通知、报告、批复，全省政法系统干部情况调查统计表。

（四）公安司法类 省委政法部、省公安厅、省检察院、省法院及各地市公检法部门关于执行法制情况、打击反革命现行破坏活动、城乡治安保卫、清理敌特旧组织、挖掘潜伏敌特、破获反动党团会道门越境潜逃案件，案件审理、案件复查、案件政策界限，处理犯人、特赦工作的报告、总结、意见、指示、批复、通知等；处理非法侵入我国领海和禁渔区之日籍渔轮、处理买卖婚姻、取缔投机贩运活动的通知、情况报告等。

（五）民政监察类 省委政法工作部、省民政厅、监察厅及各地民政、监察部门关于改造落后乡村、制止各地人口外流、惩治违犯市场管理、打击投机活动，更改生僻字地名以及老革命根据地建设、处理人民来信来访等问题的报告、指示、意见、通知。

中共山东省委工业部

（1951 ~ 1968 年）

全宗号 A142

一、机构沿革

中共山东省委工业部于 1951 年 6 月成立；1956 年 4 月，中共山东省委工业部撤销，分别建立省委国营工业工作部、省委地方工业工作部、省委交通工作部。1957 年 4 月，省委国营工业工作部和省委地方工业工作部合并为省委工业工作部。1958 年 1 月，省委工业工作部与省委交通工作部合并为省委工业交通工作部。同年 10 月，又分为省委工业工作部和省委交通工业部。1962 年 6 月，省委工业工作部撤销。

中共山东省委工业部的职能是负责管理本省工业交通系统党的思想政治工作和组织工作，监督和协助各工业交通部门进行各项生产工作，检查党的决议、政策的执行情况，加强对工业干部的管理工作。

二、全宗概况

现馆藏该全宗档案 379 卷，上架排列总长度 3.6 米。档案形成时间为 1951 年至 1968 年。“文化大革命”期间接收进馆文书档案 379 卷，其中永久 31 卷，长期 139 卷，短期 209 卷，编为永久 01 目录，长期 02 目录，短期 03 目录。检索工具有全宗指南、全宗介绍、案卷目录、机读目录等。

三、档案内容

全宗内主要有以下两个方面的内容：

（一）综合类　该部年度工作计划、政治工作要点的报告、总结；部务会议、部委会议、党委会议、干部工作会议、政治工作会议、工业生产会议、公社工业会议的记录、纪要、报告、总结；有关工业生产、基本建设、调研题目、报告制度、贯彻工业七十条、公社工业若干问题、政治教育制度、知识分子工作、职工思想政治情况调查、企业精简职工、工资调整的报告、意见、批复、通知；有关开展增产节约、“三反”“五反”“整风”“反右”“社会主义教育”等运动的意见、报告;《山东工业》《内部通讯》《工业工作简报》《山东工交政工简报》《学习参考》等刊物、材料；工业企业综合调查材料。

（二）组织人事类　关于机构设置、人事任免、人员编制、整编方案、干部调配、干部轮训、干部下放劳动锻炼、审干工作、处分干部的报告、批复、规划、通知；有关对右派分子处理、摘掉右派分子帽子的报告、批复；中共中央、中央工交政治部关于工交系统建立政治工作机构的决定；山东工业系统干部情况汇总统计表；国营、公私合营、部属企业党政工团及厂矿长、党委书记统计表。

中共山东省委交通部

（1956 ～ 1962 年）

全宗号　A143

一、机构沿革

中共山东省委交通部，于 1956 年 4 月成立；1961 年，省委决定撤销省委交通部。

中共山东省委交通部的职能是在省委的领导下，加强党对交通邮电部门的思想政治工作，检查党的路线、方针、政策、决议执行情况，负责交通邮电系统党的组织、干部工作，保证全面完成国家计划。

二、全宗概况

现馆藏该全宗档案144卷，上架排列总长度1.8米。档案形成时间为1956年至1962年。“文化大革命”期间接收进馆文书档案144卷，其中永久17卷，长期56卷，短期71卷，编为永久01目录，长期02目录，短期03目录。检索工具有全宗指南、全宗介绍、全宗目录、案卷目录、机读目录等。

三、档案内容

全宗内主要有以下三个方面的内容：

（一）综合类　省委交通部历年工作计划、要点、制度、总结等；部务会议记录、交通邮电系统厅局党组书记会议记录；全省交通部长会议、工作会议文件及“整风”“反右”、社会主义教育、审干、甄别等工作中形成的文件材料。

（二）组织人事类　中央交通部、省委及该部关于机构设置、调整、改变领导关系、基层组织建设、干部任免调动、奖惩，精简职工、工资改革等方面的意见、计划、报告、批复、通知。

（三）交通邮电类　交通邮电系统贯彻实行国营工业企业工作条例（草案）、讨论工业七十条、开展先进生产者运动、劳动力调整等工作的意见、报告、纪要；全省交通概况、全党全民办交通邮电、开展增产节约运动的文件材料。

中共山东省委财政贸易部

（1955～1967年）

全宗号　A144

一、机构沿革

中共山东省委财政贸易部（简称省委财贸部），于1955年7月成立；1961年2月，省人委财粮贸办公室并入省委财贸部。1962年6月，省委财贸部撤销。

中共山东省委财政贸易部的职能是指导全省财贸系统贯彻落实党的方针、政策，加强基层单位的思想建设、组织建设和干部管理工作。

二、全宗概况

现馆藏该全宗档案 562 卷，上架排列总长度 5.4 米。档案形成时间为 1955 年至 1967 年。1969 年接收进馆档案 562 卷，其中永久 81 卷，长期 209 卷，短期 272 卷，编为永久 01 目录，长期 02 目录，短期 03 目录。检索工具有全宗指南、全宗介绍、案卷目录、全引目录、机读目录等。

三、档案内容

全宗内主要有以下四个方面的内容：

（一）综合类　全国财贸工作会议、全省地市委财贸部长会议、财贸政法会议、财贸领导小组会议、省委财贸部部委会的会议记录；李先念、谭启龙、袁子扬等中央和省级领导同志关于财贸工作的讲话；省委财贸部关于对资改造、增产节约、“三反”“五反”“整风”“反右”、社会主义教育、“文化大革命”等运动中形成的文件材料；关于技术革新、社员生活安排、组织人民经济生活、宣传报道、处理人民来信、红旗竞赛等工作的通知、报告、批复、意见。

（二）机构人事类　中央财贸部、中央组织部、省委财贸部、省委组织部关于组织机构设置、体制调整、任务职责、干部任免、干部管理、干部审查、干部精简、退伍军人接收、离退休干部等问题的报告、批复、意见、通知、规定、公函；党团员组织关系介绍信存根；干部工作规划、计划、总结，基层组织工作计划、总结；全省财贸系统干部综合统计表、分类统计表、定期统计表，职工状况调查表，工作人员基本情况统计表，犯错误干部统计表，右派分子统计表，历年党的基层组织状况统计表。

（三）商业供销、金融类　省委财贸部关于商品工作规划、反对商品走后门、商品市场管理、整理组织农村集贸市场的报告、指示、意见；关于工商业问题、农贷、商业信贷、流动资金清理、物价调查的指示、规划、意见、总结、报告以及全国、全省银行行长会议文件。

（四）粮棉油类　省委财贸部关于粮食产购销、粮油加工、粮食供应分配的报告、通报、通知；关于粮食、油料历年来统购统销、库存情况的历史资料、统计表和全省粮食局长会议材料。

冀鲁豫边区党史办公室

(1983 ～ 1991 年)

全宗号　A146

一、机构沿革

冀鲁豫边区党史办公室成立于 1983 年 5 月，1991 年 6 月撤销。

冀鲁豫边区党史办公室的职责是编写党史、发扬革命传统、总结历史经验，编写《中共冀鲁豫边区党史大事记》《中共冀鲁豫边区革命史》等书。

二、全宗概况

现馆藏该全宗档案 248 卷，上架排列总长度 10.8 米。档案形成时间为 1983 年至 1991 年。于 1990 年接收进馆档案 248 卷，均为永久，编为永久 01 目录。检索工具有全宗指南、全宗介绍、全宗目录、案卷目录、全引目录、机读目录等。

三、档案内容

全宗内主要有以下方面的内容：会议材料、党史征集工作简报、老同志登记表、来往信件等；编辑党史、大事记、冀鲁豫边区革命史、财经工作、战勤工作资料选编过程中形成的各式底稿等。

山东省信访局

(1952 ～ 2010 年)

全宗号　A147

一、机构沿革

1988 年 7 月，设立山东省信访局（副厅级），由省委办公厅，省政府办公厅领导，省政府编制序列。1989 年 12 月，将山东省信访局改称为中共山东省委、山东省人民政府信访局，仍为副厅级单位，原隶属关系不变。1991 年 8 月，将中共山东省委、山东省人民政府信访局由省政府序列改为省委编制序列，仍为副厅级单位，由省委办公厅、省政府办公厅领导。2018年11月，更名为山东省信访局，由省委办公厅、省政府的部门管理机构，调整为省政府办公厅的部门管理机构，同时承担省委信访相关工作。

山东省信访局主要职能是：承担省委、省政府的日常信访工作任务，综合全省信访情况，负责对各地、各部门信访工作的检查、督查、协调和指导工作。

二、全宗概况

山东省信访局全宗，上架排列总长度 47.7 米。共有按卷整理的文书档案 5266 卷，其中永久 1418 卷，长期 3848 卷，起止年代为 1952 ～ 1999 年。永久分别编为 01、03 目录，长期分别编为 02、04 目录。按件整理的文书档案 13152 件，其中永久 11411 件，长期 1404 件，定期 30 年 337 件。起止年代为 2000 ～ 2010 年。该全宗按年度—保管期限—机构分类整理。建有全宗指南、全宗介绍、案卷目录、全引目录、归档文件目录和数字化机读目录。

三、档案内容

（一）本机关形成的文件材料。这是该全宗内的主要成分。包括本单位形成的，与其他机关联合制发的文件材料；本单位工作活动的通知、报告、总结、计划、请示、批复、调查及综合、专题成果；本局编制的各种会议文件材料；单位及内设机构设置变更、人员编制、干部职工调动、录用、处分，行政工资与党团关系等；离退休、死亡、抚恤等；本局外事活动等文件材料。

（二）上级机关下发并要执行的文件材料等。

（三）同级机关和非隶属机关制发的非本机关主管业务但要贯彻执行的文件材料或依据性的文件材料。

（四）下级机关报送的有关材料。

山东省机械设备成套局

（1959 ～ 2015 年）

全宗号　A163

一、机构沿革

省机械设备成套局的前身是山东省机电设备成套公司，于 1959 年 5 月 7 日由中共山东省委批准成立，隶属于山东省建委和省机械厅，事业单位，业务上由机械部成套总公司指导。1961 年 3 月，山东省机械厅决定将山东省机电设备成套公司改名为山东省机电设备成套局，行政单位。1963 年 2 月 20 日，山东省人民委员会决定将山东省机电设备成套局改为山东省设备成套局，隶属于山东省计划委员会。1970 年 8 月，山东省革命委员会决定将山东省设备成套局并入山东省机械局。1973 年 10 月山东省革命委员会批准成立山东省机电设备成套公司，隶属于山东省机械厅和省建委，以省机械厅为主。1979 年 10 月，成立山东省机械设备成套局，受国家机械设备成套总局和山东省人民政府双重领导，以成套总局为主，省内归口省建委。1989 年 6 月随着国家体制的改革，成套机构并入机电部，后划归物资部，省内归口省经委。1993 年 6 月划归内贸部。2015 年 12 月撤销，整合组建山东省公共资源交易中心（山东省政府采购中心）。

山东省机械设备成套局（以下简称省成套局）是负责组织国家和省定重点基本建设项目和技术改革、改造措施等项目所需机电设备成套安排生产和成套组织供应的专职机构，隶属于内贸部，事业单位，人、财、物、业务均由部（成套管理总局）管理。主要职能机构有：机关党委、纪委、政治处、综合办公室、项目一处和二处、设备处，招标公司、租赁公司、实业公司、财务处。近年随着改革开放，先后在青岛、烟台、威海、潍坊、济宁等地设立了成套分局。

二、全宗概况

山东省机械设备成套局全宗，上架排列总长度 15.3 米。共有按卷整理的文书档案 607 卷，其中永久 578 卷，长期 29 卷，起止年代为 1959 ～ 2000 年。永久分别编为 01、03 目录，长期编为 02 目录。按件整理的文书档案 1754 件，其中永久1754件。起止年代为1979～2015年。该全宗按年度—保管期限—机构分类整理。建有全宗指南、全宗介绍、案卷目录、全引目录、归档文件目录和数字化机读目录。

三、档案内容

全宗内主要有以下几方面的内容：

（一）有关贯彻执行国家有关方针政策和法律法规，研究全省设备成套工作的现状和发展趋势的文件材料。

（二）有关组织和指导省内成套技术装备与机电设备信息的开发应用；组织成套机电设备的进出口的文件材料。

（三）有关受省政府和有关部门委托，承担重大项目所属成套设备的经济评估、技术咨询工作的文件材料。

（四）有关负责本局及直属单位的国有资产管理的文件材料。

（五）有关承办省委、省人民政府交办的其他事项的文件材料。

山东省信息产业厅

（1973～2009年）

全宗号　A164

一、机构沿革

山东省信息产业厅的前身是山东省电子工业局，1973年11月组建成立山东省电子工业局。1984年1月改名为山东省电子工业总公司，1987年11月，山东省电子工业总公司隶属省委领导。

1990年3月，省政府决定省电子工业总公司增挂省电子工业局的牌子。1995年8月，省委、省政府决定撤销省电子工业总公司及所挂的省电子工业局的牌子，组建山东省电子工业局。省电子工业局是省政府主管全省电子行业的直属机构。

2000年4月，山东省信息产业厅成立。是主管全省电子信息产品制造业、软件业和通信、广播电视网络及其他专用通信网络的规划建设，推进国民经济和社会服务信息化的省政府组成部门。

2009年7月省政府决定撤销山东省经济贸易委员会和山东省信息产业

厅，成立山东经济和信息化委员会。

二、全宗概况

山东省信息产业厅（山东省电子工业总公司及山东省电子工业局）全宗，上架排列总长度20.25米。共有按卷整理的文书档案1974卷，其中永久661卷，长期1313卷，起止年代为1973～2000年。永久分别编为01、03目录，长期分别编为02、04目录。按件整理的文书档案3541件，其中永久1651件，长期1890件。起止年代为2001～2009年。该全宗按年度—保管期限—机构分类整理。建有全宗指南、全宗介绍、案卷目录、全引目录、归档文件目录和数字化机读目录。

三、档案内容

主要有以下四个方面的内容：

（一）厅机关形成的文件材料。这是全宗内的主要组成部分。包括厅机关自发红头文件形成，与其他机关联合形成的文件材料，本厅工作活动的通知、报告、计划、请示、批复、调研、各种统计报表、各种会议文件材料，本厅及内设机构设置及更改、人员任命、编制、干部职工调动、录用、处分、工资、离退休、抚恤等各类文件材料。

（二）原电子工业部、原信息工业部等国家部委对口下发的属本单位政策性指导、国民经济、专业性指导、军工计划并要执行的文件材料等。

（三）同级机关和非隶属机关制发的非机关主管业务但要贯彻执行的文件材料和依据性执行的文件材料。

（四）下级单位报送的请示等有关材料。

山东省农业委员会

（1968～2000年）

全宗号　A165

一、机构沿革

1968～1972年设山东省革委会生产指挥部农林办公室。1972～1979年为山东省革委会农林办公室，设有秘书处、一处、二处、三处、政治处、干部处等六处。1979年12月，设立山东省农业委员会，作为山东省政府工作部门，内设机构：办公室、调研室、人事处、计划处、生产建设处、外经处、科教处、信息资料处、农业开发办公室、贫困地区经济开发办公室、农村改革试验区办公室。

2000 年 10 月 5 日山东省农业委员会与山东省农业厅合并。

二、全宗概况

山东省农业委员会全宗，上架排列总长度 9.45 米。共有按卷整理的文书档案 935 卷，其中永久 395 卷，长期 540 卷，起止年代为 1968 ～ 2000 年。永久分别编为 01、03 目录，长期分别编为 02、04 目录。该全宗按年度—保管期限分类整理。建有全宗指南、全宗介绍、案卷目录、全引目录和数字化机读目录。

三、档案内容

（一）党组会议、主任办公会议记录、纪要。

（二）上级机关关于设立农委及领导班子配备的文件。

（三）干部职工、录用、转正、调资、定级、离退休，职务聘任、复转、抚恤及干部党员情况统计等。

（四）本委召开的全面工作会议和重要专业会议文件材料。

（五）重要工作活动的计划、总结、通知、报告、批复及专题、典型调查报告。

（六）人大、政协“两会”建议、提案情况的答复。

中国银行青岛分行

（1949 ～ 1976 年）

全宗号　A166

一、机构沿革

中国银行青岛分行是青岛第一家中国的银行。中国银行前身是大清银行，1911 年 7 月 11 日大清银行在胶澳设分号，主要办理胶海关部分税款和公款收付事项，业务范围狭小，对市面影响不大。辛亥革命后，大清银行改组为中国银行，胶澳大清银行分号改组为中国银行青岛支行，于 1913 年 5 月 15 日开业，在德国及日本第一次侵占胶澳时期，该行深受排挤，只能办理一般银行业务。1922 年 12 月胶澳回归祖国后，该行隶属于济南鲁行，享有代理国库和发行兑换券特权。

1929 年 7 月 1 日，该行由支行改为分行，统辖山东全省中行业务，并通过领导青岛银钱业废除“胶平银”，打破了日本横滨正金银行的垄断，一跃而成为青岛的转账中心。该行并设有保险公司，经营保险业务，还投资经营义利油厂、中兴面粉厂、华义贸易公司、青岛国货公司、仁丰纺织公司、济南打包公司等企业。

1937 年“七七事变”爆发后，中国银行青岛分行业务紧缩；1941 年太平洋战争爆发后，被日伪接管；1946 年复业。

1949 年青岛解放，中国银行青岛分行由青岛市军管会金融部接管，208 人全部留用，经整顿改组为国家银行领导下经营外汇业务的专业银行，仍称中国银行青岛分行，属人民银行青岛分行和中国银行总管理处双重领导。1949 年 7 月 2 日开始对外营业，以收兑外币、经营外汇业务为主，兼营一般银行业务。1953 年 4 月被指定为专营外汇业务的专业银行，一般银行业务移交公私合营银行青岛分行办理。1957 年 1 月改建为人行青岛市分行国外业务部，业务与人员全部纳入人行系统。1958 年人保公司青岛分公司撤销，原属其经办的国外保险业务划归人行青岛市分行业务部办理，1975 年 5 月，由人行青岛市分行所属科级单位改为市属处级单位。1949 年以来，中国银行青岛分行内部机构几经变化，至 1976 年设有经理室、政治办公室、会计科、信贷科、保险科、办公室、贸易科、非贸易科。辖内设有烟台支行。

中国银行青岛分行是国家外汇专业银行，负责统一经营国家外汇资金、统一办理国家外汇收支；经营一切外汇及有关的人民币业务，主要包括办理贸易和非贸易的国际结算、办理外贸信贷、外汇信贷及其相应的人民币配套贷款、中外合资企业贷款、出口信贷等业务。

二、全宗概况

中国银行青岛分行全宗，上架排列总长度 4.95 米。共有按卷整理的文书档案 297 卷，其中永久 86 卷，长期 90 卷，短期 121 卷，起止年代为 1949 ～ 1976 年。永久编为 01 目录，长期编为 02 目录，短期编为 03 目录。该全宗按年代—问题、年代—机构分类整理。建有全宗指南、全宗介绍、案卷目录、全引目录和数字化机读目录。

三、档案内容

（一）永久保存的有：中国银行青岛分行年度工作总结、专项业务报告、大事记、干部统计报表，干部调动介绍信，人民银行和中国银行总管理处颁发的重要业务规定、干部任免、冻结美金有关问题等的文件。

（二）长期保存的有：中国银行青岛分行有关各项业务的工作报告，中国银行总管理处、经贸部等有关会计工作账务处理、侨汇、华侨投资、与国外银行建立代理关系、进出口结算业务、机构人员变动情况等的文件。

（三）短期保存的有：中国银行总管理处及有关部门关于外汇信贷、侨汇、保险、国外银行互送印鉴、密押、贸易技术协定、账务处理细则、私商套逃汇等文件。

（四）由于机构变化，中国银行青岛分行曾属青岛市人民银行的一个内部机构，后又分设出来，有一部分档案已随机构分设而归属青岛市人民银行全宗管理，所以 1949 年至 1976 年的档案不能全面反映中国银行青岛分行的职能活动。

山东省经济研究中心

（1984 ～ 1997 年）

全宗号　A167

一、机构沿革

山东省经济和社会发展战略研究委员会、山东省经济研究中心于 1984 年 1 月份经省委批准成立。

山东省经济研究中心于 1995 年 7 月宣布撤销，1997 年 6 月正式实施人员分流，并开始各项移交工作。其间，职能活动停止。

二、全宗概况

山东省经济研究中心全宗，上架排列总长度 6.48 米。共有按卷整理的文书档案 854 卷，其中永久 390 卷，长期 276 卷，短期 188 卷，起止年代为 1984 ～ 1997 年。永久编为 01 目录，长期编为 02 目录，短期编为 03 目录。该全宗按年度—保管期限—问题分类整理。建有全宗指南、全宗介绍、案卷目录和数字化机读目录。

三、档案内容

山东省经济和社会发展战略研究委员会、山东省经济研究中心的档案为一个全宗，共分为四大类：政工类、会议类、研究类、综合类。

（一）政工类　党组会、办公会的会议纪要、记录；党员、党组织、干部介绍信、统计表；机构、人员、工资、任免、奖惩、调动、编制等人事、机构方面的文件；党组年度工作总结和打算等其他重要文件。

（二）会议类　省经济和社会发展战略研究委员会会议文件和经济研究中心召开的各种会议的文件，以及与其他单位联合召开的会议文件等。

（三）研究类　战略研究课题；经济研究中心的研究课题；委托市地的课题；经济研究中心材料；研究中心承担外面的研究课题；办理领导批办的研究报告；其他研究成果。

（四）综合类　本单位的工作总结、文书处理、内部管理、行政事务、科研组织、规章制度、来往函件、办理领导批办的非研究性的报告、科学研究统计年表、编书方面的行政事务、出国审批手续等。

山东省建筑材料工业协会

（1974 ～ 2017 年）

全宗号 A168

一、机构沿革

1954 年冬，在省人民政府工业厅内设建材处，负责管理全省建材工业生产。1958 年 2 月，省工业厅撤销，原建材处的部分业务及人员移交省建筑工程局，在省建筑工程局设置建材处。1960 年 5 月，山东省建筑工程局改为山东省建设厅。1978 年 4 月，成立山东省革命委员会建筑材料工业局。1979 年 12 月，更名为山东省建筑材料工业局。1986 年以后，成立山东省建筑材料工业协会。2016 年 8 月，撤销原省机械、化工、轻工、纺织、建材五家协会，组建山东省工业和信息化厅工业行业离退休干部服务中心。

其职能是研究拟定建材工业发展战略、行业规划，提出发展建材工业的方针、政策；推进行业结构调整，引导行业合理布局。研究提出建材工业的行业法规，组织制订行业规章、规范和技术标准；汇集、分析和发布行业经济技术和市场信息，提供信息咨询服务。协调建材行业内部关系，维护公平竞争秩序；掌握和分析行业生产动态，向有关部门提出政策建议；促进建材资源综合利用，推进新型建材及制品的开发和推广应用。推进国有建材企事业单位的改革和重组联合；指导国有建材企业扭亏解困、减员增效和实施再就业工程；促使直属事业单位逐步走向社会、进入市场、减少补贴、减员增效。组织政府间建材工业经济技术合作与交流。

二、全宗概况

山东省建筑材料工业协会全宗，上架排列总长度 51.84 米。共有按卷整理的文书档案 1290 卷，其中永久 400 卷，长期 626 卷，短期 264 卷。起止年代为 1974 ～ 2016 年。永久编为 01 目录，长期编为 02 目录，短期编为 03 目录。按件整理的文书档案 1748 件，其中永久 624 件，长期 637 件，短期 487 件。起止年代为 1974 ～ 2016 年。该全宗按年度—保管期限—机构分类整理。基建档案 24 卷，起止年代为 1979 ～ 2002 年。科技档案 53 卷，起止年代为 1991 ～ 2011 年。会计账册 1656 册，起止年代为 1979 ～ 2017 年。死亡干部档案 46 人。建有全宗指南、全宗介绍、案卷目录、全引目录、归档文件目录和数字化机读目录。

三、档案内容

（一）有关局机关文秘、档案，保密、行政事务工作；有关组织政府间建材工业经济技术合作与交流的文件材料。

（二）有关研究拟定建材工业发展战略和行业规划；引导建材行业合理布局，优化产业结构和产品结构；促进建材资源合理开发和综合利用，推进新型建材及制品的开发和推广应用，加快材料革新工作的文件材料。

（三）有关建材工业的相关法规；组织制订相关规章、规范和技术标准；汇集、分析和发布相关经济技术和市场信息，提供信息咨询服务；协调行业内部关系，维护公平竞争秩序；掌握和分析行业生产动态，向有关部门提出政策建议的文件材料。

（四）有关推进国有建材企事业单位的改革和重组联合；指导建材企业扭亏解困、减员增效和实施再就业工程的文件材料。

（五）有关局机关及直属单位的人事管理；机关党委的日常工作的文件材料。

山东省国防科技工业办公室

(1962 ～ 2018 年)

全宗号　A170

一、机构沿革

山东国防工业管理体制经历了一个不断发展、调整、改革的过程。1947 年前，山东省军区设军工部，负责管理国防工业。1964 年 10 月，成立山东省后方建设办公室，11 月，济南军区政治部国防工业工作部成立，负责管理中央驻鲁国防工业企业、事业单位及山东省军工企业的党的工作和政治思想工作。1965 年 4 月，成立山东省机械工业厅军工局，负责管理本省地方军工企业和动员任务。1966 年 7 月，山东省后方建设办公室改为山东省人民委员会国防工业办公室。1969 年 3 月，成立“山东省革命委员会、山东省军区国防工业办公室”，11 月更名为“山东省革命委员会、济南军区国防工业办公室”。1973 年 11 月，撤销“山东省革命委员会、济南军区国防工业办公室”，成立山东省革命委员会国防工业办公室，与省革委生产指挥部工业交通办公室合署办公，同时成立山东省革命委员会第二机械工业局，负责管理全省国防工业企事业单位和“小三线”各军工厂。1975 年 8 月，山东省革命委员会第二机械工业局更名为山东省革命委员会军事工业局。1979 年 12 月，山东省革命委员会军事工业局更名为山东省军事工业局。1983 年 7 月，山东省军事工业局更名为山东省国防科学技术工业办公室，简称山东省国防科工办。

二、全宗概况

山东省国防科技工业办公室全宗，上架排列总长度 86.4 米。共有按卷整理的文书档案 2783 卷，其中永久 845 卷，长期 1457 卷，短期 481 卷。起止年代为 1962 ～ 2000 年。永久分别编为 01、03 目录，长期分别编为 02、04 目录，短期编为 05 目录。按件整理的文书档案 18618 件，其中永久 3718 件，长期 2942 件，短期 1726 件，定期 30 年 4454 件，定期 10 年 5778 件。起止年代为 2001 ～ 2018 年。该全宗按年度—保管期限—机构分类整理。检索工具有全宗指南、全宗介绍、案卷目录、全引目录、归档文件目录和数字化机读目录。

三、档案内容

（一）有关机关文秘、档案、信息、信访、保密、督办、保卫以及机关财务和国有资产管理工作的文件材料；有关监督管理直属单位国有资产，全省国防科技工业中长期发展规划，国防科技工业方面的地方性法规、规章和有关配套政策的文件材料；有关组织指导军工企、事业单位的改革工作，机关和直属单位的人事管理工作的文件材料。

（二）有关全省军民融合产业发展规划，军民两用技术双向转移、技术推广和成果转化的文件材料；有关军品指令性计划，军工生产动态，军工企业布局调整，船舶行业管理及安全生产监管的文件材料。

（三）有关对全省民用爆破器材生产、经销进行安全生产监督管理的文件材料。

（四）有关机关离退休干部的服务工作，直属单位离退休干部的管理服务工作，机关、直属单位和系统单位党群工作的文件材料。

中国农业银行山东省分行

（1980 ～ 1989 年）

全宗号　A172

一、机构沿革

中华人民共和国成立后，中国农业银行山东省分行曾有过三次建立，两次撤并。第一次是 1955 年 5 月至 1957 年 4 月；第二次是 1963 年 12 月至 1965 年 12 月；第三次是从 1980 年 11 月 1 日恢复至今。农业银行曾是国有商业银行。主要办理存款、发放贷款、国内外结算、票据贴现；发行金融债券、代理发行、兑付、承销、买卖政府债券，从事同业拆借、买卖、代理买卖外汇，提供信用证服务担保，代理收付款项及保险等业务。农业银行以效益性、安全性、流动性为经营原则，实行自主经营、自担风险、自负盈亏、自我约束的经营方针。

二、全宗概况

中国农业银行山东省分行全宗，上架排列总长度 22.5 米。共有按卷整理的文书档案 1333 卷，其中永久 744 卷，长期 589 卷，起止年代为 1980 ～ 1989 年。永久编为 01 目录，长期编为 02 目录。该全宗按年代—组织机构—问题分类整理。建有全宗指南、全宗介绍、案卷目录、全引目录和数字化机读目录。

三、档案内容

有总行、分行关于农行建立、启用印章、干部任免的报告、通知；关于投资、贷款工作的指示、决定、办法、通知等材料；省行的年度计划、总结、农贷工作指示等材料；关于经费管理办法、开支标准的通知及对固定资产报废审核意见等。

山东省职工教育办公室

(1981 ～ 2016 年)

全宗号　A173

一、机构沿革

1981 年 3 月，省政府组建了山东省职工教育管理委员会。1981 年 8 月，省政府决定成立山东省职工教育管理委员会办公室，为山东省职工教育管理委员会的办事机构，负责该委员会的日常工作。

1983 年省职教办由原厅级行政单位改为副厅级行政单位，划归省经委领导和管理，职能任务不变。

1988 年，省政府撤销山东省职工教育管理委员会。原山东省职工教育管理委员会办公室改名为山东省职工教育办公室，负责全省职工教育和经济管理干部岗位培训等项工作。

1996 年 12 月，省职教办改为山东省经济贸易委员会职工教育办公室，作为省经贸委所属的事业单位，保留副厅级建制。1997 年，由省职教办负责的管理全省职工中专学校的职能及 6 名工作人员，以行政编制和公务员身份整建制划转省教委。

2011 年，省经济和贸易委员会更名为省经济和信息化委员会（简称省经信委），因此省经贸委职教办随之更名为省经济和信息化委员会职工教育办公室（简称省经信委职教办）。

二、全宗概况

山东省职工教育办公室全宗，上架排列总长度 2.7 米。共有按卷整理的文书档案 1172 卷，其中永久 713 卷，长期 194 卷，短期 265 卷，起止年代为 1981 ～ 2000 年。永久分别编为 01、03 目录，长期分别编为 02、04 目录，短期编为 05 目录。按件整理的文书档案 3070 件，其中永久 2069 件，长期 387 件，定期 30 年 499 件，短期 30 件，定期 10 年 85 件，起止年代为 2001 ～ 2016 年。会计档案 3480 册，起止年代为 1979 ～ 2016 年。该全宗按年度—保管期限—机构分类整理。建有全宗指南、全宗介绍、案卷目录、全引目录、归档文件目录和数字化机读目录。

三、档案内容

（一）省职教办召开的各种重要会议、重大活动的主要文件材料；省职教办召开的工作会议、专题会议材料；省职教办党组会议及扩大会议纪要。

（二）省职教办制发的各项决定、规定、办法、通知等，如：鲁职教办党字、鲁职教办机党字、鲁职教办号等；省职教办向上级机关的请示及上级机关的批复文件；省职教办及各处室、所属单位制定的工作计划、总结；省职教办及各处室、所属单位工作活动中形成的重要文件材料；统计分析资料及财务报表、凭证、审计等文件材料。

（三）省职教办成立、机构改革、更改名称、启用印章及其人员编制等文件材料；省职教办制定的工作条例、章程、制度等文件；省职教办的历史沿革、大事记、年鉴等文件材料；省职教办机关内部及所属单位的干部任免、调配、培训、专业技术职务评定、聘任、定级、调资等工作及干部奖惩等文件材料。

（四）省职教办及所属部门与有关单位签订的各种合同、协议书等文件材料；上级部门和其他机关颁发的非本办主管业务但需要执行的法规性文件；有关业务部门与本办联系、协商工作的重要来往文件。

中共山东省纪律检查委员会

（1978 ～ 2001 年）

全宗号　A174

一、机构沿革

1979 年 3 月恢复建立，设立办公室、研究室、第一检查处、第二检查处、案件审理处、信访处等 6 个处室，办公地点设在中共山东省委院内。

1983 年 6 月，将原纪委改为中共山东省纪律检查委员会，增设干部管理处和第三检查处。

1984 年下半年，增设第四检查处。

1987 年 3 月，打击经济犯罪工作由省纪委移交省委政法委，担负该项工作的第三检查处改为纪委教育处，第四检查处改为第三检查处。

二、全宗概况

现馆藏该全宗文书档案 9347 卷，排架长度 81.9 米，其中永久 4104 卷，长期 5243 卷。档案形成时间为 1978 ～ 2001 年。其分类方法为：年代—问题分类法。检索工具有全宗指南、全宗介绍、案卷目录、全引目录、机读目录等。

三、档案内容

（一）永久卷　上级机关的文件材料。包括中央纪委、省委、省政府领导同志来本委检查指导工作时的重要讲话等；本委机关的文件材料。省纪委全委（扩大）会议，山东省纪委常委会议、办公会议材料，省纪委制发的关于方针、政策法规性的、重要业务问题的文件材料，本委机关的请示、报告与上级机关负责同志和其他机关的批复、指示，等等。

（二）长期卷　上级机关的文件材料。包括中央纪委的有关重要文件材料；上级机关或其他机关与省纪委来往的重要函件。本委机关的文件材料。省纪委全委（扩大）会议全省纪检工作会议、市地纪委书记会议和重要的专业会议印发的典型发言材料、会议简报、学习文件等，省纪委年度以下的一般专题报告、总结、全省统计报表、统计分析等，等等。

（三）案件档案　主要是本委机关和中央纪委在查处案件中形成的文

件材料及下级纪委上报的有关案件材料。包括中纪委、省委、省纪委要结果的重要或典型的案件材料、本委立案直接检查、复查及会同、协同其他单位形成的案件材料，审理的现行违纪案件，中纪委、省纪委领导交办的或转办的要结果、要情况的案件材料。

山东省纺织工业协会

（1975 ～ 2016 年）

全宗号　A175

一、机构沿革

1979 年 12 月，原山东省革命委员会纺织工业局改为山东省纺织工业厅，设有 13 个处室。经调整，至 1988 年年底，省纺织工业厅设有 9 个处室。1996 年 5 月，山东省纺织工业厅设有 8 个职能处室和机关党委。2000 年 7 月，改为山东省纺织工业办公室。设 3 个职能处室即：综合处（挂人事处牌子）、规划发展处、行业管理处及离退休干部处、机关党委。2015 年，山东省人民政府办公厅下发通知，撤销山东省纺织工业协会。

山东省纺织工业协会的职能是主管山东省纺织工业的发展及规划。

二、全宗概况

现馆藏该全宗文书档案 7919 卷，3045 件，会计档案 1941 册，死亡干部档案 73 册，上架排列总长度 114.21 米。档案形成时间为 1975 年至 2019 年，分别于 2001 年、2008 年、2016 年、2021 年 4 次接收进馆。检索工具有全宗指南、全宗介绍、案卷目录、全引目录、归档文件目录、机读目录等。

三、档案内容

全宗内主要有以下七个方面的内容：

（一）综合类　上级机关颁发的决议、决定、条例、办法、国民经济等文件材料；本机关代上级机关起草并被采用的文件；本机关颁发的或与有关机关联合发出的规定、办法及各种通知、通报等文件；本机关党组、党委会议和行政领导会议记录、纪要、重要汇报材料；本机关召开的工作会议和专业会议文件材料等。

（二）人事教育类　本机关人员编制表、干部名册；本机关成立、合并、撤销、更改名称、启用印信等文件。

（三）党团工作类　党员团员名册、党员团员组织关系介绍信存根、先进集体、先进个人事迹、宣传统战工作等材料或文件。

（四）计划、统计、劳工、进出口类　本机关编制的计划、统计资料、计划执行情况、经济活动分析、年度或历史和各种统计报表和统计资料等。

（五）财务、物价类　关于经费、企业奖励基金、三项费用的来往文件；本机关的财务预决算、会计报表、年度经济活动分析、主要财务指标完成情况、各市行业主管部门年度汇总会计报表、调整产品价格的来往文件等。

（六）基建类　基本建设、扩建、改建和新建工程预决算、扩大初步设计、技术设计及审批文件；地形平面图、工程地质、水文、气象、资源勘察、厂址选择报告及审批文件。

（七）科学技术类　科研计划、方案、总结及审批文件；科研成果、技术鉴定报告、鉴定证书、授奖证书和推广应用及申请评审、奖励的文件等。

山东省环境保护局

（1972 ～ 2012 年）

全宗号　A176

一、机构沿革

1972 年 12 月为省革命委员会基本建设委员会下设的工业“三废”治理办公室。1974 年 1 月成立了山东省革命委员会环境保护领导小组。1974 年 6 月省革命委员会环境保护领导小组下设办公室。1979 年 11 月，将山东省革命委员会环境保护领导小组办公室改为山东省革命委员会环境保护局。1979 年 12 月，改山东省环境保护局（为省建委的二级局）。1984 年 12 月，被省政府确定为一级局，列入省政府工作部门序列。

主要职能：管理由于建设开发、生产生活以及其他经济活动引起的环境影响和破坏污染问题；负责海洋环境管理，农业环境管理，有特殊价值的自然环境管理，并负责组织规划自然保护区；负责审批基本建设“三同时”的计划安排并监督检查“三同时”的执行情况等。

二、全宗概况

山东省环境保护局全宗，上架排列总长度 160.74 米。共有按卷整理的文书档案 2056 卷，其中永久 483 卷，长期 1573 卷，起止年代为 1972 ～ 1999 年。永久分别编为 01、03 目录，长期分别编为 02、04 目录。按件整理的文书档案 30296 件，其中永久 10952 件，长期 19344 件，起止年代为 2000 ～ 2012 年。该全宗按年度—保管期限—机构分类整理。建有全宗指南、全宗介绍、案卷目录、全引目录、归档文件目录和数字化机读目录。

三、档案内容

（一）环境管理类　环保补助资金计划、基建投资计划、建设项目环境影响报告书及批复、环境保护责任书、环境统计年报、公报。

（二）综合类　局长办公会记录；工资计划；机构编制职责；行政干部任免；老干部工作；职称评定；党组织建设；党内干部任免、教育；党组会议记录；民主生活会；表彰活动、干部统计；纪检以及工会团支部妇工委等文件材料。

山东省医学科学院

（1958 ～ 2000 年）

全宗号　A177

一、机构沿革

山东省医学科学院创建于 1958 年。1962 年 3 月，山东省医学科学院缩编为山东省医学科学研究所。1981 年，省政府决定重新组建山东省医学科学院，为省政府直属的厅局级事业单位。是集科研、医疗、防治、教育、科技支撑管理与服务等职能于一体的综合性医学科研机构。

二、全宗概况

山东省医学科学院全宗，上架排列总长度 21.6 米。共有按卷整理的文书档案 1574 卷，其中永久 805 卷，长期 769 卷，起止年代为 1958 ～ 2000 年。永久分别编为 01、03 目录，长期分别编为 02、04 目录。该全宗按年度—保管期限—机构分类整理。建有全宗指南、全宗介绍、案卷目录、全引目录和数字化机读目录。

三、档案内容

全宗内主要有以下几个方面的内容：

（一）本院形成的文件材料：这是全宗内的主要组成内容。包括本院形成的制发的文件材料；本院工作活动通知、报告、总结、计划、请示、批复、调查及综合、专题成果；本院编制的财务、劳动工资计划；本院召开的各种会议记录及会议文件材料；本院及内设机构设置与名称更改、人员编制、干部编制、干部职工调动、录用、处分、行政工资与党团关系等文件材料。

（二）上级机关下发的属本院主管业务并要执行的文件材料等。

（三）同级机关和非隶属机关制发的非本机关制发的非机关主管业务但要贯彻执行的文件材料或依据性的文件材料。

（四）下级机关报送的有关材料。

山东省经济协作办公室

（1985 ～ 2000 年）

全宗号　A178

一、机构沿革

1985 年 1 月组建山东省人民政府经济协作办公室，为厅局级行政机关。2000 年 4 月，并入省发展计划委。

其职责是主管全省经济技术协作工作的职能部门。贯彻落实国家有关地区之间经济联合与协作以及对口支援的方针政策，研究提出全省横向经济联合与协作的发展战略和政策措施，编制相关的年度计划和中长期规划；组织推动地区间和省际的区域经济合作；承办或参与国内重要的经济技术洽谈和招商引资活动等。

二、全宗概况

山东省经济协作办公室全宗，上架排列总长度 15.3 米。共有按卷整理的档案 814 卷，其中文书档案永久 342 卷，长期 298 卷，短期 174 卷，起止年代为 1985 ～ 2000 年。永久编为 01 目录，长期编为 02 目录，短期编为03目录。会计档案274册，均为长期，起止年代为1985～2000年。该全宗按年度—保管期限—机构分类整理。建有全宗指南、全宗介绍、案卷目录和数字化机读目录。

三、档案内容

全宗内主要有以下几个方面的内容：

（一）本机关形成的文件材料：包括制发的通知、报告、总结、计划、请示、批复、调查及综合、专题成果；召开的各种会议记录及会议文件材料；内设机构设置与名称更改、人员编制、干部编制、干部职工调动、录用、处分、行政工资与党团关系等文件材料。

（二）上级机关下发的主管业务并要执行的文件材料等。

（三）同级机关和非隶属机关制发的非本机关制发的非机关主管业务但要贯彻执行的文件材料或依据性的文件材料。

（四）下级机关报送的有关材料。

山东省知识青年上山下乡办公室

（1964～1981年）

全宗号　A179

一、机构沿革

1964年成立省委安置城市下乡青年领导小组，其办事机构设在省劳动厅。1973年中共山东省委知识青年上山下乡领导小组成立。1974年2月1日，设立省革委知识青年上山下乡办公室，1979年12月改称为山东省人民政府知识青年上山下乡办公室。

二、全宗概况

山东省知识青年上山下乡办公室全宗，上架排列总长度8.1米。共有按卷整理的文书档案433卷，其中永久222卷，长期211卷，起止年代为1964～1981年。永久编为01目录，长期编为02目录。该全宗按年度—保管期限分类整理。建有全宗指南、全宗介绍、全引目录和数字化机读目录。

三、档案内容

包括中共中央、省委及有关部门关于城镇知识青年上山下乡、插队的指示、意见、计划、报告等，召开各种会议的文件材料；关于机构设置与名称更改、人员编制、干部编制的报告、请示等文件材料。关于对知青教育、培养，知青中先进典型，解决知青相关待遇、困难等文件材料；知青回城安置，各种统计、总结、年报等。

中共山东省委政策研究室

（1979 ～ 2010 年）

全宗号　A180

一、机构沿革

中共山东省委政策研究室的前身是成立于 1942 年 2 月的中共山东分局调查研究室。1949 年 3 月新的中共山东分局成立后，改称为政策研究室。1956 年，中共山东省委设政策研究室。“文化大革命”期间机构设置不健全。1979 年 12 月省委决定恢复省委调查研究室。1983 年 5 月省委决定将办公厅综合调查室合并到省委调查研究室，成立省委研究室。1996 年 8 月，改名为省委政策研究室。

内设办公室、综合研究处、政治研究处、城市研究处、财经研究处、农村研究处、科教研究处、刊物编辑处 8 个职能处室和信息资料中心，决策咨询培训中心。

二、全宗概况

山东省政策研究室全宗，上架排列总长度 28.62 米。共有按卷整理的文书档案 1130 卷，其中永久 485 卷，长期 645 卷，起止年代为 1979 ～ 2000 年。永久编为 01 目录，长期编为 02 目录。按件整理的文书档案 1721 件，其中永久 1424 件，长期 171 件，定期 30 年 126 件。起止年代为 2001 ～ 2010 年。该全宗按年度—保管期限—机构分类整理。检索工具有全宗指南、全宗介绍、案卷目录、全引目录、归档文件目录和数字化机读目录。

三、档案内容

（一）综合类　包括本室工作规划、计划、总结、会议记录、研究室调研工作会议材料。本单位机构设置、人员编制、干部任免、干部奖惩等方面的文件材料。关于供给人员待遇、干部工资福利、职工离退休、退职等问题的规定、意见、办法、通知、各种综合统计报表等。

（二）调研报告类　主要包括本室各职能处室在工作中形成的文件、文稿、呈阅件等；撰写的有关理论文章和著作，省委交办的其他任务文稿等。

（三）刊物信息类　编辑的刊物、资料。

山东省委党史研究室

（1980 ～ 2018 年）

全宗号　A181

一、机构沿革

中共山东省委党史研究室前身是 1980 年 8 月成立的山东地方党史资料研究会，1981 年 4 月 10 日改为中共山东省委党史资料征集研究委员会，下设办公室。1991 年 10 月撤销中共山东省委党史资料征集研究委员会，成立中共山东省委党史研究室。2018 年 10 月 8 日，根据鲁发〔2018〕42 号文，组建中共山东省委党史研究院（山东省地方史志研究院）。撤销中共山东省委党史研究室、山东省地方史志办公室建制。1980 年至 2018 年，先后有高克亭、董本来、陈楷、林保义、姚学政、常连霆、赵国卿任主任。

主要职责是：负责中共山东历史研究工作；组织编写中共山东历史、编年史、专门史等党史著作；组织开展党史学习教育和宣传活动；组织和指导开展山东党史重要课题和人物研究及有关党史重大事件、重要人物纪念活动；征集、整理、编纂山东地方党史重要资料，搜集利用国内外研究中共党史特别是有关山东党史的重要信息和资料；协助有关部门审读拟公开发表或出版的涉及山东党史重大题材的图书、文章，审查涉及山东党史重大题材的展览、影视作品等；协助有关部门对与山东党史有关的纪念场馆、设施建设及其内容提出审查意见；协调省直有关部门和单位开展党史工作；指导各市党史部门的业务和山东省中共党史学会等团体开展活动。

二、全宗概况

共有档案1038卷，3199件，排架长度22.05米。档案形成时间为1980～2018年。其中永久787卷、2452件，长期251卷、56件，短期475件，定期30年216件。案卷按年度—组织机构—保管期限顺序排列，按件整理的文书档案按年度—保管期限—机构或问题分类排列。编有全宗指南、全宗介绍、案卷目录、全引目录、归档文件目录、机读目录等检索工具。

三、档案内容

（一）本室形成的文件材料：包括本室形成的，与其他机关联合制发的文件材料；本室工作活动的通知、报告、总结、计划、请示、批复、调查；本室召开的各种会议文件材料，本室机构设置、人员编制、干部职工调动、录用、处分，行政工资与党团关系，本机关编写的审计情况、审计情况增刊、审计文件选编、大事记、简报等。

（二）本室需要贯彻执行的上级机关、同级机关的文件材料；下级机关报送的重要文件材料。

中共山东省委政法委员会

（1979～2013年）

全宗号　A182

一、机构沿革

中共山东省政法委员会，前身是中共山东省委政法小组，成立于1978年9月。1981年11月经中共山东省委批准，中共山东省委政法小组改称中共山东省委政法委员会。1983年党政机构改革中，中共山东省委正式明确政法委列入省委序列。1987年3月，经省委批准，成立山东省委打击严重经济犯罪斗争领导小组办公室。同年9月，中共山东省委政法委撤销政治处，设立社会治安综合治理处。1991年5月，山东省社会治安综合治理委员会成立，下设办公室（简称省综治办），与省委政法委机关合署办公。

中共山东省委政法委员会主要职责为：组织政法部门贯彻执行中共中央的政法工作方针、政策和国家法律、法令，推动落实社会治安综合治理措施；研究处理政法工作中的重大问题和有争议的重大案件，处理有关政

法工作中的重大问题和有争议的重大案件，处理有关政法工作的请示报告，协调政法各部门的工作，抓好政法队伍建设，办理党委和上级政法委员会交办的工作。

二、全宗概况

中共山东省政法委员会全宗，上架排列总长度 37.8 米。共有按卷整理的文书档案 2374 卷，其中永久 1265 卷，长期 1109 卷，起止年代为 1979 ～ 2001 年。永久编为 01 目录，长期编为 02 目录。按件整理的文书档案 7725 件，其中永久 4404 件，长期 2295 件，定期 30 年 1026 件。起止年代为 2002 ～ 2013 年。该全宗按年度—保管期限—机构分类整理。建有全宗指南、全宗介绍、案卷目录、全引目录、归档文件目录和数字化机读目录。

三、档案内容

本全宗档案内容主要有以下几个方面：

（一）综合类　主要包括中央、省委关于政法工作的重大事项；本单位历年来的工作计划、总结；书记办公会纪要以及全省政法工作会议有关领导讲话等。

（二）信访类　主要是指本委处理人民来信来访形成的文件材料，有省以上领导人或本委领导人重要批示及有处理结果的重大案件。

（三）政工类　有本委机构设置、撤并、名称更改，人员编制，本委领导人任免及内部机构负责人的任免材料；各种工资、人员情况统计表；干部、职工奖惩材料等。

（四）打击经济犯罪类　包括本省处理有重大影响的经济案件；历年来省里召开的关于打击经济犯罪的会议材料、领导讲话及简报等。

（五）社会治安综合治理类　包括山东省召开的社会治安综合治理方面会议的材料、领导讲话，工作中形成的相关材料等。

山东省经济体制改革委员会

(1983 ～ 2004 年)

全宗号　A184

一、机构沿革

1983 年 4 月，山东省委常委会会议决定成立山东省经济体制改革委员会，组建省体改办公室，作为体改委的日常办事机关。体改办设秘书处、综合处、调研处。政治、人事工作及行政工作由省府办公厅代管。2000 年 6 月，山东省经济体制改革办公室对职能进行了调整，设秘书处(人事处)、综合法规处、宏观与市场体制处、企业体制处、农村与区域经济处、机关党委。2004 年 3 月，省经济体制改革办公室的职能划入省发展改革委，撤销省经济体制改革办公室。

主要职责为：贯彻执行国家有关经济体制改革的方针、政策，根据省政府的部署，组织研究制订全省经济体制改革的中长期规划和年度综合改革实施方案，督促检查改革规划、方案的落实执行，及时报告进展情况并提出建议。指导有关部门和地区制订经济体制改革规划，牵头或参与制订有关专项改革方案。组织研究或参与制订经济体制改革的综合性政策、法规，并就有关政策法规的实施情况进行跟踪调查；参与研究制订计划、财政、税收、投资、金融等宏观调控体制改革方案，并会同有关部门协调和指导方案的实施，研究推进地方金融改革与发展的政策措施；参与社会保障、住房和土地管理及收入分配制度改革方案的制订与实施，组织研究所有制结构调整的政策措施和国民经济市场化的重大问题；组织研究推动非国有制经济改革与发展的政策措施；组织研究和制订配套政策措施，指导和推动全省企业改革；指导、推动各类商品和要素市场的培育与完善，尤其是资本市场的改革与发展；参与制订农村综合改革方案，协调农村经济体制的配套改革；指导和协调地区、部门、行业进行经济体制改革试点，组织重要的改革试点，及时总结推广试点经验。

二、全宗概况

山东省经济体制改革委员会全宗，上架排列总长度 16.2 米。共有按卷整理的文书档案134卷，其中永久40卷，长期94卷，起止年代为1983～1992年。永久编为01目录，长期编为02目录。按件整理的文书档案3669件，其中永久3009件，长期660件。起止年代为1983～2004年。该全宗按年度—保管期限—机构分类整理。检索工具有全宗指南、全宗介绍、案卷目录、全引目录和数字化机读目录。

三、档案内容

档案主要内容有以下几个方面：

（一）综合类　各种会议记录，领导讲话，年度工作计划、总结、报告，各种决定、上级批复、规章制度等。

（二）机构人事类　机构变动、领导班子配备、人事任免、处分决定、奖励评比、工资津贴发放等文件。

（三）业务类　股份公司情况统计表、公司成立申报材料及批复、出国考察报告、公司股权改制批复文件、公司股权转让批复文件等。

山东黄金集团有限公司

（1975～1999年）

全宗号　A185

一、机构沿革

山东黄金集团的前身为山东黄金公司，成立于1975年。1986年，全省黄金行业受冶金工业部和山东省政府双重领导。1988年1月，冶金工业部山东黄金公司下放山东省管理。5月，冶金工业部山东黄金公司更名为山东省黄金工业总公司，行使对全省黄金行业的管理职能。

1989年5月，省政府决定山东省黄金工业总公司增挂山东省黄金工业局牌子，管理职能不变。

1996年7月，省政府批准将山东省黄金工业总公司改制为山东黄金集团有限公司，大型一类企业，国有独资有限责任公司，隶属省政府管理。10月，批准山东黄金集团有限公司保留山东省黄金工业局牌子，继续行使行业管理职能。

2002年1月，省委批准撤销山东黄金集团有限公司董事会，由总经理担任公司法定代表人。

2005年年底，山东黄金集团有限公司机关设置为：办公室、计划财务部、生产部、企管部、人力资源部、纪监审计部、党群工作部、行业管理办公室、产业信息开发中心。

二、全宗概况

山东黄金集团有限公司档案，时间为1975年至1999年，共有2955卷，排架长度30.6米。其中永久档案1340卷，长期档案1615卷，检索目录有全宗指南、全宗介绍、案卷目录、全引目录、机读目录等。

三、档案内容

档案主要内容有以下几个方面：

（一）综合类　山东黄金集团有限公司各种会议纪要，建设年报、统计年报，办公楼、宿舍楼、货场等基建项目及装修项目的合同、协议书、报告和预决算材料，变电站征用土地等文件材料。

（二）组织人事类　山东黄金集团有限公司关于组织机构设置、人员编制、人事任免、调配、奖惩、干部培训、劳动工资、离退休批复等方面的材料。下属单位机构设置、人员编制计划，单位成立、撤销、移交等文件材料。

（三）财务类　山东省黄金集团有限公司及下属单位的各项财务制度、规定，财务计划及历年财务决算报告。资金的筹措、调拨、担保等文件材料。

（四）业务类　山东省黄金集团有限公司历年来地质探矿计划，科研规划，下属矿区事故报告及处理意见，矿区建设方案及合同开采实施办法及变更钻探技术等文件材料。

山东省第二轻工业厅（轻工联社）

(1975～2005年)

全宗号　A186

一、机构沿革

山东省轻工集体企业联社（简称省轻工联社）为经济联合组织，是由山东省工业和信息化厅管理的省直事业单位。

20 世纪 50 年代至 90 年代，全省轻工集体（二轻）工业管理体制为政社合署形式。1950 年 6 月，省政府设山东省合作总社，与其后成立的省政府合作事业管理局合署。1955 年 1 月成立山东省手工业生产合作社联合社筹备委员会，先后与省手工业管理局、省轻工业厅合署。1963 年 5 月正式成立山东省手工业合作社联合社，先后与省轻工业局、省第二轻工业局、省第二轻工业厅合署。1985 年 3 月省手工业合作社联合社更名为山东省二轻集体工业联社，与省第二轻工业厅合署，1993 年加挂山东省人民政府城镇集体经济办公室牌子。1996 年 6 月，省二轻集体工业联社与省第二轻工总会合署，加挂山东省城镇集体经济办公室牌子。

2000 年 4 月，根据《关于山东省人民政府机构改革实施意见》，不再保留山东省第二轻工总会。2000 年 9 月，根据省政府办公厅《关于山东省轻工集体企业联社有关问题的通知》，山东省二轻集体工业联社更名为山东省轻工集体企业联社。

二、全宗概况

该全宗档案排架长度 101.52 米，共有档案 6741 卷、465 件，其中永久档案 1401 卷、217 件，长期档案 2357 卷、248 件，短期档案 2983 卷，档案形成时间为 1975 ～ 2005 年。分别于 2002 年 12 月、2018 年 11 月和 2020 年 12 月接收进馆，经多次整理，检索工具现有全宗指南、全宗介绍、案卷目录、全引目录、归档文件目录、机读目录、文件分类目录等。

三、档案内容

档案主要内容有以下几个方面：

（一）综合类　包括党组会议记录、办公会议记录，年度工作计划、总结、报告，关于生产情况的通知，行业条例、章程等。

（二）机构人事类　包括机构设置、变动的报告、批复，干部任免、干部调配、人事编制、处分决定、职工名册等文件。

（三）基建财务类　包括企业财务成本报表、计财处关于利润管理等的通知、基建财务工作情况报告、工业企业会计决算报表等。

（四）统计类　包括生产统计年报、工业统计年报、干部统计年报、工资统计年报、基本情况统计年报，设备管理统计年报等。

山东省建筑工程管理局

（1980～2016年）

全宗号　A187

一、机构沿革

1953年3月14日，山东省人民政府决定成立建筑工程局（简称省建工局）。1955年3月9日，省人委确定省人民政府建筑工程局改称山东省建筑工程局。同年5月15日，各省建筑工程局由建筑工程部划归国务院城市建设总局领导。同年10月13日，省建筑工程局改称为山东省城市建设局。1958年8月，恢复省建筑工程局。

1958年11月29日，省人委决定成立省基本建设委员会（简称省建委）。1960年，山东省建筑工程局改为山东省建设厅。1961年3月9日，省建设厅同省基本建设委员会合并，合署办公。同年11月，根据省委通知精神，各市、专所属建筑队伍统一交山东省建设厅领导，并成立建设厅建筑工程管理局。1962年7月6日，省人委公布撤销省基本建设委员会，其工作并入省计委和建设厅。

1966～1969年，整个建设厅及其所属建筑工程局机关陷入瘫痪，建工局被撤销，人员归并建设厅。

1970年年初，省革委确定成立省基本建设局。7月，省革委公布其全称为：山东省革命委员会基本建设局。1972年3月，省基本建设局与省重点工程会战指挥部合并为山东省革命委员会基本建设委员会。3月28日，建委内设山东省建筑施工管理局，为二级单位。1976年2月，省建委将省属国有建筑企业下放给各市地领导。

1979年11月，设山东省革命委员会建筑工程局。同年12月25日，省人民政府公布机构设置，原省革命委员会建筑工程局改称为山东省建筑工程局。

1984年1月9日，省建筑工程局撤销，将其部分行政管理职能并入省城乡建设委员会。同年4月20日，组建山东省建筑工程总公司（简称省建筑总公司），行使行政管理机构职能。

1990 年 3 月 27 日，省建筑工程总公司增挂山东省建筑工程管理局的牌子，行使行政管理机构职能，其建制、级别、编制、性质、经费渠道不变。

1996 年 6 月 5 日，省人民政府决定取消省建筑工程总公司所挂的建筑工程管理局牌子，组建省建筑工程管理局(副厅级)，由省建设委员会管理，负责全省建筑业（含装饰装修业）的行业管理。

2000 年 4 月，山东省人民政府在省建设厅内设立山东省建筑工程管理局，负责全省建筑业（含装饰装修）的行业管理。

2014 年 3 月，撤销省建筑工程管理局建制，将其职责和人员编制并入省住房和城乡建设厅，在省住房和城乡建设厅整合设置相关业务处室。

二、全宗概况

该全宗共有档案 5140 卷（件），排架长度 28.98 米，档案形成时间为 1980 ～ 2016 年，分别于 2002 年 8 月和 2016 年 10 月接收进馆。其中 1980 ～ 2000 年形成的档案以“卷”为单位共 1098 卷，包括永久档案 382 卷，长期档案 438 卷，短期档案 278 卷；2000 ～ 2016 年形成的档案以“件”为单位共 4042 件，包括永久档案 1510 件，长期档案 734 件，短期档案 580 件，定期 30 年档案 685 件，定期 10 年档案 533 件。经多次整理，检索工具现有全宗指南、案卷目录、全引目录、归档文件目录、文件分类目录等。

三、档案内容

（一）综合类　包括党组会议文件、办公会议记录，年度工作计划、总结，施工计划重点项目调度、建筑技术政策、企业条例、验收标准等。

（二）政策法规类　包括建筑业领域的地方性法规、规章草案、施工安全相关规章制度等。

（三）机构人事类　包括其直属单位成立及调整、增设机构的报告、批复，干部调配、干部任免、人事编制、奖惩决定等文件。

（四）基建财务类　包括基建计划的报告、批复、基建财务工作情况报告、调整人员工资标准的批复等。

（五）统计类　包括全省建工系统施工、基建综合统计年报，建筑安装统计年报，建工系统企业生产统计年报等。

山东省计划生育委员会

(1963 ～ 2013 年)

全宗号　A188

一、机构沿革

1956 年，党中央、国务院发出要“宣传和推广节制生育，倡导有计划地生育子女”的号召，同年，山东省即进行了节制生育试点工作。1956、1957 年，山东省计划生育日常业务工作由省卫生厅妇幼卫生处兼管。1963 年，山东省计划生育工作委员会下设计划生育办公室，设在省卫生厅内。1971 年 4 月，山东省计划生育工作委员会办公室改称“山东省革命委员会计划生育领导小组计划生育办公室”，设在省卫生局（后更名为省卫生厅）内。1980 年 11 月，设立山东省计划生育局，为省政府工作部门，厅局级单位。1983 年 7 月 8 日，山东省计划生育局改称“山东省计划生育委员会”。至 2005 年年底，设有办公室、人事处、财务处、政策法规处、发展规划处、宣传教育处、科学技术处、流动人口计划生育管理处、机关党委、纪检监察室 10 个处室。2014 年并入新成立的山东省卫生和计划生育委员会（挂山东省中医药管理局牌子），为山东省人民政府组成部门。

山东省计划生育委员会主要职责是：贯彻执行党和国家有关人口和计划生育工作的方针、政策和法律、法规；拟订省人口和计划生育工作政策，指导、协调全省流动人口计划生育管理工作。

二、全宗概况

该全宗共有档案 3143 卷、8490 件，排架长度 60.93 米，其中永久档案 756 卷、4438 件，长期档案 2067 卷、2243 件，短期档案 320 卷，定期 30 年 1809 件，档案形成时间为 1963 ～ 2013 年，经多次整理，检索工具有全宗指南、全宗介绍、案卷目录、归档文件目录、文件分类目录、机读目录等。

三、档案内容

档案主要内容有以下几个方面：

(一) 综合类　各种会议记录、讲话，年度工作计划、总结、报告、通知，各种决定、上级批复、规章制度、宣传材料等。

（二）组织人事类　机构变动的报告、批复，干部调配、干部任免、人事编制、职称评定、处分决定、奖励评比通知等文件。

（三）专业类　人口目标责任书、各级计生服务站填报表、人口统计资料、人口调查报告、全省计生工作报告、人口普查表、计划生育情况简报等文件材料。

（四）基建财务类　关于基建财务工作情况的报告、楼宇图纸、建设计划、财务管理资料等。

山东省侨务工作办公室

（1978 ～ 2018 年）

全宗号　A189

一、机构沿革

1949 年 10 月 1 日后，山东省省级机构仍沿用解放战争时期建立起来的山东省人民政府机构，侨务工作设在省民政厅内。1950 年 3 月召开的山东省各界人民代表会议重新确定省人民政府工作部门，成立了山东省华侨事务委员会，但不列入省政府序列，无编制，具体工作由省民政厅有关处负责。1956 年 1 月，省民政厅设立华侨事务处。1957 年 3 月，又成立山东省华侨事务委员会，列省政府序列，民政厅侨务处工作人员全部合并到省侨委。1967 年 2 月，省革命委员会成立，省侨委机构被撤销，侨务工作合并到省革委政治部联络组。1973 年 1 月联络组改为统战组，内设侨务小组。1974 年 1 月撤销统战组，成立中共山东省委统战部，内设侨务处。1978 年 12 月，省革委设立侨务办公室，称省革命委员会侨务办公室。1979 年 12 月，省革委侨务办公室改称省人民政府侨务办公室。1984 年 3 月，侨务办公室改为比厅局低半格的机构，不列省政府序列，归省人民政府办公厅领导。1984 年 9 月，侨务办公室为厅局级机构，列省政府序列。主要内设机构为秘书政研处（挂人事处牌子）、国内处、国外和港澳台工作处、经济科技处、文教宣传处、机关党委。

主要职责是：贯彻执行侨务工作法律、法规和方针、政策，负责起草有关地方性法规、规章草案，拟订侨务工作规划、政策并组织实施。组织开展侨务政策、理论和侨务工作重大问题的调查研究，负责向涉侨部门通报侨务工作情况。归口管理全省侨务工作。

二、全宗概况

该全宗共有档案 2315 卷、5442 件，排架长度 42.48 米，档案形成时间为 1978 ～ 2018 年。其中永久档案 580 卷、2048 件，长期档案 1735 卷、413 件，短期 212 件，定期 30 年 1223 件，定期 10 年 1546 件。先后在 2014 年前和 2019 年进馆，经多次整理，检索工具现有全宗指南、全宗介绍、案卷目录、全引目录、归档文件目录、文件分类目录、机读目录等。

三、档案内容

档案主要内容有以下几个方面：

（一）综合类　各种会议记录、讲话，工作计划、总结、报告，各种决定、上级批复、规章制度通知等。

（二）机构人事类　干部任免、干部调配、人事编制、处分决定、奖励评比通知等文件。

（三）专业类　各种归侨接待工作、联谊会安排、同乡会参观、山东侨务杂志、出国访问安排等文件。

山东省金属材料总公司

（1963 ～ 1993 年）

全宗号　A190

一、机构沿革

中国金属材料公司山东省公司于 1963 年 1 月 1 日成立。1963 年先后成立了济南、青岛、淄博、烟台、昌潍 5 个市、专区省直属金属材料公司。中国金属材料公司山东省公司下设办公室、人事科、财务科、计划科、黑色金属科、有色金属科、原料科。

1970 年省公司开始自营业务。1970 年 8 月山东省物资厅撤销，省公司改由山东省冶金工业局领导，公司名称变更为：山东省革命委员会冶金工业局金属材料公司。1973 年 8 月公司名称改为山东省金属材料公司。

1991 年 8 月，山东省金属材料公司改为山东省金属材料总公司，下设总经理办公室、政治工作部、综合管理部、财务基建部 4 个部室，成立 6 个分支机构：1. 将钢材一科、二科合并，成立山东省金属材料总公司黑色分公司；2. 将有色一科、二科合并，成立山东省金属材料总公司有色分公司；3. 保留山东钢材市场；4. 以公司行政科为基础，成立山东省金属材料总公司综合服务公司；5. 将五〇二仓库改为山东省金属材料总公司仓储加工配送中心；6. 将济南小额站改为山东省金属材料总公司小额分公司。

二、全宗概况

山东省金属材料总公司全宗档案共有 337 卷，排架长度 4.5 米，起止时间为 1963 ～ 1993 年。案卷按年代—组织机构分类排列，以保管期限分别编 2 个目录，即永久卷为 01 目录、78 卷，长期卷为 02 目录、259 卷。检索工具有全宗指南、全宗介绍、案卷目录、全引目录、机读目录等。

三、档案内容

档案主要内容有以下几个方面：

（一）政工类　山东省金属材料总公司关于组织机构设置、人员编制、人事任免、调配、奖惩、干部培训、劳动工资、离退休批复、出国考察等方面的材料。下属单位机构设置、人员编制计划，单位成立、撤销、移交等文件材料。历次政治运动中有关人事的处理及检查等材料。

（二）办公类　山东省金属材料总公司工作计划、总结、会议纪要、办公楼、宿舍楼、货场等基建项目及装修项目的合同、协议书、报告和预决算材料；征用土地的报告、批复等材料。

（三）财务类　山东省金属材料总公司及下属单位的各项财务制度、规定，财务计划及历年财务决算报告。资金的筹措、调拨、担保等文件材料。

（四）业务类　山东省金属材料总公司历年来国家统配、部管、省管物资的统计、汇总报表；物资普查、平衡、分配情况；各类物资订货、供应、调拨、调剂、串换、储运等规定、办法。全省金属材料订货会议、调剂会议、总结等文件材料。关于物资供应价格的请示报告，进口物资的调汇、商检、订货、发运办法等的文件材料。

山东省乡镇企业局

（1979 ～ 2018 年）

全宗号 A191

一、机构沿革

1978 年 11 月，中共山东省委决定成立山东省人民公社企业局，与山东省二轻局合署办公，一个机构两个牌子，内设综合、业务、调研 3 个处室。

1979 年 12 月 27 日，山东省人民政府将山东省人民公社企业局与省二轻局分设，并改称山东省公社工业局。1981 年 12 月，山东省公社工业局改称为山东省社队企业管理局，职责范围由管理社队工业扩大到管理社队企业。

1983 年 7 月，原山东省多种经营办公室并入山东省社队企业管理局，成立山东省多种经营社队企业局。其职责范围由负责全省社队企业的管理扩大到负责全省农村多种经营和社队企业工作。

1984 年，原山东省多种经营社队企业局改称为山东省多种经营乡镇企业局。1990 年，更名为山东省乡镇企业局。1996 年，更名为山东省乡镇企业管理局。2000 年，山东省人民政府明确在省经济贸易委员会内设立山东省中小企业办公室，同时挂山东省乡镇企业办公室牌子，负责全省乡镇企业、个体私营企业的规划、协调、服务工作。2012 年山东省中小企业办公室更名为山东省中小企业局（挂山东省乡镇企业局牌子）。2018 年机构改革确定不再保留山东省中小企业局（山东省乡镇企业局）。

省乡镇企业局职能是：贯彻执行国家有关发展乡镇企业的方针、政策和法规，研究拟订全省发展乡镇企业的政策、法规并监督实施。研究制订全省乡镇企业发展战略、中长期规划和年度计划并组织实施，指导乡镇企业体制改革，参与制订村镇建设规划。组织指导全省乡镇企业工作。

二、全宗概况

该全宗共有档案 3069 卷，4617 件，排架长度 48.15 米。其中永久档案 1358 卷、1851 件，长期档案 527 卷，短期档案 1184 卷、946 件，定期 10 年档案 1820 件。档案形成时间为 1979 ～ 2018 年，于 2004、2019 年两次接收文书档案进馆。经多次整理，检索工具现有全宗指南、全宗介绍、案卷目录、全引目录、归档文件目录、文件分类目录、机读目录等。

三、档案内容

（一）综合类　党组会议记录、办公会议记录，年度工作计划、总结、报告，企业展销会的通知，颁发优良产品证书的名单，行业条例、章程等。

（二）机构人事类　机构变动的报告、批复，干部调配、干部任免、人事编制、处分决定等文件。

（三）基建财务类　计财处关于利润管理、发放奖金等的通知、基建财务工作情况报告等。

（四）统计类　多种经营统计年报，乡镇企业统计年报，社队企业统计年报等。

山东社会科学院

（1978 ～ 2005 年）

全宗号　A192

一、机构沿革

山东社会科学院是中共山东省委直属的综合性社会科学研究机构，其前身是 1978 年 3 月成立的山东省社会科学研究所，1980 年 12 月改为山东社会科学院。山东社会科学院有文化所、历史所、哲学所、国际儒学研究与交流中心、马克思主义研究中心、法学所、社会学所、人口学所、经济所、农村发展所、国际经济所、财政金融所、省情研究院、海洋经济文化研究院、政策研究室等 15 个研究机构和《东岳论丛》编辑部 1 个研究辅助机构。内设办公室、人事处、科研组织处、机关党委、行政处、财务处、离退休干部处 7 个职能处室。

主要职能为：全面、完整地学习、研究马克思主义、列宁主义、毛泽东思想的基本理论；积极组织全省的哲学、社会科学方面的学术研究和学术讨论；了解国内外理论研究动态，汇编和交流理论研究资料；加强省内外理论研究协作关系，承担省委和中国社会科学院交给的研究和写作任务。

二、全宗概况

该全宗共有档案709卷，其中永久档案468卷，长期档案241卷，排架长度1.35米，档案形成时间为1978～2005年，先后两次接收进馆。经多次整理，检索工具现有全宗指南、全宗介绍、案卷目录、文件分类目录、机读目录等。

三、档案内容

（一）综合类　各种会议记录、办公会议记录，年度工作计划、总结、报告，各种决定、上级批复、规章制度通知等。

（二）机构人事类　机构变动的报告、批复，干部调配、干部任免、人事编制、处分决定、奖励评比通知等文件。

（三）学术类　各种研讨会的通知，获奖名单，课题管理办法，科研基地建设等文件。

山东省科学院

（1979～2010年）

全宗号　A193

一、机构沿革

1958年10月，中国科学院山东分院成立。至1961年11月，下属机构建立了物理、化学、数学、力学、生物、自动化、机械动力、无线电电子学、海洋化学、合金钢、硅酸盐、情报等12个研究所，另还有一个附属工厂。1962年9月，山东省人民委员会决定取消中国科学院山东分院。

1978年12月，成立山东省科学院筹备处。筹备处设办公室、科研处、器材财务处、政工处、基建处。1979年11月，中共山东省委正式行文公布成立山东省科学院。

1992年8月，职能处室调整为院长办公室、党委办公室（含工会）、人事处、老干部处、科研处、技术开发处、财务处、审计处、外事处、基本建设处、行政处等11个处室。

山东省科学院是省政府直属的事业单位，是山东省最大的综合性自然科学研究机构。有10个研究所，即山东省科学院海洋仪器仪表研究所、山东省科学院激光研究所、山东省科学院自动化研究所、山东省科学院新材料研究所、山东省科学院能源研究所、山东省科学院生物研究所、山东省计算中心、山东省分析测试中心、山东省科学院情报研究所、山东省科技发展战略研究所，另有 2 个企业化管理事业单位，即山东省科学院中试基地、山东省科学院中日友好生物研究中心。其中，山东省科学院海洋仪器仪表研究所、山东省计算中心和山东省科学院激光研究所这 3 家单位，是在山东省科学院成立之前就有的，随后归建，山东省科技发展战略研究所在 1989 年 10 月由省科委划归山东省科学院。其余研究所（中心）都是在建院同时及成立以后相继组建。

二、全宗概况

山东省科学院全宗共有档案 6015 卷（件），排架长度 28.8 米。先后两次接收进馆。第一批进馆文书档案共有 183 卷，形成时间为 1979 ～ 1985 年，其中永久 130 卷、长期 53 卷。第二批档案于 2016 年 11 月进馆，形成时间为 1986 年～ 2010 年，进馆文书档案共计 5832 卷（件）：其中包括 1350 卷（永久：438 卷，长期：912 卷）；4482 件（永久：2158 件，长期：1673 件；30 年：651 件）。案卷按“保管期限—年度—组织机构”分类排列。检索工具有全宗指南、全宗介绍、案卷目录、全引目录、归档文件目录等。

三、档案内容

（一）综合类　山东省科学院院党委会、院长办公会会议记录、纪要，会议通报，会议议定事项；党代会、专题会议材料，领导人讲话，简报；党委工作计划，工作总结；省级领导来院调研指导工作时的讲话和院工作情况汇报，院机关各处室年度工作任务。院年度固定资产投资计划编报，院青岛高新技术研究分院成立、建设用地、规划设计方案等请示、报告、批复、通知、通报，院属各单位和机关各处室工作总结、人民来信接受办理情况，省委省政府文件清退、销毁文件资料登记册。

（二）机构人事类　关于增设、撤销内部机构及更改名称、人员编制及任免文件材料，“泰山学者”和工程院士申报，机关和研究所考核、先进单位、记功嘉奖人员表彰，人员工资晋升、工伤、工龄认定，院博士后科研工作站建立、工作计划，院属各单位人事管理中的有关问题等文件材料。

（三）科研类　关于在科研活动中形成的科研计划管理、实验室建设、科技成果管理等文件材料。如火炬项目、软科学计划，科技成果、优秀论文评审评奖，山东省科技型中小企业创新发展专项扶持资金计划项目申报，科研开发、国际合作项目和重点实验室工作检查调度等文件材料。

（四）财务类　关于在财务管理过程中形成的财务报告、财务分析、财务预算、资产管理等方面的文件材料；编报、分配院年度事业费，调整年度政府采购预算，申请临时及专项经费，增拨科学事业费，分配增资、离退休和专项经费，清产核资、国有资产产权登记等请示、报告、批复、通知，财务预决算、总账，管理工作制度和工作总结。本院新建楼房、零星土建、征地、申请基建计划和经费等请示、报告、工作总结。

山东省科学技术协会

（1977～2007年）

全宗号　A194

一、机构沿革

1949年9月，中华全国自然科学工作者代表会议筹备委员会在山东成立分会。1950年12月13日，山东省召开自然科学工作者代表会议，成立了山东省科学技术普及协会筹备委员会（简称山东省科普）。1951年12月23日，中华全国自然科学专门学会联合会成立了济南分会筹备委员会（简称济南科联）。1958年10月12日，山东省科普和济南科联两个筹委会召开联席会议，决定合并成立山东省科学技术协会筹委会。1959年4月17日至19日，山东省科学技术工作者代表大会在济南召开，正式成立了山东省科学技术协会（简称山东省科协）。1966年6月，“文化大革命”开始后，我省科协组织被撤销，活动中断。1977年11月27日，山东省科学技术协会重新恢复工作。

山东省科协由省级学会、协会、研究会（以下简称省级学会）和市科协组成。山东省科协主管的省级学会共152个，全省16个市全部建有科协组织。省科协机关设有办公室、组织部、调研宣传部、计划财务部、人才联络部（国际交流部）、学会部、科普部、省反邪教协会办公室8个部、室，下辖山东省科学技术馆（山东省青少年科技活动中心）、山东省科协学会服务中心、山东省科技工作者服务中心和山东省创新战略研究院4个直属事业单位。

二、全宗概况

山东省科学技术协会全宗共有档案1546卷、2334件，排架长度7.38米。档案形成时间为1977～2007年。其中永久档案977卷、1505件，长期档案569卷、829件。分类方法是按年度—组织机构分类法。检索工具有全宗指南、案卷目录、全引目录、归档文件目录。

三、档案内容

（一）历年来山东省科学技术协会工作计划、情况报告、总结；各类会议记录和会议文件材料。如召开学会工作座谈会会议纪要、总结、发言、通知等。

（二）山东省科学技术协会各级学会会员名单，理事名单等。

山东省人民代表大会常务委员会

（1979～2012年）

全宗号　A195

一、机构沿革

山东省人民代表大会常务委员会（简称山东省人大常委会），设立于1979年。1979年12月22日，山东省第五届人民代表大会第二次会议选举产生山东省五届人大常委会。

省人大常委会是山东省人民代表大会的常设机关，对山东省人民代表大会负责并报告工作。省人大常委会在省人民代表大会闭会期间，依法行使地方立法权、监督权、重大事项决定权、人事任免权。省人大常委会由主任、副主任若干人、秘书长和委员若干人组成。每届任期与省人民代表大会相同。

二、全宗概况

山东省人大常委会全宗共有档案14766卷（件），上架排列总长度40.05米。档案形成时间为1979～2012年，分别于2004年、2013年和2020年3次接收进馆。第一批档案于2004年6月23日进馆，总计455卷，其中永久209卷、长期246卷，形成时间为1979～1985年，目录号永久是 01 号，长期是 02 号。第二批档案于 2013 年 1 月 16 日进馆，总计 3586 卷，其中永久 2010 卷、长期 1576 卷，形成时间为 1986 ～ 2001 年，目录号永久是 03 号，长期是 04 号。第三批档案于 2020 年 1 月 13 日进馆，总计 10725 件，其中永久 7111 件、长期 817 件、定期 30 年 2797 件，形成时间为 2002 ～ 2012 年。分类方法是按年度－问题－保管期限分类法。检索工具有全宗指南、全宗介绍、案卷目录、全引目录、归档文件目录、机读目录等。

三、档案内容

（一）综合类　会议纪要、会议记录、领导讲话；重要问题的请示、通知、报告；年度计划、规划、总结；干部任免、录用、考核、奖惩、调动、调资；机构成立、合并、撤销、更改名称等；工作规则、制度、规定、职责；视察、执法检查、调研活动形成的文件材料；公务活动中形成的重要信件、传真电话、电话记录等材料；工、青、妇工作中形成的文件材料；人民来信来访办理中形成的记录、摘要、调查处理级结案报告等；各专门委员会、机关各工作部门的《工作情况》《工作简报》《情况交流》《情况反映》等材料；《公报》《山东人大工作》出版物的定稿和印本。

（二）会议类　山东省人代会、常委会会议文件、大会发言、提案；专题会议材料；省人大各届委员会委员、常务委员、主席、副主席、秘书长名单。

山东省食品药品监督管理局

（1979 ～ 2018 年）

全宗号　A196

一、机构沿革

山东省食品药品监督管理局是 2013 年根据山东省人民政府印发《关于整合组建山东省食品药品监督管理局的通知》（鲁政字〔2013〕135 号），整合了省卫生厅、省质量技术监督局、省工商行政管理局的部分职能成立的政府部门。

2018 年 10 月，根据《山东省机构改革实施方案》，山东省食品药品监督管理局（山东省食品安全委员会办公室）的职责整合至山东省市场监督管理局，组建省药品监督管理局，由省市场监督管理局管理，不再保留山东省食品药品监督管理局。

二、全宗概况

山东省食品药品监督管理局全宗共有文书档案 20473 卷（件），专业档案 16296 件，上架排列总长度 160.2 米。档案形成时间为 1979 ～ 2018 年，分 5 次接收进馆。2012 年前共进馆档案 3897 卷，其中永久 2394 卷、长期 1503 卷，形成时间为 1979 ～ 1998 年，目录号永久是 01 号、03 号，长期是 02 号、04 号。第二批档案于 2012 年 11 月进馆，总计 368 卷，其中永久 194 卷，长期 174 卷，形成时间为 1999 ～ 2000 年，目录号永久是 05 号，长期是 06 号。第三批档案于 2013 年 1 月进馆，总计 5262 件，其中永久 4498 件、长期 764 件，形成时间为 2001 ～ 2004 年。第四批档案于 2020 年 8 月进馆，总计 10946 件，其中永久 3953 件、长期 678 件、短期 1942 件、定期 30 年 1800 件、定期 10 年 2573 件，形成时间为 2005 ～ 2018 年。第 5 次在 2022 年 12 月，16296 件专业档案进馆。分类方法是按年度一问题一保管期限分类法。检索工具有全宗指南、全宗介绍、案卷目录、全引目录、归档文件目录、机读目录等。

三、档案内容

（一）上级机关的文件材料。主要包括会议文件材料；制发的文件；领导讲话、重要指示等。

（二）本机关的文件材料。主要包括会议纪要、会议记录、领导讲话；各种正式文件的签发稿、印制本及重要文件修改稿；重要问题的请示、批复；外事活动中形成的请示、报告、计划、考察总结等；检查、调研形成的文件材料；各种统计报表和统计分析资料；机构增设、撤销、更改名称、启用印信及人员编制等文件材料；工作规章、制度；史志、大事记及年鉴；财产、物资、档案等交接凭证、清册；与外单位签订的各种合同、协议书等。

（三）同级机关和非隶属机关的文件材料。主要包括各种需执行的法规性文件；检查形成的重要文件；联系、协商工作的重要往来文件。

（四）下级机关的文件材料。主要包括重要工作计划、总结、报告、统计报表等文件材料。

山东省商务厅

(1984 ～ 2020 年)
全宗号　A197

一、机构沿革

1984 年 8 月 9 日，山东省对外经济贸易委员会（简称省外经委）成立，主要负责山东外贸系统外的利用外资和国际经济技术合作等工作的组织协调。省外经委成立以后，设在青岛的山东省对外经济贸易厅改称山东省对外贸易局（为不列省政府部门序列的厅局级行政机构），对外经济工作移交省外经委。1984 年 9 月 1 日正式对外办公。内设办公室、综合业务处、对外业务处 3 个业务处室。

1988 年 4 月 20 日，省委、省政府研究确定，撤销原山东省对外经济贸易委员会，重新组建综合管理全省外经、外贸、外事侨务，旅游等工作的山东省对外经济贸易委员会（简称省经贸委），列省政府工作部门序列。内设 8 个处室：办公室、人事教育处、研究室、综合计划业务处、对外经济合作处、外商投资管理处、国外贷款处和对外经贸联络处。

1991 年 5 月 29 日，省委、省政府研究确定，撤销原省对外经济贸易委员会和省对外贸易局，实行“经贸合一”，组建新的山东省对外经济贸易委员会（简称省外经贸委），一个机构，一套班子，在济南、青岛两地挂牌办公，为省政府统一管理和协调全省外经贸工作的职能部门，承担原外经委、外贸局的职责。济南称西委、青岛称东委。1996 年 6 月 5 日，内设 19 个职能处室。1997 年 1 月青岛东委主要 5 个业务处室（计划处、财务处、国外业务处、贸管处、基地处）搬迁济南西委正式办公，内设机构有的撤销，有的合并。

2000 年 4 月，省政府决定撤销山东省对外经济贸易委员会，设立山东省对外贸易经济合作厅，职能不变。新机构内设 17 个处室，原驻青岛的 6 个处室撤销 5 个，保留下来的离退休干部处分别在济南、青岛两地办公。

2009 年 6 月，山东省对外贸易经济合作厅更名为山东省商务厅，部分留在青岛的机关工作人员与业务联络办公室主要承担省商务厅在青岛业务联络、企业改制、纪检和驻青离退休老干部工作。

二、全宗概况

山东省商务厅全宗档案共有 18087 卷（件），上架排列总长度 120 米。档案形成时间为 1984 ～ 2020 年，分别于 2005 年、2019 年和 2021 年 3 次接收进馆。第一批档案于 2005 年 6 月移交进馆，总计 3380 卷，其中，永久 1022 卷、长期 2358 卷，档案形成时间为 1984 ～ 2000 年，其中，1984 ～ 1996 年省外经贸厅（济南西委）永久 791 卷、长期 1034 卷，目录号永久是 01 号，长期是 02 号；1997 ～ 2000 年省外经贸委（厅）（青岛东委和济南西委）永久 231 卷、长期 1324 卷，目录号永久是 03 号，长期是 04 号。第二批档案于 2019 年接收进馆，总计 14686 件，其中永久 6741 件、长期 7047 件、定期 30 年 898 件，档案形成时间为 2001 ～ 2010 年。2021 年接收原山东省对外贸易经济合作厅机关服务中心文书档案 21 卷，档案形成时间为 2000 ～ 2020 年，保管期限为永久，目录号是 05 号。该全宗分类方法是按年度－组织机构－问题分类法。检索工具有全宗指南、全宗介绍、案卷目录、全引目录、归档文件目录、机读目录等。

三、档案内容

（一）综合类　关于召开各类综合、专业会议，启用印章，接待外宾，拟定全省对外经贸规划和相关政策、措施，改善经营管理，清仓核资，商品出口的指示、规定、通知、报告、电报等。

（二）组织人事类　关于机关编制，人员调配，干部任免、处分，工人转正定级、工资、福利、退职退休，党的基层组织情况的请示、报告、通知、批复、报表等。

（三）业务类　关于全省对外经贸工作的地方性法规、规章、政策，关于对港澳台、东南亚、东欧等地区国家的商品出口，建立出口商品基地，扩大出口创汇、吸引外资，商标注册，省内国际货运代理企业资格审核的指示、通知、请示、报告等。

（四）计划财务类　关于对外贸易年度计划、外汇收支结算、信贷、外贸企业会计制度、预决算、财会工作会议、税务的通知、指示、报表、总结等。

第十一届全国运动会组委会

(2003～2010年)

全宗号　A200

一、机构沿革

2005年2月28日，国家体育总局向山东省人民政府复函，经国务院批准，同意山东省承办2009年第十一届全国运动会。7月19日，为切实做好第十一届全国运动会的筹备工作，山东省委、省政府决定，成立第十一届全运会山东省筹备委员会，筹委会下设办公室，作为筹委会的办事机构，负责日常筹备工作。

2006年10月23日，国家体育总局决定成立第十一届全国运动会组织委员会和纪律检查委员会，由国家体育总局局长任组织委员会主任，中纪委驻国家体育总局纪检组组长任纪律检查委员会主任。

2007年7月2日，国家体育总局决定成立组委会办公室、人事部、竞赛部、信息技术部、场馆建设部、新闻宣传部、广播电视部、大型活动部、市场开发部、财务部、群体工作部、志愿者工作部、行政接待部、安全保卫部、医疗卫生部、兴奋剂检查部、监察审计部、交通保障部、电力保障部、气象保障部等20个工作机构。7月3日，经中共山东省委同意，成立中国共产党第十一届全国运动会组委会委员会。

2006年7月～2007年10月，陆续成立济南、青岛、淄博等17个赛区组委会。2008年10月22日，国家体育总局研究决定成立游泳、跳水、水球等44个项目竞赛委员会。2009年3月29日，省委、省政府决定，成立山东省筹办十一运工作领导小组（在倒计时30天时改为总指挥部），省直有关部门负责人为成员。领导小组下设社会稳控与安保、城乡建设和环境整治、新闻宣传和社会动员、行政接待、食品药品安全、外事接待和旅游、备战参赛7个工作组。十一运结束后，领导小组和总指挥部自行撤销。

二、全宗概况

第十一届全国运动会组委会全宗共有文书档案21943件，上架排列总长度40米，档案形成时间为2003～2010年，于2014年9月28日移交进馆，保管期限全部为永久，按照归档机构一年度分类法分类整理。检索工具有全宗指南、全宗介绍、归档文件目录、机读目录等。照片档案 13506 张，档案形成时间为 2005 ～ 2010 年，于 2015 年 10 月 27 日移交进馆，保管期限全部为永久，按照归档机构一年度分类法分类整理。声像档案 729 盘（1517 件），于 2017 年 12 月 6 日移交进馆，保管期限全部为永久，档案形成时间为 2004 ～ 2009 年，按照归档机构一年度分类法分类整理。

三、档案内容

（一）文书档案　主要包括十一运会组委会各部室、各赛区组委会、各单项竞委会及各领导协调机构（以下称各归档机构）所形成的各种会议通知、会议方案、领导讲话、会议纪要等会议类材料；筹办信息、工作简报、专报等信息类材料；干部任免、竞赛组织、场馆建设、新闻宣传、广播电视、大型活动、市场开发、赛事保障等工作中形成的各类通知、请示、批复、函、计划、汇报、总结等文件材料。

（二）照片档案　主要包括十一运会组委会各归档机构所形成的各类会议、大型活动、领导视察指导、场馆建设、火炬传递、开幕式、闭幕式、比赛颁奖、新闻发布会等照片图片记录。

（三）声像档案　主要包括十一运会组委会各归档机构所形成的各类会议录音录像、大型活动、火炬传递、新闻报道、主题歌、开幕式、闭幕式、比赛实况、新闻发布会等录音录像记录。

山东省台湾事务办公室

（1986 ～ 2018 年）

全宗号　A202

一、机构沿革

1981 年中共山东省委成立省委对台工作小组，由省委书记高克亭同志任组长，下设办公室，办公室设在省委统战部，其任务是在省委对台工作小组的领导下，具体协调和联系有关部门开展对台工作。省委对台工作小组成立后，原省委对台宣传工作领导小组即行撤销，保留对台宣传办公室，在省委对台工作小组领导下，继续抓好对台宣传工作。

1988 年，设立中共山东省委对台工作办公室（对外使用“山东省人民政府台湾事务办公室”名称）。省委对台工作办公室为省委归口管理对台事务的正厅级工作机构，与省委统战部合署。

1991 年，省委决定将“中共山东省委对台工作办公室”更名为“中共山东省委台湾工作办公室”，实行一个机构、两块牌子，既是“中共山东省委台湾工作办公室”，也是“山东省人民政府台湾事务办公室”。省委台湾工作办公室不再与省委统战部合署，在省委序列单独列编，与部、委、办同级。

二、全宗概况

山东省人民政府台湾事务办公室全宗共有档案 8994 卷（件），上架排列总长度 24.3 米。档案形成时间为 1986 ～ 2018 年，先后 3 次接收进馆。第一批档案于 2006 年 7 月进馆，总计 666 卷，其中永久 161 卷、长期 505 卷，形成时间为 1986 ～ 1994 年，目录号永久是 01 号，长期是 02 号。第二批档案共进馆 520 卷，其中永久 233 卷、长期 287 卷，形成时间为 2004 ～ 2018 年，目录号永久是 03 号，长期是 04 号。第三批档案于 2021 年 5 月进馆，总计 7808 件，其中永久 3720 件、长期 1653 件、定期 30 年 1207 件、定期 10 年 1228 件，形成时间为 2004 ～ 2018 年，分类方法是按年度－问题－保管期限分类法。检索工具有全宗指南、全宗介绍、案卷目录、全引目录、归档文件目录、机读目录等。

三、档案内容

（一）综合类　主要包括党中央、国务院、省委和省政府对台工作的方针、政策、处理台湾事务的指示、报告、意见；省台办召开的鲁台会议文件，历年工作计划、工作总结等。

（二）组织人事类　主要包括省委、省政府关于机构设置、人员编制、人员调动、干部任免的指示、通知、报告、批复；成立台办、启用印鉴的报告、批复、通知；省台办历任正副主任名单等。

（三）业务类　主要包括鲁台间通邮、通航、通商工作的报告、指示、批复；鲁台间经济、文化、学术、体育、科技、卫生等领域交流和合作记录；对台湾中上层重点人士的联络工作，审批台湾记者来鲁采访事宜，管理台胞捐赠的情况记录等。

山东省人民政府法制办公室

(1988 ～ 2018 年)

全宗号　A208

一、机构沿革

1987 年 12 月 18 日，山东省人民政府法制局成立，为副厅级单位，由山东省人民政府办公厅代管，山东省人民政府办公厅法规室同时撤销。

1988 年 2 月 26 日，山东省人民政府法制局内设综合处、经济法规处、行政法规处 3 个处。

1994 年 5 月 6 日，山东省法律服务中心成立，为自收自支的处级事业单位。

1996 年 1 月 10 日，山东省人民政府法制局设 5 个职能处室：办公室、法规一处、法规二处、政府法制监督处、复议应诉处。1997 年 4 月 11 日，山东省法律服务中心更名为山东政府法制服务中心，仍为自收自支的处级事业单位。1997 年 11 月 7 日，山东省政府法制学会成立。

2000 年 7 月 4 日，山东省人民政府法制办公室成立，是省政府办理法制工作事项的正厅级直属机构，设置秘书处（挂人事处牌子）、法制一处、法制二处、法制协调处、复议应诉处（挂山东省人民政府行政复议办公室牌子）5 个职能处和机关党委。2001 年 8 月 1 日，山东政府法制研究中心成立，为全额预算管理处级事业单位。

二、全宗概况

山东省人民政府法制办公室全宗，上架排列总长度 52.65 米。共有按卷整理的文书档案 1512 卷，其中永久 346 卷，长期 1166 卷，起止年代为 1988 ～ 2002 年。永久编为 01 目录，长期编为 02 目录。按件整理的文书档案 3059 件，其中永久 1109 件，长期 821 件，定期 30 年 1129 件。起止年代为 2003 ～ 2018 年。会计档案 1868 册，其中凭证 947 册，账簿 383 册，报表 151 册，其他 387 册。该全宗按年度—保管期限—机构分类整理。建有全宗指南、全宗介绍、案卷目录、全引目录、归档文件目录和数字化机读目录。

三、档案内容

（一）本机关形成的文件材料：这是全宗内的主要组成部分。包括本单位形成的与其他机关联合制发的文件材料；本单位日常工作活动的通知、报告、总结、请示、批复。本单位编制的生产基建、财务、劳动工资计划、各种统计报表；本单位召开的各种会议文件材料；本单位机构的设置及名称变更、人员编制、干部职工调动、录用、奖励、处分，行政工资与组织关系、离退休、抚恤等文件资料；本单位外事活动等文件资料。

（二）国务院法制办等上级机关下发的属本单位主管业务并要贯彻执行的文件材料。

（三）同级机关和非隶属机关制发的非本机关主管业务，但要贯彻执行的文件材料。

（四）下级机关报送的属本机关业务范围内的有关材料。

山东老年大学

（1983 ～ 2018 年）

全宗号　A210

一、机构沿革

1983 年 6 月 4 日，经山东省教育厅批复同意，成立山东省红十字会老年人大学，归属山东省卫生厅管理，是全国第一所老年大学。内设办公室、教务处。1986 年 11 月，“山东省红十字会老年人大学”更名为“山东老年大学”，自 12 月 1 日起启用新印章。1987 年 10 月，确定山东老年大学作为厅级独立事业单位，归口省委组织部，由省委老干部局协助管理。1989 年 10 月，省体改委批复同意成立山东省老年大学协会。

1990 年，山东老年大学改由省委高校工委管理。1993 年 10 月，山东省老年大学协会正式成立，聘请高克亭、谭启龙、苏毅然、梁步庭、王金山、任思忠等 6 人为名誉会长，王成旺任会长。1997 年 4 月，山东老年大学改变归属关系，由高校工委管理改为归口省委组织部管理，由老干部局协助管理，校长由省委老干部局副局长兼任。

二、全宗概况

现馆藏该全宗档案 228 卷、3857 件，上架排列总长度 14.22 米。档案形成时间为 1983 ～ 2018 年。分别于 2012 年、2021 年 2 次接收进馆。2012 年鉴定后案卷总数为 228 卷，其中永久 136 卷，长期 92 卷。案卷按保管期限的不同，分别编为永久 01 目录、长期 02 目录。第二批 3857 件，其中永久 3073 件，长期 296 件，定期 30 年 488 件。文书档案按照保管期限—年度—组织机构进行分类整理。检索工具有全宗指南、全宗介绍、案卷目录、全引目录、归档文件目录和机读目录。

三、档案内容

全宗内主要有以下三方面的内容：

（一）本单位形成的文件材料。这是全宗内档案的主要组成部分。包括学校重要活动的通知、请示、报告、批复、人员名单、领导讲话、会议记录、重要会议资料、总结报告、工作计划、统计报表、机构设置、组织沿革、人员编制、任免、奖惩、组织沿革、《老年教育》、外事活动等。

（二）省委组织部、省委老干部局等上级机关下发的需要本单位执行的文件材料。

（三）省内外其他老年大学发送的需要留存的文件材料，如请示、报告、会议材料等。

山东省人力资源和社会保障厅

（2009 ～ 2013 年）

全宗号　A212

一、机构沿革

2009 年 3 月，山东省人民政府机构改革，组建山东省人力资源和社会保障厅，挂省外国专家局牌子，不再保留省人事厅、省劳动和社会保障厅。

截至 2017 年，省人力资源和社会保障厅设办公室、人事处、政策研究处、法规处、规划财务处、就业促进与失业保险处、高校毕业生就业处、人力资源市场处、省军官专业安置办公室、人才开发处、职业能力建设处、专业技术人员管理处、事业单位人事管理处、劳动关系处、工资福利处、职工养老保险处、职工医疗保险处、工伤保险处、居民养老保险处、居民医疗保险处、社会保险基金监督处、调解仲裁管理处、劳动监察处、引智综合处、外国专家管理处、出国培训管理处、离退休干部处、机关党委等28个内设机构。

其主要职责是：负责拟订人力资源和社会保障有关法规、政策等并组织实施；负责人力资源流动、人力资源市场建设和人员调配工作；负责就业促进、鼓励创业和农民工工作；负责统筹建立覆盖城乡的社会保障体系；负责全省机关、企事业单位工资福利综合管理工作；负责全省事业单位人事管理工作；负责人才开发和专业技术人员管理工作；负责综合管理全省引进国外智力、赴国（境）外培训和留学人员来山东省工作；负责军队转业干部安置工作；负责行政机关公务员综合管理工作。

二、全宗概况

山东省人力资源和社会保障厅2009～2013年形成的档案，共计8285件，排架长度48.6米。其中永久4560件，定期（30年）3725件。检索工具有全宗指南、机读目录、归档文件目录等。其分类方法为：年度—保管期限—机构分类法。

三、档案内容

（一）本机关形成的文件材料：这是全宗内的主要组成部分。包括本厅形成的以及与其他机关联合制发的文件材料；本厅工作活动的通知、报告、总结、计划、请示、批复、调查及综合、专题成果；本厅编制的计划、各种统计报表；本厅召开的各种会议文件材料；本厅及内设机构设置与名称更改、人员编制、干部职工调动、录用、处分，行政工资与党团关系，离退休、死亡、抚恤等；本厅外事活动等文件材料。

（二）人社部等上级机关下发的属本厅主管业务并要执行的文件材料、各类专业性计划执行情况等。

（三）同级机关和非隶属机关制发的非本机关主管业务但要贯彻执行的文件材料或依据性的文件材料。

（四）下级机关报送的有关材料。

山东省老龄委办公室

（1987 ～ 2010 年）

全宗号　A213

一、机构沿革

1986 年 9 月，正式成立了山东省老龄问题委员会筹备办公室。1987 年 3 月 5 日，省委决定成立山东省老龄问题委员会，并公布成员名单，领导成员主要由老同志担任。1989 年 10 月 27 日，省委决定将山东省老龄问题委员会改为山东省老龄委员会，为省委、省政府领导下的相对独立单位，其办事机构归党群口。

1991 年 10 月 11 日，省编制委员会批复同意：省老龄委员会办公室由独立处级事业单位改为省老龄委员会的内部机构；在省老年经济技术开发咨询中心增挂省老龄委员会老年事业处牌子；省老年福利基金会秘书处改为省老龄委员会基层工作处，对外保留省老年福利基金会秘书处名义；建立山东老年杂志社，与中华老年报山东采编发行室一套机构两块牌子。

1996 年 11 月 26 日，省政府确定省老龄委员会办公室为省属正厅级事业单位，由省民政厅代管。省老龄委员会原所属机构整编为省老龄委员会办公室的内设机构，设秘书处、老年事业部（挂山东省老年福利基金会秘书处牌子）、宣传教育部（《中华老年报》山东采编发行室和山东老年杂志社合署）。

2000 年 12 月 11 日，省政府决定将山东省老龄委员会更名为山东省老龄工作委员会，为省政府主管全省老龄工作委员会办公室，办公室的规格、内设机构、编制员额、管理体制等保持不变。

2001 年 8 月 1 日，省机构编制委员会规定省老龄工作委员会办公室作为山东省老龄工作委员会下设的办事机构，由民政厅代管，设秘书处（挂人事处牌子）、老年事业管理处（老年人权益保障处）、宣传教育处 3 个职能处和机关党委。

二、全宗概况

山东省老龄委办公室全宗，上架排列总长度 12.6 米。共有按件整理的文书档案4823件，其中永久3249件，长期662件，定期30年711件，短期116件，定期10年85件。起止年代为1987～2010年。该全宗按年度—保管期限—机构分类整理。建有全宗指南、全宗介绍、归档文件目录和数字化机读目录。

三、档案内容

山东省老龄委及办公室出台的政策法规，作出的重要工作部署、召开的重要会议、举办的重大活动、会议纪要、机构编制的变革、党团关系、干部职工录用、调动、离退休、统计报表以及其他相关重要事项。

山东省残疾人联合会

(1986～2002年)

全宗号　A215

一、机构沿革

1980年，省民政厅成立山东省盲人聋哑人协会办事机构。1986年，省民政厅同意成立山东省残疾人福利基金会筹备处。1988年，省政府批准组建山东省残疾人联合会，内部设办公室、群工部、宣教部、基金部、康复部。

1996年，省编委印发省委、省政府批准的山东省残疾人联合会机构改革方案，设6个部室即办公室、组织联络部、康复部、教育就业部、宣传文体部、计财部和机关党委。

二、全宗概况

山东省残联1989～2002年形成的档案，共计1089卷，排架长度11.25米。其中永久363卷，长期726卷。目录号永久为01、长期为02。检索工作有全宗指南、案卷目录、全引目录、机读目录等，档案按年度—机构—保管期限分类法分类整理。

三、档案内容

（一）本机关形成的文件材料：这是全宗内的主要部分。包括本机关形成的，与其他机关联合制发的文件材料；本机关工作活动的通知、报告、总结、计划、请求、批复、调查及综合材料；本机关召开的各种会议文件材料；本机关及内设机构设置与名称更改、人员编制、干部职工调动、录用、处分，行政工资与党团关系，本机关外事活动等文件材料。

（二）中国残联等上级机关下发的属本级主管业务并要执行的文件材料等。

（三）同级机关和非隶属机关制发的非本机关主管业务但要贯彻执行的文件材料或依据性的文件材料。

（四）下级机关报送的有关材料。

山东省煤炭工业局

（1987 ～ 2018 年）

全宗号　A218

一、机构沿革

1976 年 6 月，成立山东省革委会煤炭工业局小煤矿生产建设指挥部；1982 年 7 月，改为山东省煤炭工业局地方煤炭局；1983 年 9 月，改为山东省煤炭工业总公司地方煤炭局；1986 年 1 月，山东省煤炭工业局（副厅级）正式成立；1990 年 9 月，改为山东省地方煤炭工业公司（副厅级）；1995 年 7 月，改为山东省煤炭工业局（副厅级）；1999 年 12 月，山东省煤炭工业局（山东煤矿监察局）变为正厅级；2000 年 9 月，山东省人民政府成立山东省煤炭工业局，与山东煤矿安全监察局实行“一个机构，两块牌子”；2002 年 1 月，山东煤矿安全监察局和山东煤炭工业局分离，山东煤炭工业局行使煤炭行业管理和安全监管职能；2004 年 3 月，山东煤炭工业局改为山东省煤炭工业办公室，为省经贸委内设机构；2005 年 11 月，山东省煤炭工业办公室更名为山东省煤炭工业局。

二、全宗概况

山东省煤炭工业局 1987 ～ 2018 年形成的档案，共计 2198 卷（其中永久 1336 卷，长期 862 卷），15736 件（其中永久 7299 件、长期 1158 件、短期 1407 件、定期 30 年 2175 件、定期 10 年 3697 件）。排架长度 74.7 米。检索工具有全宗指南、全宗介绍、案卷目录、全引目录、机读目录、归档文件目录等。其分类方法为：保管期限—年度—机构分类法。

三、档案内容

（一）本机关召开的各种重要会议、重大活动的主要文件材料。

（二）本机关召开的工作会议、专业会议材料。

（三）本机关制发的各项决定、意见、请示、批复、办法、规定、通知等，如：鲁煤党、鲁煤字、鲁煤人字、鲁煤办字、鲁生字、鲁经字等。

（四）本机关向上级机关的请示及上级机关的批复文件。

（五）本机关及各处室制定的工作计划、总结。

（六）本机关形成汇总的统计报表和统计分析资料及财务报表、凭证、审计等文件材料。

（七）本机关内部组织机构在工作活动中形成的重要文件材料。

（八）本机关制定的工作条例、章程、制度等文件。

（九）本局的历史沿革、大事记、年鉴等文件材料。

（十）本局（包括上报和下批）干部任免（包括备案）、调配、培训、专业技术职务评定、聘任、党员、团员、干部、职工名册、报表，纪律检查以及职工的录用、转正、定级、调资、退职退休、离休等工作及干部奖惩等文件材料。

（十一）本局与有关单位签订的各种合同、协议书等文件材料。

（十二）各种普查工作中形成的文件材料。

（十三）与有关单位的联合发文和非本局主管业务但需要执行的法规性文件。

（十四）有关业务单位与本局联系、协商工作的重要来往文件。

山东省地方史志办公室

（1981 ～ 2018 年）

全宗号　A219

一、机构沿革

1981 年 10 月 20 日，成立山东省地方史志编纂委员会，下设办公室。1984 年 3 月 10 日，山东省地方史志编纂委员会办公室设秘书处、编审处、县志编纂指导处、资料编辑部。1986 年 3 月 12 日，增设《山东年鉴》编辑部，与资料编辑部合署。1995 年 8 月 8 日，山东省地方史志编纂委员会办公室改为山东省地方史志办公室。1996 年 4 月 25 日，山东省地方史志办公室设人事秘书处、省志编审处、市县基层志编纂指导处、年鉴工作处（省情资料处与之合署）；同意筹建山东省方志馆，为山东省地方史志办公室所属全额预算管理的处级事业单位。2016 年 4 月 7 日，山东省地方史志办公室省情资料处不再与年鉴工作处合署，并更名为信息工作处。

主要职责是：负责拟定全省地方史志工作规划及规范标准，并组织实施；负责《山东省志》及《山东年鉴》等省级志书、史书的组织编纂、出版及旧志整理工作；对市（地）县及基层志书编纂工作进行业务指导；负责省情资料的收集、整理、研究和开发利用。

二、全宗概况

山东省地方史志办公室全宗档案数量为 703 卷、2625 件，档案起止时间为 1981 年至 2018 年。本全宗的档案分别于 2016 年、2019 年由山东省地方史志办公室移交进馆，按保管期限—年度—机构分类排列。2016 年首次进馆，案卷总数为 465 卷，其中永久 265 卷、长期 200 卷；2019 年第二次进馆，接收按卷整理的档案 238 卷（均为短期卷），按件整理的档案 2625 件，其中永久 791 件、长期 530 件、短期 1252 件、定期 30 年 52 件。检索工具有全宗指南、全宗介绍、案卷目录、全引目录、归档文件目录、机读目录等。

三、档案内容

（一）本机关召开的各种重要会议、重大活动的主要文件材料。

（二）本机关的请示、上报的汇报材料与上级机关的批复、批示。

（三）机构设置、调整、人员编制、干部离退休的决定。

（四）上级与本单位关于干部任免的报告、批复及备案材料，干部职工审查、结论、复议等报告、批复，干部职工调动的行政、工资、党团组织关系的材料。

（五）干部职工录用、转正、聘任、调资、定级、停薪留职、辞职等文件材料。

（六）本机关制发的各项法规、制度、规定、章程、办法、通知等及机关内部各项制度规定。

（七）本机关编写的审计情况、审计情况增刊、审计文件选编、大事记、简报等。

（八）本单位主办与其他单位联合行文的文件。

（九）工作计划、总结、报表。

山东省济南市齐鲁公证处

（1993～2020年）

全宗号　A221

一、机构沿革

1993年，山东省公证处（山东省济南市齐鲁公证处前身）成立，为处级单位，由司法厅领导，所需经费由收取的公证费解决。

2012年12月，山东省公证处更名为山东省济南市齐鲁公证处，为事业单位，经费来源为经费自理。主要职责：承办中央（驻鲁）、省直机关和直属企事业单位及其工作人员申请的国内、涉外民事经济公证，涉及国家机密的公证事项，有关重大疑难公证及省司法厅授权办理的特殊公证事项。

二、全宗概况

山东省济南市齐鲁公证处全宗共有196062卷，排架长度1013.4米，起止年代是1993年至2020年。分别于2016年、2018年、2019年、2021年4次进馆，按年度—问题分类排列。检索工具有全宗指南、全宗介绍、案卷目录。

三、档案内容

（一）涉外公证

包括：（鲁证）外字、（济齐证）外字、（鲁齐证）外字、（鲁证）民涉字、（鲁证）经涉字、（鲁证）民涉字（美国）、（鲁证）字等档案。

此类公证指公证机关办理的含有涉外因素的公证事项，分为涉外经济公证和涉外民事公证两大类。

主要是以下业务的公证：

1．涉外经济合同、各种协议和契约。

2．涉外收养、继承、遗嘱、委托、赠予、财产分割、财产转让、担保等法律行为。

3．涉外或发往域外使用的公司章程、股权证书、授权证书、资质证明、专利证明、商标注册证书、营业证书、董事会决议等经济法律文书。

4．证明婚姻状况、亲属关系、身份、法人资格、出生、死亡、生存、学历、经历、未受刑事处分、意外事件等有法律意义的事实。

5．为对外诉讼、索赔、设立机构、申请权利注册和法律保护提供所需的公证证明。

6．涉外证据保全、遗产清点、提存等公证业务。

7．证明文书上的签名、印章属实，文件的不同文本的内容相符，文书的签署地点和日期等。

8．根据国际惯例和当事人的申请办理的其他涉外公证业务。

（二）国内公证

包括：（鲁证）经字、（鲁证）民字档案。

此类公证指公证机关根据我国公民、法人或其他组织的申请办理的公证书在国内使用的公证事项。

经济公证的内容包括：

1．各类经济合同、协议，经济担保，法人委托，抵押、招标、拍卖、票据拒绝，资产评估等经济法律行为。

2．商标注册证书、专利证书、公司章程、法人资格证书、董事会决议、经济文件上的签名、印鉴属实、经济文书的副本、节本、译本与原本相符等具有经济内容的有法律意义的文书。

3．海损事实、法定代表人身份、意外事件、法人资信情况、法人经历、纳税情况等与经济活动有关的有法律意义的事实。

4．债权文书的赋强公证。

5．证据保全和提存公证。

民事公证的内容包括：

1．继承、收养、遗嘱、赠予、财产分割、委托、房产转让、租赁等民事法律行为事项。

2．毕业证书、职称证书、结婚证书、驾驶证等具有民事法内容的有法律意义的事实和文书。

3．出生、生存、死亡、海难、空难、健康、亲属关系、婚姻关系等与民事活动有关的有法律意义的事项。

4．借据、欠单等公民之间追偿债款、物品的文书赋强公证。

5．清点遗产。

6．遗嘱和其他文件、文书、书信的保管。

7．其他民事法律事务。

（三）涉港澳公证

包括：（鲁证）港字、（鲁证）澳字、（济齐证）港字、（济齐证）澳字、（鲁齐证）港字、（鲁齐证）澳字等档案。

此类公证指公证机关办理的公证当事人之一是香港、澳门同胞，或公证文书将发往香港、澳门地区使用的公证事项。

涉港澳经济公证主要包括：涉港澳的经济合同和协议公证、公司章程或文件的公证、从事经济贸易活动所需法律文书的公证、涉及知识产权的等。

涉港澳民事公证主要包括：继承、收养、婚姻状况、亲属关系、赠予、委托书、声明书、个人经济收入、出生、死亡、生存、学历、经历、未受刑事处分等公证。

（四）涉台公证

包括：（鲁证）台字、（济齐证）台字、（鲁齐证）台字档案。

此类公证指公证机关办理的公证当事人或当事人之一是台湾同胞，或公证文书将发往台湾使用的公证事项。

涉台公证主要有：涉台的经济合同和协议公证、经济贸易和诉讼活动中所需的文书公证、意外事件的公证以及继承、收养、婚姻状况、亲属关系、赠予、委托书、声明书、曾用名、出生、死亡、生存等公证。

（五）抵押登记公证

指（鲁证）登字档案。

此类公证主要指抵押贷款、土地使用权抵押、房产抵押等法律规定应当公证的事项。

公证内容主要包括：抵押贷款合同及有关资料；土地使用权抵押、房产抵押合同。

山东省作家协会

(1988 ～ 2016 年)

全宗号　A222

一、机构沿革

山东省作家协会的前身是山东省文学工作者协会，成立于 1951 年 4 月 22 日。1959 年 7 月，更名为中国作家协会山东分会；1991 年改称山东省作家协会。

山东省作协是中国共产党领导的全省作家和文学工作者自愿结合的专业性人民团体，是党和政府联系广大作家、文学工作者的桥梁和纽带，是繁荣文学事业、加强社会主义精神文明建设的重要社会力量。在省委的领导和中国作协的指导下，依据《山东省作家协会章程》开展工作。

山东省作协的主要工作任务：一是团结、服务作家，扶持培养文学新人，推出优秀作品，增进文学交流。二是加强对会员的服务联络工作，更好地组织作家深入生活，投身实践，开阔视野，积累素材。三是注重导向性、权威性，充分发挥优秀作品的示范作用，促进文学创作的进一步繁荣和发展。

二、全宗概况

现馆藏山东省作家协会全宗的档案共 172 卷、4641 件，排架长度 19.44 米，档案起止时间为 1988 年至 2016 年。分别于 2018 年和 2022 年接收进馆。档案按年度—保管期限—机构（问题）分类排列。检索工具有全宗指南、全宗介绍、案卷目录、全引目录、归档文件目录、机读目录等。

三、档案内容

（一）上级单位对省作协制发、签发的文件，需要贯彻执行的会议文件等。

（二）省作协党、政工作及业务工作中形成的历史记录及有保存价值的各种文件资料。

（三）同级单位和非隶属单位针对省作协制发的文件，普发的需要执行的文件，因工作业务联系而制发或形成的文件材料等。

（四）下级单位报送的重要年度工作计划、要点、总结，以及经省作协批复的文件材料等。

（五）省作协重要活动、重大事件形成的文件材料等。

（六）省作协其他有重要保存价值的文件、报表、资料等。

山东省旅游局

（1986 ～ 2018 年）

全宗号　A223

一、机构沿革

1989 年 3 月 27 日，山东省旅游事业管理局正式成立。主要职能是对全省的国际、国内旅游事业实行统筹规划和行业管理。

二、全宗概况

馆藏山东省旅游局的档案数量为 2774 卷、9746 件，排架长度 135.45 米。分别于 2016 年、2018 年两次进馆，其中永久 1486 卷、5432 件，长期 940 卷、874 件，短期 348 卷、561 件，定期 30 年 1653 件，定期 10 年 1226 件。全宗内档案检索工具有全宗指南、全宗介绍、案卷目录、全引目录、归档文件目录、机读目录等。

三、档案内容

本局党组召开的各种重要会议、重大活动的主要文件材料；本局党组会议纪要、会议记录；本局党组普发的文件材料；本局党组向上级机关的请示及上级机关的批复文件和针对本局主管业务的文件材料；本局纪检组制发的重要文件；本局纪检组贯彻落实上级文件精神形成的重要请示、报告、批复；本局人事处、机关党委、管理处、规划处、促进处、国内处、投诉中心内部组织机构在工作活动中形成的重要文件材料；本局转发上级需全系统执行的重要文件；同级机关、非隶属机关颁发的非本局主管业务但需要执行的法规性文件；本局对省人大、政协建议提案答复及办理意见；本局机构设置、成立、合并、撤销、更改名称、人员编制等文件材料；本局制定的工作条例、章程、制度等文件；本局的历史沿革、大事记、年鉴等文件材料；本局内部机构调整（包括上报和下批）、干部任免（包括备案）、调配、奖惩、专业技术职务评定、聘任、签订合同、协议；职工录用、转正、定级、调资、退职退休、离休等文件材料；本局与有关单位签订的条约、议定书、议定、合同、换文（正、副本）等。

山东省交通运输厅道路运输局

（1981 ～ 2014 年）

全宗号　A224

一、机构沿革

1986 年 12 月，省编委批准撤销省公路运输联合公司；设立山东省公路运输管理局，处级事业单位。

2000 年 7 月，省政府办公厅批准更名为山东省交通厅道路运输局，其他不变。

2007 年 6 月，省编委批准省交通厅道路运输局机构规格由处级调整为副厅级，为行政支持类事业单位，经费来源为财政拨款。

2011 年 1 月，省编办批准省交通厅道路运输局更名为省交通运输厅道路运输局，为省交通运输厅所属副厅级事业单位，客货运输管理处分设为客运管理处、货运管理处，局内设办公室（省交通运输厅道路运输应急指挥中心）、规划财务处、客运管理处、货运管理处、维修驾培管理处等 5 个处室。2014 年 12 月，省编委批准省交通运输厅道路运输局为承担行政职能事业单位。

主要职能是负责全省道路旅客运输、道路货物运输以及与道路运输相关的车辆维修、搬运装卸、人员培训和运输服务活动的具体管理职能。

二、全宗概况

现馆藏该全宗共有档案 824 卷、8433 件，上架排列总长度 28.44 米。档案形成时间为 1981 年至 2014 年。于 2016 年、2019 年先后两次接收进馆。2016 年第一批进馆文书档案 344 卷，其中永久 86 卷，长期 258 卷，分别编为永久 01 目录，长期 02 目录；文书档案 956 件，其中永久 619 件，长期 181 件，短期 156 件。2021 年第二批进馆文书档案 480 卷，编为短期 03 目录；文书档案 7477 件，其中短期 4395 件，定期 10 年 3082 件。编有全宗指南、全宗介绍、案卷目录、全引目录、归档文件目录、机读目录等检索工具。

三、档案内容

山东省交通运输厅道路运输局全宗档案包括 1981 ～ 2014 年形成的文书档案。主要内容包括：本局党委形成的文件材料；本局制发的各项决定、指示、办法、规定、通知；本局向上级机关的请示及上级机关的批复；本局及各处室制定的工作计划、总结；本局成立、合并、撤销、更改名称、启用印章及其组织简介、人员编制等文件材料；本局制定的工作条例、章程、制度等文件；本局干部任免（包括备案）、调配、培训以及退职退休、离休等工作及干部奖惩等文件材料；有关业务机关与本局联系、协商工作的重要来往文件等。

山东省煤田地质局

（1964 ～ 2017 年）

全宗号　A225

一、机构沿革

山东省煤田地质局成立于 1952 年，是省政府直属正厅级事业单位。1964 年 1 月，中国煤炭工业部决定成立华东煤炭工业管理局煤田地质勘探局，历经多次机构变革。2003 年 4 月 28 日，山东煤田地质局更名为山东省煤田地质局，为山东省煤炭工业局管理的事业单位。2015 年 9 月 20 日，确定省煤田地质局经费来源为财政拨款的公益一类事业单位，下属七个队（院）为财政补贴的公益二类事业单位。

山东省煤田地质局的业务范围涉及地质勘探、数字测井、测绘、页岩气煤层气勘探开发、地热开发、环境评价、生态环境修复、地质灾害防治、应急救援、海洋地质等。

二、全宗概况

现馆藏山东省煤田地质局全宗的档案共 2205 卷、3181 件，排架长度 40.05 米，档案起止时间为 1964 年至 2017 年，于 2019 年和 2022 年接收进馆。档案按年度—保管期限分类排列。检索工具有全宗指南、全宗介绍、案卷目录、全引目录、归档文件目录、机读目录等。

三、档案内容

1. 本机关制定的法规政策性文件材料。

2. 本机关召开重要会议、举办重大活动等形成的主要文件材料。

3. 本机关职能活动中形成的重要业务文件材料。

4. 本机关关于重要问题的请示与上级机关的批复、批示，重要的报告、总结、综合统计报表等。

5. 本机关机构演变、人事任免等文件材料。

6. 本机关房屋买卖、土地征用，重要的合同协议、资产登记等凭证性文件材料。

7. 上级机关制发的属于本机关主管业务的主要文件材料。

8. 同级机关、下级机关关于重要业务问题的来函、请示与本机关的复函、批复等文件材料。

山东省人文自然遗产保护与开发促进会

(1995 ～ 2013 年)

全宗号　A226

一、机构沿革

山东省人文和自然遗产保护与开发促进会秘书处为山东省人文和自然遗产保护与开发促进会的办事机构。1994 年 12 月 29 日，省机构编制委员会同意设立山东省人文和自然遗产保护与开发促进会秘书处，设在山东省地方史志编纂委员会办公室。1995 年 2 月 15 日，明确山东省人文和自然遗产保护与开发促进会秘书处作为促进会的办事机构，设在山东省地方史志编纂委员会办公室。1996 年 4 月 25 日，山东省人文和自然遗产保护与开发促进会秘书处挂靠山东省地方史志办公室。1997 年 9 月 14 日，山东省人文和自然遗产保护与开发促进会秘书处更名为山东省人文自然遗产保护与开发促进会秘书处。

2013 年 11 月 1 日，山东省人文自然遗产保护与开发促进会秘书处不再纳入机构编制管理，其编制和相关人员并入山东省方志馆。

二、全宗概况

山东省人文自然遗产保护与开发促进会全宗共有文书档案 114 卷，排架长度 4.23 米，其中永久 99 卷，编为 01 目录，长期 15 卷，编为 02 目录。起止年代为 1995 ～ 2013 年。本全宗的档案于 2015 年 11 月，由山东省人文自然遗产保护与开发促进会移交进馆，按保管期限一年度一机构分类排列。检索工具有全宗指南、全宗介绍、案卷目录、全引目录、机读目录等。

三、档案内容

（一）本机关召开的各种重要会议、重大活动的主要文件材料。

（二）本机关的请示、上报的汇报材料与上级机关的批复、批示。

（三）机构设置、调整、人员编制、干部离退休的决定。

（四）上级与本单位关于干部任免的报告、批复及备案材料，干部职工审查、结论、复议等报告、批复，干部职工调动的行政、工资、党团组织关系的材料。

（五）干部职工录用、转正、聘任、调资、定级、停薪留职、辞职等文件材料。

（六）本机关制发的各项法规、制度、规定、章程、办法、通知等及机关内部各项制度规定。

（七）本机关编写的审计情况、审计情况增刊、审计文件选编、大事记、简报等。

（八）本单位主办与其他单位联合行文的文件。

（九）工作计划、总结、报表等。

山东煤矿安全监察局（山东省煤矿工业局）

（1948 ～ 1988 年）

全宗号　A228

一、机构沿革

山东煤矿安全监察局的前身，最早可追溯至 1948 年 3 月 10 日成立的华东财政经济办事处工矿部所属的山东省矿务局，机关驻博山，是山东设立省级煤炭管理机构之始。1949 年 2 月 10 日，改称为华东财政经济办事处工矿部矿务局，辖华东地区公营煤矿，接管了淮南、坊子煤矿，成立了昆仑营业部和济南、青岛煤炭运销公司。1949 年 9 月 20 日，华东财政经济办事处驻山东之工矿部划归山东省人民政府领导，称山东省人民政府工矿部。1950 年 2 月 11 日，工矿部矿务局改称山东省人民政府工矿部煤矿管理局，所辖范围不变。1955 年 7 月，撤销燃料工业部，成立煤炭工业部。1958 年 7 月，撤销煤炭工业部济南管理局，组建山东省煤炭工业局，在省人委的直接领导下，领导和管理下放到山东境内的统配煤矿及其他煤炭企事业单位。

1970 年 2 月 21 日，组建山东省煤炭工业局，统一管理山东境内的国营和地方煤矿企事业单位。

1983 年 7 月 8 日，山东省煤炭工业局改为山东省煤炭工业厅，为省政府职能部门，所辖范围与基本职能不变。1984 年 1 月 9 日，撤销山东省煤炭工业厅，成立企业性质的山东省煤炭工业总公司，定为厅局级单位。4 月 20 日，省政府发布文件，授权该公司行政管理职能，并担负全行业的企业或管理机构的归口管理，所辖范围不变。

1986 年 2 月 24 日，原省煤炭工业总公司所属的地方煤炭局改为山东省煤炭工业局，升格为副厅级，由煤炭工业部山东煤炭工业管理局代管，管理山东省地方煤炭工业。

1988 年 9 月，撤销煤炭工业部，组建能源部领导下的中国统配煤矿总公司。撤销煤炭工业部山东煤炭工业管理局，9 月 15 日，成立中国统配煤矿总公司山东公司，同时挂山东省煤炭工业管理局的牌子，实行一个机构两块牌子，两种职能，对山东省煤炭工业实行行业管理。

1993 年 9 月 25 日，成立山东煤炭工业管理局，是山东省境内国有重点、地方国有、乡镇等各类煤矿和其他煤炭企事业单位的行政主管部门，受煤炭工业部和山东省人民政府双重领导，以煤炭部为主。

2000 年成立山东煤矿安全监察局，局机关设办公室、政策法规处、科技装备处、安全监察处、事故调查处(安全协调处)、执法监督处、财务处、人事培训处、纪检监察室、机关党委和离退休干部管理处 11 个处室；设鲁东、鲁中、鲁西和鲁南 4 个监察分局，为该局派出机构，负责各自划定区域内煤矿安全监察和执法工作。山东煤矿安全监察局是行使煤矿安全监察职能的行政机构，由国家安全生产监督管理总局领导，国家煤矿安全监察局负责业务管理。

二、全宗概况

山东煤矿安全监察局全宗共有文书档案 2807 卷，排架长度 72.45 米，起止年代为 1948 ～ 1988 年，其中，永久 887 卷，长期 1920 卷。本全宗的档案由山东煤矿安全监察局移交进馆，按保管期限—年度—机构分类排列。检索工具有全宗指南、全宗介绍、案卷目录、全引目录、机读目录等。

三、档案内容

（一）本机关召开的各种重要会议、重大活动的主要文件材料。

（二）本机关的请示、上报的汇报材料与上级机关的批复、批示。

（三）机构设置、调整、人员编制、干部离退休的决定。

（四）上级与本单位关于干部任免的报告、批复及备案材料，干部职工审查、结论、复议等报告、批复，干部职工调动的行政、工资、党团组织关系的材料。

（五）干部职工录用、转正、聘任、调资、定级、停薪留职、辞职等文件材料。

（六）本机关制发的各项法规、制度、规定、章程、办法、通知等及机关内部各项制度规定。

（七）金、铜、铝、重晶石及铁矿的分布、储量和情况介绍。

（八）本单位主办与其他单位联合行文的文件。

（九）工作计划、总结、报表。

（十）有处理结果的人民来信来访。

中共山东省委党的群众路线教育实践活动领导小组办公室

（2013 ～ 2015 年）

全宗号 A229

一、机构沿革

2013 年 6 月 17 日，中共山东省委党的群众路线教育实践活动领导小组及其办公室成立，办公室内设综合组、宣传组、服务组、联络一组和联络二组。省委常委、组织部部长高晓兵任办公室主任。2015 年 4 月 22 日，根据中央党的群众路线教育实践活动领导小组办公室《关于撤销中央党的群众路线教育实践活动办公室的通知》（群办发〔2015〕1号）要求，中共山东省委党的群众路线教育实践活动领导小组办公室撤销。

主要职责是：认真贯彻中央、省委和省委教育实践活动领导小组的部署安排，研究制定全省开展教育实践活动的总体安排、实施意见及具体方案；会同有关方面做好省级领导班子开展教育实践活动的联络服务工作，配合做好省委常委同志到联系点调研指导的协调服务工作；根据领导小组的要求，对各地区各部门各单位的教育实践活动进行检查和具体指导；及时了解掌握全省教育实践活动进展情况，向领导小组报告并提出建议；做好领导小组派出督导组的组建、培训等工作，为督导组开展工作提供指导和服务；筹备省委、省委教育实践活动领导小组有关会议；总结推广全省教育实践活动中的好经验、好做法，推进长效机制建设；协调组织中央和省主要新闻媒体开展教育实践活动的宣传报道、舆论引导和重大典型宣传工作，对面上的宣传工作进行指导；组织开展党的群众路线理论研究；编发全省教育实践活动专报、简报，及时反映工作动态，交流开展活动情况；做好全省教育实践活动情况综合和总结工作。

二、全宗概况

中共山东省委党的群众路线教育实践活动领导小组办公室全宗共有档案3223件，保管期限全部为永久，上架排列总长度8米。档案形成时间为2013～2015年，于2015年8月26日由中共山东省委党的群众路线教育实践活动领导小组办公室移交进馆，按保管期限－年度－机构问题分类排列。检索工具有全宗指南、归档文件目录、机读目录等。

三、档案内容

主要内容包括上级文件、印发文件、领导批示、活动筹备、会议活动、联络服务、督导指导、调查研究、宣传报道、内部运行等十大类。

（一）上级文件类：主要包括群组发、群办发、群办函字、白头文件、来电通知、其他上级部门来文办理情况。

（二）印发文件类：主要包括鲁群组发、鲁群办发、会议纪要、情况专报、工作简报及联合行文。

（三）领导批示类：主要包括省委教育实践活动领导小组组长、副组长及成员批示的呈阅件及指示、讲话。

（四）活动筹备类：主要包括教育实践活动筹备阶段的调研报告、调查问卷、活动方案、机构组建等文件材料。

（五）会议活动类：主要包括动员大会、总结大会、工作会议、辅导报告、专题培训等的方案、纪要、录音、照片等材料。

（六）联络服务类：主要包括中央督导组督导我省活动和省委活动办指导调度省委督导组、各市委教育实践活动办公室及中央、省委领导同志联系点所形成的文件材料。

（七）督导指导类：主要包括省委督导组、省委赴市督导组、省委巡回督导组在活动中形成的工作方案、情况报告、工作总结等文件材料。

（八）调查研究类：主要包括活动中形成的调研报告、征集到的意见建议、各级的反映及其他具体保存价值的参考资料。

（九）宣传报道类：主要包括省委教育实践活动办公室参与组织的理论研讨活动材料、宣传方案、起草的新闻媒体报道文章等。

（十）内部运行类：主要包括省委教育实践活动领导小组及办公室调整方案、工作制度、总结、报告、电话记录、信访举报材料、大事记等。

山东省卫生和计划生育委员会

（2014 ～ 2018 年）

全宗号　A231

一、机构沿革

2014 年 1 月，组建山东省卫生和计划生育委员会，加挂省中医药管理局牌子，为省政府组成部门。新组建的山东省卫生和计划生育委员会，整合了原山东省卫生厅、山东省人口和计划生育委员会的机构和职责。2018 年机构改革后，并入山东省卫生健康委员会。

其主要职能是：贯彻执行党和国家有关人口和计划生育工作的方针、政策和法律、法规；会同有关部门拟订省人口和计划生育工作政策，组织起草人口和计划生育的地方性法规、规章；协助有关部门制定相关的社会经济政策，推动人口和计划生育工作的综合治理；会同有关部门研究山东省人口发展战略，编制全省人口和计划生育事业中、长期发展规划和年度计划；组织协调有关部门对各地人口和计划生育工作目标管理责任制执行情况进行检查指导和考核评估；负责计划生育统计工作，参与全省人口统计数据分析研究；负责本省的医疗卫生工作，根据卫生工作的方针、政策、法规，提出本省卫生事业发展规划和工作计划；贯彻预防为主的方针，组织防治和控制本省范围内危害人民健康的疾病；管理卫生机构和卫生人员；开展医学科研、医学教育、中医、爱国卫生运动、妇幼卫生、计划生育工作；管理医疗器械生产、中西药品的质量监督；对各行业实行卫生监督等。

二、全宗概况

山东省卫生和计划生育委员会全宗共有档案 27559 卷（件），分为文书档案和行政许可档案两大类，其中文书档案 25834 件、行政许可档案 1725 卷，上架排列总长度 79.38 米。档案形成时间为 2014 ～ 2018 年，全部于 2020 年接收进馆，其中文书档案永久 13617 件、定期 30 年 9719 件、定期 10 年 2498 件，行政许可档案 1725 卷，保管期限全部为定期 30 年。文书档案分类方法是“年度－保管期限－机构”分类法。检索工具有全宗指南、全宗介绍、案卷目录、全引目录、归档文件目录、机读目录等。

三、档案内容

（一）文书档案主要内容包括：反映本厅主要职能活动和基本历史面貌的，对本机关工作、国家建设具有利用价值的文件材料；本厅各工作机构召开的各类会议的文件材料和会议记录；厅长办公会议、党组会议和民主生活会的记录、纪要、讨论通过的文件；本厅编号制发的正式文件（签发稿、印制稿和重要文件的修改稿）；本厅编制序列、机构设置、撤并、名称更改、管理规定、工作制度、人员编制、启用印章的文件材料；本厅工作机构人员的任免、调配、培训、聘任、转正、调资、退休、离休和机关人员奖惩等材料；本厅形成的工作计划、工作总结等材料；本厅编写、出版的历史沿革、大事记、年鉴、简报、文件汇编、刊物等材料；重要的人民来信来访材料、领导指示和处理情况的材料；本厅和事业单位干部、职工调动工作的行政、工资、党团组织关系介绍信及存根；本厅房屋买卖、重要合同协议、资产登记等凭证性文件材料；本厅财产、物资、档案等交接凭证、清册等；本厅需要贯彻执行的上级机关、同级机关制发的文件材料；上级机关对本厅的重要指示、批示、通知等；上级机关转发本厅的文件材料；同级机关、下级机关和非隶属机关协商重要事务的文件材料。

（二）行政许可档案主要内容包括：涉及饮用水卫生安全产品卫生许可、消毒产品生产企业卫生许可、公共场所卫生许可、餐饮单位卫生许可、集中供水单位卫生许可、消毒产品检验机构资质认定、涉水产品检验机构资质认定、化妆品卫生许可、化妆品产品备案、食品添加剂卫生许可、保健食品卫生许可、保健食品 GMP 卫生许可、医疗机构执业许可、医疗广告审核证明、血站执业许可、单采血浆站执业许可、母婴保健技术服务机构执业许可、互联网医疗保健信息服务审批、医用特殊物品出入境证明审核、放射诊疗许可、职业卫生技术服务机构认定、放射卫生技术服务机构资质认定、职业健康检查机构资质认定、职业病诊断机构资质认定等。

山东省审计厅

(1983 ～ 2011 年)

全宗号　A232

一、机构沿革

1983 年，山东省审计局成立，局机关内设办公室、人事教育处、财政金融审计处、工业交通审计处、商粮外贸审计处、基本建设审计处和行政事业审计处 7 个处室。1993 年 5 月 29 日，山东省审计局更名为山东省审计厅。2000 年 7 月，省审计厅设 11 个职能处室［办公室（挂举报中心牌子）、法制处、财政审计处、金融审计处、行政事业审计处、经贸审计处、农业与资源环保审计计处、社会保障审计处、固定资产投资审计处、外资运用审计处、人事处］和机关党委。

主要职责是：贯彻执行国家审计工作的法律法规和方针政策；研究草拟山东省审计工作的地方性法规、规章，并监督执行情况；组织领导、协调监督省以下各级审计机关的业务；向省政府、审计署报告和向省政府有关部门通报审计情况，提出制定和完善有关政策法规、宏观管理措施的建议；依据《中华人民共和国审计法》的规定，直接审计省级财政预算执行情况和其他财政收支，省直各部门、省属事业单位及下属单位的财务收支，各市人民政府预算的执行情况和决算，省属国有金融机构的资产、负债和损益情况，省属国有企业、国有资产占控股地位或主导地位的股份制企业、联营企业、中外合资合作企业及境外企业的资产、负债、损益情况，国家建设项目预算的执行情况和决算，省直部门管理的和受省政府委托由社会团体管理的社会保障基金、环境保护资金、社会捐赠资金及其他有关基金、资金的财务收支，国际组织和外国政府援助、贷款项目的财务收支，其他法律法规规定应由省审计厅进行的审计；向省长提交省级预算执行情况的审计结果报告；受省政府委托向省人大常委会提出省级预算执行情况和其他财政收支的审计工作报告；组织实施行业审计、专项审计和审计调查；依法受理被审计单位对审计机关审计决定的复议申请；组织审计省直机关、省属事业单位及省属国有企业、国有控股企业法定代表人的任期经济责任；与各市政府、行署共同领导市地级审计机关，协同办理市地级审计机关负责人的任免事项；组织实施对内部审计的指导与监督；监督社会审计组织的审计业务质量；组织审计专业培训。

二、全宗概况

山东省审计厅全宗共有档案6507卷，分为文书档案和审计档案两大类，其中文书档案1759卷、审计档案4748卷，上架排列总长度157米。档案形成时间为1983年至2011年，分别于2015年和2017年两次接收进馆。第一批档案于2015年12月进馆，文书档案和审计档案总计2575卷，文书档案1759卷，其中永久588卷、长期1171卷，形成时间为1983～2000年，目录号永久是01号，长期是02号；审计档案816卷，其中永久132卷、长期684卷，形成时间为1984～2000年，目录号永久是03号，长期是04。第二批档案于2017年12月进馆，全部为审计档案，总计3932卷，其中永久1448卷、长期2484卷，形成时间为2001～2011年，目录号永久是05号，长期是06号。全宗档案按保管期限－年度－机构分类排列。检索工具有全宗指南、全宗介绍、案卷目录、全引目录、机读目录等。

三、档案内容

（一）文书档案的主要内容

1. 本机关召开的各种重要会议、重大活动的主要文件材料。

2. 本机关的请示、上报的汇报材料与上级机关的批复、批示。

3. 机构设置、调整、人员编制、干部离退休的决定。

4. 上级与本单位关于干部任免的报告、批复及备案材料，干部职工审查、结论、复议等报告、批复，干部职工调动的行政、工资、党团组织关系的材料。

5. 干部职工录用、转正、聘任、调资、定级、停薪留职、辞职等文件材料。

6. 本机关制发的各项法规、制度、规定、章程、办法、通知等，以及机关内部各项制度规定。

7. 行政复议和应诉案件的材料。

8. 本机关编写的审计情况、审计情况增刊、审计文件选编、大事记、简报等。

9. 本单位主办与其他单位联合行文的文件。

10. 工作计划、总结、报表。

11. 有处理结果的人民来信来访。

12. 其他。

（二）业务档案的主要内容

1. 审计文件材料按审计项目立卷，按结论性文件材料、证明性文件材料、立项性文件材料、其他备查文件材料四个单元排列。

2. 结论性文件材料，如审计报告、审定审计报告的会议纪要、审计报告征求意见书、复核意见书、审计意见书、审计决定书、审计建议书、移送处理书、审计处罚决定书、审计听证告知书、审计文书送达回证，以及有关部门、单位处理结果的书面材料。

3. 证明性文件材料，如被审计单位承诺书、审计工作底稿及审计证据、审计所依据的法规目录或摘要。

4. 立项性文件材料，如上级机关及有关部门的指令性文件或授权审计文件、审计通知书、审计实施方案、审前调查形成的有关书面材料。

5. 其他备查文件材料，包括不能列入前三个单元但与审计项目有关的具有查考价值的有关材料。

青岛卫生检疫局

（1949 ～ 1999 年）

全宗号　A234

一、机构沿革

1949 年 6 月 2 日，青岛解放后，青岛海港检疫所归属于军管会卫生部。1954 年改称为“中华人民共和国青岛卫生检疫所”，归山东省卫生厅领导。1984 年 8 月青岛卫生检疫所移交青岛市人民政府，日常工作由青岛市卫生局代管，仍为处级单位。

1988 年 6 月卫生部将山东省口岸卫生检疫机构上划归其直接领导。1989 年 1 月 1 日起，由卫生部卫生检疫总所统一管理。7 月国家卫生检疫总所批准青岛所内设办公室、检疫监测处、卫生监督处、检验处、总务处。12 月，卫生部明确青岛卫生检疫所为副厅局级单位。

1991 年 9 月 4 日，国家卫生检疫总所将原“青岛卫生检疫所”正式更名为“中华人民共和国青岛卫生检疫局”。

二、全宗概况

青岛卫生检疫局全宗共有档案 356 卷，上架排列总长度 9 米。档案形成时间为 1949 ～ 1999 年，于 2015 年 9 月 25 日接收进馆，其中永久 124 卷、长期 232 卷，目录号永久是 01 号，长期是 02 号。全宗档案按保管期限一年度一问题分类排列。检索工具有全宗指南、全宗介绍、案卷目录、全引目录、机读目录等。

三、档案内容

主要分为党务、国际合作、人事、政务、检务、财务、综合七大类。

（一）党务类　主要包括总结、计划要点、会议记录（党委会、民主生活会）、党员管理（年报、组织关系信、介绍信、花名册）、党内职务变动、党费（统计表、收据）、保密工作（花名册、会议记录、规定）、表彰先进、纪检监察、外事活动等方面的文件材料。

（二）国际合作类　主要包括出国考察、访问、政审等方面的文件材料。

（三）人事类　主要包括干部任免、奖惩、干部政策（职称评定、技术职务聘任、干部名册）、机构设置、人员编制、隶属关系、工作考核、统计报表、工资、福利、计划生育、职工教育等方面的文件材料。

（四）政务类　主要包括工作总结、计划、发展规划、规章制度、管理体制、局务会议记录、报表、交通工具管理、通信工具管理、服装管理、印章管理、基建管理（扩建、迁建办公生活用房、房产买卖、租赁合同）、培训班、档案工作等方面文件材料。

（五）检务类　主要包括卫生检疫、卫生监督处理、进口食品监督检验等方面的文件材料。

（六）财务类　主要包括财务预决算、审计、行政经费等方面的文件材料。

（七）综合类　主要包括国家局、下属单位、省市口岸办、市委、市政府等相关单位的领导讲话、资料汇编等文件材料。

青岛动植物检疫局

（1965 ～ 1999 年）

全宗号　A235

一、机构沿革

1965 年 2 月 1 日，国务院批准，全国各口岸的动植物检疫业务工作统一由农业部门管理，名称为“中华人民共和国 XX 动植物检疫所”，10 月筹建青岛动植物检疫所。1966 年 1 月 1 日起，青岛动植物检疫所正式对外办公，规格为县处级，受农业部和山东农业厅双重领导。1991 年 4 月 23 日，青岛所升格为副厅级单位。1992 年 4 月，青岛动植物检疫所更名为青岛动植物检疫局。

二、全宗概况

青岛动植物检疫局全宗共有档案 440 卷，上架排列总长度 9 米。档案形成时间为 1965 ～ 1999 年，于 2015 年 9 月 25 日接收进馆，其中永久 161 卷、长期 279 卷，目录号永久是 01 号，长期是 02 号。全宗档案按保管期限一年度一问题分类排列。检索工具有全宗指南、全宗介绍、案卷目录、全引目录、机读目录等。

三、档案内容

全宗内主要包括以下八个方面的内容：

（一）上级机关下发的制度、规定、办法等文件材料。

（二）本局党组、局务会议的会议记录等文件，以及呈送上级机关的报告、请示、汇报。

（三）本局制发的各项决定、指示、办法、规定、通知等文件材料。

（四）本局向上级机关的请示及上级机关的批复文件。

（五）本局的组织机构沿革、大事记等文件材料。

（六）本局干部任免、调配、专业技术职称评定、聘任、党团名册、报表、职工录用、调资、离退休等工作文件材料。

（七）本局基本建设资料和财产、物资、档案交接凭证、清册等材料。

（八）进出境的动植物、产品和其他检疫物，装载动植物、产品的装载容器、包装物等业务活动中形成的文件材料等。

山东省招生委员会办公室

（1978 ～ 2004 年）

全宗号　A237

一、机构沿革

山东省招生委员会办公室原为省教育厅内设机构，1984 年 5 月，将省招生委员会办公室改列为省教育厅下属处级事业单位。1992 年 2 月，省招生委员会办公室增挂“山东省高中毕业会考办公室”的牌子。1994 年 1 月，省招生委员会办公室（山东省高中毕业会考办公室）划定为差额预算管理事业单位。

二、全宗概况

山东省招生委员会办公室全宗共有档案 352 卷（件），上架排列总长度 5 米。档案形成时间为 1978 ～ 2004 年，于 2015 年 11 月 5 日接收进馆，共 106 卷、246 件，其中永久 61 卷、114 件，长期 45 卷、132 件，目录号永久是 01 号，长期是 02 号。按“保管期限—年度—机构”分类排列。检索工具有全宗指南、全宗介绍、案卷目录、全引目录、归档文件目录、机读目录等。

三、档案内容

全宗内主要有以下四方面的内容：

（一）本办公室召开的招生考试工作会议和重要的专业会议、一般会议文件材料；制发的（包括与其他机关联合制发的）文件材料；向上级机关的请示及上级机关的批复文件，下级机关的请示、报告与本办公室的批复；本办公室制定的工作计划、总结，专题、典型的调查报告，工作活动的总结、报告，人事任免文件材料，有关人员的处分材料等。

（二）上级机关召开的招生考试工作会议等重要会议文件材料，上级机关颁发的文件材料。

（三）兄弟单位和非隶属机关颁发的非本办公室主管业务但需要执行的法规性文件。

（四）有关业务机关与本办公室联系、协商工作的重要来往文件。

山东省高等教育自学考试委员会办公室
山东省高等院校科技开发服务中心

（1982～2004年）

全宗号　A238

一、机构沿革

（一）山东省高等教育自学考试委员会办公室

1983年3月，省政府批准，成立山东省高等教育考试指导委员会，其办事机构设在省教育厅。1994年1月，将省高等教育自学考试指导委员会办公室划定为差额预算管理事业单位。1994年5月，省高等教育自学考试指导委员会更名为省高等教育自学考试委员会，下设办公室，处理日常工作。

（二）山东省高等院校科技开发服务中心

1985年4月，与教育厅科研处合署办公的山东省高等院校科技开发服务中心机构单设，为教育厅领导下的处级事业单位，实行企业化管理。1998年3月，山东省高等院校科技开发服务中心与省自考办实行联合，人、财、物由省自考办统一管理使用。

二、全宗概况

山东省高等教育自学考试委员会办公室、山东省高等院校科技开发服务中心全宗共有807卷（件），上架排列总长度6.3米。档案形成时间为1982～2004年，于2015年11月5日移交进馆，总计文书档案211卷、596件，其中永久137卷、444件，长期74卷、152件，目录号永久是01号，长期是02号。分类方法是保管期限—年度—机构分类法。检索工具有全宗指南、全宗介绍、案卷目录、全引目录、归档文件目录、机读目录等。

三、档案内容

（一）单位内部形成的文件材料，主要包括召开的自学考试及各类证书考试工作会议和重要的专业会议文件材料；召开的一般会议文件材料；制发的（包括与其他机关联合制发的）文件材料；向上级机关的请示及上级机关的批复文件，下级机关的请示、报告与单位的批复；制定的工作计划、总结、专题典型的调查报告、工作活动的总结报告、人事任免文件材料、对有关人员的处分材料等。

（二）上级机关召开的自学考试及各类证书考试工作会议等重要会议文件材料；上级机关颁发的文件材料等。

（三）兄弟单位和非隶属机关颁发的非本办公室主管业务但需要执行的法规性文件等。

（四）有关业务机关与本办公室联系、协商工作的重要来往文件等。

山东省安全生产监督管理局

（2000 ～ 2018 年）

全宗号　A240

一、机构沿革

2001 年 5 月，鲁政办发〔2001〕50 号文批准，山东省安全生产监督管理局正式成立。主管全省安全生产和相关的政策法规工作，是省政府主管全省安全生产综合监督管理的直属机构，同时是山东省安全生产委员会的办事机构，履行全省安全生产综合监督管理职责。主要有以下内设机构：办公室（挂人事处牌子）、政策法规处、信息与技术装备处、安全监督管理一处、安全监督管理二处、安全监督管理三处。

二、全宗概况

现馆藏该全宗档案 15298 卷、9269 件，上架排列总长度 731.25 米。档案形成时间为 2000 ～ 2018 年。2015 年至 2019 年间先后三次接收进馆。2015 年第一批进馆事故档案 127 卷，全部为永久，编为永久 01 目录；文书档案 5023 件，其中永久 2754 件，长期 1494 件，定期 30 年 775 件。2019 年 7 月第二批进馆文书档案 25 卷，全部为永久，编为永久 02 目录；文书 4246 件，其中永久 1504 件、定期 30 年 805 件、定期 10 年 1937 件。2019 年 10 月第三批进馆专业档案 15146 卷，其中定期 30 年 11440 卷、定期 10 年 3706 卷。其中文书档案按照年度—保管期限—组织机构分类，事故档案按年度—事故分类。编有全宗指南、全宗介绍、案卷目录、归档文件目录、全引目录等检索工具。

三、档案内容

该全宗档案的主要内容有：

（一）安全生产监管日常管理文件材料，包括履行安全生产监督管理职责过程中形成的各种文件、立法相关材料、会议材料、安全统计分析材料、信访材料、行政复议材料及其他日常管理文件材料等。

（二）事故调查处理文件材料，包括本单位在事故报告、调查处理和批复结案过程中形成的全部文件材料。

（三）安全监管监察部门许可证，种类有：非煤矿矿山企业安全生产许可证、危险化学品生产企业安全生产许可证、危险化学品经营许可证、危险化学品安全使用许可证、烟花爆竹生产企业安全生产许可证、烟花爆竹经营（批发）许可证、烟花爆竹经营（零售）许可证。许可证档案除颁证审批相关资料外，另有办理许可证过程中产生的同时设计、同时施工、同时验收的相关文件资料，分类为“三同时”。

山东省劳动能力鉴定中心

(2001 ～ 2019 年)

全宗号　A241

一、机构沿革

2000 年 10 月，成立山东省劳动和社会保障厅医疗保险处。2009 年 9 月，省劳动和社会保障厅与省人事厅合并，成立山东省人力资源和社会保障厅工伤保险处。2013 年 11 月，山东省劳动能力鉴定中心机构单设，为山东省人力资源和社会保障厅直属的正处级全额拨款事业单位。

二、全宗概况

现馆藏该全宗专业档案 11342 卷，上架排列总长度 145.8 米。档案形成时间为 2001 ～ 2019 年，于 2016 年、2022 年接收进馆，其中工伤档案 9344 卷，因病档案 1570 卷，终止档案 428 卷。保存期限都是 50 年。检索工具有案卷目录、机读目录。其分为工伤档案、因病档案和终止档案三种。

三、档案内容

全宗内主要有以下两方面的内容：

（一）工伤档案：单位或个人对设区的市级劳动能力鉴定委员会作出鉴定结论不服提起再次鉴定形成的资料。包括：

1. 书面申请报告。
2. 《山东省劳动能力鉴定申请表（工伤再次鉴定）》。
3. 被鉴定人身份证复印件。
4. 有效的诊断证明、按照《医疗机构病历管理规定》复印或者复制的检查、检验报告等完整病历材料。
5. 工伤认定书。
6. 初次鉴定结论。
7. 收到初次鉴定结论的时间证明。
8. 现场查体表及检查报告、X 光片等。
9. 补正材料告知书、收讫告知书、送达回证等。
10. 再次鉴定结论书。

（二）因病档案：省直机关事业单位、中央驻鲁企业（含煤炭系统企业）因病或非因工负伤职工劳动能力鉴定形成的资料。包括：

1. 单位书面申请报告。
2. 《山东省劳动能力鉴定申请表（因病或非因工伤残）》。
3. 被鉴定人身份证复印件。
4. 有效的诊断证明、按照《医疗机构病历管理规定》复印或者复制的检查、检验报告等完整病历材料。
5. 现场查体表及检查报告、X 光片等。
6. 公示证明及公示照片等。
7. 鲁劳鉴发文。

（三）终止档案：单位或个人对设区的市级劳动能力鉴定委员会作出的鉴定结论不服提起再次鉴定申请后又撤销等原因形成的资料。包括：

1. 告知书（终止）。
2. 送达回执。
3. 山东省劳动能力鉴定申请表（含撤销申请书）。
4. 工伤职工身份证复印件。

5. 认定工伤决定书。
6. 市级劳动能力鉴定结论书。
7. 收到市级鉴定结论时间的有效证明。
8. 病历资料复印件。
9. 专家评审表及现场鉴定资料。
10. 其他资料。

山东省人民政府研究室

（1997 ～ 2005 年）

全宗号　A243

一、机构沿革

1995 年 7 月，决定组建山东省人民政府调查研究室，其为省政府办公厅管理的正厅级行政机构，承担全省综合性政策研究和决策咨询任务。2000 年 4 月，决定保留山东省人民政府调查研究室，仍为省政府办公厅管理的正厅级行政机构。1997 年 7 月至 2010 年 8 月，省政府调研室内设综合调研处、经济调研处、社会调研处 3 个处室。

二、全宗概况

山东省人民政府研究室全宗为 1997 年至 2005 年形成的档案，排架长度 1.8 米。先后 2 次接收进馆。2016 年 10 月 24 日进馆，共计 126 卷，其中永久 54 卷，长期 72 卷。目录号永久为 01、长期为 02。2020 年 12 月 4 日进馆，共计 485 件，其中永久 185 件，长期 300 件。检索工具有全宗指南、案卷目录、全引目录、归档文件目录、机读目录等。分类方法采用“年度—保管期限—问题”分类法，按问题分为政工、会议、调研、综合四大类。

三、档案内容

（一）省政府研究室召开的各种重要会议、重大活动的主要文件材料。

（二）省政府研究室向上级机关的请示及上级机关的批复文件。

（三）省政府研究室历史沿革、大事记等文件材料。

（四）省政府研究室干部任免、调资、定级、停薪留职、辞职、辞退、离退休、死亡、抚恤、奖惩等文件材料。

（五）省政府研究室制定的工作计划、总结。

（六）省政府研究室机构设置、机构撤并、名称更改、组织简则、人员编制、印信启用等文件。

（七）省政府研究室制定的工作条例、制度、办法等文件。

（八）省政府研究室职能活动中形成的调研报告、课题及申请书、鉴定书等与研究项目有关的文件材料。

山东省人民政府驻上海办事处

（1978 ～ 2015 年）

全宗号　A244

一、机构沿革

1978 年 4 月，省革委恢复山东省革委驻上海办事处，明确上海办事处的名称、任务、组织领导、隶属关系等事项。1980 年 2 月，省政府决定，3 月 1 日起恢复山东省人民政府驻上海办事处对外办公，并印发《山东省人民政府驻上海办事处工作任务和管理制度》。

1985 年 2 月，省编委同意省政府驻上海办事处内部机构设立办公室、综合业务处；同意设立省政府驻上海办事处经济技术服务部，处级事业单位，实行企业化管理。1986 年 4 月，由省计委代管归属省政府办公厅代管。

1997 年 4 月，省编委规定省政府驻上海办事处内设办公室、综合业务处。

二、全宗概况

山东省人民政府驻上海办事处共有文书档案 3181 卷（件），上架排列总长度 6.75 米，档案形成时间为 1978 ～ 2015 年，分别于 2016 年和 2017 年 2 次接收进馆。第一批档案于 2016 年 6 月 30 日进馆，总计文书档案 1648 卷（件），其中永久 96 卷、720 件，长期 832 件，形成时间为 1978 ～ 2007 年，目录号永久是 01 号。第二批档案于 2017 年 6 月 5 日进馆，总计文书档案 1533 件，其中永久 503 件、定期 30 年 1030 件，形成时间为 2008 ～ 2015 年。分类方法是按“年度—问题—保管期限”分类法。检索工具有全宗指南、全宗介绍、案卷目录、全引目录、归档文件目录、机读目录等。

三、档案内容

山东省人民政府驻上海办事处全宗内的主要内容包括：上海办事处召开的工作会议文件，制发的文件及向上级机关的请示、上级机关的批复文件。办公室的请示报告和批复，办事处制定的工作计划、总结、调查报告、人事任免文件，办事处接待来沪、洽谈、协商等工作人员来往情况。此外，还有上级机关颁发的文件和重要会议文件；与有关业务单位联系、协商等工作的重要来往文件等。

山东省知识产权局

(1978 ～ 2015 年)

全宗号　A245

一、机构沿革

1985 年 1 月，山东省编制委员会批准建立山东省专利管理局和山东省专利服务处，合署办公，并挂中国专利局济南代办处的牌子，为省科学技术委员会领导的处级事业单位。1991 年 5 月，省政府批复省专利管理局为副厅级单位，事业单位，归科学技术委员会领导。2000 年 4 月，省专利局更名为省知识产权局，仍为副厅级事业单位。

2018 年机构改革后，山东省知识产权局并入山东省市场监督管理局，由山东省市场监督管理局加挂省知识产权局牌子。

二、全宗概况

山东省知识产权局全宗共有文书档案 1966 卷（件），上架排列总长度 7.83 米，档案形成时间为 1978 ～ 2015 年，于 2016 年 11 月 4 日进馆，其中永久 184 卷、472 件，长期 123 卷，定期 30 年 1187 件，目录号永久是 01 号，长期是 02 号。档案按照“机构—年度—保管期限”分类法进行分类。检索工具有全宗指南、案卷目录、全引目录、归档文件目录、机读目录等。

三、档案内容

（一）本单位形成的文件材料。包括与本单位主要职能活动有关的各类重要会议文件材料、一般性会议文件材料；本单位制发的（包括与其他机关联合制发的）文件材料；本单位向上级机关的请示及上级机关的批复文件，下级机关的请示、报告与本单位的批复；本单位牵头制定的事业发展战略、工作规划、计划、总结、通报、专题调查报告、工作活动的总结报告、人事任免文件材料、对有关人员的处分材料。

（二）上级机关对本单位业务工作部署等重要文件材料。

（三）兄弟单位和非隶属机关颁发的非本单位主管业务但需要执行的法规性文件。

（四）有关业务机关与本单位联系、协商工作的重要来往文件。

山东省人民政府参事室（文史馆）

(1982 ～ 2015 年)

全宗号　A247

一、机构沿革

1951 年 4 月 19 日，省政府设立参事室。1953 年，山东省文史馆成立。1984 年机构改革，参事室由正厅级改为副厅级，下设办公室。山东省文史研究馆恢复后，与参事室合署办公。2000 年，在省政府办公厅内设立省政府参事室，省文史研究馆与其合署办公。内设综合处、参事工作处和文史工作处 3 个职能处。

二、全宗概况

山东省人民政府参事室（文史馆）全宗共有文书档案 1095 卷（件），上架排列总长度 6.75 米，档案形成时间为 1982 ～ 2015 年，于 2017 年 10 月 17 日进馆，其中永久 65 卷，长期 42 卷、562 件，定期 30 年 426 件，目录号永久是 01 号，长期是 02 号。档案按照“年度—问题—保管期限”分类法进行分类。检索工具有全宗指南、案卷目录、全引目录、归档文件目录、机读目录等。

三、档案内容

山东省人民政府参事室（文史馆）全宗内共分政工类、综合类、会议类、建议类、简讯类等五大类，主要包括以下三个方面的内容：

（一）党中央、国务院和省委、省政府对参事室文史馆制发、签发的文件，需要贯彻执行的会议文件，有关领导针对参事室文史馆的重要讲话、指示等。

（二）参事室文史馆工作中形成的历史记录及有保存价值的各种文件资料；参事室文史馆制定的工作计划、总结材料等。参事室文史馆向省委、省政府、省政府办公厅汇报工作、反映情况、提出意见或建议的文件；参事、馆员聘任和参事解聘、续聘等相关工作以及干部任免、退休、奖惩等文件材料参事、馆员在参政议政工作中形成的调研报告、建议等；省政府参事室文史馆举办的各种会议、活动的主要材料、影音资料；参事室文史馆制定的工作规章制度等材料；参事室文史馆的历史沿革、大事记、年鉴等材料；参事室文史馆编印的《工作通讯》和其他信息材料；向有关部门、单位报送有关材料的函件。

（三）国务院参事室中央文史研究馆来文、批件等。

山东省红十字会

(1981 ～ 2011 年)

全宗号　A248

一、机构沿革

山东省红十字会成立于 1911 年，中华人民共和国成立后于 1957 年正式建会，1966 年撤销。1980 年 8 月 7 日，山东省红十字会恢复，省红十字会办公室设在省卫生厅内，与中华医学会山东分会合署办公，对外两个牌子。

二、全宗概况

山东省红十字会全宗共有文书档案 249 卷、3074 卷，上架排列总长度 9.47 米，档案形成时间为 1981 ～ 2011 年，2016 年进馆 249 卷，其中永久 150 卷、长期 99 卷，目录号永久是 01 号，长期是 02 号。2022 进馆 3074 件档案。档案按照“保管期限—年度—机构”分类法进行分类。检索工具有全宗指南、案卷目录、全引目录、归档文件目录、机读目录等。

三、档案内容

（一）上级机关制发的属于本机关主管业务的文件材料；上级机关、上级领导检查、视察本地区、本机关工作时形成的文件材料。

（二）山东省红十字会党组会议和执委会议的会议记录、纪要以及讨论通过的文件；召开工作会议、专题会议的文件材料；联合其他机关召开会议的文件材料；承办国际性会议、大型展览会的文件材料；制发的（包括与其他机关联合制发的）业务文件材料；编辑、编写的文件材料；机构编制、干部人事、党、团、纪检、工会、保卫、信访工作文件材料；事务管理文件材料等。

（三）同级机关制发的非本机关主管业务但要贯彻执行的文件材料。

（四）下级机关报送的文件材料。

山东省国资委

（2004 ～ 2005 年）

全宗号　A249

一、机构沿革

2004 年 6 月 18 日，根据省委、省政府文件成立山东省人民政府国有资产监督管理委员会，为省政府直属正厅级特设机构，代表省政府履行出资人职责。国资委机关内设 12 个职能机构。同时成立了国资委党委，履行省委规定的职责。根据鲁编〔2003〕6 号文设立省管企业监事会。其主要职能是贯彻执行企业国有资产监督管理工作法律法规和方针政策，起草有关地方性法规、政府规章草案；根据省政府授权，依法履行出资人职责，监管所出资企业的国有资产，承担监督所出资企业国有资产保值增值的职责。按照权限管理省直部门（单位）举办的国有企业；负责拟订优化省属国有资本布局结构的规划，提出省属国有资本战略性调整、产业以及企业重组整合的方案，推动国有资本有序进退。

二、全宗概况

现馆藏该全宗档案 3355 件，上架排列总长度 16.65 米。档案形成时间为 2004 ～ 2005 年。于 2022 年 5 月 27 日接收进馆。进馆档案 3355 件，其中永久 2072 件、长期 1283 件。检索工具有归档文件目录、机读目录。其分类方法为年度—保管期限—机构分类法。

三、档案内容

该全宗档案的主要内容有：

反映省国资委主要职能活动和基本历史面貌，对本机关工作、国家建设具有利用价值的文件材料；省国资委各工作机构召开的各类会议全套文件材料和会议记录；省国资委主任办公会议、党委会议和民主生活会的记录、纪要、讨论通过的文件；省国资委制发的正式文件（签发稿、印制稿和重要文件的修改稿）；省国资委工作条例、规定、制度、办法等文件材料；省国资委编制序列、机构设置、撤并、名称更改、管理规定、工作制度、人员编制、启用印章的文件材料；省国资委工作机构人员的任免、调配、培训、聘任、转正、调资、退休、离休和机关人员奖惩等材料；省国资委形成的工作计划、工作总结等材料；省国资委收到的重要的人民来信来访材料、领导批示和处理情况的材料；省国资委干部、职工调动工作的行政、工资、党团组织关系介绍信及存根；省国资委房屋租赁、重要的合同协议、资产登记等凭证性文件材料；需要省国资委贯彻执行的上级机关、同级机关办法的需要执行的文件材料；上级机关对省国资委的重要指示、批示、通知等；上级机关转发省国资委的文件材料；同级机关、下级机关和非隶属机关协商重要事务的文件材料。

山东省社会主义学院

（1989 ～ 2002 年）

全宗号　A250

一、机构沿革

山东省社会主义学院创建于 1957 年 12 月，原称为“山东省政治学校”，“文化大革命”中（1969 年 1 月）停办。党的十一届三中全会以后，根据中央和省委的指示，山东省社会主义学院于 1990 年 5 月复办，为省属正厅级事业单位。1996 年 12 月，成立中共山东省社会主义学院党组。2000 年 1 月，为适应海外统战工作的需要，同时加挂“山东中华文化学院”牌子。

主要职能是承担党外代表人士及统战干部培训工作，从事统战理论研究、宣传马克思主义中国化的最新理论成果和党的统一战线理论、方针、政策，面向港澳台同胞和海外侨胞开展文化研修交流活动。

二、全宗概况

馆藏山东省社会主义学院的文书档案数量为362卷，排架长度5.13米，档案起止时间为1989年至2002年，按问题—年度分类法进行分类。该全宗于2018年12月接收进馆，案卷总数为362卷，其中永久177卷，长期185卷。检索工具有全宗指南、全宗介绍、案卷目录、全引目录、机读目录等。

三、档案内容

该全宗档案主要内容有党组、社院文件类，科研类、综合类、财务类、组织人事类、教育培训类、机关党建类、工会、团委类等，包括：

（一）以党组、社会主义学院名义印发的文件，各类报告、批复、意见、方案、规划、工作总结，党组会纪要、会议记录，党组理论中心组集体学习有关材料，工作制度，领导出席的重大活动记录，与其他单位公务往来等材料。

（二）有关机构设置、干部录用、聘任、干部任免等材料，评定专业技术职务、干部转正定级、职级晋升、干部管理、工资调整等有关干部管理材料。

（三）教研人员有关课题、论文、著作等学术成果，年度科研成果汇总情况。

（四）教育培训情况。学员登记表、教学计划和学习安排，教学管理和学员管理制度，年度教学培训规模，课程建设，师资队伍建设等情况。

（五）机关党建、团委、工会有关会议、表彰、活动档案。

青岛国家海洋科学研究中心

（1983～2000年）

全宗号　A251

一、机构沿革

1983年，原省科委根据21位海洋专家、教授的建议，报请省政府批准，经国家科委批复、省编委同意，于1984年在青岛建立了山东海洋技术开发中心，为省科委直属全额拨款事业单位。1987年9月，省编委批复同意建立省科委海洋处，与海洋中心合署办公，一个机构两个牌子。在原工作职能的基础上赋予了海洋科技行政管理职能。

1998 年 9 月，省政府批准成立山东海洋工程研究院，为事业单位，由省科委管理，其办公室与山东海洋技术开发中心合署办公，一个机构两块牌子。2006 年 6 月，省政府决定设立青岛国家海洋科学研究中心。该中心为省政府直属正厅级公益一类事业单位，同时作为省部共建青岛国家海洋科学研究中心协调领导小组办事机构，业务上接受省科技厅的指导。

二、全宗概况

青岛国家海洋科学研究中心全宗共有文书档案 131 卷，上架排列总长度 3.78 米，档案形成时间为 1983 ～ 2000 年，于 2017 年进馆，其中永久 111 卷、长期 20 卷。档案按照“保管期限—年度—机构”分类法进行分类。检索工具有全宗指南、全宗介绍、案卷目录、全引目录、机读目录等。

三、档案内容

（一）上级机关召开的需要贯彻执行的会议主要文件材料；上级机关颁发的属于本单位主管业务并需要执行的文件，以及普发的、非本单位主管业务但需要贯彻执行的法规性文件；上级机关领导视察、检查本单位工作时的重要指示、讲话等材料；上级机关对本单位的重要指示、批示、通知等文件材料；代上级机关草拟并采用的文件材料；上级机关转发本单位的文件材料。

（二）本单位制发的各项决定、指示、办法、规定、通知等；本单位召开的各种重要工作会议、座谈会议、专题会议、重大活动的主要文件材料；本单位领导参加各种公务、外事、调研活动形成的文件材料；本单位及各科室职能活动中形成的主要业务文件材料；本单位组织调研、学习、考察等活动形成的文件材料；本单位制发的文件材料；报上级机关的请示与上级机关的批复、批示，重要的报告、总结、综合统计报表等；本单位成立、合并、撤销、更改名称、启用印章及其组织简介、人员编制等文件材料；单位历史沿革、大事记、年鉴等文件材料；年度工作计划、工作总结，编发的信息、简报、汇编等文件材料；干部职工的任免、聘任、定级、专业技术职务评定、调资、辞职、奖惩等文件材料；与有关单位签订的各种合同、协议书等文件材料。

（三）同级单位和非隶属单位召开的需要贯彻执行的会议文件材料；同级单位和非隶属单位制发的属于本单位主管业务并要求贯彻执行的文件

材料，以及非本单位主管业务但需要贯彻执行的文件材料；报送同级单位和非隶属单位的函、报告、总结、综合统计报表等，同级单位的复函等文件材料；同级单位和非隶属单位来函与本单位的复函等文件材料。

山东省国土资源厅

(2000 ～ 2018 年)

全宗号　A252

一、机构沿革

2000 年 4 月，山东省国土资源厅组建成立，内设办公室、规划处、财务处等 21 个职能处室，王文升任山东省国土资源厅厅长、党组书记。主要职能是主管全省土地资源、矿产资源等自然资源的规划、管理、保护与合理利用。

二、全宗概况

馆藏山东省国土资源厅的档案数量为 28100 件，排架长度 13.77 米，档案起止时间为 2000 年至 2018 年。该全宗于 2021 年 11 月首次接收进馆，档案总数为 3748 件，其中永久 937 件、长期 1050 件、短期 1761 件，2022 年进馆 24352 件。检索工具有全宗介绍、归档文件目录、机读目录等。

三、档案内容

该全宗档案主要是山东省国土资源厅 2000 年至 2018 年形成的文书档案，包括综合类文件、土地规划与耕地保护文件、执法类文件、矿产资源储量管理文件、地质环境管理文件等。

山东省机电设备招标中心

(1988 ～ 2016 年)

全宗号　A253

一、机构沿革

山东省机电设备招标中心是经山东省人民政府批准成立的具有独立法人资格的专职招标机构。具有对外经济贸易部批准授予的机电设备国际招标甲级资格、国家经贸委批准授予的技改项目机电设备招标及相关服务代理甲级资格、建设部批准的工程建设项目招标甲级资格。

1987 年经国家机械成套管理局、省经委批准设立省机电设备招标公司。1988 年 4 月成立济南机电设备招标公司，挂靠省经委，正厅级事业单位，设办公室、招标一处、招标二处、综合信息处。1992 年 9 月济南机电设备招标公司改称为山东省机电设备招标中心。为省直属厅局级事业单位。

二、全宗概况

山东省机电设备招标中心全宗共有文书档案 1042 卷（件），上架排列总长度 6.3 米，档案形成时间为 1988 ～ 2016 年，于 2017 年进馆，其中永久 83 卷、688 件，长期 80 卷、104 件，定期 30 年 87 件。档案按照“保管期限—年度—机构”分类法进行分类。检索工具有全宗指南、案卷目录、全引目录、归档文件目录、机读目录等。

三、档案内容

（一）本单位各类重要会议文件材料、一般性会议文件材料；本单位制发的（包括与其他机关联合制发的）文件材料；本单位向上级机关的请示及上级机关的批复文件；本单位在业务工作中形成的工作规划、计划、总结、通报、专题调查报告、工作活动的总结报告、人事任免文件材料等。

（二）上级机关对本单位业务工作部署等重要文件材料。

（三）兄弟单位和非隶属机关颁发的非本单位主管业务但需要执行的法规性文件。

（四）有关业务机关与本单位联系、协商工作的重要来往文件。

山东省戒毒管理局

(1981 ～ 2013 年)

全宗号　A254

一、机构沿革

山东省戒毒管理局前身为山东省劳教局。1983 年 7 月，中央决定，劳改、劳教工作由公安部门移交司法行政部门管理。山东省公安厅劳教处改为"山东省司法厅劳动教养工作管理处"，由省劳改局代管。1990 年 10 月，山东省司法厅劳动教养工作管理处更名为山东省司法厅劳动教养工作管理局(简称劳教局)，仍为独立的处级单位，直属省司法厅领导。2001 年 6 月，山东省劳动教养工作管理局改为山东省司法厅内设机构。

山东省戒毒管理局（原省劳教局）的职责任务是：贯彻执行国家劳动教养工作的方针、政策和有关法律、法规，研究制定全省劳动教养工作的规章制度和中长期发展规划；监督指导全省劳动教养场所的所政管理、教育改造、生活卫生及场所警戒工作；规划全省劳动教养场所的总体布局；负责全省劳教人员的分配、调拨和减延劳教期限、提前解除劳动教养以及所外执行、所外就医的审批工作；指导劳教单位的财务、装备、基本建设和生产经营工作，监督管理直属单位的国有资产；负责全省劳教单位干警队伍建设和思想政治工作，按照干部管理权限负责有关干部管理工作；负责省劳动教养管理委员会的日常工作。

二、全宗概况

馆藏山东省戒毒管理局（原省劳教局）的档案数量为 2807 卷，排架长度 35.28 米，其中永久 1164 卷、长期 1643 卷。档案起止时间为 1981 年至 2013 年，档案立卷按年代—问题组卷。该全宗于 2018 年 2 月首次接收进馆，检索工具有全宗介绍、案卷目录、全引目录、机读目录等。

三、档案内容

该全宗内档案的主要内容为：

（一）上级机关的文件材料

1．上级机关召开的需要贯彻执行的会议主要文件材料。

2．上级机关制发的属于本机关主管业务并需要贯彻执行的文件，普发的、非机关主管业务但需要贯彻执行的法规性文件。

3．上级机关领导等视察、检察本机关工作时的重要指示、讲话等材料。

4．上级机关转发本机关文件的文件。

（二）本机关的文件材料

1．本局党委会、局长办公会会议记录、纪要等。

2．局机关制发的（包括转发及与其他机关联合制发）各种正式文件的签发稿、印制本。

3．局机关的请示和上级机关的批复文件，下级机关的请示和局机关的批复文件。

4．反映局机关业务活动的文件。

5．局机关检查下级机关工作，进行工作调研形成的重要文件。

6．局机关各种统计报表和统计分析资料。

7．局机关增设、撤销内部机构及更改名称、启用印信及人员编制等文件材料。

8．局机关制定的工作规章、制度等文件材料。

9．局机关的史志、大事记及年鉴。

10．局机关编印的情况反映、信息、简报等印本。

（三）同级机关和非隶属机关的文件材料

1．同级机关和非隶属机关制发的非本机关主管业务但需要劳教系统执行的法规性文件。

2．有关业务机关对本机关工作检查形成的重要文件。

3．同级机关和非隶属机关与机关联系、协商工作的重要往来文件。

（四）下级机关的文件材料

1．下级机关报送的重要工作计划、报告、总结、统计报表等文件。

山东省药品集中采购服务中心

（2009 ～ 2015 年）

全宗号　A255

一、机构沿革

2010 年 1 月，山东省机构编制委员会研究同意山东省卫生厅设立省药品集中采购服务中心，服务中心为山东省卫生厅所属处级社会公益一类事业单位。主要职责是：收集全省医疗机构药品需求信息，对全省医疗机构药品采购情况进行网上检测和分析；对参与投标药品生产企业、药品配送企业的资格进行审核；承担网上药品集中采购信息平台的建设、管理和维护工作。

二、全宗概况

山东省药品集中采购服务中心全宗共有文书档案 1404 件，上架排列总长度 3.6 米，档案形成时间为 2009 ～ 2015 年，于 2016 年 11 月进馆，其中永久 878 件、定期 30 年 526 件。档案按照“保管期限—年度—机构”分类法进行分类。检索工具有全宗指南、归档文件目录、机读目录等。

三、档案内容

（一）本单位各类重要会议文件材料、一般性会议文件材料；本单位制发的（包括与其他机关联合制发的）文件材料；本单位向上级机关的请示及上级机关的批复文件；本单位在业务工作中形成的工作规划、计划、总结、通报、专题调查报告、工作活动的总结报告、人事任免文件材料等。

（二）上级机关对本单位业务工作部署等重要文件材料。

（三）兄弟单位和非隶属机关颁发的非本单位主管业务但需要执行的法规性文件。

（四）有关业务机关与本单位联系、协商工作的重要来往文件。

山东省海河流域水利管理局

（1962～2018年）
全宗号　A257

一、机构沿革

1963年12月4日，山东省人民委员会批准成立山东省鲁北水利工程局，副厅级，隶属于山东省水利厅。李向平兼任书记。1965年11月改称鲁北水利工程指挥部。1968年10月改称为山东省鲁北根治海河指挥部。1972年4月改称为山东省根治海河指挥部。1983年7月改为山东省海河流域治理指挥部。1994年8月31日，改称山东省海河流域水利管理局，机构设置调整为办公室、政治处、工程处、管理处、规划设计室、总工办公室、经济开发办公室（施工公司）、综合办公室、工会。

二、全宗概况

馆藏山东省海河流域水利管理局的档案数量为295卷、1560件，排架长度17.28米，档案起止年代为1962年至2018年。分别于2022年以前、2022年两次进馆，其中永久89卷、764件，长期206卷、399件，定期30年397件。检索工具有全宗指南、案卷目录、全引目录、归档文件目录、机读目录等。

三、档案内容

山东省海河流域水利管理局全宗，包括山东省根治海河流域治理指挥部、山东省海河流域水利管理局等几个阶段所形成的档案。

1. 本机关形成的文件材料：这是全宗内的主要成分。包括本局形成的，与其他机关联合制发的文件材料；本局工作活动的通知、报告、总结、计划、请示、批复、调查及综合、专题成果；本局召开的各种会议文件材料；本局及内设机构设置与名称更改、人员编制、干部职工调动、录用、处分，行政工资与党团关系、离退休、死亡、抚恤等文件材料。

2. 水利部、山东省水利厅等上级机关下发的属本局主管业务并要执行的文件材料、国民经济计划、各类专业性计划执行情况等。

3. 同级机关和非隶属机关制发的非本机关主管业务但要贯彻执行的文

件材料或依据性的文件材料。

4. 下级机关报送的有关材料。

山东省监狱管理局

(1950 ～ 2010 年)

全宗号　A260

一、机构沿革

中华人民共和国建立初期，山东省劳动改造机关归司法行政部门领导。1950 年 11 月，改由公安部门领导。1951 年 7 月，山东省人民政府公安厅设立“劳动改造管理处”。1952 年，劳动改造管理处改称为“监管劳改处”。1954 年 6 月，监管劳改处扩建为“山东省公安厅劳动改造工作局”，1956 年，改称为“山东省公安厅劳动改造工作管理局”。1983 年 7 月劳改劳教部门整建制移交司法行政部门管理，改称为“山东省司法厅劳动改造工作管理局”。1983 年 10 月，定名为“山东省劳动改造工作管理局”，1995 年 1 月，更名为山东省监狱管理局。

省监狱管理局，是全省监狱工作的领导机关，担负着领导和管理全省监狱，执行刑罚、教育改造罪犯、组织罪犯从事生产劳动的任务，将罪犯改造成为守法公民。对直属单位的狱政设施、生产财务、基本建设和干警职工队伍进行直接管理。

二、全宗概况

馆藏山东省监狱管理局的档案数量为 6777 卷、9136 件，排架长度 126.9 米，档案起止时间为 1950 ～ 2010 年。于 2018 年上半年、2018 年下半年、2022 年 3 次进馆，共计文书档案 6151 卷、9136 件，专业档案 626 卷。全宗内档案检索工具有全宗指南、全宗介绍、案卷目录、全引目录、归档文件目录、机读目录等。

三、档案内容

主要包括中华人民共和国成立以来，本机关在工作活动中形成的全部文书档案、会计档案、刑罚执行档案、教育改造档案、基建档案、声像档案、实物档案类。这些档案比较完整，能反映出监狱局中华人民共和国成立以来的重要活动情况。

山东省省级机关政府采购中心

（2004 ～ 2015 年）

全宗号　A261

一、机构沿革

2000 年 10 月，山东省政府采购中心成立，隶属省财政厅。2003 年 12 月，山东省调整省级机关政府采购管理体制，按照政府采购管采职能分开的原则，撤销省财政厅所属省政府采购中心和山东省省级机关事务管理局财务处加挂的省级机关政府采购办公室牌子，设立山东省省级机关政府采购中心，由省政府办公厅委托山东省省级机关事务管理局管理。山东省省级机关政府采购中心是省级政府集中采购执行机构，为全额拨款事业单位。其主要职责是：受省财政拨款单位的委托，制定集中采购的具体操作方案并组织实施；根据各部门委托的权限签订或组织签订采购合同并督促合同履行；接受委托，代理省级机关集中采购目录以外项目的采购。

二、全宗概况

山东省省级机关政府采购中心全宗共有文书档案 703 件，上架排列总长度 2.7 米，档案形成时间为 2004 ～ 2015 年，于 2017 年 6 月进馆，保管期限全部为永久。档案按照“保管期限－年度－机构”分类法进行分类。检索工具有全宗指南、归档文件目录、机读目录等。

三、档案内容

（一）本单位各类重要会议文件材料、一般性会议文件材料；本单位制发的（包括与其他机关联合制发的）文件材料；本单位向上级机关的请示及上级机关的批复文件；本单位在业务工作中形成的工作规划、计划、总结、通报、专题调查报告、工作活动的总结报告、人事任免文件材料等。

（二）上级机关对本单位业务工作部署等重要文件材料。

（三）兄弟单位和非隶属机关颁发的非本单位主管业务但需要执行的法规性文件。

（四）有关业务机关与本单位联系、协商工作的重要来往文件。

民建山东省委

(1988 ～ 2010 年)

全宗号　A262

一、机构沿革

1945 年 12 月，中国民主建国会（简称民建）由爱国的民族工商业者及有联系的知识分子发起成立。1950 年民建开始在山东活动。1956 年 8 月，民建山东省工作委员会在济南成立。1980 年 5 月，民建山东省委员会成立。1996 年，机关设 4 个处室，分别是办公室、组织处、宣传处、社会服务处（挂议政调研处牌子）。截至 2000 年，历任省级组织主委为苗海南、张蔚岑、徐文园、李功九、墨文川。

中国民主建国会主要由经济界人士组成，是具有政治联盟特点，接受中国共产党领导，与中国共产党通力合作的中国特色社会主义参政党。

二、全宗概况

馆藏民建山东省委的档案数量为 515 卷、1798 件，排架长度 10.89 米，其中永久 320 卷、1269 件，长期 195 卷、529 件，档案起止时间为 1988 年至 2010 年，按年代—问题进行组卷。该全宗于 2018 年 1 月首次接收进馆。检索工具有全宗介绍、案卷目录、全引目录、归档文件目录、机读目录等。

三、档案内容

该全宗内档案的主要内容共分四大类：综合类、组织类、宣传类、参政社服类。具体内容包括：

（一）上级单位对民建山东省委制发、签发的文件，需要贯彻执行的会议文件，上级领导针对民建山东省委的重要讲话、指示等。

（二）民建山东省委工作及业务工作中形成的历史记录及有保存价值的各种文件资料。

（三）统计单位和非隶属单位针对民建山东省委制发的文件，普发的需要执行的文件，因工作业务联系而制发或形成的文件材料等。

（四）下级单位报送的重要年度工作计划、要点、总结以及经民建山东省委批复的文件材料等。

（五）民建山东省委重要活动、重大事件形成的文件材料、影音资料等。

（六）民建山东省委其他有重要保存价值的文件、报表、资料等。

中共山东省委老干部局

（1984 ～ 2000 年）

全宗号　A263

一、机构沿革

中共山东省委老干部局是省委主管全省老干部工作的职能部门，正厅级建制，归口省委组织部。

1978 年 11 月，省委组织部专门设立了老干部处。1984 年 12 月，省委建立了老干部局。1992 年省委老干局增设调研处。1996 省委老干部局改变名称、隶属关系，省委老干部局由省委组织部管理。

局机关设办公室、人事处、调研宣传处、组织指导处、政策协调处、教育活动处、直属机关党委，所属省第二干部休养所、省泰安干部休养所、省关心下一代工作委员会办公室、省老干部活动中心 4 个事业单位，另有老干部局主管、省老干部活动中心主办的《老干部之家》杂志社。

主要职责为：贯彻执行中央和省委、省政府关于老干部工作的方针、政策；制定或参与制定全省老干部工作的具体政策措施；指导各市地、省直各部门（单位）的老干部管理、服务工作；调查研究老干部工作的情况和问题，及时向省委、省政府和有关部门反映；检查、督促、协调有关部门落实老干部的政治、生活待遇；组织、指导老干部在“两个文明”建设中发挥作用。

二、全宗概况

中共山东省委老干部局全宗，上架排列总长度 11.7 米。共有按卷整理的文书档案 930 卷，其中永久 516 卷，长期 414 卷，起止年代为 1984 ～ 2000 年。永久编为 01 目录，长期编为 02 目录。该全宗按年度一保管期限一机构分类整理。建有全宗指南、全宗介绍、案卷目录、全引目录和数字化机读目录。

三、档案内容

（一）反映本机关主要职能活动和基本历史面貌的，对本机关工作、国家建设和历史研究具有利用价值的文件材料。

（二）机关工作活动中形成的在维护国家、集体和公民权益等方面具有凭证价值的文件材料。

（三）本机关需要贯彻执行的上级机关、同级机关的文件材料；下级机关报送的重要文件材料。

（四）其他对本机关工作具有考查价值的文件材料。

山东省黄埔军校同学会

（1986 ～ 2016 年）

全宗号　A264

一、机构沿革

黄埔军校同学会是由黄埔军校同学组成的爱国群众团体。1985 年 8 月，成立南京黄埔军校同学会山东组。1989 年 5 月，成立山东省黄埔军校同学会。

山东省黄埔军校同学会在青岛、潍坊、济宁、日照四市成立了市黄埔军校同学会，其余各地级市均设有联络组，会员 1100 多人。山东省黄埔军校同学会积极贯彻“发扬黄埔精神，联络同学感情，促进祖国统一，致力振兴中华”的宗旨，积极联络、团结山东省黄埔同学，积极宣传“和平统一、一国两制”大政方针和党的一系列对台方针政策，努力开展海内外黄埔同学爱国联谊活动。

二、全宗概况

山东省黄埔军校同学会全宗，上架排列总长度 5.02 米。共有按卷整理的文书档案 148 卷，其中永久 63 卷，长期 85 卷，起止年代为 1986 ～ 2002 年。永久编为 01 目录，长期编为 02 目录。按件整理的档案 466 件，其中永久 341 件，定期 30 年 125 件，起止年代为 2003 ～ 2016 年。该全宗按年度一问题分类整理。建有全宗指南、全宗介绍、案卷目录、全引目录、归档文件目录和机读目录。

三、档案内容

（一）上级单位对山东省黄埔军校制发、签发的文件，需要贯彻执行的会议文件，上级领导对山东省黄埔军校办公室的重要讲话、指示等。

（二）山东省黄埔军校办公室党政工作及业务工作中形成的历史记录及有保存价值的各种文件资料。

（三）同级单位和非隶属单位针对省黄埔办制发的文件，普发的需要执行的文件，因工作业务联系而制发或形成的文件材料等。

（四）下级单位报送的重要年度工作计划、要点、总结，以及经省黄埔办批复的文件材料等。

（五）省黄埔办重要活动、重大事件形成的文件材料、影音资料等。

（六）省黄埔办其他有重要保存价值的文件、报表、资料、图书、实物等。

山东省转业军官培训中心

（1985～2017 年）

全宗号　A265

一、机构沿革

1984 年山东省人事局开始筹建省军队转业干部培训中心，局属事业单位。1989 年 5 月，山东省军队转业干部接待培训中心建成并投入使用。1996 年 10 月山东省军队转业干部接待培训中心更名为山东省转业军官接待培训中心，挂山东省转业军官中转接待站牌子。1996 年 12 月山东省转业军官接待培训中心更名为山东省转业军官培训中心。

二、全宗概况

该全宗 1985 年至 2016 年间形成的文书档案共有 1055 件，排架长度 42.3 米，2017 年 8 月移交进馆。其中永久 601 件，长期 66 件，定期 30 年 388 件。2018 年 11 月 13 日，移交会计档案 1971 册，起止时间 1985 年至 2017 年。检索工具有全宗指南、归档文件目录、会计档案目录、机读目录等。

三、档案内容

（一）本单位各类重要会议文件材料、一般性会议文件材料；本单位制发的（包括与其他机关联合制发的）文件材料；本单位向上级机关的请示及上级机关的批复文件；本单位在业务工作中形成的工作规划、计划、总结、通报、专题调查报告、工作活动的总结报告、人事任免文件材料等。

（二）上级机关对本单位业务工作部署等重要文件材料。

（三）兄弟单位和非隶属机关颁发的非本单位主管业务但需要执行的法规性文件。

（四）有关业务机关与本单位联系、协商工作的重要来往文件。

九三学社山东省委员会

（1984 ～ 2010 年）

全宗号　A266

一、机构沿革

1983 年 11 月九三学社山东省工作委员会在济南成立。

九三学社山东省委员会的职能是以《中国人民政治协商会议共同纲领》和政协章程总纲为政治纲领，积极参与国家政治生活中重大问题的协商，组织社员参加民主改革和社会主义改造运动，走上为社会主义服务的道路，为巩固人民政权、恢复和发展国民经济、推进社会主义建设特别是发展科学技术、高等教育和医药卫生等事业做出重要贡献。

二、全宗概况

现馆藏该全宗档案 168 卷、859 件，上架排列总长度 7.65 米，其中永久 77 卷、758 件，长期 91 卷，定期 30 年 101 件。档案形成时间为 1984 年至 2010 年，于 2018 年接收进馆，分类方法为年度－保管期限－机构分类法。检索工具有全宗指南、全宗介绍、案卷目录、全引目录、归档文件目录和机读目录等。

三、档案内容

全宗内主要有以下四个方面的内容：

（一）本机关形成的文件材料。包括本单位形成的工作活动的通知、报告、总结、计划、请示、批复、调查及课题调研成果，编制的工资计划、各种统计报表；本单位召开的各种会议文件材料；本机关重要活动、重大事件形成的文件材料等，本机关机构设置与名称更改、人员编制、干部职工调动、录用等文件材料。

（二）上级机关下发的属于本机关业务并要执行的文件材料、上级领导的重要讲话、指示等。

（三）基层组织报送的报表、工作计划、要点、总结等重要文件材料。

（四）九三学社山东省委其他有重要保存价值的文件、报表、资料、图书等。

山东省淮河流域水利管理局

（1963 ～ 2018 年）

全宗号 A267

一、机构沿革

1963 年 12 月 4 日，山东省人民委员会决定成立山东省南四湖流域治理工程局。在行政上、业务上受省水利厅领导。1972 年 5 月，改称为山东省治淮南四湖流域工程指挥部。1988 年 8 月 2 日，改称为山东省淮河流域工程局。2000 年 10 月 11 日，改称为山东省淮河流域水利管理局。2019 年 3 月，省海河流域水利管理局、省淮河流域水利管理局、省小清河管理局、省水利工程管理局 4 个事业单位，合并组建省海河淮河小清河流域水利管理服务中心。

山东省淮河流域水利管理局的职能是代表省水利厅行使所在流域的水行政主管职责，负责编制流域规划，组织重要水利项目；负责对流域内建设的水利工程项目符合流域规划的情况进行审查；负责委托范围内水利基本建设项目的监督管理；负责流域水资源调查评价工作；负责流域内平原水库建设管理工作；负责流域内防洪协调和监督管理工作；负责管辖范围内的水行政处罚工作；代表水利厅行使南四湖水行政管理职责、负责南四湖湖东堤工程的管理监督工作。

二、全宗概况

现馆藏该全宗档案共 1596 卷、1848 件，上架排列总长度 48.06 米。档案形成时间为 1963 ～ 2018 年，分别于 2019 年和 2022 年两次接收进馆。

检索工具有全宗指南、全宗介绍、案卷目录、全引目录、归档文件目录、机读目录等。

三、档案内容

全宗内主要有以下两个方面的内容：

（一）党群：主要包括局党群各部门在工作中形成的文件材料，主要为会议、计划、总结、记录、规章制度、上级下达的文件、干部职工花名册、调资、党务管理、上级机关与本局人事管理等的文件材料。

（二）行政：主要包括行政职能部门工作中形成的文件材料。上级下达的法令、政策和规定文件，主要为局工作计划、总结、大事记，会议记录、鲁淮信息简报等文件材料。

山东省盐务局

（1978 ～ 2001 年）

全宗号　A268

一、机构沿革

1979 年 12 月，省盐业管理机构更名为山东省第一轻工业厅制盐工业公司。1981 年 5 月，改称为山东省盐业公司，列企业编制，处级单位，由省第一轻工业厅领导。1983 年 8 月，省盐业公司对外加挂省盐务局牌子。1992 年 12 月，山东省盐业公司更名为山东省盐业总公司。省盐务局（盐业总公司）既是省属盐业运销企业，又是全省盐业行业管理和盐政管理部门，负责全省盐业行政管理、盐政执法和食盐专营等工作，依法从事本省的盐资源开发、利用和盐产品生产、加工、储运、批发经营业务。

二、全宗概况

现馆藏该全宗档案 650 卷，上架排列总长度 7.2 米，其中永久 348 卷，长期 302 卷，档案形成时间为 1978 年至 2001 年。于 2018 年接收进馆。检索工具有全宗指南、全宗介绍、案卷目录、全引目录、机读目录等。

三、档案内容

全宗内主要有以下六个方面的内容：

（一）上级单位对本单位制发、签发的文件，需要贯彻执行的会议文件，上级领导针对本单位重要讲话、指示。

（二）本单位党、政工作及业务工作中形成的历史记录及有保存价值的各种文件资料。

（三）同级单位和非隶属单位针对本单位制发的文件，普发的需要执行的文件，因工作业务联系而制发或形成的文件材料等。

（四）下级单位报送的重要年度工作计划、要点、总结，以及经本单位批复的文件材料等。

（五）本单位重要活动、重大事件形成的文件材料等。

（六）本单位其他有重要保存价值的文件、报表、资料等。

中国致公党山东省委员会

(1989 ～ 2001 年)

全宗号　A269

一、机构沿革

1982 年 9 月中国致公党开始在山东发展党员。1988 年 1 月致公党山东省工作委员会成立，下设办公室，郑守仪任主任委员。省工委成立后，青岛市工委、济南市工委和烟台支部划归省工委领导。1989 年 5 月成立致公党山东省委机关。1992 年 9 月召开第一次代表大会，选举产生了由 11 人组成的致公党山东省第一届委员会，郑守仪任主任委员，王树棠被选为省委常务副主委，林新繁被任命为省委秘书长，致公党山东省委员会成立。

中国致公党是以归侨、侨眷中的中上层人士和其他有海外关系的代表人士组成的，具有政治联盟特点的，致力于建设有中国特色社会主义的政党。中国致公党以《中华人民共和国宪法》为基本准则，独立自主开展活动。现阶段工作任务为：积极发挥参政议政、民主监督作用，参加中国共产党领导的政治协商；积极参与全省重大方针政策的讨论协商和履行职责的各种活动；围绕经济建设中心，自觉服务改革发展稳定的大局；充分发挥致公党在反映社情民意、协调社会关系、维护社会稳定方面的作用，并积极开展社会服务活动；维护党员和所联系的归侨、侨眷、归国留学人员的合法权益及海外侨胞的正当权益。

二、全宗概况

中国致公党山东省委员会全宗共有文书档案 192 卷，上架排列总长度 2.7 米，其中永久 120 卷、长期 72 卷，档案形成时间为 1989 ～ 2001 年，于 2017 年 11 月进馆。按照“年代—保管期限—类别”分类法进行分类。检索工具有全宗指南、案卷目录、全引目录、机读目录等。

三、档案内容

（一）本机关形成的文件材料，主要包括本机关召开的各种会议形成的方案、通知、报告、总结等文件材料；举办各类活动形成的方案、通知、报告、总结等文件材料；内设机构设置与人员编制、干部职工录用、职务变动、行政工资，离退休等相关的文件材料；向上级机关报送的请示等文件材料；内部宣传、外事活动等文件材料。

（二）致公党中央等上级机关下发的要求本机关贯彻落实的文件材料。

（三）同级机关和非隶属机关制发的需要本机关贯彻执行的文件材料，或依据性文件材料。

（四）下级机关报送的有关材料。

山东省台湾同胞联谊会

（1973 ～ 2013 年）

全宗号　A270

一、机构沿革

1982 年 6 月，山东省台湾同胞联谊会在济南成立，设办公室为行政正处级单位。

山东省台湾同胞联谊会的职能是：团结联络国内外台湾同胞及其民众团体，帮助他们了解政府对台湾的方针政策和祖国大陆的情况。向政府反映台湾同胞的愿望和建议，维护台湾同胞的正当权益。促进台湾同胞与大陆同胞的各项交流活动；密切联系居住在山东的台湾同胞，宣传政府的方针政策，介绍山东情况，鼓励他们为祖国多做贡献。了解和反映他们的意见和要求，配合有关部门予以妥善处理；对来山东省寻祖、探亲、访友、寻人、旅游、升学的台胞，配合有关部门做好接待、服务工作，协助台湾同胞在大陆经商、投资、建厂、办校和促进学术、文化、体育交流。

二、全宗概况

现馆藏该全宗档案463卷、5646件，上架排列总长度9.9米。档案形成时间为1973年至2013年。2017年首次进馆，案卷数量为463卷，其中永久284卷，长期179卷。2022年5646件文书档案进馆。检索工具有全宗指南、全宗介绍、案卷目录、全引目录、机读目录等。

三、档案内容

全宗内主要有以下六个方面的内容：

（一）上级单位对省台联制发、签发的文件，需要贯彻执行的会议文件，上级领导针对省台联的重要讲话、指示等。

（二）省台联党、政工作及业务工作中形成的历史记录及有保存价值的各种文件资料。

（三）同级单位和非隶属单位针对省台联制发的文件，普发的需要执行的文件，因工作业务联系而制发或形成的文件材料等。

（四）下级单位报送的重要年度工作计划、要点、总结，以及经省台联批复的文件材料等。

（五）省台联重要活动、重大事件形成的文件材料、影音资料等。

（六）省台联其他有重要保存价值的文件、报表、资料、图书、实物等。

山东省人民政府驻北京办事处

（1971～2015年）

全宗号　A272

一、机构沿革

1958年，山东省人民政府驻北京办事处经国务院批准成立，是山东省人民政府派驻北京的办事机构，现为正厅级建制，下设办公室、综合业务处、接待处、签证处、经贸处5个处室。

山东省人民政府驻北京办事处的主要职能是：根据省委、省政府或省政府办公厅的授权，代表省委、省政府或省政府办公厅与中央国家机关及驻地党政机关联系处理公务，参加有关会议和双边活动；密切同驻地政府及有关部门的联系，及时向省委、省政府及有关单位传递驻地政治、经济、科技、文化等方面的动态和信息；协助省内有关单位做好与驻地经济、技术、人才等方面的交流与协作；做好对省内领导同志的接待服务工作，为省内到办事处驻地办理公务的单位和人员提供方便；负责我省各市、县（市、区）政府驻当地办事（联络）处和企业的联络协调和党的工作，并对其进行业务指导；承担省政府在当地聘请的经济顾问和经济协作咨询顾问的联络和服务工作；承办驻地政府要求办事处协助办理的事项；办理省委、省政府及主管部门交办的其他事项。

二、全宗概况

现馆藏该全宗档案 309 卷、2126 件，上架排列总长度 5.49 米。档案形成时间为 1971 ～ 2015 年。先后于 2018 年、2019 年两次接收进馆。第一批进馆 309 卷、612 件，其中永久 224 卷、458 件，长期 85 卷、154 件，按照年代－问题进行分类整理。第二批进馆永久 1514 件，按照年度－保管期限－机构进行分类整理。编有全宗指南、全宗介绍、案卷目录、全引目录、归档文件目录、机读目录等检索工具。

三、档案内容

该全宗档案的主要内容有：

（一）该机关形成的文件材料：主要是反映本机关主要职能活动和基本历史面貌的，对本机关工作具有查考利用价值的文件材料，具体包括：各类会议纪要、领导讲话、报告及重要批示，办事处印发的各种正式文件、电报及请示批复，职能活动中形成的工作计划、总结、报告、项目合同、协议书、工作条例、章程、制度等，人事及内设机构变化的文件材料，党团、工会方面的文件材料，省政府驻北京办事处财产、房产、物资等方面的文件材料。

（二）上级机关文件材料：主要包括国务院机关事务管理局及省委、省政府及省直部门下发有关省政府驻北京办事处重要事项的文件、电报、批复等文件材料。

（三）下级机关文件材料：下属单位报送的请示、报告、重要工作计划、总结等文件材料。

中国孔子基金会

（1996 ～ 2020 年）

全宗号　A275

一、机构沿革

中国孔子基金会是 1984 年经中共中央批准，由政府拨付专款支持的全国乃至国际性的文化学术基金组织，宗旨是通过社会募集运作基金，组织和推动海内外学研究阐发、传播弘扬孔子思想、儒家文化以及中华优秀传统文化，为建设和谐社会服务；为促进海内外华人团结、实现祖国统一服务；为构建人类命运共同体服务。

中国孔子基金会刚建立时设在曲阜，1986 年迁到北京，1997 年由北京迁回山东，经山东省委省政府批准，成立中国孔子基金会秘书处作为办事机构，秘书处是正厅级全额财政拨款事业单位，2007 年经批准为参照公务员法管理的事业单位，内设机构 5 个，分别为办公室、基金部、学术出版部、交流合作部、普及传播部，并设有北京、曲阜两个办事处。秘书处设有党组，机关设党支部，归山东省委省直机关工委直接领导。

二、全宗概况

现馆藏该全宗档案 61 卷、3579 件，上架排列总长度 10.62 米。档案形成时间为 1996 ～ 2020 年。于 2019 年、2022 年先后三次接收进馆，按照年度－保管期限－问题进行分类整理。编有全宗指南、全宗介绍、案卷目录、全引目录、归档文件目录、机读目录等检索工具。

三、档案内容

该全宗档案的主要内容有：

（一）本全宗档案永久文件主要内容包括：该单位制发的方针、政策性、法规性和重要宣传业务方面的文件、报告、材料；反映该单位主要职能活动的年度工作总结、计划；反映该单位的机构演变、处以上人员职务、职称任免；财务预算与决算、年度会计报表；每年荣获的证书等。

（二）本全宗档案长期、定期 30 年文件主要内容包括：该单位主要会议的文件材料；该单位人员出国政审、审批批件；有关人事方面的规章、通知、决定；科以下人员职务、职称任免，全处人员记功表彰、嘉奖及处分；该单位在业务活动中形成的合同、协议等材料；重大宣传活动、设备配置等经济活动的请示；上下级机关的重要文件；党、团、工会及各部门工作总结；会计账簿。

山东省精神文明建设委员会办公室

（1986 ～ 2007 年）

全宗号　A277

一、机构沿革

1986 年，山东省五讲四美三热爱活动委员会成立，内设综合调研处。1987 年，山东省五讲四美三热爱活动委员会更名为山东省精神文明建设协调委员会。1990 年，山东省精神文明建设协调委员会更名为山东省精神文明建设委员会。2000 年 8 月，根据省委办公厅《中共山东省委宣传部机构改革意见》，省委宣传部内设省精神文明建设委员会办公室。2006 年 9 月，根据省编办《关于调整省委宣传部内设机构问题的批复》，同意在省精神文明建设委员会办公室综合处挂未成年人思想道德建设工作处的牌子。

二、全宗概况

山东省精神文明建设委员会办公室全宗共有文书档案 803 件，上架排列总长度 2.7 米。档案形成时间为 1986 ～ 2007 年，于 2022 年 10 月 31 日接收进馆，其中永久 670 件、长期 101 件、定期 30 年 32 件。文书档案按年度－保管期限－组织机构分类排列。检索工具有全宗指南、全宗介绍、归档文件目录、机读目录等。

三、档案内容

（一）本机关形成的文件材料，主要包括重要的请示、报告、通知、批复、党组会议记录、纪要、领导同志讲话、决议；机构设置、干部任免、录用、聘任；职工代表大会、党代会、团代会形成的工作报告、总结、换届选举结果；财务管理制度、年度财务分析、专项资金分配；涉及房产、土地所有权、使用权和管理方面重要的文件材料。

（二）上级机关领导同志视察本机关形成的重要讲话、批示，上级机关对本机关干部工作报告的批复、指示及有关的制度、办法、规定、年度工作计划、表彰决定。

（三）同级机关和非隶属机关制发的与本机关业务工作相关的制度、办法、批复或具有依据性的文件材料。

（四）下级机关报送重要的请示报告。

山东省扶贫开发领导小组办公室

(2014 ～ 2020 年)

全宗号 A279

一、机构沿革

2000 年以前，省扶贫开发领导小组办公室是原省农委内设的一个职能处室。2000 年机构改革，原省农委与省农业厅整建制合并，省扶贫开发领导小组办公室改为省农业厅的内设处级机构。2012 年，省政府批准，撤销省扶贫开发领导小组办公室，省农业厅加挂省扶贫开发办公室牌子。2015 年 12 月，为做好精准扶贫、精准脱贫工作，省委、省政府调整加强省扶贫开发工作机构，整合原省扶贫开发办公室和省直有关部门扶贫职责，重新组建省扶贫开发领导小组办公室，放在省委，独立运行，集中办公。2020 年脱贫任务完成后，根据扶贫工作的新形势做出调整，不再保留省扶贫开发领导小组办公室。

二、全宗概况

山东省扶贫开发领导小组办公室全宗共有 23785 件档案，排架长度 62 米，档案形成时间为 2014 ～ 2020 年。检索工具有全宗指南、全宗介绍、归档文件目录、机读目录等。

三、档案内容

（一）本机关形成的文件材料

1. 主任办公会议记录、纪要以及会议决定事项的办理情况。

2. 本机关组织召开或联合召开会议形成的文件材料。

3. 本机关制定印发的精准扶贫政策或制度性政策法规文件材料。

4. 本机关制定精准扶贫专项规划、扶贫开发中长期规划、财政扶贫资金分配使用文件材料。

5. 本机关精准扶贫工作成效第三方评估、脱贫攻坚表彰奖励、重大涉贫事件处置反馈、资金项目监管管理形成的重要材料。

6. 本机关落实脱贫攻坚责任制、扶贫开发机构成立与调整、队伍建设等组织保障方面的文件材料。

7. 本机关建档立卡信息系统重要数据库文件材料。

8. 特色产业扶持、社会扶贫等精准施策类及贫困县、贫困村、贫困户退出等精准脱贫类文件材料。

（二）上级机关的文件材料

1. 国扶办、省委、省政府和省扶贫开发领导小组等对扶贫开发做出的决策部署形成的材料。

2. 国扶办、省委、省政府和省扶贫开发领导小组等召开的扶贫开发重要会议形成的材料。

3. 领导同志关于扶贫开发的重要指示、批示、论述材料。

4. 国扶办督查检查形成的重要材料。

5. 省委、省政府扶贫开发成效、东西扶贫协作和定点扶贫考核评估形成的重要材料。

（三）同级机关制发的需要贯彻执行的文件材料

（四）省直各部门、各市报送备案的规范性文件

山东省地方税务局

（1994 ～ 2020 年）

全宗号　A280

一、机构沿革

1994 年，山东省税务局分设为山东省国家税务局和山东省地方税务局，8 月 15 日，山东省地方税务局挂牌，是省政府主管全省地方税务工作的直属机构。1998 年 9 月，全省地税系统实行上级地方税务机关和同级政府双重领导，以上级地方税务机关垂直领导为主的管理体制。2018 年机构改革后，与山东省国家税务局合并，成立新的单位国家税务总局山东省税务局。

山东省地方税务局主要职责是：（1）贯彻执行国家有关税收的法规、政策，参与研究拟定我省地方性税收法规和政策措施。（2）强化税收的宏观调控功能，在地方权限范围内，提出体现优化经济结构、理顺分配关系、规范分配方式、促进经济发展的政策建议。（3）根据税收征管法，制定地方税收征收管理制度，建立科学、严密、有效的征管体系，推进依法治税，加强税收监督。（4）负责营业税、资源税、地方企业所得税、个人所得税、车船使用税、房产税、城市维护建设税、固定资产投资方向调节税、城镇土地使用税、土地增值税、印花税、屠宰税、筵席税、遗产与赠予税等地方税和教育费附加、水利基本建设专项资金、社会治安费的征收管理工作。（5）按照财政管理体制，直接组织征收省级地方税收收入，负责涉外企业中属于地方收入税种的征收管理工作。（6）根据全省国民经济和社会发展计划以及财政预算安排的要求，编制税收长远规划和年度税收计划，完成全省各项地方税收收入任务。（7）指导、协调全省地方税收稽查工作，制订地方税收稽查办法并组织实施。组织全省性的税收检查工作，依法查处重大偷抗税案件。（8）研究税收理论和政策，掌握税收动态，分析经济信息，组织税收宣传。（9）指导全省地方税务系统的教育培训、精神文明建设和思想政治工作，促进全省地税系统的廉政建设。（10）承办省委、省政府交办的其他事项。

二、全宗概况

山东省地方税务局全宗共有档案17161卷（件），分为文书档案和稽查档案两大类，其中文书档案14783卷（件）、稽查档案2378卷，上架排列总长度130.77米，档案形成时间为1994～2020年，分别于2018年、2019年、2020年和2022年4次接收进馆。分类方法是按年度－问题－保管期限分类法。检索工具有全宗指南、全宗介绍、案卷目录、全引目录、归档文件目录、机读目录等。

三、档案内容

（一）上级机关的文件材料　召开的需要贯彻执行的会议的主要文件材料；颁发的属于本机关主管业务并要执行的文件，以及普发的非本机关主管业务但需要执行的法规性文件；党和国家领导人、人民代表、上级机关领导等视察、检查本机关工作时的重要指示、讲话等材料；代上级机关起草、拟定并采用的文件的最后草稿和印本；上级机关转发本机关的文件。

（二）本级机关的文件材料　局分党组、行政领导会议文件材料、本机关召开的工作会议、专业会议材料；本机关颁发的各种正式文件的签发稿、印制稿、重要文件的修改稿；本机关的请示与上级机关的批复文件，下级机关的请示与本机关的批复文件；本机关及其内部职能部门活动形成的重要文件材料；反映本机关业务活动的专业文件材料；本机关检查下级机关工作、调查研究形成的重要文件材料；本机关或本机关汇总的统计报表分析资料；本机关在工作活动中形成的重要文件材料；本机关成立、合并、撤销、更改名称、启用印信及其组织简则、人员编制等文件材料；本机关制定的工作条例、章程、制度等文件材料；本机关的史志、大事记及年鉴；本机关干部任免、奖惩工作等文件；本机关财产、物资、档案等的交接凭证、清册；本机关编印的地方税务情况、简报等刊物定稿和样本；本机关与有关单位签订的各种合同、协议书等文件材料；本机关外事活动中形成的请示、报告、计划、考察总结等有参考价值的资料。

（三）同级机关和非隶属机关的文件材料　同级机关和非隶属机关颁发的非本机关主管业务但需要执行的法规性文件；有关业务机关对本机关工作检查形成的重要文件；同级机关和非隶属机关与本机关联系、协商工作的重要往来文件。

（四）下级机关的文件材料　下级机关报送的重要工作计划、报告、总结、典型材料、统计报表等文件；直属单位报送的重要业务文件材料；下级机关报送的法规性备案文件。

中国农工民主党山东省委员会

（1985 ～ 2017 年）

全宗号　A285

一、机构沿革

1985 年 9 月，中国农工民主党中央委员会批准成立中国农工民主党山东省委员会筹备小组。1987 年 3 月，成立中国农工民主党山东省工作委员会。1988 年 10 月，成立中国农工民主党山东省委员会。

二、全宗概况

现馆藏该全宗文书档案 500 卷、2948 件，上架排列总长度 10.8 米。

档案形成时间为 1985 ～ 2017 年。分别于 2018 年、2019 年 2 次接收进馆。文书档案按照年度—保管期限—组织机构进行分类整理。检索工具有案卷目录、全引目录、归档文件目录、机读目录等。

三、档案内容

（一）省委召开的各种重要会议、重大活动的主要文件材料。

（二）省委召开的工作会议文件材料。

（三）省委向上级机关的请示及上级机关的批复文件。

（四）省委制定的工作计划、总结。

（五）上级对省委机关和各处室及个人的检查、调查的专案材料。

（六）省委各部室在工作活动中形成的重要文件材料。

（七）省委各部室成立、合并、撤销、更改名称、启用印章及人员编制等文件材料。

（八）省委制定的工作条例、章程、制度、办法等。

（九）省委历史沿革、大事记等文件材料。

（十）省委干部任免（包括备案）、调配、培训、录用、转正、定级、调资、退职退休、离休等工作及农工党党员资料、干部奖惩等文件材料。

（十一）省委与有关单位签订的各种合同、协议书等文件材料。

（十二）有关业务机关与省委联系、协商工作的重要来往文件。

中共山东省委省直机关党校

（1981 ～ 2018 年）

全宗号　A290

一、机构沿革

2001 年 5 月，中共山东省委省直机关党校由原省委省直机关党校（成立于 1996 年）与原山东省工商行政管理学校（成立于 1980 年 8 月）合并建立，建立时名为山东省委党校省直分校，由省委省直机关工委主管。2005 年 3 月，机构规格调整为副厅级。2012 年 12 月，更名为山东省委省直机关党校。2018 年 10 月，山东省委党校、山东行政学院、山东省委省直机关党校合并组建新的山东省委党校（山东行政学院），原单位建制撤销。

省直机关党校是在省委省直机关工委直接领导下培养党员领导干部和理论干部的学校，是工委的重要部门，是培训轮训省直机关党员领导干部的主渠道，是党的哲学社会科学研究机构。

二、全宗概况

中共山东省委省直机关党校全宗，上架排列总长度 12.33 米。共有按卷整理的文书档案 481 卷，其中永久 130 卷，长期 174 卷，短期 177 卷；学籍档案 1225 卷。起止年代为 1981 ～ 2018 年，永久编为 01 目录，长期编为 02 目录，短期编为 03 目录。按件整理的文书档案 1015 件，其中永久 559 件，定期 30 年 421 件，定期 10 年 35 件，起止年代为 1981 ～ 2018 年。该全宗按年度一保管期限一机构分类整理。建有全宗指南、全宗介绍、案卷目录、全引目录、归档文件目录和机读目录。

三、档案内容

中共山东省委省直机关党校全宗档案为文书档案和学籍档案，其主要内容有：

（一）省委省直机关工委转自山东省委省政府及其他省直部门的相关来文。

（二）省直机关工委的文件。

（三）省直机关工委对党校处级以上和副教授级人员的任免文件。

（四）学校的行政运转文件（历年学校工作总结、党校信息、表彰、干部任免文件、学校的请示、教学教研的相关文件）。

山东省行政区划调整推进工作领导小组

（2018 ～ 2019 年）

全宗号　A292

一、机构沿革

2018 年 12 月 26 日国务院正式批复济南市莱芜市行政区划调整方案后，省委省政府成立了山东省行政区划调整推进工作领导小组，省委书记刘家义、省委副书记龚正分别担任领导小组的正、副组长，同时下设 12 个专项工作组，正式开展济南市莱芜市行政区划调整工作。2019 年 2 月下旬，全省区划调整工作按照既定方案基本完成，实现工作目标。

二、全宗概况

山东省行政区划调整推进工作领导小组全宗，上架排列总长度 4 米。共有按件整理的文书档案 1285 件，其中永久 1285 件。照片 245 张。该全宗按年度一保管期限一机构分类整理。建有全宗指南、全宗介绍、归档文件目录和机读目录。

三、档案内容

山东省行政区划调整推进工作领导小组全宗档案为文书档案和照片档案，其主要内容是从 2018 年筹备期间到 2019 年正式实施期间形成的资料，基本反映济南市莱芜市行政区划调整工作概貌。

山东省文物局

(2007 ～ 2019 年)

全宗号　A297

一、机构沿革

2006 年 11 月，成立副厅级参公事业单位山东省文物局，为文化厅直属单位。2011 年 6 月成立山东省文物局（与山东省中华文化标志城规划建设办公室一个机构，两块牌子），为省政府直属正厅级行政支持类事业单位，由省政府委托省文化厅负责行政管理。2016 年 6 月设立山东省文物局，由省文化厅管理。

主要职责为：（1）起草文物保护地方性法规、规章草案，拟订文物保护和博物馆事业发展规划、政策措施并组织实施，对执行情况进行监督检查。（2）负责管理和指导全省考古工作，审核、管理在山东境内和水域进行的考古勘探和发掘项目，管理文物保护和相关项目建设经费，指导协调全省文物管理、保护、抢救、发掘、研究、利用、出境、宣传等工作。（3）负责管理和指导全省文物保护工作，审核、申报、管理省级以上重点文物保护单位，指导世界人文、自然遗产、历史文化名城（街区、村镇）、风景名胜区、宗教设施的文物保护工作；负责全省文物行政执法监督工作。（4）研究处理文物保护重大问题，对查处盗窃、破坏、走私文物的大案要案提出文物方面的专业性意见，指导全省文物安全管理工作。（5）会同有关部门依法管理社会流散文物、文物市场、文物出入境，代表国家文物出境监管机构鉴定流通文物、出境文物、刑事文物，审核重要文物的收购、交换和征调。（6）负责管理和指导文博外事工作，指导协调文物、博物馆对外合作和交流工作，负责国家有关部委及国内外专家的联络、咨询和服务工作，拟订并组织实施文物、博物馆专门人才培训规划，指导文物保护和博物馆方面的科研工作。（7）承办省委、省政府及省文化厅交办的其他事项。

二、全宗概况

山东省文物局全宗共有文书档案10510件，排架长度25.2米，档案形成时间为2012～2019年，均为永久档案。分类方法是按年度—保管期限—组织机构分类法。另有会计档案640册（时间2007～2015年）。检索工具有全宗指南、归档文件目录、会计档案目录、机读目录等。

三、档案内容

（一）上级机关的文件材料

1．上级机关召开的需要贯彻执行的会议主要文件材料。

2．上级机关制发的属于本机关主管业务并需要贯彻执行的文件，普发的、非本机关主管业务但需要贯彻执行的法规性文件。

3．党和国家领导人、上级机关领导等视察、检查本机关工作时的重要指示、讲话等材料。

4．上级机关转发本机关文件的文件。

（二）本机关的文件材料

1. 本局党委会、局长办公会会议记录、纪要等。

2. 局机关制发的（包括转发及与其他机关联合制发）各种正式文件的签发稿、印制本以及重要文件的修改稿。

3. 局机关的请示和上级机关的批复文件，下级机关的请示和厅机关的批复文件。

4. 反映局机关业务活动的文件。

5. 局机关检查下级机关工作，进行工作调研形成的重要文件。

6. 局机关各种统计报表和统计分析资料。

7. 局机关基本建设工程施工、竣工、购置大中型设备的文件材料。

8. 局机关增设、撤销内部机构及更改名称、启用印信及人员编制等文件材料。

9. 局机关制定的工作规章、制度等文件。

10. 局机关史志、大事记及年鉴。

11. 局机关财产、物资、档案等交接凭证、清册。

12. 局机关编印的情况反映、信息、简报等印本，编辑出版物的定稿、样本。

13. 局机关与有关单位签订的各种合同、协议书等。

14. 局机关外事活动中形成的请示、报告、计划、考察总结等有参考价值的资料。

（三）同级机关和非隶属机关的文件材料

1. 同级机关和非隶属机关制发的非本机关主管业务但需要司法行政系统执行的法规性文件。

2. 有关业务机关对本机关工作检查形成的重要文件。

3. 同级机关和非隶属机关与本机关联系、协商工作的重要往来文件。

（四）下级机关的文件材料

1. 下级机关报送的重要工作计划、报告、总结、统计报表等文件。

2. 局直属单位报送的重要文件材料。

3. 下级机关报送的法规性备案文件。

中共山东省委主题教育领导小组办公室

（2019 ～ 2020 年）

全宗号　A303

一、机构沿革

省委主题教育领导小组在省委常委会领导下开展工作，主要职责是：

（一）学习贯彻习近平总书记重要指示精神和中央部署、省委要求，研究主题教育的重大事项、重要政策，向省委提出相关建议。

（二）根据各批次主题教育的特点，研究提出主题教育有关工作安排，加强具体指导，形成有效制度，统筹推进各地各部门各单位主题教育开展。

（三）深入开展调查研究，了解主题教育进展情况，研究解决遇到的重要问题，特别是苗头性、倾向性问题。

（四）加强正面宣传和舆论引导，及时总结推广各地各部门各单位的好经验好做法。

（五）加强督促指导，派出巡回指导组督促指导各地各部门各单位开展主题教育，抓好各项任务落实。

（六）做好省委交办的其他工作。领导小组下设办公室，负责领导小组的日常工作。

二、全宗概况

馆藏中共山东省委主题教育领导小组办公室的档案数量为 1673 件，排架长度 4.95 米，档案起止时间为 2019 ～ 2020 年。于 2020 年进馆，共计文书档案 1673 件，其中永久 951 件，定期 30 年 722 件。

三、档案内容

（一）以领导小组名义上报、下发的重要文件，由领导小组组长签发，或由组长委托负责领导小组日常工作的副组长签发。

（二）中央主题教育领导小组文件视情予以转发或翻印；已由省委、省政府和省委办公厅、省政府办公厅及有关部门印发的文件。

（三）领导小组文件一般通过专网传递，网络覆盖不到的印发纸质文件。

省委疫情处置工作指挥部

（2020 年）

全宗号　A311

一、机构沿革

省委疫情处置工作指挥部与省新型冠状病毒感染的肺炎疫情处置工作领导小组一套人马、两块牌子，对外以领导小组名义开展工作，对内对下以指挥部模式开展工作。领导小组办公室实行双主任制，由省政府办公厅副主任张连三、省卫生健康委主任袭燕担任。领导小组办公室设综合协调、疫情防治、专家、宣传舆情、交通联防、市场交易管理、社会随访、应急保障 8 个工作组，在省卫生健康委集中办公，统筹协调处理全省疫情防控工作。

二、全宗概况

馆藏省委疫情处置工作指挥部的档案数量为 8621 件，排架长度 10.8 米，档案涉及时间为 2020 年。于 2021 年一次进馆，共 8621 件，其中永久 8621 件。全宗内档案检索工具有全宗指南、全宗介绍、归档文件目录等。

三、档案内容

（一）上级党委、政府关于疫情防控工作的重大决策部署、规定、通知、通报等。

（二）上级有关主管部门关于本地、本单位做好疫情防控工作的部署、规定、通知、通报等。

（三）本级党委、政府关于疫情防控工作的公告、通知、意见、通报、防控方案，召开的专门会议、新闻发布会等形成的文件材料及领导的重要批示、指示和讲话等。

（四）本地、本单位建立新型冠状病毒肺炎疫情防控工作机构、协调机制、制度规定等形成的文件材料。

（五）本地、本单位关于疫情防控工作的通知、通报、通告、工作计划、实施方案，防控措施、统计报表、动态数据、工作报告、工作总结等。

（六）防控新型冠状病毒肺炎的各种预案、监测方案及治疗技术操作规程等。

（七）对车站、机场、码头、出入境口岸和汽车、火车、地铁、飞机、轮船等交通工具和流动人员进行卫生检疫和交通管制形成的文件材料。

第六章 馆藏声像档案介绍

山东省档案馆馆藏中保存有1939～2022年间形成的各种声像档案。这些声像档案，根据档案载体材料的不同，分为照片档案、录音档案和录像档案三部分，建有声像档案目录、照片全引目录等检索工具；此外还包括一批重大活动声像档案，主要是2000年以后第十一届全国运动会、第十届中国艺术节和山东省对口支援北川灾后重建工作领导小组办公室形成的。现将馆藏声像档案的主要内容分别介绍如下：

一、照片档案

现馆藏各种照片档案共68207张，按形成时间和内容，大体可分为中华人民共和国成立前照片档案、中华人民共和国成立前实物图片照片档案和中华人民共和国成立后照片档案三部分。

（一）中华人民共和国成立前的照片档案。主要有：

1. 党的领导同志与干部、群众的合影。如1949年4月中共中央主席毛泽东同志在全国妇女代表大会上的照片，1942年中共中央副主席刘少奇同志在临沭县与根据地领导人员的合影。

2. 山东省级机关、渤海行署、胶东行署、胶东军区司令部、华东财经办事处、胶东救济会等单位召开人民代表大会、各界代表大会、英模会、参军大会、斗争恶霸地主等情况的照片。如山东省第一届人民代表大会第一至第三次会议的照片；1944年胶东行署召开行署委员会、农业座谈会以及胶东区党政军民联合举行追悼王文同志大会的照片；1945年12月渤海行署召开渤海区劳动模范大会的照片；1946年4月渤海区参议会议员大会选举国大代表的纪念照片；1946年胶东救济会发放搬运救济物资的照片；1947年2月胶东医学进修班教职学员暨解总、联总、行总驻烟办事处人员合影；1947年秋烟台市工人欢送自己的兄弟参加中国人民解放军的照片；1949年5月烟台市首届各界代表会以及济南市纪念“五一”庆祝南京解放大会的照片等。

3. 反映日伪、国民党对解放区进行“扫荡”“蚕食”，制造无人区惨状的照片。如1942年冬，日伪制造的“马石山惨案”的照片；1947年12月国民党军进犯海阳县制造的“海阳无人区”的惨状照片；1946年寿光县政府关于抗战八年敌伪烧杀摄影；渤海区八年来抗战损失典型的照片；还有日伪在吴桥县、滨县、蒲台县、利津县、高苑县、博兴县、济阳县、临邑县、邹平县等地烧杀惨状罪行的照片等。

4. 反映淮海战役、济南战役和莱芜战役的照片。如 1948 年淮海战役总前委成员邓小平、刘伯承、陈毅、粟裕、谭震林同志的合影等。

5. 反映厂矿等单位的照片。主要有两河煤矿、新博煤矿、洪山煤矿、枣庄煤矿、济南机床厂、济南汽车机件制造厂、济南成大纱厂、新华制药厂、华东财办工矿部济南工业局所属工厂、胶东招远玲珑矿业公司的照片。如 1949 年 4 月华东财办工矿部关于胶济线淄河桥修复工作进展情况的摄影。

6. 反映抗灾救灾的照片。主要有 1946 年昌邑县沿海一带遭受海潮袭击、运河在德县罗家院决口和惠民等地受水灾被淹及抢修险坝等情形的照片；1946 年 7 月渤海区惠民市向灾民发放联合国救济物资的照片等。

（二）中华人民共和国成立前的实物图片照片档案。主要有：

地主剥削农民使用的大秤、残害农民用的刀、葫芦鞭子、红黑棍、大镢头等凶器以及被杀害的死者骨头等证据的照片；有地主用剥削农民的血汗钱购买的虎皮褥子、各种银家具、金玉玩具、玉石烟枪等物品的照片；有农民穿了 63 年的破衣服、使用了 120 年的铁锨、要饭用的瓢、莞子以及租约、卖身契约等实物的照片。

（三）中华人民共和国成立后的照片档案。主要有：

1. 党和国家领导人视察山东各地时的照片。有中共中央主席毛泽东 1954 ～ 1965 年间历次视察山东接见党政干部、社员和游览名胜时的照片，如 1957 年 8 月毛主席、周总理与青岛市党政机关、工厂、企业、学院干部的合影，1960 年毛主席和山东省级机关暨济南市机关干部的合影；有 1958 ～ 1980 年间形成的中共中央副主席刘少奇视察山东各地农村和济南第一、二机床厂与干部、群众会见、座谈的照片以及刘少奇同志的骨灰护送到青岛时的照片，如 1964 年 7 月刘少奇同志接见济南军区领导干部和山东省委工作会议全体同志合影；有 1958 ～ 1966 年间国务院总理周恩来视察山东济南黄河铁桥、游览大明湖等的照片；有 1959 ～ 1960 年中共中央副主席朱德视察山东时接见济南军区、省级机关暨济南市机关干部的合影；有陈云、李先念、谭震林、薄一波、徐特立等领导同志历次来山东各地视察时的照片；还有 1965 年 5 月越南共产党主席胡志明访问山东游览大明湖、孔庙等名胜及祝贺六十五寿辰活动的照片。

党的十一届三中全会以来的照片，主要有 1978 年中共中央副主席李先念在山东召开九省市领导同志参加的农田建设会议，参观泰山、济宁等地农田建设情况的照片；1979 ～ 1983 年中共中央副主席邓小平历次视察山东、青岛、烟台等地及北海舰队时接见各级领导，以及视察兖州郊区农业林网化的照片；1979 ～ 1983 年中共中央副主席叶剑英历次视察山东各地时接见党政军领导、参观人民公社的照片；有 1981 ～ 1988 年中共中央总书记胡耀邦历次视察山东、青岛、烟台、菏泽、石臼所、中原油田、胜利油田等地及游览泰山接见省地市领导的照片；有 1984 ～ 1988 年国务院总理李鹏视察黄河山东段及邹县、禹城等地的照片；有 1988 年中共中央政治局委员江泽民同志来山东考察工作的照片；还有彭真、万里、王震、邓颖超、许世友、谷牧、余秋里、乔石、宋平、杨得志、田纪云、习仲勋等同志历次来山东各地视察的照片；近十几年来，胡锦涛、温家宝、习近平、李克强等中央领导同志到山东视察、调研时形成的照片等。

2. 华东军政委员会、山东省党政机关、济南军区等形成的照片。主要有 1951 年 3 月华东军政委员会第三次全体委员会议合影；1951 年 3 月山东省工农兵劳动模范代表大会全体妇女劳模合影；1954 年 8 月山东省第一届人民代表大会第一次会议代表合影；1959 年 11 月山东省暨济南市党政军负责同志接见省出席全国群英会代表的合影；1960 年 5 月山东省委、省人委、济南军区领导接见省出席全国民兵代表大会全体代表的合影；1963 年 12 月中共山东省第二次代表大会的照片选辑；1966 年 3 月济南军区、省委领导接见“劈山开路先锋连”全体同志的合影；1983 年 7 月中共山东省第四次代表大会代表合影；1987 年 6 月山东省委领导同志与出席全省整党建党总结会议的同志合影；1993 年 11 月中共山东省第六次代表大会照片选辑；有 1955 ～ 1963 年政协第一届山东省委员会第一、二、三次全体会议代表和三届一次全委会委员合影；有 1951 ～ 1960 年山东省第三、第五次妇女代表大会代表合影；山东省妇女建设社会主义积极分子代表会议合影及影集；有 1959 年山东省文联“腰斩黄河”文艺服务团在工地活动的照片；有中共山东省委统战部关于各民主党派拥护社会主义自我改造游行的照片；有山东省委、国家档案局领导检查指导山东省档案局工作及山东省档案局召开省档案学会第二次会员代表大会暨省第二次学术讨论会全体代表的合影（1985. 5）；以及省第三届卫生行政会议（1951. 1）、省第三届农业建设积极分子会议（1957. 11）、省下放干部代表会议（1958. 12）、省儿童福利工作积极分子大会（1959. 3）、省群英会冶金系统代表（1960. 1）、全国煤炭综合利用现场会（1960. 4）、省贫下中农会议、省邮政工会第三届会员大会（1950. 1）、青岛市第四届各界人民代表大会等会议代表的合影；

省领导近年来参加相关活动的照片等。

3.“文化大革命”时期形成的照片。主要有“省革委”负责人的讲话，群众组织冲击政府机关、冲击工厂，揪斗干部、群众的照片；有关“五七”事件、昌潍事件、枣庄事件、临沂事件等的实况照片以及有关人员的检查、交代、揭发、控诉、证明材料的照片等。

4. 资料照片。主要有聊城海源阁、海源阁藏书目录和林则徐给张以增信的照片等。

另外，还有 1983 年 6 月山东省领导同志欢迎朝鲜贵宾金正日访问北海舰队、参观山东经济发展汇报会等活动的照片；朝鲜人民访华代表团、保加利亚人民歌舞团在济南活动的照片以及美国档案工作者协会学习旅游团、墨西哥国家档案馆馆长来山东访问的照片等。

二、录音档案

馆藏各种录音档案主要内容有：

（一）20 世纪 50 年代和 60 年代，党和国家领导人毛泽东、周恩来、邓小平、陈毅、谭震林、彭真、邓子恢和王光美等同志视察山东时所作的关于思想问题、世界形势、国内形势、“整风”“社会主义教育”等问题的报告、讲话以及在省级机关党员干部大会、地市委工业书记会议、各民主党派、人民团体负责人座谈会、省政协会议等会议上的讲话、报告的录音材料。

（二）1966 年前，山东省委、省人委的领导舒同、曾希圣、谭启龙、白如冰、赵健民、李广文、刘季平、刘秉琳、王卓如、袁子扬、张如三等同志在省委全委会、省委扩大会、省党代会、地市委书记会、县委书记会、省委机关干部会、全省四级、五级、六级干部会等重要会议上的讲话、报告、发言、会议总结等录音材料。

（三）“文化大革命”期间，批判省委、省人委主要领导同志的录音材料。

三、录像（影片）档案

馆藏录像（影片）档案主要内容有：

（一）1985 ～ 1989 年间中央领导同志和有关部门负责同志李鹏、万里、胡耀邦、赵紫阳、宋平、倪志福、荣高棠、李梦华、袁伟民等在省委领导同志梁步庭、姜春云、赵志浩、高昌礼、李春亭等陪同下视察山东石臼港、济南钢铁厂等地的录像材料。

（二）1986 ～ 1989 年间省的负责同志陆懋曾、李振、王金山、朱奇民、马世忠、王乐泉、李发荣等在纪念治黄四十周年大会、全省防汛抢险模拟演习动员大会等会议上的讲话录像。

（三）宣传档案工作的录像资料，如《岁月的足迹》《发展中的沂蒙档案》《中共中央地下档案库》等；电视剧《有朋自远方来》等。

四、重大活动声像档案

（一）第十一届全国运动会声像档案

2005 年 2 月 28 日，国家体育总局向山东省人民政府复函，经国务院批准，同意山东省承办 2009 年第十一届全国运动会。2005 年 7 月 19 日，为切实做好第十一届全国运动会的筹备工作，成立第十一届全运会山东省筹备委员会。2007 年 7 月 3 日，经中共山东省委同意，成立中国共产党第十一届全国运动会组织委员会。2006 年 7 月～ 2007 年 10 月，陆续成立济南、青岛、淄博等 17 个赛区组委会。2009 年 3 月 29 日，省委、省政府确定，成立山东省筹办十一运工作领导小组（在倒计时 30 天时改为总指挥部）。从 2005 年筹委会成立到 2009 年第十一届全运会成功举办，全运会筹委会、组委会等 71 个归档机构形成门类多样、数量众多的档案，其中声像档案共 729 盘、照片档案共 13506 张。声像档案主要包括十一运会组委会各归档机构所形成的各类会议录音录像、大型活动、火炬传递、新闻报道、主题歌、开幕式、闭幕式、比赛实况、新闻发布会等录音录像记录。照片档案主要包括十一运会组委会各归档机构所形成的各类会议、大型活动、领导视察指导、场馆建设、火炬传递、开幕式、闭幕式、比赛颁奖、新闻发布会等照片图片记录。

（二）第十届中国艺术节声像档案

由文化部、山东省人民政府共同主办的第十届中国艺术节（以下简称“十艺节”），经过三年多的筹办，于 2013 年 10 月 11 日至 26 日在山东成功举行。“十艺节”从筹办到举办期间形成内容丰富、种类繁多的珍贵档案资料，全面反映了各项相关工作的开展情况，除形成文书档案 4507 件、实物档案 105 件外，还包括数量可观的声像档案：照片 6905 张，录音 5747 分钟，录像 1251 分钟，刻录光盘 26 张等。

（三）山东省对口支援北川灾后重建工作领导小组办公室声像档案

2008 年 5 月 12 日 14 时 28 分，四川省汶川县发生里氏 8.0 级特大地震。地震发生后，省委书记姜异康，省委副书记、省长姜大明迅速作出批示，对山东省支援地震灾区抗震救灾工作提出明确要求。5 月 13 日，省委、省政府下发通知，成立山东省支援四川地震灾区抗震救灾工作协调领导小组，领导全省支援四川地震灾区抗震救灾工作。省委副书记、省长姜大明任组长，省委常委、副省长王军民，副省长王随莲，省军区副司令员尚书国任副组长。协调领导小组下设办公室，设在省民政厅，省民政厅厅长张国琛兼任办公室主任。

6 月 27 日，省委、省政府下发《关于设立对口支援北川灾后恢复重建工作机构的通知》，决定设立山东省对口支援北川灾后恢复重建工作领导小组及工作机构，山东省支援四川地震灾区抗震救灾工作协调领导小组自动撤销。山东省支援地震灾区抗震救灾及社会赈灾工作进入对口援建阶段。在此期间形成一批有关山东省支援地震灾区相关工作的声像档案。

第七章　馆藏图书资料介绍

本馆所藏图书资料是馆藏档案的重要补充部分，它包括明代以来山东及其他地区的组织机构或个人编印出版的期刊、报纸、内部资料及图书等，共 115669 册。

这部分资料按其形成的历史时期和性质，可划分为革命历史资料、民国时期资料和中华人民共和国成立后图书资料三大部分。

一、革命历史资料

革命历史资料是由中共中央华东局、中共中央山东分局（含山东省委）、山东省政府、山东各战略区党委、行署及各地委、专署在 1936 ～ 1950 年间形成的。在长期的保管利用过程中，这部分资料渐次形成“资料 01 目录”“资料 02 目录”和“报纸”三部分。

（一）资料 01 目录

收入该目录的资料包括各种文件汇编、工作手册、文选、统计材料、会议文件、刊物等，按其内容可分为如下几类：

1. 综合类　主要是中共中央山东分局及所属胶东、渤海、鲁中、鲁南、滨海、鲁中南等区党委，山东省政府（前称省战工会、省战委会）及所属胶东、渤海等行署形成的综合性资料，具体包括：

（1）综合性的文件汇集、工作手册等，如中央书记处编《抗战以来重要文件汇集》（1942 年 7 月）、山东分局编《新区工作手册》（1949 年 5 月）。

（2）综合性的会议材料，如《山东省各界救国联合大会材料汇编》（1940 年 7 月），该会是山东抗日根据地各界人士共商国是的一次盛会，这次大会选举、产生了全省统一的行政领导机关——山东省战时工作推行委员会，即山东省政府的前身。

（3）关于形势、方针、任务的综合性的工作报告，如山东分局《五年工作总结及今后任务》（1943 年 8 月）、冀鲁边区党委《冀鲁边区 1943 年工作总结及今后工作任务》。

（4）综合性的调查研究材料，如：山东分局政策研究室编《调查研究》（1942 年第 1 期）和《材料汇报》（第 2—15 期，1943 ～ 1945 年）、胶东区党委编《青岛调查》（1948 年 11 月）。

（5）政府通报性刊物，如：山东省政府（省战工委）编《山东民主导报》（1944 ～ 1947 年）、胶东行署编《行政通报》（1945 ～ 1947 年）。

（6）我党我军重要领导人毛泽东、陈毅、彭德怀、叶剑英、杨尚昆及我山东解放区党政军领导人黎玉、罗荣桓、舒同、林浩、张晔等同志的讲话、报告、文章和照片集等。如《中国人民伟大领袖毛泽东近影集》（1945 年）。

2. 组织类　主要是山东分局及所属胶东、渤海等区党委和大众日报社等形成的关于组织建设方面的文件汇编、会议文件、丛书和刊物等，主要涉及以下内容：

（1）关于党的建设发展问题，如中共中央华东局《新解放区党的发展问题》（1946 年）、胶东区党委《大量发展党的经验介绍》（1947 年 8 月）。

（2）关于整党问题，如山东分局编《山东分局党校第四期整风学习经验介绍》、渤海行署《整风材料》（1945 年 5 月）。

（3）关于支部建设问题，如中共中央北方局《根据地农村支部建设的经验教训与今后支部工作的意见》（1943 年 6 月）、鲁中区党委《整支通讯》（1943 年 1—3 期）。

（4）关于党员干部教育、审查、鉴定问题，如渤海区党委《初级干部训练经验介绍》（1945 年 12 月）、渤海区党委《整风审干总结》（1945 年 5 月）。

（5）关于组织状况统调工作，如山东分局第三区党委组织部《统调工作教材》（1941 年 12 月）、山东分局组织部《鲁中南 1949 年统调工作总结》（1949 年 12 月）。

3. 宣传教育类　包括华东局宣传部、山东分局宣传部及胶东、渤海等区党委宣传部、大众日报社等关于宣传、教育、文化、新闻工作方面的资料，具体包括：

（1）关于宣传教育工作综合性的资料，如渤海区党委编《宣传工作手册》（1948 年 10 月）、山东分局宣传部《宣传工作文件选辑》（1949 年 11 月）。

（2）关于节日、战役纪念活动的宣传资料，如胶东联合社《七一纪念文献》（1944 年）、胶东区党委宣传部《关于庆祝抗战最后胜利纪念“九一八”十四周年宣传要点》（1945 年 9 月）。

（3）关于政策和时事宣传工作的文件材料，如山东分局宣传部《时事问题解说》（1945 年 11 月）、胶东区党委《目前时局宣传大纲》（1944 年 10 月）、中共中央北方局宣传部《怎样认识国民党和蒋介石》（1943 年 11 月）。

（4）关于各种各类教育（包括战时教育、农村教育和初、中级教育）的文件资料，如省战时行政委员会《国民教育改造问题》（1944 年 9 月）、山东省教育厅《根据地教育的改革与建议》（1944 年 4 月）、山东教育社编《山东教育》（1945 ～ 1947 年）。

（5）关于文化工作的文件资料，如山东省文协编《山东文化》（1943～1945年）。

（6）关于新闻工作、党报建设工作的资料，如新华社胶东分社编印的《新闻业务指导》（1949年5月）、中国青年记者学会山东分会编印的《新闻工作选集》（1946年5月）、黎玉《如何建设党报》（1946年）。

4.群众工作类　主要是中共中央华东局、山东分局、北方局及所属部分区党委、地委关于群众工作的文集、专论、刊物和会议资料等，主要分以下几类：

（1）关于群众工作综合性的文件资料，如山东分局宣传部编印的《群众工作指南》（1942年6月）、胶东联合社编印的《群众工作必读》（1943年1月）、山东群众社编印的《山东群众》（1—10期，1944～1946年）。

（2）关于青年运动及青年团工作的文件资料，如山东青救联总会编印的《国际青年节特载》（1941年9月）、胶东青年社编印的《胶东青年》（1943年3月）、共青团山东筹委会编印的《建团文集》（1949年）。

（3）关于妇女工作的文件资料，如《邓颖超在全国土地会议上关于妇女工作的报告》（1947年）、胶东妇联编印的《妇女问题通俗讲话》（1941年5月）、《抗战中的胶东妇女》（1941年5月）、渤海妇联编印的《妇运文选》（1949年10月）。

（4）关于工人运动及工会工作的文件资料，如山东省总工会编印的《工运文集》（1946年6月）、鲁中南区工会编印的《工会工作手册》（1949年11月）。

5.民政类　主要是省民政厅及鲁中、渤海行署等关于民政工作，包括民主政权建设、军烈属工作、复员工作的文件资料。如山东省民政厅编印的《民政资料》（1949年3月）、鲁中行署关于《鲁中区抗日民主政权建设七年来的基本总结及今后基本任务》（1945年7月）、山东省民政厅编印的《复员工作手册》（1946年4月）、华东荣军总校政治部通讯社编印的《荣军工作通讯》（1947～1948年）、山东荣管局编印的《山东荣军》（1949年）、晋冀鲁豫军区政治部编辑的《烈士英名录（抗战时期）》（1947年5月）。

6.公安类　主要包括山东公安总局及胶东、渤海等区公安局形成的以下资料：

（1）关于公安工作综合性的资料，如：胶东区公安局编《公安通讯》（1946年）、渤海区公安局编《渤海公安》（1948～1949年）。

（2）关于锄奸反特工作的资料，如《新四军山东军区政治部舒同同志在山东锄保工作会议上的总结报告》（1946 年 9 月 15 日）、鲁中区公安局《怎样做锄奸工作》（1945 年 12 月）。

（3）关于保卫工作的资料，如山东分局社会部编《保卫工作汇集》（1949 年 6 月）、渤海区公安局编印的《保卫月刊》（1946 年）。

7. **司法类**　主要是山东省司法厅及胶东、鲁中南行署司法处等形成的司法工作条例、通讯、会议文件及法令汇编，如省司法厅《司法工作通讯》（1946 年）、《胶东区第二届司法会议专刊》（1942 年）、山东省战委会《山东省战时法令汇编》（1942 年 4 月）

8. **对敌斗争类**　本类包括山东省党政军机关关于开展对敌斗争问题的文件资料，主要包括：

（1）关于对敌斗争问题综合性的资料，如山东分局《关于对敌斗争问题》（1944 年 5 月 10 日）、山东分局第三区党委《对敌斗争特辑》（1942 年）。

（2）关于开展边沿区、敌占区工作的资料，如中共北方局《关于敌占区、接近敌占区工作的指示》（1941 年 3 月）。

（3）关于反蚕食、反扫荡工作的文件资料，如萧华著《我们是怎样获得反蚕食斗争的胜利》（1944 年 7 月）、胶东军区司令部《反扫荡战术总结》（1945 年 1 月）。

（4）关于开展政治攻势的文件资料，如胶东区党委宣传部《全面展开对敌政治攻势参考材料之一》（1947 年）。

（5）关于情报工作的文件资料及有关敌情资料，如胶东区党委《情报工作参考材料》、新四军山东军区政治部、联络部《华东蒋军情况概述》（1946 年）、鲁中军区参谋处《南线蒋军情况汇集》（1947 年 8 月）、胶东新华书店编《国民党军队赵保原勾结敌伪反共反人民罪行录》（1944 年 12 月）。

9. **军事武装类**　包括华东军区、华东野战军、山东军区及胶东、渤海、鲁中、鲁南等军区、武装部等关于军事武装建设方面的文件材料，具体有：

（1）关于军事工作综合性的资料，如《华野政治部粟裕司令在野直干部大会上的报告》（1948 年 1 月）、山东军区新四军政治部编《军政周报》（1946 ～ 1948 年）、第 18 集团军、山东军区政治部编《战士》（1943 ～ 1945 年）。

（2）关于军队政治工作的文件资料，如萧华《怎样进行战时政治工作》

（1941年）、《华野14纵队41师政治工作条例（草案）》（1940年）。

（3）关于战役、战斗的部署、总结及表彰材料，其中有：1947年2月6日毛泽东同志为莱芜战役拟定的电文手迹（照片）、徐向前同志题词“山东人民对抗日战争的胜利作出了巨大的贡献，其业绩永载史册”、聂凤智《周潍战役总结》（1948年7月）、华野参谋处《战备渡河（黄河）总结》（1948年1月）。

（4）军事理论研究专论，如渤海军区司令部、政治部《反敌重点主义研究》（1948年3月）。

（5）战斗英雄事迹及有关立功运动的资料，如八路军联防政治部编《保卫山东的英雄们》（1944年）、渤海军区前锋报社编《不朽的英雄》（1946年）、胶东军区武装部编《爆炸大王》（1946年）、华野政治部《华野立功运动总结》（1947年10月）。

（6）关于拥政爱民工作的文件资料，如山东军区政治部、宣传部编《拥爱好榜样》（1944年）、渤海军区政治部《拥政爱民与军队群众工作的建设》（1944年4月）。

10. 支前工作类　主要是华东支前委员会、山东支前委员会及所属胶东、渤海、鲁中支前委员会等形成的关于支前工作（包括民工管理、教育）的文件汇集、手册、通报，如华东支前总结委员会《济南、淮海、渡江京沪三大战役支援工作总结》（1949年11月）、山东支前委员会编印的《支前导报》（1947年1—13期）、胶东支前司令部编《支前通讯》（1947年10—20期）。

11. 农村工作类　本类主要包括以下两方面的材料：

（1）减租减息与土地改革问题，如山东省战时行政委员会《关于土地及查减工作的参考材料》（1944年）、鲁中区党委《土改调查材料》（1947年12月）。

（2）农业生产与生产救灾问题，如胶东区党委宣传部编《农业生产文选》（1949年4月）、《山东省第二届农林场会议会刊》（1949年9月）。

12. 工交邮电类　该类包括山东省政府生产部、工矿部、省公路管理局、华东邮电总局、胶东、渤海、鲁中等行署关于工业生产、交通、邮政通信事业的文件资料。如山东分局政策研究室印制的《淄博地区工矿业概况》（1949年5月）、《鲁中南各城市工业生产的概况》（1949年4月）、山东战邮社编《山东战邮》（1944年12月）。

13. 财经类　本类主要涉及以下内容：

（1）关于对敌经济斗争问题，如山东省行政委员会《山东过去对敌经济斗争的认识与今后斗争的新阶段》（1945 年 8 月）、黎玉《大反攻前夜的经济工作》（1945 年 7 月）、渤海行署财政处《财政通报》（1949 年 1—10 期）。

（2）关于工商贸易工作，如山东省战时行政委员会《工商工作经验点滴》（1945 年 7 月）、薛暮桥《我们的贸易政策》、渤海区工商局《工商导报》（1944 ～ 1947 年）。

（3）关于合作社工作，如山东省政委会《怎样办合作社》（1944 年 5 月）、渤海区合作推进社《博兴县的合作与纺织业》（1948 年 1 月）。

（4）关于税务工作，如胶东区行署税务局《胶东区暂行税收工作规程》（1943 年 6 月）、山东省政府《山东省营业税累进税及税额表》（1945 年）。

（5）关于审计工作，如胶东区行署财政处《审计工作参考资料》（1949 年 10 月）。

（6）关于粮食工作，如山东省粮食局编《粮政通讯》（1946 ～ 1949 年）、渤海行署编《征粮手册》（1948 年 7 月）。

（7）关于银行工作，如北海银行胶东分行编《北海银行》（1947 ～ 1948 年）。

（二）资料 02 目录

该目录资料为中共中央北方局、华东局、山东分局及所属胶东、渤海、鲁中、鲁南、滨海、鲁中南等区党委编印的党内刊物，主要有：

中共中央华东局编《斗争》（1947 ～ 1954 年）；

中共中央北方局编《党的生活》（1939 ～ 1943 年）；

中共中央山东分局编《斗争生活》（1940 ～ 1944 年）；

中共胶东临时工委会编《战斗》创刊号（1936 年 12 月）；

中共胶东特委宣传部编《党的生活》（1938 年 12 月）；

中共中央山东分局第三区党委编《斗争》（1940 ～ 1946 年）；

渤海区党委编《工作通讯》（1946 ～ 1947 年）；

鲁中区党委编《工作通讯》（1945 ～ 1947 年）。

（三）报纸

在馆藏革命历史资料中，有报纸 9 种，现将各种报纸的收藏情况简列如下：

《大众日报》（1939 年 1 月～ 1942 年 6 月，1948 年 6 月～ 1949 年 2 月）；

《渤海日报》(1948 年 6 月～ 1950 年 2 月);

《渤海大众报》(1948 年 7 月～ 12 月);

《鲁中南报》(1948 年 9 月～ 1949 年 12 月);

《冀鲁豫日报》(1948 年 6 月～ 1949 年 8 月);

《群力报》(1948 年 12 月～ 1949 年 11 月);

《新潍坊报》(1948 年 7 月～ 12 月);

《新民主报》(1948 年 11 月～ 1949 年 2 月);

《新徐日报》(1948 年 12 月～ 1949 年 2 月)。

以上所介绍的革命历史资料是与革命历史档案同时接收进馆，又为利用之便与档案分开保管的。自 1963 年正式建馆以来，这部分资料不断地得以充实、补充，并经过多次科学的考证和整理，编制了资料分类目录，可按类查找所需资料。此外，针对资料 02 目录多为党刊，依靠资料分类目录无法检索其具体内容的特点，又编制了党刊资料分类索引，该索引将每种刊物中的文件、文章逐一著录并分类排列，由此深入揭示了资料的内容。

二、民国时期历史资料

民国时期历史资料包括山东省国民党政权、日（汪）伪政权形成的工作报告、文件汇集、统计资料、会议文件、刊物和报纸等。此外，亦包括明清至民国时期编纂的史志资料。

这部分资料原与档案一并接收而来，后根据需要单独保管，建有资料分类目录和人名卡片索引等检索工具。

这部分资料按其内容和性质，可分为如下几类：

（一）综合类资料　包括山东省党政军机构形成的以下资料：

1. 综合分析报告，如中国陆军总司令部编《山东军事政治经济状况》(1927 年)。

2. 政府公报，其中收藏较全的是山东省政府编《山东省政府公报》(1928 ～ 1948 年）和山东省公署编《山东省公报》(1940 ～ 1944 年)。

3. 政府工作纲要、年度工作报告，如《山东省政府年度工作报告》(1928、1929、1934、1944、1946、1947 年)、《山东省公署年度工作报告》(1938 ～ 1942 年)。

4. 市政报告，如《济南市政公报》(1929 ～ 1941 年)、《济南市政之一年》(1947 年)。

5. 综合性的会议文件，如《山东省公署省政会议议案汇编》（1938 ～ 1942 年）、《山东省公署道县会议报告书》（1939 ～ 1942 年）、《山东省政府委员会会议记录》（1942 ～ 1943 年）、《山东省绥靖政务会议记录》（1947 年）、《山东省临参会第二届第一、二、三、四次大会会刊》（1946 ～ 1948 年）。

6. 调查统计月报、年鉴，如《山东统计周报》（1926 年）《山东省青岛市统计年鉴》（1946 年）。

（二）党务资料　主要包括国民党山东省及所属区、县党部等形成的党务工作的报告、会议记录、刊物、统计表等。如《山东省党务指导委员会工作报告》（1929 年）、《山东省党务指导委员会会议记录》（1928 年）、《国民党山东党务概况统计表》（1935 年）、《山东党务周报》（第 1 期，1929 年）、《山东党务周刊》（1932 年）。

（三）军事工作资料　主要是山东省军事机构形成的以下资料：

1. 军事会议文件，如中国陆军总司令部《山东省保安会议重要决议案》（1940 年）。

2. 战役纪念册，如《山东省保安第 23 旅抗战纪念册》（1947 年 9 月），《昌潍、淄博战役纪念册》（1948 年）、《济南、青岛、德州地区受降纪念册》（1945 年）。

3. 军事刊物，如国防部新闻局《海军公报》（1933 年）、军政部军人监狱《军政公报》（1937 年）。

（四）公安司法资料　主要包括山东省公安、警察、司法机构形成的以下材料：

1. 工作报告，如《山东省警务报告书》（1927 年）、《山东省会警察概况》（1937 年）、《山东省第 4 次治安强化运动纪略》（1942 年）。

2. 会议记录，如《山东省第 6 次警务会议记录》（1943 年 3 月）。

3. 法令汇编，如《绥靖区行政法令汇编》（1947 年）。

4. 刊物，如《山东省司法公报》（1937 年）、《山东省会警察署半月刊》（1941 年）、《山东省会公安局公安月刊》（1931 ～ 1934）。

（五）民政资料　主要包括山东省民政部门形成的关于民政工作的综合性的公报、刊物，如《山东民政公报》（1933 ～ 1936 年）、《民政月刊》（1929 年）；关于抚恤、外侨管理工作的工作日志、刊物，如《山东省抗战烈士遗族抚恤委员会抚恤汇刊》（1946 年）、《山东省政府日侨管理处工作汇志》（1946 年）。

（六）教育工作资料　包括山东省教育厅、山东省公署教育厅形成的工作报告、会议记录、刊物和统计材料，如《山东省政府教育厅第一次工作报告》（1928 ～ 1929 年）、《山东省立学校行政会议报告》（1930 年）、《山东省各县市 19 年度教育年报》（1932 年 12 月）、《山东省高级中学一览》、《山东教育行政周报》（1929 ～ 1930 年），其中，保存较为系统、完整的是年度工作报告，1928 ～ 1949 年几乎历年不断。

（七）经济建设资料　其内容涉及实业、财政、水利、邮政等方面，包括：

1. 有关会议文件，如《国民经济建设运动委员会山东分会成立大会记录》（1934 年）、《山东省邮政管理局视察员座谈会汇编》（1948 年）。

2. 年度报告，如《济南市财政局十八、十九年度业务报告》（1930 年）。

3. 统计资料，如《国民党山东省经济统计简报》（1947 年 7 月）、中纺青岛分公司《山东省青纺统计年报》（1947 年）。

4. 刊物，如《山东实业公报》（1931 年）、《山东财政公报》（1934 年）、《山东省建设月刊》（1932 ～ 1933 年）、《山东河务工作委员会河务特刊》（1939 年）。

（八）同学录　主要是山东省党政军机构职员录，各种政治、军事训练机构同学录。如《山东省政府职员录》（1944 年）、《胶东军政干部学校第二期同学录》（1938 年）。

（九）报纸　有《山东公报》《山东新民报》《中报》《大华日报》等 15 种报纸，形成时间在 1923—1949 年之间，但每种报纸藏量较小，缺乏连续性、系统性。

（十）史志资料　本馆现存明、清及民国时期通志、山东部分州、府、县志等志书，如明崇祯年间的《历乘》、清乾隆年间的《齐乘》、1935 年编《长清县志》等。

三、中华人民共和国成立后图书、资料

这部分图书资料是中华人民共和国成立后由社会组织、团体、个人编著的，按其成分，大致分为三部分，第一部分是经正式出版的，通过购买而来的图书；第二部分是未经正式出版的、用作内部交流，通过征集、接收或相互交流等渠道获得的资料；第三部分是报纸。就前两部分资料相比较而言，第一部分知识性较强；第二部分史料性较强，其中有些是由档案直接转化而来的。但二者之间没有明显的界限，彼此划分只是为了本书介绍的方便。

（一）图书

本馆所藏图书涉及面很广，主要有：

1. 马恩列斯毛经典著作及有关的学习、研究方面的专著。

2. 哲学及逻辑学、伦理学、心理学、美学等图书。

3. 关于社会科学及管理学、统计学、系统学等方面的图书。

4. 关于政治方面的图书，主要有：（1）政治理论专著。（2）关于国际共产主义运动方面的论著。（3）中共党史和地方党史方面的史稿、讲义、讲话、大事记、回忆录和图片集等，如余世成编《关于山东共产主义小组》、黎玉撰《关于毛主席写给范筑先将军的亲笔信及其他》和《关于1937年中共山东省委和张霖之同志的革命活动片段》《中共山东党史大事记（1921～1949年）》《中共党史口述实录》《山东党史资料文库》《山东党史研究文库》《中国共产党历史（1921～1978）》。此外，有山东省各地市县的党史资料，选辑、画册等。（4）工人、农民、青年、妇女运动方面的图书，如《山东工人运动史》《山东青年运动档案史料选编》。（5）关于我国政治制度及政府机构设置、演变情况的图书。如：《山东省组织史资料》《山东中统、特教、日寇宪兵的组织概况》《抗战时期伪山东省公署和机构沿革及政治人员一览》（1937～1945年）。（6）关于法学理论和司法行政方面的图书。

5. 关于军事理论、国家及地方军事建设方面的图书，如：《彭德怀军事文选》《新四军事件人物录》《山东军区战史》《八路军山东纵队（回忆史料）》《山东抗日战争实录》《胶东抗日根据地文献》《中国解放军战史》《中国人民解放军历史资料（丛书）》《山东人民支援解放战争档案选编》《渤海抗日根据地档案汇编》《鲁西冀鲁豫抗日根据地回忆史料》《中国抗日战争史》《山东抗日根据地志》《山东解放区志》。

6. 关于经济工作的图书，包括：

（1）关于经济学方面的专著。（2）关于世界经济、国际经济关系方面的专著。（3）关于中国经济政策、经济建设与发展和国民经济计划与管理方面的图书。（4）关于中国及山东省经济发展史方面的图书。如《山东改革开放实录》。（5）关于企业经济方面的图书，如《中国乡镇企业的实践、理论、发展》《山东省县社工业发展概况》。（6）关于中国农业经济政策、农业建设与发展、地方农业经济发展方面的图书，如《浅谈山东省农业生产的优势与发展前景》《山东农业资源》。（7）关于中国及山东省工业经济政策、工业建设与发展、工业经济发展史方面的图书，如《腾飞的山东工业》《山东省主要矿产资源分布图》《山东一轻工业三十年》《中国分省煤田预测图》。(8)关于中国及地方邮电、交通、运输业建设及发展史方面的图书，如《当代山东的公路建设资料》《当代山东的航运资料》《胶济铁路史》《济南电信志》。(9）关于中国贸易经济政策、商业计划与管理、地区贸易经济发展方面的图书，如《济南市几个工商行业的概况》《烟台埠解放前内外贸易主要情况简介》。(10）关于中国财政方针政策与建设发展、财政制度与管理体制、地方财政收入与支出、地方金融、银行、信贷、保险行业发展方面的图书，如《北海银行档案史料选编》《北海银行货币大系》。

7. 关于中国及地方科学文化教育事业规划、发展及新闻出版、档案图书、博物馆事业建设和发展史方面的图书，如《山东省科学技术成果展览选编》《山东的历史与文物》《前进中的山东档案馆事业》《孔子文化大全》《档案库房技术管理》《档案保护技术》《机关档案管理》《山东档案年鉴》《见证：新中国 60 年济南档案文献选萃》《档案工作标准汇编》。在这部分图书中，以档案专业的图书为最多，这些图书为我们展示了档案学发展的轨迹以及山东省档案事业发展的概貌。

8. 文学艺术方面的图书，例如《百年百种优秀中国文学图书》《共和国作家文库》《来禽馆集》《楚辞集注》《焦氏澹园集》《荆楚文库》《云南大百科全书》等。

9. 历史方面的图书，主要有：

(1）史学理论方面的图书。(2）世界史方面的图书。如《第二次世界大战史》《图文世界大战史》《万里赴戎机：第一次世界大战参战华工纪实》等。(3）中国史方面的图书。其中有通史、革命史以及从奴隶社会至今各朝代的断代史专著、讲义、史话、大事记，如《四库全书》《史记》《中国通史》《中华民国史》《百衲本二十四史》《中华人民共和国成立七十年山东大事记（1949 ～ 2019)》等。同时，本馆也重点保存了一些反映山东地区历史大事、惨案、战役情况的图书，如《济南“五三”惨案亲历记》《山东解放区大事记》。(4）人物传记、回忆录、年谱、照片，如《光照千秋——山东革命烈士事迹选》《八路军山东抗日根据地领导人（丛书)》《山东省离休干部名录》《百年掠照——敦煌历史老照片》。(5）地方史志，有解放后编修的《山东概况》《山东省情》《山东省志》及山东省部分市、县志等。

10. 地理图书，此类重点保存了一些有关山东地理方面的图书，如《现代名士话济南》《济南市古代建筑调查》《山东省经济地图集》《山东省地图集》。

11. 数理生化、医药卫生、工业、农业科学方面的图书，此类重点保存了一些介绍我国和山东省自然科学研究状况和研究成就方面的图书，如《山东省测绘事业三十年》《山东省名医论著选录》《山东农林业主要病虫图谱》。

12. 工具书，包括字典、词典、百科全书、年鉴、手册、书目、索引、年表、历表等，这些工具书可以帮助利用者查找档案中涉及的人名、地名，史实典故、名物制度，起到解答疑难、辅助阅读、提供资料的作用。

（二）资料

中华人民共和国成立后资料，按其内容，可分为如下几类：

1. 中国共产党党务类

（1）会议文件汇编，有中国共产党第八次至第十三次全国代表大会文件汇编、中国共产党山东省第一次至第五次代表大会汇编、山东省所辖部分地市县党代会文件资料。另外，也有少量的其他国家共产党、工人党会议的资料。

（2）关于党纪检查方面的文件资料，包括党的纪律检查和监察工作的文件汇编；关于反腐倡廉及处理违纪案件方面的资料，如最高人民检察院编辑部编《保持廉洁、反对腐败文献选编》（1989 年 5 月）、山东省监察厅案件审理处编《查处贪污贿赂案件资料选编》（1989 年 5 月）。

（3）关于统战工作的文件资料，如中央统战部、中央档案馆编《历次全国统战工作会议概况文献》（1986 年 2 月），《抗战时期山东党的统一战线工作大事记》。

（4）党组织、党员状况统计材料，主要有山东省 1958 年、1959 年、1980 ～ 1987 年党组织和党员统计汇集等材料。

2. 国家政务总类

（1）人民代表大会文件，有历届全国、山东省及所属部分市、县人民代表大会、政治协商会议文件汇编。

（2）各类政府行政会议文件资料，如《全省专员县长会议文件汇集》上、下册（1963 年 10 月）。

（3）国家、省级部门重要公报、通讯，其中有：国务院办公厅编《国务院公报》（1954 ～ 1963 年、1981 ～ 1992 年、1993 ～ 2017 年）；全国人大常务委员会办公厅编《全国人大常务委员会公报（1957～1963年、1981～1992年、1993～2016年）》；山东省政府办公厅编《山东政报》（1949～1951年）、《山东行政公报》（1953～1958年）、《山东省人委公报》（1959～1965年）、《山东省人民政府公报》（1980年）、《山东政报》（1987～2002年）。

（4）关于社会发展的综合性统计材料，包括国家统计局编写的反映中华人民共和国成立以来各个历史时期建设成就的统计资料，山东分局办公厅、山东省委办公厅及山东省统计局编写的关于山东省的基本情况、社会发展、国民经济及文教卫生等综合性统计资料。如《奋进的四十年（山东分册）》《山东省国民经济及文化教育统计资料》《山东省人口、劳动工资、文教卫生统计年报》《山东省经济和社会发展研究资料》。

（5）关于机构编制、人事工作方面的资料，其中，有关于机构编制、人事工作方面的文件汇编，如山东省人事局编《人事工作选编》；有关于山东省所属部分地、市、县历年来的组织机构沿革、人员编制材料，如《山东省各级国家机关、党派、人民团体机构编制资料汇集》《山东省各民主党派、工商联、黄浦同学会组织概况》；有干部统计、任免材料，如《山东省建国以来干部统计资料汇编》《山东省县团以上干部任免录》。

（6）人口普查材料，其中有山东省统计局、山东省人口普查领导小组、山东省公安厅编写的有关第二、三次人口普查、各市县人口构成，人口职业文化程度的统计表、数字、资料汇编，如:《山东省人口普查统计资料汇编》（1950～1966年）、《山东省1975～1978年、1986～1990年人口统计资料》。

（7）关于民族事务、华侨事务的文件资料，如《山东省民族团结表彰大会会刊》（1984年5月）、《山东省归侨、侨眷、侨务工作者先进代表会文件汇编（1982年9月）》《山东外侨资料》（1950年3月）。

（8）关于劳动工资问题的文件资料，如《山东省1956～1965年劳动工资综合统计年报》。

3. 民政类

（1）关于民政工作的文件汇编及有关会议材料。

（2）关于优抚工作的文件资料，如《伟大的人民、光荣的事迹—山东烈属、军属和荣誉、复员、退伍转业军人积极分子代表大会代表事迹选编》（1959年）。

（3）关于自然灾害情况和生产救灾方面的文件资料，如《山东省历年灾情统计资料》（1949 ～ 1980 年）。

4. 司法类

其中有关于司法行政和法院工作的文件资料，如《山东省劳改劳教工作大事记》（1959 ～ 1985 年）。而数量最多的是各类法令、政令、法规汇编，这些汇编中一类是综合性的法规汇编，如浙江省图书馆编《建国以来重要法规提要》（1982 年 5 月）；另一类是涉及国家法、宪法、行政法、经济法、财政法、土地法、劳动法、民法、刑法、诉讼法、国际法等方面的法规汇编，如山东省普法小组编《治理经济环境、整顿经济秩序法规选编》（1989 年）、国家档案局编《档案法规汇编》（1949 ～ 1992 年）。

5. 政协、民主党派、群众团体类

（1）会议资料，有全国及山东省部分政协会议资料；有中国历次全国劳模大会和部分共青团全国代表大会会议资料；有山东省工业劳模先进生产者代表大会会刊、纪念刊及有关人员先进事迹材料；有山东省召开的农业社会主义建设先进单位、先进集体、先进生产者、积极分子、劳动模范、贫下中农代表会议和出席全国农业社会主义建设先进单位代表会议的纪念刊、代表名单以及典型材料。

（2）文件汇编材料，如《山东工人运动历史文献选编》。

6. 文教科学卫生类

（1）有关会议文件汇编，如山东省革委会科技委员会编《山东省科学大会材料选编》（1978 年 5 月）、山东省教育厅编《山东省第一次优秀教师代表会议汇刊》（1956 年）、《山东省教育和文化、卫生、体育、新闻方面社会主义建设先进单位和先进工作者代表大会代表名册》（1960 年）。

（2）有关文件汇编，如文化部办公厅编《文化工作文件资料汇编》（1949 ～ 1966 年）。

（3）文教科学发展规划及统计资料，如《山东省一九八一年科学技术发展重点项目计划》《山东省一九七九年教育事业计划》《山东省科学、文教、卫生事业统计资料》《山东省三十年教育统计资料（1949 ～ 1978）》。

7. 经济总类

本类主要包括国家及山东省关于经济预测、规划、执行方面的文件资料和普查统计资料，如《山东省一九八〇年国民经济主要指标在全国的位置及兄弟省市的比较》《山东海岛开发总体规划》。

8. 财政金融类

（1）关于财政金融工作发展的规划、计划，如《山东省财政和信贷计划》。

（2）有关会议文件，如《山东省财经统计工作会议文件》。

（3）有关统计资料，如《山东省第一个五年计划时期工商税收税源统计资料》。

9. 商业类

主要是全国及省合作、商业部门关于食品、粮油、农副产品管理、购销、供应及对外贸易方面的统计、调查资料，如《山东省历年主要水产品购销价格及比价资料汇编》《山东省贸易物价统计资料》。

10. 农林牧渔业类

主要有关于农林牧渔业发展的规划、统计、普查材料，如《山东省农业统计资料提要》《山东省国营林场林业资源统计表》。

11. 工业类

包括全国、山东省工业发展的预测、规划、统计、普查材料，如《山东省工业普查指标提要》、煤炭工业部编《中国分省煤田预测图》。

12. 邮电、交通类

主要包括国家及山东省邮电、交通部门形成的统计调查材料，如《全国运输与邮电统计资料汇编》《山东省交通邮电统计资料》等。

此外，在中华人民共和国成立后形成的资料中，还有少量的军事、公安、外交方面的文件资料。

（三）报纸

包括全国及山东省发行的主要报刊，如《人民日报》（1980.6 ～ 1988.12、2014.1 ～ 2022.12）、《光明日报》（1980.7 ～ 2022.12）、《中国青年报》（1981.1 ～ 2014.12）、《经济日报》（1984.4 ～ 2014.12）、《中国档案报》（1995.1 ～ 2022.12）、《大众日报》（1976.7 ～ 1999、2009.1 ～ 2022.12）、《大众日报》（合订本）（2000.1 ～ 2009.10）等。

附 录

一、馆藏档案全宗一览表

（一）馆藏民国时期全宗名册

全宗号	全宗名称	起止年代
J000	山东省警法等机关档案汇集	1918—1948
J001	国民党山东省党部	1928—1948
J004	国民党淄博矿区特别党部	1941—1948
J005	国民党驻山东部队各特别党部	1940—1948
J006	三青团山东支团部	1940—1948
J007	国民党中统局山东省调查统计室	1940—1948
J008	国民党军统局山东站	1947—1948
J009	国防部第二厅山东站	1946—1947
J010	国防部绥靖总队第三大队	1947—1948
J011	国防部人民服务总队第一大队	1946—1948
J012	国防部戡建总队第五大队	1947—1948
J013	第二绥靖区司令部	1946—1948
J014	山东绥靖统一指挥部	1946—1948
J015	考试院河北、山东考铨处	1946—1948
J016	山东省警察系统全宗汇集	1918—1948
J024	济南防守司令部	1945—1948
J036	山东省高等法院	1928—1948
J043	山东省地方行政干部训练团	1936—1948
J100	山东省部分机关、学校等档案汇集	1914—1949
J101	山东省政府教育厅	1928—1949
J102	山东省政府建设厅	1921—1947
J103	黄河水委会山东修防处	1933—1948
J104	山东省公署	1938—1945

续表

全宗号	全宗名称	起止年代
J105	山东省政府	1914—1948
J106	山东省保安司令部	1926—1948
J107	联合勤务总部第四兵站总监部	1946—1948
J108	驻山东陆海空军各部队全宗汇集	1927—1949
J109	私立齐鲁大学	1902—1952
J110	山东大学	1904—1949
J111	山东省立医院	1940—1948
J112	山东盐务管理局	1914—1949
J113	山东邮政管理局	1917—1948
J114	联合勤务总部第四十四兵工厂	1938—1949
J115	山东省各银行全宗汇集	1938—1949
J138	山东省高等法院青岛分院	1936—1949
J162	济南道院、济南红十字会	1920—1946
J164	山东省公署警务厅	1939—1945
J165	山东省政府民政厅	1929—1948
J166	山东省政府财政厅	1928—1948
J167	山东省地政局	1945—1948
J168	经济部鲁豫晋区特派员办公处	1945—1947
J169	山东省各报社、通讯社全宗汇集	1943—1948
J170	济南电业公司	1935—1948
J171	中央信托局济南办事处	1946—1948
J172	行政院善后救济总署鲁青分署	1945—1948
J184	明代档案	1522—1566
J185	清代档案	1821—1908
J186	山东省立医学专科学校	1921—1948

（二）馆藏革命历史时期全宗名册

全宗号	全宗名称	起止年代
G001	中共山东分局	1923—1945
G002	山东省总工会	1946—1950
G003	共青团山东省委	1928—1950
G004	山东省政府	1940—1950
G005	山东省民政厅	1943—1950
G006	山东省支前委员会	1946—1949
G007	华东荣校总校、山东荣管局	1947—1950
G008	解放区救济总会山东分会	1946—1949
G009	山东省人民政府人事局	1946—1951
G010	山东省公安总局	1939—1950
G011	山东省司法厅	1945—1950
G012	山东省财政厅	1945—1950
G013	北海银行总行	1942—1949
G014	山东省粮食局	1946—1950
G015	山东省工商总局	1943—1949
G016	山东省实业厅	1943—1950
G017	山东省生产部	1949—1950
G018	山东省实业厅合作局	1945—1950
G019	山东省煤炭局	1948
G020	山东省公路运输局	1946—1950
G021	山东省邮电局	1942—1949
G022	山东省教育厅	1943—1950
G023	山东省新华书店	1946—1949
G024	中共胶东区委	1939—1950
G025	中共清河区委	1938—1944
G026	中共渤海区委	1944—1950

续表

全宗号	全宗名称	起止年代
G027	中共鲁中区委	1940—1948
G028	中共鲁南区委	1941—1948
G029	中共滨海区委	1942—1948
G030	中共鲁中南区委	1948—1950
G031	胶东区行政公署	1940—1950
G032	冀鲁边战时行政委员会	1941—1944
G033	清河区行政公署	1940—1944
G034	渤海区行政公署	1944—1950
G035	鲁中区行政公署	1942—1948
G036	鲁南区行政公署	1941—1948
G037	滨海区行政公署	1943—1950
G038	鲁中南区行政公署	1948—1950
G039	北海银行胶东分行	1942—1950
G040	北海银行渤海分行	1945—1950
G041	北海银行鲁中鲁南鲁中南分行	1943—1950
G042	山东省各行署公安局全宗汇集	1941—1950
G043	胶东区工商局、胶东、渤海、鲁中南区贸易公司全宗汇集	1944—1950
G044	胶州进出口管理局	1946—1949
G045	石岛进出口管理局	1944—1949
G046	中共中央华东局	1944—1950
G047	华东财经办事处	1948—1949
G048	华东支前委员会	1948—1949
G049	华东兵战部	1947—1951
G050	山东省各军区全宗汇集	1940—1950
G051	革命历史档案（零散文件）汇集	1943—1951
G052	冀鲁豫边区文件汇集	1927—1948

（三）馆藏中华人民共和国成立后全宗名册

全宗号	全宗名称	起止年代
A000	建国初期山东分局等档案汇集	1949—1957
A001	中共山东省委	1949—1999
A002	中共山东省委机关工委	1950—2010
A003	山东省总工会	1949—2010
A004	共青团山东省委	1947—2013
A005	山东省妇联	1949—2014
A006	山东省贫协	1964—1979
A007	山东省档案局	1956—2019
A008	山东省政协	1949—2005
A009	山东省工商业联合会	1952—2010
A010	民革山东省委	1950—2002
A011	民盟山东省委	1962—2015
A012	山东省民族事务委员会	1951—2006
A013	山东省华侨事务委员会	1955—1968
A014	山东省人民委员会宗教事务处	1950—1965
A015	山东省人民政府政法委员会	1952—1955
A016	山东省人民检察院	1950—1970
A017	山东省省级机关节约检查委员会	1951—1953
A018	山东省人事局	1950—2009
A019	山东省监察厅	1950—2001
A020	山东省民政厅	1949—2015
A021	山东省移民垦荒局	1955—1957
A022	山东省人民政府事务管理局	1955—2010
A023	山东省人民政府外事办公室	1956—2005
A024	中国人民保卫世界和平委员会山东分会	1951—1965
A025	山东省中苏友好协会	1949—1964

续表

全宗号	全宗名称	起止年代
A026	山东省文化教育委员会	1951—1983
A027	山东省文化局	1952—2015
A028	山东省出版局	1948—2014
A029	山东省教育厅	1949—2012
A030	山东省高教局	1958—1960
A031	山东省文学艺术界联合会	1950—2010
A032	山东省社会科学界联合会	1957—2003
A033	山东省科学技术委员会	1957—2011
A034	山东省卫生厅	1950—2013
A035	山东省卫生厅康复医院管理局	1951—1965
A036	中共山东省委党校	1950—2018
A037	山东省团校	1949—1970
A038	山东省政治学校	1952—1969
A039	山东省教育干校	1950—1968
A040	山东省行政学院	1949—2018
A041	山东省革命残废军人速成中学总校	1949—1957
A042	山东省转业干部速成中学	1953—1955
A043	山东省社会主义劳动大学	1962—1965
A044	山东财经学院	1958—1970
A045	济南工学院	1952—1964
A046	济南军区山东生产建设兵团	1970—1975
A047	山东省革命委员会	1967—1979
A048	山东省标准计量局	1949—2018
A049	山东省储备物资管理局	1949—2008
A050	山东进出口商品检验局	1949—1999
A051	山东省高级人民法院	1949—1966
A052	山东省农业科学院	1948—2010

续表

全宗号	全宗名称	起止年代
A053	山东省广播电视厅	1946—2013
A054	山东省体育运动委员会	1950—2016
A055	山东省司法厅	1955—2010
A056	山东省委组织部	1948—2011
A057	山东省委宣传部	1949—2007
A058	山东省委统战部	1950—2000
A059	山东省委企业政治部	1983—1987
A060	山东省委农村工作部	1949—1988
A061	山东省油脂公司	1949—1957
A062	山东省外贸局	1949—1996
A063	山东省供销社	1950—2010
A064	山东省服务厅	1957—1958
A065	山东省农产品采购厅	1955—1956
A066	山东省保险公司	1949—1988
A067	山东省清仓核资指挥部	1960—1964
A068	中国人民银行山东省分行	1950—2000
A069	山东省蔬菜副食品公司	1949—1975
A070	山东省百货公司	1950—1975
A071	山东省食品公司	1952—1976
A072	山东省五金交电化工公司	1950—1976
A073	山东省水利勘测设计院	1956—1976
A074	山东省纺织品公司	1950—1976
A075	山东省大运河指挥部	1958—1960
A076	山东省交通厅公路局	1949—2019
A077	山东省交通厅工程大队	1954—1967
A078	山东省交通厅公路局第二工程大队	1953—1955
A079	山东省交通厅公路局第三工程大队	1953—1959

续表

全宗号	全宗名称	起止年代
A080	华东公路管理局第三工程总队	1953—1956
A081	交通部公路总局第三工程局第二工程处	1956—1957
A082	山东省交通厅水泥厂	1956—1961
A083	山东省交通厅汽车大队	1959—1962
A084	交通部汽车运输总公司第三分公司	1966—1980
A085	山东省交通厅汽车运输公司	1950—1975
A086	山东省交通厅县社处运输合作社	1951—1970
A087	山东省交通厅航运公司	1950—2019
A088	山东省济南汽车大队	1965—1966
A089	山东省地方铁路局	1958—1962
A090	华东汽车运输局山东办事处	1963—1964
A092	山东省中医药学校	1954—1976
A093	山东省青岛疗养院	1950—1976
A094	山东省卫生防疫站	1950—1976
A095	山东省泰安疗养院	1952—1976
A096	山东省荣军医院	1949—1976
A097	山东省血液中心	1962—1976
A098	山东省假肢工厂	1950—1976
A099	山东省残疾军人第一休养院	1947—1976
A100	山东省残疾军人第二休养院	1947—1976
A101	山东省人民政府	1949—2011
A102	山东省计划委员会	1954—2005
A103	山东省统计局	1953—2005
A104	山东省劳动局	1949—2009
A105	山东省物资局	1955—2002
A106	山东省建委	1983—2015
A107	山东省建设厅	1950—1970

续表

全宗号	全宗名称	起止年代
A108	山东省经济委员会	1955—2009
A109	山东省工业厅	1948—1958
A110	山东省轻工业厅	1949—2020
A111	山东省冶金厅	1953—1987
A112	山东省石化工业厅	1958—2016
A113	山东省机械厅	1959—2016
A114	山东省农机厅	1959—2017
A115	山东省手工业管理局	1952—1967
A116	山东省交通厅	1949—2012
A117	一机部山东办事处	1953—1955
A118	一机部供应局山东办事处	1953—1958
A119	山东省农业厅	1949—2018
A120	山东省林业厅	1949—2018
A121	山东省水利厅	1948—2005
A122	山东省水产局	1950—2018
A123	山东省农办计财局	1966—1967
A124	全国农产量调查总队山东分队	1963—1966
A125	山东省财政经济委员会	1949—1955
A126	山东省人委财贸办公室	1961—1983
A127	山东省物价局	1962—2018
A128	山东省财政厅	1949—2005
A129	山东省税务局	1949—2018
A130	中国人民建设银行山东分行	1951—1968
A131	山东省粮食局	1948—2010
A132	山东省粮食公司	1949—1952
A133	山东省人民防空办公室	1972—2003
A134	山东省海水养殖研究所	1950—1976

续表

全宗号	全宗名称	起止年代
A135	山东省海洋水产研究所	1954—1976
A136	山东省水产学校	1951—1976
A137	大众日报社	1944—2000
A138	山东省商业厅	1948—1991
A139	山东省委监委	1950—1966
A140	山东省委文教部	1956—1962
A141	山东省委政法部	1956—1962
A142	山东省委工业部	1951—1968
A143	山东省委交通部	1956—1962
A144	山东省委财贸部	1955—1967
A145	山东省委临时机构全宗汇编	1953—1991
A146	冀鲁豫边区党史办公室	1983—1991
A147	山东省信访局	1952—2010
A148	山东省外运公司	1952—1976
A149	山东省包装进出口公司	1961—1976
A150	山东省五金矿产进出口公司	1953—1976
A151	山东省化工进出口公司	1950—1976
A152	山东省土产进出口公司	1951—1976
A153	山东省畜产进出口公司	1953—1976
A154	山东省轻工业品进出口公司	1959—1976
A155	山东省纺织品进出口公司	1951—1976
A156	山东省粮油进出口公司	1951—1985
A157	山东省食品进出口公司	1953—1976
A158	山东省机电设备总公司	1963—1975
A159	山东省木材集团总公司	1962—2000
A160	山东省燃料集团总公司	1950—1975
A161	山东省顾问委员会	1983—1993

续表

全宗号	全宗名称	起止年代
A162	山东社会主义建设伟大成就展览办公室	1990—1991
A163	山东省机械设备成套局	1959—2015
A164	山东省信息产业厅	1973—2009
A165	山东省农业委员会	1968—2000
A166	中国银行青岛分行	1949—1976
A167	山东省经济研究中心	1984—1997
A168	山东省建材工业协会	1974—2017
A169	山东省贸易办公室	1996—2005
A170	山东省国防科工办	1962—2018
A171	山东省进出口管理委员会	1976—1983
A172	中国农业银行山东省分行	1980—1989
A173	山东省职工教育办公室	1981—2016
A174	山东省纪律检查委员会	1978—1988
A175	山东省纺织工业厅	1975—2019
A176	山东省环境保护局	1972—2012
A177	山东省医学科学院	1958—2000
A178	山东省经济协作办公室	1985—2000
A179	山东省知识青年上山下乡办公室	1964—1981
A180	中共山东省委政策研究室	1979—2010
A181	中共山东省委党史研究室	1980—2018
A182	山东省政法委	1979—2013
A183	山东省城建局	1981—1983
A184	山东省经济体制改革委员会	1983—2004
A185	山东省黄金集团有限公司	1975—1999
A186	山东省第二轻工业厅	1975—2005
A187	山东省建筑工程管理局	1980—2016
A188	山东省计划生育委员会	1963—2013

续表

全宗号	全宗名称	起止年代
A189	山东省政府侨务办公室	1956—2018
A190	山东省金属材料总公司	1963—1993
A191	山东省乡镇企业管理局	1979—2018
A192	山东省社会科学院	1978—2005
A193	山东省科学院	1979—2010
A194	山东省科学技术协会	1977—2007
A195	山东省人大常委会	1979—2012
A196	山东省食品药品监督管理局	1979—2018
A197	山东省外经贸委员会	1984—2020
A199	山东省社会保险事业中心	2000—2021
A200	山东省第十一届全运会组委会	2003—2010
A201	山东省防治非典指挥部	2003
A202	山东省人民政府台湾事务办公室	1986—2018
A204	山东省对口支援北川灾区恢复重建工作领导小组办公室	2008—2010
A206	上海世博会山东省参展工作领导小组办公室	2007—2011
A207	山东省保密委员会	1970—2000
A208	山东省法制办	1988—2018
A210	山东老年大学	1983—2018
A212	山东省人力资源与社会保障厅	2009—2013
A213	山东省老龄工作委员会办公室	1987—2010
A214	中共山东省委高等学校工作委员会	1990—2017
A215	山东省残疾人联合会	1986—2002
A216	山东省贸易促进委员会	1977—2010
A217	第十届中国艺术节组织委员会	2011—2013
A218	山东省煤炭工业局	1987—2018
A219	山东省地方史志办公室	1981—2018
A221	山东省济南市齐鲁公证处	1993—2020

续表

全宗号	全宗名称	起止年代
A222	山东省作家协会	1988—2016
A223	山东省旅游局	1986—2018
A224	山东省交通运输厅道路运输局	1981—2014
A225	山东省煤田地质局	1964—2017
A226	山东省人文促进会	1995—2013
A227	山东省地震局	1981—1990
A228	山东煤矿安全监察局	1948—1988
A229	中共山东省委党的群众路线教育实践活动领导小组办公室	2013—2015
A231	山东省卫生和计划生育委员会	2014—2018
A232	山东省审计厅	1983—2011
A234	青岛卫生检疫局	1949—1999
A235	青岛动植物检疫局	1965—1999
A237	山东省招生委员会办公室	1978—2004
A238	山东省高等教育自学考试委员会办公室	1982—2004
A240	山东省安全生产监督管理局	2000—2018
A241	山东省劳动能力鉴定中心	2001—2019
A242	山东省工商行政管理局	1979—2018
A243	山东省人民政府研究室	1997—2005
A244	山东省人民政府驻上海办事处	1978—2015
A245	山东省知识产权局	1984—2010
A246	蓝黄发展战略主题展馆筹委会办公室	2012—2016
A247	山东省人民政府参事室　山东省文史馆	1982—2015
A248	山东省红十字会	1981—2011
A249	山东省国有资产监督管理委员会	2004—2005
A250	山东省社会主义学院	1989—2002
A251	青岛国家海洋科学研究中心	1983—2000
A252	山东省国土资源厅	2000—2018

续表

全宗号	全宗名称	起止年代
A253	山东省机电设备招标中心	1988—2016
A254	山东省戒毒管理局	1981—2013
A255	山东省药品集中采购服务中心	2009—2015
A257	山东省海河流域水利管理局	1962—2018
A259	山东省地质矿产勘查开发局	1996—2010
A260	山东省监狱管理局	1950—2010
A261	山东省省级机关政府采购中心	2004—2015
A262	民建山东省委	1988—2010
A263	中共山东省委老干部局	1984—2000
A264	山东省黄埔军校同学会	1986—2016
A265	山东省转业军官培训中心	1985—2017
A266	九三学社山东省委员会	1984—2010
A267	山东省淮河流域水利管理局	1963—2018
A268	山东省盐务局	1978—2001
A269	中国致公党山东省委员会	1989—2001
A270	山东省台湾同胞联谊会	1973—2013
A272	山东省人民政府驻北京办事处	1971—2015
A274	山东省人民政府驻沈阳办事处	1987—2016
A275	中国孔子基金会	1996—2020
A276	民进山东省委	1987—2007
A277	山东省精神文明建设委员会办公室	1986—2007
A278	山东省归国华侨联合会	1958—2015
A279	山东省扶贫开发领导小组办公室	2014—2020
A280	山东省地方税务局	1994—2020
A281	山东省人民政府驻哈尔滨办事处	1989—2019
A284	济南市泉城公证处	2007—2021
A285	中国农工民主党山东省委员会	1985—2017

续表

全宗号	全宗名称	起止年代
A288	国家税务总局山东省税务局	2018—2020
A289	山东省无线电管理办公室	1964—2018
A290	中共山东省委省直机关党校	1981—2018
A292	山东省行政区划调整推进工作领导小组	2018—2019
A293	山东省委610办公室	1999—2018
A297	山东省文物局	2007—2019
A301	山东省丝绸供销公司	1981—2014
A302	山东省丝绸进出口公司管理人	1981—2015
A303	中共山东省委主题教育领导小组办公室	2019—2020
A311	省委疫情处置工作指挥部	2020
A312	山东省妇女发展研究中心	1984—2020
A313	山东省油区工作办公室	1988—2019
A317	省委党史学习教育领导小组办公室	2021—2022
A318	山东省人民政府驻西安办事处	1987—2021
A319	山东省人民政府驻重庆办事处	1987—2016
A320	山东省畜牧兽医局	1990—2007
A324	山东省生态环境监测中心	1989—2016
A325	山东省人民政府驻深圳办事处	1987—2016
A326	山东省人民政府驻海南办事处	1989—2016
A328	山东省林业勘察设计院	1959—2012

二、档案资料出版情况一览表

出版物题名	字数（万）	出版时间	出版单位或出版刊物名称	编纂单位
山东省革命历史档案资料选编 第一辑	35.3	1981.9	山东人民出版社	山东省档案馆 山东社会科学院历史研究所
山东省革命历史档案资料选编 第二辑	31.1	1981.11	山东人民出版社	山东省档案馆 山东社会科学院历史研究所
山东省革命历史档案资料选编 第三辑	24.3	1981.11	山东人民出版社	山东省档案馆 山东社会科学院历史研究所
山东省革命历史档案资料选编 第四辑	29.3	1982.8	山东人民出版社	山东省档案馆 山东社会科学院历史研究所
山东省革命历史档案资料选编 第五辑	28.5	1982.11	山东人民出版社	山东省档案馆 山东社会科学院历史研究所
山东省革命历史档案资料选编 第六辑	30	1982.12	山东人民出版社	山东省档案馆 山东社会科学院历史研究所
山东省革命历史档案资料选编 第七辑	35.8	1983.2	山东人民出版社	山东省档案馆 山东社会科学院历史研究所
山东省革命历史档案资料选编 第八辑	34.4	1983.4	山东人民出版社	山东省档案馆 山东社会科学院历史研究所
山东省革命历史档案资料选编 第九辑	41.4	1983.8	山东人民出版社	山东省档案馆 山东社会科学院历史研究所
山东省革命历史档案资料选编 第十辑	30.7	1983.8	山东人民出版社	山东省档案馆 山东社会科学院历史研究所
山东省革命历史档案资料选编 第十一辑	30.3	1983.8	山东人民出版社	山东省档案馆 山东社会科学院历史研究所
山东省革命历史档案资料选编 第十二辑	32.4	1983.10	山东人民出版社	山东省档案馆 山东社会科学院历史研究所
山东省革命历史档案资料选编 第十三辑	32.5	1983.10	山东人民出版社	山东省档案馆 山东社会科学院历史研究所
山东省革命历史档案资料选编 第十四辑	33.3	1984.1	山东人民出版社	山东省档案馆 山东社会科学院历史研究所

续表

出版物题名	字数（万）	出版时间	出版单位或出版刊物名称	编纂单位
山东省革命历史档案资料选编 第十五辑	41.5	1984.3	山东人民出版社	山东省档案馆 山东社会科学院历史研究所
山东省革命历史档案资料选编 第十六辑	41.7	1984.8	山东人民出版社	山东省档案馆 山东社会科学院历史研究所
山东省革命历史档案资料选编 第十七辑	41.4	1984.11	山东人民出版社	山东省档案馆 山东社会科学院历史研究所
山东省革命历史档案资料选编 第十八辑	32.9	1985.3	山东人民出版社	山东省档案馆 山东社会科学院历史研究所
山东省革命历史档案资料选编 第十九辑	40	1985.8	山东人民出版社	山东省档案馆 山东社会科学院历史研究所
山东省革命历史档案资料选编 第二十辑	32.7	1986.2	山东人民出版社	山东省档案馆 山东社会科学院历史研究所
山东省革命历史档案资料选编 第二十一辑	40	1986.3	山东人民出版社	山东省档案馆 山东社会科学院历史研究所
山东省革命历史档案资料选编 第二十二辑	38.6	1986.5	山东人民出版社	山东省档案馆 山东社会科学院历史研究所
山东省革命历史档案资料选编 第二十三辑	41.4	1986.5	山东人民出版社	山东省档案馆 山东社会科学院历史研究所
山东省革命历史档案资料选编 目录索引	21.8	1987.1	山东人民出版社	山东省档案馆
山东青年运动档案史料选编 第一辑	30	1984.9	内部印发	共青团山东省委 山东省档案馆
山东青年运动档案史料选编 第二辑	27	1984.9	内部印发	共青团山东省委 山东省档案馆
山东工人运动历史文献选编 第一集	40	1984.9	内部印发	山东省总工会 山东省档案馆
山东工人运动历史文献选编 第二集	30	1984.9	内部印发	山东省总工会 山东省档案馆
山东革命根据地财政史料选编 第一辑	30	1985.	内部印发	山东省财政科学研究所 山东省档案馆

续表

出版物题名	字数（万）	出版时间	出版单位或出版刊物名称	编纂单位
山东革命根据地财政史料选编 第二辑	30	1985	内部印发	山东省财政科学研究所 山东省档案馆
山东革命根据地财政史料选编 第三辑	30	1985	内部印发	山东省财政科学研究所 山东省档案馆
山东革命根据地财政史料选编 第四辑	32	1985	内部印发	山东省财政科学研究所 山东省档案馆
山东革命根据地财政史料选编 第五辑	32	1985	内部印发	山东省财政科学研究所 山东省档案馆
山东革命根据地财政史料选编 第六辑	41	1985	内部印发	山东省财政科学研究所 山东省档案馆
山东代表大会手册	46.9	1991	山东人民出版社	山东省档案馆
山东县（团）以上干部任免录	20	1991	山东新闻出版局准印	山东省档案馆 济南军区档案馆
中国资本主义工商业的社会主义改造·山东卷	53	1992.3	中共党史出版社	中共山东省委统战部 中共山东省委党史研究室 山东省档案馆
山东的减租减息	46	1994.7	中共党史出版社	山东省档案馆 中共山东省委党史研究室
山东革命历史文件汇集 第一集	28	1994.10	馆存本	中央档案馆 山东省档案馆
山东革命历史文件汇集 第二集	24.2	1995.4	馆存本	中央档案馆 山东省档案馆
山东革命历史文件汇集 第三集	24.9	1995.5	馆存本	中央档案馆 山东省档案馆
山东革命历史文件汇集 第四集	25	1995.8	馆存本	中央档案馆 山东省档案馆
1921年—1945年中共山东省领导机构的沿革	1.2	1964.4	《山东党史资料》第二期	山东省档案馆
山东解放区省级政权机构历史沿革简介	0.5	1982	《山东党史资料》第2辑	申春生、时连泉

续表

出版物题名	字数（万）	出版时间	出版单位或出版刊物名称	编纂单位
明代山东都司的“信牌档”	0.1	1982	《山东档案》第1期	王子文
山东省历次党代表大会简介	0.1	1983	《支部生活》第8期	山东省档案馆
山东省各县、市（镇）解放时间一览表	0.2	1984	《支部生活》第10期	山东省档案馆
抗日战争时期日伪山东省公署机构沿革及任职人员一览表	1.1	1984	《山东史志资料》第2期	王子文
建国以来山东档案工作大事辑要（1949—1989)	1.8	1989	《山东档案》第5期	山东省档案馆
中国共产党山东省组织史资料	120	1991	中共党史出版社	中共山东省委组织部 中共山东省委党史研究室 山东省档案馆
山东土地改革档案史料选辑	26.8	1988 1989	《山东党史资料》第2、3、4期 《山东党史资料》第1、2、3 期	山东省档案馆
山东革命历史文件汇编（甲种本)第五集		1995.10	馆存本	中央档案馆 山东省档案馆
山东革命历史文件汇编（甲种本)第六集		1995.10	馆存本	中央档案馆 山东省档案馆
山东革命历史文件汇编（乙种本)		1996.3	馆存本	中央档案馆 山东省档案馆
山东省档案馆指南	40	1995.12	山东人民出版社	山东省档案馆
山东档案工作纪事	24.8	1997.12	中国档案出版社	山东省档案馆
山东省志・档案志	34	1997.12	山东人民出版社	山东地方史志编纂委员会
百年抗侮		1999.3	内部出版	山东省档案馆
山东历史上的今天	37.9	2000.10	山东文艺出版社	山东省档案馆 山东大学

续表

出版物题名	字数（万）	出版时间	出版单位或出版刊物名称	编纂单位
《老一代革命家与山东》画册		2001.6	内部出版	山东省档案馆
中共山东历史大事记（1949年10月—1978年12月）	48	2001.3	中共党史出版社	山东省党史委 山东省档案局
毛泽东与山东	48.6	2003.11	中央文献出版社	山东省档案馆
《邓小平与山东》画册		2004.8	中央文献出版社	山东省档案馆
山东卫生防疫重要档案史料选编	52.6	2004.8	内部出版	李洪合
山东省珍贵历史档案集萃	无	2005.3	内部出版	山东省档案局
杜牧野纪念文集	12	2006.7	山东音像文化出版社	山东省档案馆
打开尘封的记忆—细说档案里的故事	26	2006.12	山东人民出版社	山东省档案局
山东知青档案资料汇编第一、二辑		2007	内部出版	山东省档案局（馆）
打开尘封的记忆（第二辑）	23	2008.9	中国档案出版社	山东省档案局
青春·印象——山东知青图片档案	10	2009.10	山东人民出版社	山东省档案局
告诉你一个真实的南下	28	2009.10	山东人民出版社	山东省档案局
怀望遥远的青春——山东知青档案实述	67	2009.10	山东人民出版社	山东省档案局
《见证——抗美援朝中的齐鲁儿女》画册	1	2011.3	内部发行	山东省档案局
共和国永远铭记——南下干部历史贡献理论研讨会文集	26	2012.12	泰山出版社	唐传喜
会聚在党旗下	30	2011.6	内部出版	山东省档案局
山东档案年鉴（2012）	53	2013.5	中国文史出版社	山东省档案局

续表

出版物题名	字数（万）	出版时间	出版单位或出版刊物名称	编纂单位
山东档案年鉴（2013）	58	2013.12	中国文史出版社	山东省档案局
齐鲁记忆——档案背后的故事	29	2014.5	山东人民出版社	山东省档案局
山东省志·档案志	34	2014.12	山东人民出版社	山东省地方史志编纂委员会
济南“五三”惨案史料汇编		2014.10	国家图书馆出版社	山东省图书馆 山东省档案局
山东档案年鉴（2015）	86	2015.12	山东人民出版社	山东省档案局
图说山东抗战	10	2015.8	山东人民出版社	山东省档案局
山东档案精品集（18卷）	195.08	2015.11	山东人民出版社	山东省档案局
记录山东·2014	15	2015.1	山东人民出版社	山东省档案局
山东档案年鉴（2014）	72	2015.1	山东人民出版社	山东省档案局
齐鲁记忆·山东珍品档案丛书（第一辑）	16.6	2017.1	线装书局	山东省档案局
孙中山与山东	26.5	2017.04	团结出版社	陈孟继著 山东省档案局编
山东档案年鉴（2016）	87	2016.10	中国文史出版社	山东省档案局
记录山东·2015	16	2016.1	山东人民出版社	山东省档案局
齐鲁记忆·山东珍品档案丛书（第二辑）	85	2017.11	线装书局	山东省档案局
山东档案年鉴（2017）	92	2017.11	中国文史出版社	山东省档案局
山东省档案馆指南	45.5	2018.8	方志出版社	山东省档案馆
镜光岁影：摄影家眼中的山东改革开放40年	8	2018.12	山东人民出版社	山东省档案馆
山东人民支援解放战争档案选编（1—5）	139	2019.7	线装书局	山东省档案馆
山东档案年鉴（2018）		2019.9	山东齐鲁音像出版有限公司	山东省档案馆

续表

出版物题名	字数（万）	出版时间	出版单位或出版刊物名称	编纂单位
渤海抗日根据地档案汇编（1—4）	187	2019.9	中华书局	山东省档案馆
北海银行档案史料选编（1—5）	40	2019.11	线装书局	山东省档案馆
胶东抗日根据地档案汇编（1—5）		2020.7	中华书局	山东省档案馆
机关档案实战手册		2020.10	现代出版社	山东省档案馆
北海银行档案史料选编（6—15）	80	2020.11	线装书局	山东省档案馆
齐鲁记忆·山东档案珍品丛书（第三辑）		2020	内部发行	山东省档案馆
山东革命历史档案汇编（1—18）	1278	2021.4	新华出版社	山东省档案馆 中共山东省委党史研究院
北海银行历史研究文集	47.5	2021.6	线装书局	山东省档案馆
高校档案实战手册		2021.11	现代出版社	山东省档案馆
光耀齐鲁—100个山东优秀共产党人的故事	30	2021.11	山东人民出版社	中共山东省委宣传部 山东广播电视台 中共山东省委党史研究院 中共山东省委党校 山东省档案馆
档案里的山东红色记忆	46.3	2021.12	新华出版社	山东省档案馆 中共山东省委党史研究院
山东黄河记忆	41.6	2022.9	线装书局	山东省档案馆 山东黄河河务局
山东黄河映像	2	2022.9	线装书局	山东省档案馆 山东黄河河务局
山东省档案馆库建设成果概览	13.6	2022.10	内部发行	山东省档案馆

三、山东省档案馆收集档案范围实施细则

第一条　为建设覆盖面更加广泛、内容更加丰富、形式更加多样、结构更加优化的档案资源体系，科学界定山东省档案馆（以下简称省档案馆）档案收集范围，根据《中华人民共和国档案法》《中华人民共和国档案法实施办法》《各级各类档案馆收集档案范围的规定》《全国档案馆设置原则和布局方案》《山东省档案条例》，结合我省实际，制定本细则。

第二条　本细则所称收集档案，是指省档案馆依法进行的接收及征集档案和其他有关资料的业务工作。

第三条　档案收集工作贯彻以人民为中心的发展思想，在档案主管部门的监督指导下，本着维护党和国家历史真实面貌，全面记录新时代社会主义现代化强省建设历程，进一步优化档案资源结构、推进档案资源共建共享、扩大档案开放、优化档案服务的原则，按照收集齐全、整理规范、编目准确、移交及时的要求依法开展。

第四条　省档案馆负责本细则的实施，列入省档案馆接收范围的立档单位应当加强档案资料管理，按规定时限和要求向省档案馆移交，任何单位和个人不得将档案据为己有。

第五条　省档案馆鼓励单位和个人捐赠其收藏的对国家和社会具有保存价值的档案，并按照捐赠者意愿对捐赠档案进行妥善保管和利用。

第六条　省档案馆收集档案门类主要包括：文书档案、科技档案、人事档案、会计档案、专业档案、照片档案、录音档案、录像档案、实物档案、业务数据、公务电子邮件、网页信息、社交媒体档案等。

第七条　省档案馆依法接收下列组织机构形成的档案：

（一）中共山东省委员会及其所属各部门；

（二）省人民代表大会及其常设机构；

（三）省人民政府及其所属各部门和单位；

（四）省政协及其常设机构；

（五）省高级人民法院、省人民检察院；

（六）各民主党派山东省委员会机关；

（七）省总工会、团省委、省妇联、省工商联等人民团体；

（八）国有企业、事业单位；

省档案馆可接收以上组织机构的下属单位和临时机构形成的档案，具体移交事宜与省档案馆协商确定。

第八条 中央驻鲁单位所形成的档案，需要向省档案馆移交的，由中央驻鲁单位和省档案馆协商确定。

第九条 省级部门档案馆收集本部门及其直属单位形成的档案，但其中履行行政管理职能的档案，要按有关规定定期向省档案馆移交。

第十条 省档案馆接收撤销的省直机关、省属事业单位、破产转制的省属国有或国有控股企业形成的对国家和社会具有永久保存价值的档案。

第十一条 省档案馆负责收集反映我省各个历史时期且对国家和社会有利用价值的档案资料：

（一）反映中华人民共和国成立前本行政区各个历史时期政权机构和社会组织重大活动的档案资料；

（二）反映各个历史时期在山东有重要影响或突出贡献的社会各界人士以及山东省籍知名人士的档案资料；

（三）反映本省地理沿革、历史变迁、经济发展、民间习俗、风土人情、宗教信仰、文物古迹、对外交往、非物质文化遗产等方面的档案资料；

（四）有助于了解档案内容及其立档单位情况的各种资料，包括各种文件汇集、资料汇编、统计资料、大事记、传记、回忆录、年鉴、史志、家谱、族谱等方面的资料；

（五）其他反映本省历史文化或与本省经济社会发展相关的档案资料。

第十二条 省档案馆负责收集全省重大活动、突发事件等形成的档案资料。

第十三条 省档案馆负责收集国家重大发展战略和地方中心工作等重点领域档案，反映党史、新中国史、改革开放史、社会主义发展史的档案，以及本行政区内关系国家安全、国计民生、公共服务、新兴产业等重点行业档案。

第十四条 经协商同意，省档案馆可以收集或代存本行政区内社会组织、集体和民营企事业单位、基层群众自治组织、家庭和个人形成的对国家和社会有利用价值的档案，也可以通过接受捐赠、购买等形式获取。

第十五条 省档案馆在收集档案时，同时收集管理和利用特殊载体档案所必需的电子、音像等专用设备。

第十六条 凡列入省档案馆接收范围的档案，除有下列规定外，立档单位应当自档案形成之日起满 20 年向省档案馆移交。

（一）国家档案局对特定行业、系统档案移交时间另有规定的，按照国家档案局相关规定执行；

（二）移交单位因档案保管条件恶劣或其他原因，可能导致档案存在安全隐患或严重损毁的，经省档案馆同意，在规范整理的前提下可以提前移交进馆；

（三）机关、事业单位撤销或合并，省属企业及其子企业发生关闭、破产、转制等情况，其档案按照相关要求需向省档案馆移交的，应在撤销、合并或清算结束后 1 年内完成。

第十七条　各立档单位形成的电子档案一般自形成之日起 5 年内向省档案馆移交，对于有特殊要求的电子档案可适当延长移交时间。移交的电子档案内容与元数据应当保证真实性、完整性、可用性和安全性。

第十八条　全省重大活动、突发事件档案按照《重大活动和突发事件档案管理办法》规定的时限移交。

第十九条　各立档单位向省档案馆移交档案时，应当保持单位全宗的完整性。同一全宗内各门类各载体档案有计划、分步骤移交，不得割裂分散。

第二十条　各立档单位向省档案馆移交档案时，应当按照有关规定对档案进行规范整理，做到分类科学、排列有序、档号编制规范、检索体系完备。

第二十一条　各立档单位向省档案馆移交档案时，应当按照山东省档案局山东省国家保密局《关于在全省档案部门做好涉密档案秘密变更和解密清理工作的通知》要求，做好涉密档案的秘密变更和解密清理工作，提出划控与开放意见，同时附具政府信息公开意见。

第二十二条　省档案馆依据有关标准对进馆档案进行质量检查验收，合格后双方依据目录清单清点核对实体档案，办理移交进馆手续。移交单位和省档案馆应当共同做好档案移交过程中的安全工作，确保档案安全移交。

第二十三条　本细则由省档案馆负责解释。

第二十四条　本细则自印发之日起施行。《山东省档案馆收集档案范围实施细则》（2012 年 3 月山东省档案局发布）同时废止。

四、山东省档案馆查阅档案须知

单位和个人持有合法证明，可查阅利用本馆已开放档案。控制档案的查阅利用，依照《山东省档案馆馆藏档案资料利用规定》等执行。

本馆免费为利用者提供查档服务。利用者可通过现场查档、信函查档、电话查档、网络查档等方式查询利用。查阅档案须先进行电子登记，将查阅目的和查阅内容填写清楚。

利用者现场查档时须将携带物品放入存包柜，禁止携带摄录器材和食品、饮品等进入查阅区，手机、水杯请放置于指定地点。

利用者利用纸质目录、实体档案、资料等时，须当面清点，利用过程中严禁勾画、涂写、折压、损毁档案资料，利用完毕后须按原样封装交回，禁止将档案资料带出查阅区、交换阅览、转借他人等。珍贵档案以及需要修复、整理的档案，原则上不提供原件利用。

严禁利用者擅自复制（包括拍照或扫描等）档案资料。以工作查考或个人凭证为利用目的，须提出申请，本馆审核同意后方可复制，可在复制件上加盖“山东省档案馆查阅档案专用章”印鉴。拷贝本馆电子档案用于展览、出版物、影视作品等，须经本馆审核同意后，双方签订相关协议。

本馆不提供以学术研究及编史修志为利用目的的复制服务。凡属本馆开放档案所记述的内容，利用者可在著述中引用，但不得擅自以任何形式公布。在著述中节引档案内容，应注明档案来源和出处。

阅览场所应保持安静、整洁，严禁吸烟及大声喧哗。

本馆为利用者提供便民服务。利用者证明材料不全时，窗口推行容缺受理服务；“绿色通道”为老人和行动不便人员提供全程代查服务；已到下班时间尚未办好的事项，提供延时服务；特殊查档事宜提供双休日、法定节假日等预约查档服务。

利用者利用（阅览、摘抄、复制）本馆的档案，须遵守有关规定，服从安排，违反者可视情况给予劝告或其他处置。

本馆开放时间为：周一至周五（法定节假日除外）8：30—17：00

查档电话：0531-51766601、0531-51766602

查档网址：http://mlzx.sdab.gov.cn/